Eva Strittmatter

Briefe aus Schulzenhof

Band 3

Eva Strittmatter

Briefe aus Schulzenhof

Band 3

Aufbau-Verlag

Mit einem Nachwort von Eva Strittmatter

ISBN 3-351-02316-2

1. Auflage 1995

Einbandgestaltung Heinz Hellmis
Satz LVD GmbH, Berlin
Druck und Binden Wiener Verlag, Himberg
Printed in Austria

1981

19. Januar 1981

Voraus im Nachhinein gute Wünsche zum Neuen Jahr, das schon drei Wochen alt wird, lieber Hubertus – und Dank für verschiedene Briefe, Kataloge, Fotos! Die letzte Nachricht von mir war nach unserem Septemberbesuch an Sie gegangen, mein Mann aber schrieb Ihnen zum Geburtstag, wie er mir sagte.

Ich hatte Ihnen wohl in Dresden erzählt, daß ich Ende September–Anfang Oktober nach Georgien fliegen würde, mit DEFA-Leuten, für einen Dokumentarfilm. Nun, wir waren dort, sieben Filmmenschen mit mir. Wir sind über den Kaukasus gereist (auf der Route, die mein Mann und ich 1965 bei unserem ersten Besuch gefahren und gegangen waren), mit einem Konvoi von Freunden und Bekannten, manchmal bis zu dreißig Personen. Ich hoffe, wir werden schließlich einen schönen Film daraus machen … Ich kam mit einer schlimmen Allergie zurück – das dauerte Wochen. Dann folgten mir georgische Freunde, die ich *am langen Seil* durch die DDR dirigieren mußte, das heißt die gesamte *Organisation* war (wie schon oft) bei mir – dann kamen Grippe plus Bronchitis plus Laryngitis, dann, am 12. 11. Eröffnung der Marianne-Gábor-Ausstellung im *Theater im Palast* Berlin, am 13. 11., trotz Stimmbandentzündung, Lesung vor vierhundert Leuten im Gohliser Schlößchen Leipzig, 18. 11. Werkstattgespräch mit Marianne Gábor im TiP. Ich hatte viel Ärgernis, zu weitläufig zum Erzählen.

Zwischendrein habe ich über Schubert geschrieben, das erscheint in der NDL 2, in der NDL 1/81 sind Gedichte und ein *Rundbrief.* Anfang Januar waren Marianne Gábor und ihr Mann zum Ausstellungsende wieder in Berlin. Ich habe die beiden, die wie *Hänsel und Gretel im Wald* sind, die ganze Zeit betreut ... Vergangene Woche habe ich in Schulzenhof die Aufnahmen für den Dokumentarfilm beendet. Interview vor der Kamera usw., wieder acht Leute von der DEFA dabei ...

Das als Hintergrund meines Schweigens. Ich habe Hunderte Briefe liegen von November/Dezember. Mir bricht der Schweiß aus, wenn ich auf den Stapel schaue. Fünfundsechzig habe ich mit knappen Grüßen *abgedankt* Ende Dezember/Anfang Januar, aber noch keinen ausführlichen Brief geschrieben.

Wir gratulieren Marlies zum Diplom und Ihnen beiden zu Caspar, der auf dem Foto schon ungeheuer verständig aussieht! Immer noch Ihnen ähnlich (das findet auch *Tante Else*, Frau Franke).

Auch dazu, daß Sie nach wie vor so intensiv in der Arbeit sind, meinen Beifall – mit *Antonius und Sohn* habe ich übrigens von Anfang an ein *Einverständnis*, als Bild. Die Atelierfotos erinnern mich freudig an den schönen Morgen bei Ihnen, und ich wünsche mir sehr, daß es nicht so lange dauern soll, bis ich wiederkomme – hoffentlich mit meinem Mann! Er verläßt Schulzenhof am liebsten überhaupt nicht mehr, arbeitet weiter am *Laden*, aus dem er Heiligabend im Rundfunk gelesen hat. Schrieb er Ihnen, daß 1981 ein Band Aphorismen von ihm erscheint?

Die Söhne haben alle ihre *Lebensprobleme*, sind aber in guter Verfassung – so scheint es mir, der Mutter, jedenfalls: Jeder sucht *seinen* Weg.

Lieber Hubertus, sein Sie gesund, freudig beim Leben und *Arbeiten*!

26. Januar 1981

Liebe Christa Panzner, hier kommen die Munkácsy-Karten zurück! Ich kenne seine Bilder aus einem Album, das mein Mann 1959 mitbrachte. (M. ist ja *der Klassiker* in Ungarn; das Album war ein offizielles Geschenk), seit 78 kenne ich seine Bilder aus der Nationalgalerie Budapest. Csontváry habe ich 78 im Sommer durch Zufall entdeckt. Ich spazierte mit meinem Mann durch Weimar, sah im Schaufenster vom *Internationalen Buch* (oder wie es heißt) einen großen Tafelband mit einem faszinierenden Umschlag: ein Ast, der aus einem Zedernbaum wuchs wie ein Schwanhals und -kopf, abgestorben, weiß, der Ast, ein blauer libanesischer Himmel – ich ging rein, man turnte ins Schaufenster und holte mir den Band heraus, der in Ungarn gedruckt und hervorragend reproduziert ist. Eine dieser unglaublichen Maler-Geschichten erfuhr ich da. Er brauchte fünfzig Jahre bis nach seinem Tode (Anfang unseres Jahrhunderts), um *entdeckt* zu werden. Nun, in dieses Bild *Elektrisches Licht in Jaice* vernarrte ich mich; im großen Band ist es ganz anders als auf dem Umschlag von *Zwiegespräch*. Ich war zum Weinen enttäuscht, weil es jetzt ganz braun ist. Eigentlich sind es alles lichte Töne, aber wers nicht anders kennt, liebt es so.

Letzten Sommer war ich in Budapest, um Bilder meiner Freundin Marianne Gábor, die auf dem Speicher der Nationalgalerie stehen, für ihre Berliner Ausstellung auszusuchen, da habe ich Csontvárys *Großes Taormina* gesehen – nächstens werde ich wieder fahren und seine anderen Bilder *suchen*.

Was Sie von *japanischen* Anklängen in meinen Gedichten schreiben, hat seinen Grund sowohl in der Malerei als in der Poesie. Übrigens gibt es in der *Rose* ein Gedicht *Abend. Pastell*, das ist ganz so, wie Sie schreiben. Daß Sie gerade dieses *Jahre des Sees und der Seele* lieben und warum Sie es lieben, hat mich gefreut – ich hänge an ihm, auch, weil ich weiß, wie *seltsam* es gemacht ist, obwohl es so einfach scheint und aus nichts.

Ja, die japanische Poesie hat in den Haikus, den Dreizeilern, einen Lakonismus erreicht, der mir schon lange gefällt und nachgeht – ich habe viele ganz kurze Gedichte geschrieben – bei den alten Asiaten ist das Muster zu suchen.

28. Januar 1981

Vom Herbst an sind Deine Briefe unbeantwortet, lieber Sergej, nur der an Erwin ist es. Gerade habe ich alles noch einmal gelesen, damit ich auch antworte auf Fragen, die Du gestellt hast ...

Zuerst aber: ich hoffe, daß Du den 15. Januar, den Liefertermin für Deinen Essayband, gut *umrundet* hast – ohne Nervenkrisen. Ich kenne das und hasse deshalb alle Terminarbeit, hatte aber im letzten Jahr mehrmals welche zu machen. Nun will ich nicht mehr. Meinen *Puschkin* habe ich erst mal aus dem Plan nehmen lassen. Es hat mich so nervös gemacht, daß der Verlag darauf wartet, daß ich mich unfrei und lustlos fühlte. Inzwischen habe ich einiges Essayistische geschrieben: auch ein Nachwort zu einem Band Puschkin-Prosa für die *Taschenbibliothek der Weltliteratur* vom Aufbau-Verlag. Ich schicke Dir eine Kopie. Außerdem habe ich über Marianne Gábor geschrieben, unsere ungarische Freundin, die in den *Briefen aus Schulzenhof* vorkommt. Ich habe für sie Ausstellungen in Berlin und Rostock vermittelt. Das hat mir viel Zeit genommen und wird mir noch viel nehmen. Aber daß ich diese bei uns im Norden ganz unbekannte Malerin herbringen konnte und daß viele Menschen froh waren mit ihren Bildern, macht mir den Verlust an Zeit (der nur ein scheinbarer ist, da ein Gewinn an Leben und Erfahrung in diesem Verlust liegt) wett.

Hier sende ich Dir auch das Januarheft der *NDL* mit neuen Gedichten und einer anderen Prosaarbeit vom letzten Jahr. Auch die Februarnummer werde ich Dir schikken, da steht, in einem Sonderheft *Schriftsteller und Musik*, von mir *Der Wanderer* drin, über Schuberts *Winterreise*. So wirst Du wieder auf dem *Laufenden* sein, was meine Arbeit betrifft …

Inzwischen, vor zehn Tagen, haben wir in Schulzenhof die Filmarbeiten beendet, die wir in Georgien begonnen hatten. Nun kommt es drauf an, ob das Interview vor der Kamera gelungen ist. Ein Tonbandinterview hatten wir voriges Jahr im April an zwei Tagen gemacht. Daraus wurde das Szenarium extrahiert. Der ganze Text hat siebzig Schreibmaschinenseiten. Die Fragen des Film-Szenaristen Holmar-Attila Mück waren so gut (er kennt jedes Wort, jedes *Komma*, das ich je geschrieben habe), daß die Sache höchst interessant ist (scheint *mir*).

Erwin hat das Szenarium gelesen, für das ich die im Auszug gegebenen Texte gründlich bearbeitet hatte, und es hat ihm gefallen. Wenn ich die Zeit finde (das heißt, wenn ich sie mir nehme), will ich das Interview verdichten, wie seinerzeit die *Briefe*.

Im Dezember wollte ich vierzehn Tage nach Wien. Das hatte ich Dir wohl an jenem Abend im *Moskwa* erzählt. Mußte aber von einem Tag auf den anderen absagen, eine Operation kam dazwischen. Der histologische Befund hat aber das erwünschte Wort *gutartig* ergeben …

Die ganze Zeit lastete und lastet auf uns das Schicksal eines nahen Freundes, der seit November zwei Krebs-Operationen hinter sich hat und in zehn Tagen zur Bestrahlung in den *Bunker* der Charité geht ... am 26. Februar wird er fünfundvierzig, ein Musikenthusiast und -fachmann, der als Kritiker im *ND* eine exzellente Arbeit gemacht hat, unvergleichbar besser, als sie dort für die Literatur geleistet wird. Er ist auch ein enger Freund unseres großen Tenors Peter Schreier, der gerade bei Euch in Moskau aufgetreten ist mit seinen Schubert-Gesängen (und in der Oper). Nun, wir alle arbeiten mit Hoffnungskräften, mit *Strahlungen* daran, unseren Freund hinüberzubringen über die Krankheit ...

Übrigens schrieb man mir, daß man mit meinen Gedichten in der *Therapie* arbeitet. Bei Gotha gibt es ein Sanatorium zur Nachbehandlung von Krebspatienten. Der Chefarzt spricht Gedichte auf Tonband, komplettiert sie mit Musik und läßt sie die Patienten abends vor dem Einschlafen über den Hausfunk hören. Er redet ihnen Ruhe ein ...

Erwin, der Dir neulich schrieb, arbeitet weiter am *Laden*, der, wie es scheint, ein sehr schönes Buch werden wird, wieder einmal sein *schönstes*, wir lieben alle, was wir kennen.

Wir erwarten Dich, lieber Sergej, also zum Frühjahr. Schreib bald, wann Du kommen willst, damit ich mich um Zimmer kümmern kann. Dann werden wir wieder zusammensitzen und all die Details erzählen und besprechen, die den *Lebensfluß* ausgemacht haben und ausmachen, die mich jetzt aber ins Endlose verführen würden. Leben der Kinder, der anderen Freunde, Lektüre vielfältigster Art von Joyce über Arno Schmidt zu Herder, dessen Italienbriefe ich gerade lese, d. h. den Briefwechsel, auch die Korrespondenten sind in der Ausgabe, die gerade erschienen ist, vertreten. Diese Epoche Ende achtzehntes/Anfang neunzehntes Jahrhundert wird mir immer interessanter.

Gern will ich, wenn ich wieder nach Moskau komme, mit Dir ins Puschkin-Museum zu meinen unbekannten Freunden. Ich hoffe auf eine ruhige Zeit bald einmal bei Euch, und mit Dir durch Moskau zu wandern, wünsche ich mir sehr. Grüß die Mitarbeiter, mach sie mit dem schon publizierten *Poesiefest in M.* bekannt und sage, daß ich es fortgesetzt habe und fortsetze und hoffe, eines Tages ein nicht unwürdiges Buch über Puschkin zu beenden …

Seid gegrüßt im winterlichen Moskau aus dem weißen Schulzenhof!

Übrigens ist im Sommer (oder man hat es mir erst im Sommer geschickt) bei *Detskaja Literatura* in einer Auflage von dreihunderttausend Exemplaren für die Schulen ein Gedichtband von mir erschienen, illustriert, entnommen *Ich schwing mich auf die Schaukel*, übersetzt von Irina Tokmakowa, unter dem Titel *Im Lerchenland.*

Ich wollte Dir ein Exemplar schicken, habe aber, scheints, im Kaukasus, wohin ich die Hefte mitgenommen hatte, alle eingebüßt.

29. Januar 1981

Liebe Manuela, Dank für Deine Briefe und für *Rotdorn*!

Ich freue mich, daß Du das Gedicht gewählt hast, ich hänge an ihm, es drückt eine mir noch immer gegenwärtige Stimmung aus, die sich auch sicher nie verlieren, vergessen wird.

Frau Weigert hat mir von Dir geschrieben. Ich wußte nicht, daß sie Deine Lehrerin ist. Sie schreibt mir schon seit Jahren.

Nun also hat sie mir erzählt, wie gern sie Dich hat und welche Hoffnungen sie in Dich setzt, und daß Du trotz schwerer Krankheit in Dresden die Prüfungen gemacht und bestanden hast und daß Du Dich darauf freust, dort in die Musikschule zu kommen, auch wenn Du ins Internat übersiedeln mußt … Aber das mußten begabte Kinder schon immer, wenn sie eine Ausbildung bekommen sollten! Und Dresden ist eine so schöne, an Kunst reiche Stadt! Ich denke immer, ich würde gern in Dresden wohnen, ich reise jedenfalls gern dorthin!

Du wirst viel Enthusiasmus brauchen auf Deinem Weg. Aber wenn der *Trieb* zur Kunst wirklich stark ist, bringt man Begeisterung von selbst auf. Ich schicke Dir hier den Katalog einer Ausstellung, die vor kurzem in Berlin war. Du wirst sehen, wie die Malerin *ihren* Weg gegangen ist.

29. Januar 1981

Liebe Dagmar Wolf, Sie haben ein schweres Leben. Ich wünsche nur, daß Sie die geistige Energie aufbringen können – daß die Krankheit sie Ihnen läßt – um auf dem Weg der Kenntnis, Erkenntnis, Produktion, weitergehen zu können!

Nach Ihrer Situation hatte ich gefragt, weil ich wissen wollte, ob es Ihnen helfen könnte, wenn ich Ihnen finanziell helfen würde? So daß Sie unabhängig wären, wenigstens eine Zeit? Die andere Seite der Sache, daß Sie unter Menschen wollen und müssen, sehe und verstehe ich natürlich. Nur: wenn es Ihnen irgendeine Erleichterung verspricht, Freiheit, Bewegungsfreiheit vielleicht doch auch, dann schreiben Sie es mir. Das ist ein Angebot!

Was Sie vom *Poetenseminar Schwerin* schrieben, regt mich nicht so auf wie Sie. Das ist die Freiheit der Jugend, zu lästern, sich aufzulehnen, Übermacht zu fühlen durchs Karikieren. Es ist doch nicht zum ersten Mal in Schwerin geschehen. Anscheinend bin ich einer der *Lieblingsgegenstände* für manche junge Genies – immer sind ja heimliche Anhänger von mir dabei, die es mir hinterher schreiben. Ob sie sich öffentlich dagegen gewandt haben, ist eine andere Frage. Es gehört so viel Mut dazu, abzuweichen von einer gerade herrschenden Meinung. Und wir waren, scheint mir, nicht besser. Auch wir haben gelästert über die *Götzen unserer Zeit* (dreißig Jahre zurück), Becher, Brecht. Wie hat Paul Wiens uns jenes *Das Schiff fährt durch die Flut* im Kulturbundklub in Berlin, beim Kaffee, vorgetragen – er wußte immer alles Neue, jedes Gerücht, jede Schande eines anderen – und gesagt: *Und dafür hat der Brecht zwanzigtausend Mark verlangt.* Es war für einen internationalen Gewerkschaftsfilm, ich glaube *Lied der Ströme* hieß er, und Joris Ivens, der Regisseur, und Schostakowitsch und Robeson, der Sänger, sie alle hatten ohne Honorar gearbeitet, hieß es. Brecht aber stellte wohl die Frage: *Und die Funktionäre?* und machte seinen Preis. Ob es stimmt, bezweifle ich heute, weil ich weiß, wie viele Gerüchte über uns im Umlauf sind: marmorner *swimmingpool*, goldene Pferdegeschirre – dabei führen wir ein simples Landleben zwischen Kiefernmöbeln und billigem Hausrat, nur daß wir im Laufe von dreißig Jahren eine Pferdeherde herausgezüchtet haben und bei Malern, die es nötig haben, manchmal Bilder kaufen zu Preisen, die ihnen sonst keiner zahlt … Ich lese zwar keine Kritiken, aber wenn ich unterwegs bin, erzählt mir der oder jener, was die Leute so schreiben: „Von einem *Besitz* wie Schulzenhof aus, dichtets sich leicht …" Dabei ist Schulzenhof kein Besitz, sondern ein Ort. Wir haben nur eins von sieben Landarbeitergrundstücken. Und die meisten Schriftsteller, alle, die es bewältigen können, haben diese Teilung Stadt–Land eingeführt in ihrem Leben, weil sie produktiv ist … Nun, die Abschweifung soll Ihnen nur sagen: kümmern Sie sich nicht darum, was Ihre Mit-Jugend lästert. Sie brauchen sich meinetwegen keine Sorgen zu machen. Von überallher kommen *Stimmen* zu mir, Jugendgruppen aus der BRD, ebenso Leser aus

Kiew oder Mexiko oder USA schreiben mir – ich bin nur immer unruhig aufs Künftige: Was ist zu sagen? Ich wünsche Ihnen *Lust zum Schreiben*!

29. Januar 1981

Dank für Ihren Brief mit all den Unterschriften! Er kam mir sehr überraschend und hat mich erfreut! So kann ich Sie nur bitten, den in Stuttgart um Sie versammelten jungen Leuten meine Grüße zu sagen und meinen Dank dafür, daß sie meine Gedichte *in Gebrauch nehmen*. Ich nehme an, lieber Herr Wenzelmann, daß Sie der *Vermittler* waren zwischen mir und den Lesern-Hörern. So sage ich Ihnen also einen besonderen Dank.

Ich wundere mich immer wieder darüber – gewöhne mich nicht daran – daß Gedichte, diese *wehrlosen* Gebilde, die oft aus *Schwäche* gemacht sind, soviel Stärke haben können und weite Wege bewältigen. (Zwischen mir und Ihnen ist eine große Entfernung.) Auch, daß sie, die für mich zur *Einübung von Leben* geschrieben sind, in anderen etwas bewirken. Ich wünsche Ihnen allen gutes Leben, Handeln mit heitrem Sinn!

29. Januar 1981

Da Sie die Bücher kennen, die wir *schreibenden Frauen in der DDR* veröffentlicht haben, wissen Sie sicher auch einiges über meine Situation. *Spezifisch* war und ist sie schon, weil ich nicht *Junggesellin* bin und nur für mich leben kann; ich bin *Zentrum* eines *Familienzirkus'* – das gibt Abhaltungen, Verführungen, Verpflichtungen. Dazu ist mit den Jahren Resonanz auf die Arbeit gekommen, auf Gedichte und das Buch *Briefe aus Schulzenhof*, in den letzten drei Jahren über dreitausend Briefe von Lesern verschiedenster Berufe, verschiedenen Alters. Mein *spezifisches* Problem ist: Zeit und Freiheit zu *nehmen*, die ich haben kann, wenn ich *energisch* genug bin, meine Interessen und Aufgaben obenan zu setzen – wie sehr ich im Zweifel bin, ob es richtig ist, so zu handeln, ob das nicht heißt, an Humanität zu verlieren, zeigen meine Bücher. Schrecklich ist mir jener kalte, egozentrische Frauen*typ*, der nur auf seinen Rechten besteht und keine *Synthese* von *überkommenen Tugenden* und neuem, durchaus *männlich radikalem*, Geist erstrebt.

Letzten Endes aber halte ich all das für sekundär, soweit es die Kunst angeht, und es interessiert mich nicht als Gegenstand der Literatur. (Was hineingerät in Gedichte, ist zufällig.) Ich will etwas *Übergreifendes*. Daß mir Männer ebenso schreiben wie Frauen, bestätigt mir, was ich hoffte und hoffe: *Es soll nur der Mensch sein, der es gemacht hat.* Das steht in einem Essay über die Malerin Marianne Gábor, den Sie im Katalog hier finden.

Im Februar werde ich wahrscheinlich in Berlin sein, dann wäre ein Gespräch möglich.

29. Januar 1981

Dank für die Worte des Einverständnisses!

Daß Sie meine Gedichte *annehmen* können, freut und erstaunt mich in einem (wie bei manchen ähnlichen Briefen), erstaunt mich, weil ich mir denke, daß Ihr Leben als Mann und in einem anderen Land ganz anders ist als meines, freut mich, weil etwas im *Sprachlichen* wie Zaubern ist, und das geht nicht einmal bei Übersetzungen verloren, wie ich erlebt und erfahren habe.

Ich sende Ihnen etwas von meinen Büchern zur *Ergänzung*. Daß Sie aber die *Schaukel* lieben, ist mir besonders lieb, ich hänge an dem Buch.

29. Januar 1981

Daß Sie mir nach der Leipziger Lesung von Ihrem Einverständnis mit dem *Rundbrief* schrieben, freut mich, lieber Herr Kratsch. Das haben mehrere getan, jetzt auf den Abdruck hin gab es auch schon Stimmen, man schreibt mir von Betroffensein ... Das ist mir wichtig, weil ich nicht sicher war. Mein Mann kann den *Tomovski* nicht leiden, ich hatte ihn vorher, vor dem Abdruck, lesend ausprobiert, bei den Söhnen und Freunden, einzeln, unabhängig, ohne zu sagen, wie der *Chef* dazu steht. Dann habe ich mich zum Druck entschlossen. Wir haben manchmal solche Differenzen. Aber dann ist mir nicht ganz wohl zumute. So gibt es ein Gedicht, das er *haßt*: *Garcia Lorca* (so heißt es wohl? Jedenfalls handelt es von ihm und nimmt die Motive eines Lorca-Gedichtes auf).

30. Januar 1981

Lieber Nodar, gestern kam Deine Karte, die meldet, daß bei Euch in der Vorstadt (das ist für mich immer Pirosmanis Stadt) die Mandelbäume blühen – aber bei uns ist Winter, in den letzten Tagen zwar mild, so daß es taut, aber trotzdem liegt überall noch viel Schnee, so seit Wochen, kalt und weiß war es, schön auf seine Weise, aber wir genießen es, daß die Sonne schon *Kraft* hat, wenn sie scheint, und daß es abends hell bleibt bis in die sechste Stunde.

Die letzten drei Wochen haben Erwin und ich in Schulzenhof verbracht, meistens ruhig, bis auf ein paar Tage, an denen meine Filmleute da waren und wir die Aufnahmen beendet haben. (Interview vor der Kamera und Tonbandaufnahmen von Gedichten.) Landschaft um Schulzenhof und das Dorf Dollgow hatten sie – Thomas Plenert und Ernst Cantzler – schon im Oktober gefilmt. Jetzt haben sie noch Winter *gemacht.* Am Tag, als wir – sechs Stunden – in meinem Zimmer im neuen Haus das Interview filmten, begann gerade der große Schnee, und Thomas hat das *Wehen und Treiben*, aus dem Fenster ins Nächtliche blickend, gefilmt. Er hat hervorragende Aufnahmen bei Euch gemacht, auch die Oktoberaufnahmen aus der *Mark* habe ich schon gesehen (sie hatten das Kino in Rheinsberg gemietet, um sie mir zu zeigen), auch die wunderbar. Also hoffe ich, wenn wir uns Zeit nehmen für das Auswählen und Montieren, daß wir einen guten Film machen werden. Im Februar sehn wir uns die letzten Aufnahmen an, dann ist auch die Tonband-Abschrift des Kamera-Interviews fertig (es existieren schon siebzig Seiten Tonbandabschrift vom Vorjahr, aus denen wir das Szenarium *extrahiert* hatten. Reso kennt sie übrigens, ich hatte sie mit in Tbilissi), und im März wollen wir zusammen die Montage machen, Ernst, Attila und ich. Ich habe in meinem Vertrag stehen, daß ich *Bild und Ton autorisiere*, also geht es, wie ich will. Das muß auch sein. Nur ich weiß, was vom Gegenstand her wirklich wichtig ist – wir haben die sechsfache Menge Film und mindestens zehnfach Tonaufnahmen. Zum Schluß müssen wir auf fünfundvierzig Minuten kommen.

Seit Anfang Januar mache ich *Post.* Hier lagen Hunderte Briefe, weil ich natürlich seit Herbst kaum zum Antworten gekommen war. An zweihundert Briefe habe ich schon geschrieben, die Freundes-Briefe aber hinausgeschoben, weil sie ausführlich werden müssen, *Lebensberichte.*

Erwin ist sehr gut in der Arbeit am *Laden.* Er hat, wie jedes Jahr, *Heiligabend* aus dem Roman im Rundfunk gelesen, zum Entzücken der Hörer, und es wird auch ein so schönes, *leichtes* (scheinbar leichtes) Buch! Vorher hat er zwei Monate an der Bearbeitung der *Selbstermunterun-*

gen, der Aphorismen von 1966 und 67, gesessen (in den *Briefen aus Schulzenhof* erwähnt), die dieses Jahr, mit dem *Clown mit traurigen Augen* von Marianne Gábor als Titelbild, in der *Edition Neue Texte* herauskommen werden. Das Bild ist schwarzweiß im Katalog, den ich Dir schicke. Den Clown zu nehmen für den Titel war meine Idee, auf die ich mir was einbilde. Erwin meinte, es käme nur Schrift in Frage, er wüßte nichts, aber dann war er begeistert, den Clown mit dem Wort *Selbstermunterungen* zusammenzubringen.

Übrigens, ich lese noch einmal Deine letzte Karte, natürlich hat man ihm den georgischen *Ochsenkutscher* noch nicht geschickt. Den Brief hatten wir bekommen, vom 7. 12., aber die Post geht ja lange. Als Du ihm nachfragtest auf der Neujahrskarte, war er hier gerade erst eingetroffen – ich glaube, Erwin hat Dir darauf geantwortet? Ich bin nicht sicher, muß ihn fragen, wenn er von Gransee zurückkommt, wohin er zum Einkaufen gefahren ist. Ich bin zu Hause geblieben – sonst fahren wir immer zusammen – weil ich wieder mal nicht gesund bin und es nicht verschlimmern darf wegen einer Rostock-Reise in drei Tagen.

Surabs Karte haben wir auch bekommen, ja, von Reso erwarte ich vergeblich Post, außer einmal, als er mir die Kopie eines Fotos und einen Text von Temo Tschaparidse schickte, habe ich nichts von ihm gesehen, keine Antwort auf meinen Brief, den Surab mitgenommen hat. Aber von Medea und von Tamunia hatte ich je einen Brief, und ich werde ihnen jetzt gleich schreiben.

Lieber Nodar, ich muß noch eine *Anlage* machen, weil ich mich noch einmal für das *Swanische Paar* bedanken möchte – das ist ein hervorragendes Bild, das ich schon im ersten Moment liebte, das ich aber immer mehr liebe und bewundere, je öfter ich es sehe. Wachtang Oriani ist ein großer, strenger und *milder* Maler zugleich. Grüßt ihn von mir, und ich hoffe, beim nächsten Besuch in sein Atelier zu kommen und mit Euch allen zusammen nach Swanetien zu gehen!

30. Januar 1981

Zwei Briefe habe ich schon von Euch bekommen, zuerst einen von Tamunia, dann einen von Dir, liebe Medea! Und ich frage mich, ob Du den selbst und allein geschrieben hast? Wenn es so ist, dann kannst Du ja hervorragend Deutsch! Jedenfalls danke ich Euch sehr, und ich grüße Euch sehr, Dich und Herrn Okro und Tamunia und Eka und auch die ganze übrige Familie, Deine Mutter und Schwester und Schwager und Nichte und Neffen und Mann der Nichte und Schwiegervater der Nichte und die kleine *Irma* auch! Und Hund Pussi nicht zu vergessen, den *Tschemi Mitschi*! Und den papiernen Lord Charles Spencer und die papierne Lady Anne, und Euch läßt ihre Schwester, die liebe Puppe Violetta, grüßen, die ganz bestimmt Heimweh hat! Ich denke alle Tage an Euch und erinnere mich an unsere schöne Zeit zusammen, und wenn wir uns wiedersehen, wird es natürlich viel schöner werden, weil wir uns dann schon lange kennen und schon gemeinsame Erinnerungen haben und sagen können: „Wißt Ihr noch, als wir in Achalzopeli waren und immer die Berge sich nicht sehen lassen wollten, und dann kamen sie mit einmal doch heraus und lagen da in der Sonne?" – „Und wißt Ihr noch, als wir nach Alawerdi fahren wollten und Eka so geweint hat, weil sie nicht mit sollte, und wir alle für sie gebeten haben bei Mama Medea, daß sie auch essen wird unterwegs und sich ausruhen zwischendurch und daß sie mitfahren muß, damit wir anderen nicht traurig sind?"

Inzwischen, seit ich Deine so schönen Gedichte gelesen

habe, liebe Medea, bei denen auch das von Alawerdi und Eka und dem Schäflein ist, habe ich noch mehr gefühlt, daß sie mitfahren mußte! Ich bin sehr froh, daß ich die Gedichte habe, und ich bitte Dich, laß mehr Übersetzungen Deiner Gedichte machen und schicke sie mir, denn wir haben mit Attila und Ernst und Thomas beschlossen, daß wir aus den Aufnahmen von Georgien, die wir jetzt nicht unterbringen können, weil wir nicht soviel Zeit haben – sonst müßte die Sendung drei Stunden dauern – einen eigenen Georgien-Film, nur mit Gedichten von Dir, machen wollen. Ich mache die Nachdichtungen und einen Text über Dich und Georgien – in dem Interview, das wir im Januar in Schulzenhof gedreht haben, habe ich schon über Dich und Georgien und unsere schöne Freundschaft gesprochen, und das Fest und Deine Fernsehlesung in Achalzopeli kommen sowieso hinein, ebenso wie unsere gemeinsame Lesung in der Universität. Der Teil auf der Terrasse und in den Zimmern in Achalzopeli ist wohl am schönsten geworden, wunderbare Bilder von Euch allen und von der ganzen Stimmung an jenem Tag, wie Ihr singt!

Ich hoffe, Ihr seid alle gesund – Nodar schrieb, daß bei Euch schon die Mandelbäume blühen in der Vorstadt! Bei uns aber ist es weiß – wenn auch nicht mehr so kalt – es liegt noch Schnee. Ich wäre froh, wenn ich Eure Pläne für dieses Jahr wüßte, wenn Tamunia mir schreiben würde, wie es mit ihrem Studium ist, ob sie Aussicht hat, in der DDR weiterzustudieren? Wie es mit Ekas Gesundheit geht in diesem Jahr? Alles, alles.

Ich habe schon einen langen Brief an Nodar geschrieben, in dem ich ihm erzählt habe, wie es mir ergangen ist in den letzten Monaten und was ich getan habe. Vielleicht laßt Ihr es Euch von ihm erzählen oder vorlesen.

Unseren Film wollen wir im März beenden, zusammenstellen, schneiden, und ich hoffe, wir werden dann nach Georgien kommen, um ihn Euch zu zeigen!

21. Februar 1981

Hier kommen die beiden *Wundertäter. Temperamente* sah ich zufällig *auf Stapel* liegen in einer Buchhandlung, vor ein paar Tagen, kaufte ein Heft und fand Ihre Gedichte, lieber Herr Hüge. Schöne Gedichte. Schlecht geschrieben der Vorspruch von Frau Dau, meiner Lieblingsfeindin, d. h. nicht sie ist meine, ich bin ihre, sie ist mein *Pastor Götze*, verfolgt mit Feuer und Schwert, was ich schreibe, ihre *Junge Garde*, Steffen Mensching und andere, traten mit Teilen von Mathilde Daus Gutachten gegen *Zwiegespräch* in Berliner Versammlungen auf, an denen meine Lektoren teilnahmen, und warnten vor dem schädlichen Buch – konnten es aber gar nicht kennen denn durch Frau Dau, es war damals noch Manuskript, Frau Dau war Außengutachterin und hat den Druck, wegen *konterrevolutionärer Gesinnung*, abgelehnt ... Günter Caspar war damals monatelang krank, ihm hatte es gefallen, er hatte es so, wie es war, akzeptiert, die *Vertretenden Damen fielen um*, so mußte ich den Titel ändern, der damals hieß *Die heimliche Freiheit der Einsamkeit*, und fünf Gedichte herausnehmen, die aber durch Rundfunk und öffentliche Lesungen schon im Umlauf waren.

Idylle wars jedenfalls nicht, worum es sich handelte. Ich hätte natürlich standhalten, den Titel nicht ändern, die Gedichte nicht herausnehmen sollen, es war aber gerade der kritische Punkt mit dem *Wundertäter III* erreicht, der sich durch die Instanzen schleppte, und ich dachte, wenn ich – in einer relativ unwichtigen Sache – nachgebe, werde ich vielleicht meinem Mann wenigstens keine zusätzlichen Schwierigkeiten machen ...

Aus Ihrem *Ja, auch ich neigte dazu, Idylle anzunehmen* ... sehe ich, daß Sie, lieber Herr Hüge, meine Bücher gar nicht gelesen haben können, – wenns nur Idylle wäre, woher käme dann der wütende Ausfall von Hans Richter, Jena, in seiner Fürnberg-Gedenkrede, veröffentlicht in der NDL, gegen ein Gedicht aus der *Rose*, das *Ketzerei* heißt? Brecht hat einen Traktat *Fünf Schwierigkeiten beim Schreiben der Wahrheit* verfaßt, vor Jahrzehnten, über den ich mit Brecht des öfteren gesprochen habe (ich wollte in den fünfziger Jahren über dessen Aktualität schreiben, habe es aber gelassen, um die *Wächter* nicht erst noch aufmerksam zu machen auf bestimmte Methoden) – in diesen *Bereich* gehört die *Titelwahl* für meine Gedichtbände.

Die Gedichte, die drin stehn, sind nicht *Natur*. Auch der Titel *Die eine Rose* nicht, nur scheinbar, er gehört der *Philosophie* ... Und gerade das ist der Grund, warum die Leute die Gedichte lesen, mir Tausende schrieben, seit 73 bis 81 in der DDR die fünf Gedichtbände erschienen.

Man kann niemanden zwingen, ein Buch zu kaufen. Die Leute fühlen wohl, daß die Gedichte was mit ihrem alltäglichen Leben zu tun haben. Ich *predige* ihnen keinen wie immer gearteten Glauben, hange keiner *Utopie* an, die Welt ist, wie sie ist, und man muß drin leben, *auf maximale Weise*. Das *Bewußtsein von drei Jahrtausenden*, das der alte Goethe forderte, die Lektüre der Lateiner und Griechen und alten Chinesen (wie der Inkas und Ägypter) bringt einem bei, daß der *Freiraum* des Individuums immer *umgrenzt* war, immer hat es sich *gestoßen*, hat gerüttelt an den Stäben oder Wänden, immer mußte es sich *einpassen* und schließlich sich eine Art Freiheit verschaffen durch Selbstbeherrschung und Selbsteinschränkung. Traurig oder lächerlich sind die Versuche der Jungen anzusehen, sich zu *emanzipieren* durch *Gruppenbildung*, durch Rausch in dieser oder jener Form, mit diesem oder jenem Narkotikum – wer was *machen* will in der Welt, faßt sich schließlich zusammen, schließt sich ein, setzt sich auf seinen Hintern und liest, lernt, arbeitet, vergleicht, schreibt. Und so klar wie möglich.

Denn, natürlich sind, was er aufzeichnet, *Signale*, die aufgefangen werden sollen. Mich hat sehr früh (für mich früh, ich war schon fünfunddreißig), ein Gedicht von Pasternak getroffen, das mir Freunde in einem meiner *Lebenssommer*, am Strand von Suchumi, als ich ihnen meine ersten Gedichte gesagt hatte, russisch und deutsch (in Interlinearübersetzung) in ein Diarium schrieben und schenkten: „In den Erfahrungen der großen Dichter / sind Merkmale jener Schlichtheit vorhanden / die, wenn sie erkannt, unumgänglich zwingen / zur vollkommenen Stummheit am Ende. – Wenn man überzeugt ist, daß man mit allem, was ist, verwandt ist / und mit der Zukunft im Alltag bekannt ist / ist es unumgänglich, daß man verfällt / wie in Ketzerei, in eine beispiellose Einfachheit. – Aber wir werden nicht verschont, / wenn wir sie nicht geheimhalten. / Wohl ist sie am notwendigsten für die Menschen. / Aber das Komplizierte ist ihnen verständlicher." – Die Schlußstrophe eines anderen Gedichtes ist ebenso wichtig für mich geworden: „Schlaf nicht, schlaf nicht, Künstler, / ergib dich nicht dem Schlaf. / Du bist eine Geißel der Ewigkeit / gefangen in der Zeit." Das Pasternak.

Und in einem der alten japanischen Haikus, der von Mutsuhito stammt, heißt es: „Viele Gedichte klingen wahr. Aber die tiefste Wahrheit lebt in denen, die einfach sind wie Kinderworte." So eben sind diese *Dreizeiler*, die über Jahrtausende leben. Bei Laotse im Taoteking aber gibt es *meinen* Spruch: „Das Weibliche überwindet das Männliche durch Stille." *Ihr* Weg, lieber Herr Hüge, ist natürlich ein ganz anderer als meiner, unvergleichbar, eben der

Ihre. Sie haben einen für einen Dichter unschätzbaren *Wertfond* durch Ihr – für Sie trauriges, schwieriges – Leben. Was den *Ausdruck* angeht, folgen Sie nur Ihrem eigenen Bedürfnis, keiner *Mode*, die ist eben zur Zeit auf *kompliziert* gestellt, das heißt, bei uns *noch*, im Westen wird man schon wieder *einfach*, schreibt Zeilen mit Endreimen, macht klare, syntaktisch den Regeln folgende Sätze. Alles, was bisher für vollkommen *stupid* und *antipoetisch* und *nichtmodern* galt, Heißenbüttel *himself*!

Zu *Selbst Mickel, der doch ...*: ich achte ihn wie auch alle anderen, die arbeiten, aber eine *Autorität* ist er weder mir noch meinem Mann. Das hat nichts damit zu tun, daß ich mich gefreut habe darüber, als er Sie *präsentierte*. Ebenso wie über die, eben nur schlecht geschriebene, Vorstellung, die Mathilde Dau von Ihnen gegeben hat, eigentlich aber habe ich mich über Ihre Gedichte gefreut, eine schlichte Anmerkung zur Person hätte es auch getan. Nun, alles Gute für Ihre Arbeit, ich will mich wieder an die meine machen!

22. Februar 1981

Meine Paula-Modersohn-Karten-Sammlung ist auf elf Stück angewachsen! Alle von Ihnen! Ich besitze noch immer kein Album von ihr, habe nie eins gesehen, von keinem gehört. Nur ein paar kleine Sachen, vom Kunstverlag reproduziert, als Bilder zu hängen. Was Otto Modersohn betrifft, irren Sie: Er hat mir, durch den Katalog, ebenso großen Eindruck gemacht wie durch das Original, das ich in Weimar jedes Jahr besuche (ein großes Bild, *Moorgraben*, hängt dort). Ich kannte Schwarz-Weiß-Reproduktionen von ihm aus dem Rilkeschen *Worpswede*. Nun aber, durch den Katalog, tritt er als ein eminenter Maler hervor, vor allem aber das graphische Werk – eben jene *Abendblätter* – ist unvergleichlich. Und wie schön dazu Paulas

Bild, das ihn bei der Lampe, zeichnend, zeigt. Beide Porträts im Katalog, die Paula von ihm gemacht hat, wunderbar. Ich will, werde hoffentlich, über Paula M. schreiben, das heißt natürlich über die beiden. Vielleicht gelingt es mir, diesen Katalog und den von Paulas Ausstellung, die dort angezeigt ist, auf irgendeine Weise zu beschaffen.

Sie, liebe Frau Oqueka, haben mich durch Ihre Sendungen in all den Jahren in dem Gedanken an dieses Vorhaben bestärkt!

22. Februar 1981

Dank für die Schilderung Ihrer *Verhältnisse*, liebe Dagmar Wolf! Können Sie sich denn allein versorgen? Könnten Sie allein leben? Ihre Freunde wohnen in Erfurt? Wäre Erfurt ein Ort für Sie? Oder sind Sie innerlich gebunden an Gotha? In Gotha habe ich mehrere Leser, vielleicht weiß jemand Rat. Aber ich könnte mich auch wegen Erfurt bemühen. Und zwar über den Schriftsteller-Verband. Auch mein Mann verfolgt unsere Korrespondenz, teilt meine Meinung, daß Ihnen geholfen werden soll, soweit es möglich ist. Was die Krankheit angeht, können nur die Ärzte was tun, aber für Selbständigkeit, Achtung Ihrer geistigen Bemühung, Ihrer Intelligenz, Ihres Talentes, kann man Unterstützung finden. Für den Schriftsteller-Verband sind Sie schon *ausgewiesen* durch die Teilnahme an den Poetenseminaren und Ihre Auszeichnung dort. Am 4. März habe ich in Berlin eine Sitzung im Schriftstellerverband, da werde ich besprechen, was möglich wäre, ebenso werde ich in die Redaktion der NDL gehen und Christian Löser meine Meinung sagen wegen der Behandlung Ihrer Gedichte. Bei den letzten Malen, als ich da war, war es immer in äußerster Eile, keine Zeit für ein Gespräch.

Eben, als ich Ihre Gedichte noch einmal las, sah ich erst,

daß auf der Rückseite noch ein handgeschriebener Brieftext war … Ich verstehe Ihre Bedenken, die Ihnen nahen Menschen zu verletzen, sehr gut!

Nun will ich Ihnen noch erzählen, daß wir beide, mein Mann und ich, unabhängig voneinander sagten: Sie muß Proust *Auf der Suche nach der verlorenen Zeit* lesen! (sieben Bände) und sich mit Prousts Biographie beschäftigen. Wie krank war er sein Leben lang! Und was hat er sich abgerungen! Welch ein Wunder ist da geschehen! Außerdem sagte auch mein Mann: *Lernen vom Laub* gefällt mir sehr, das ist *taoistisch-chinesisch* weise. Das, was ich schon bei den von Löser verworfenen Gedichten geschrieben hatte. Ich finde, daß die zweite Fassung von *Früher Herbst* daneben bestehen kann. Und gerade in diesen Gedichten zeigt sich Ihre Stärke, Ihr Weg! Haben Sie jemals die alte chinesische und japanische Poesie gelesen? Es gibt bei uns ein paar schöne Ausgaben. Die japanischen Haikus, die Dreizeiler, sind wie ein Muster Ihrer Gedichte. Vielleicht legt Ihnen Ihre Krankheit, Ihr Mangel an *Atem* diese Konzentration auf? – Ich schreibe Ihnen ein paar Zeilen solcher japanischer Poesie auf, die eines meiner *Grundmuster* ist: „Regungslos mit umgehängtem Mantel / blickt ein alter Mönch / zu den blühenden Kirschzweigen auf." (Shido). „Eine einsame Frau steht am Fenster und sieht hinaus. / Es regnet und regnet." (Kikaku) „Die Glut des Sommers hat mich so verändert, / gab ich zur Antwort. / Aber die Tränen rannen über mein Gesicht." (Nishyma Soen) „Ein Glühwürmchen schwebte durch die Nacht. / Ich wollte sagen: Sieh doch, Geliebte! / Aber ich war ja allein." (Taiji) „Viele Gedichte klingen wahr. / Aber die tiefste Wahrheit lebt in denen, / die einfach sind wie Kinderworte." (Mutsuhito)

Ich hoffe, Sie beruhigen sich darüber, daß Sie uns so ausführlich von sich erzählt haben, liebe Dagmar! Noch eine Frage zu denen vom Anfang: Haben Sie ein eigenes Konto? Dann schreiben Sie es mir oder eröffnen Sie sich eines, wir schicken Ihnen Geld. Nur soll natürlich das Geld *Ihres*, zu Ihrer Verfügung allein sein.

22. Februar 1981

Machen Sie sich nichts aus dem Blödsinn, den der Mensch in die NDL *gesetzt* hat, liebe Ursula Gebert, wenn Sie aber Zorn genug haben und was schreiben wollen dagegen, was *Prinzipielles*, tun Sies. Ich habs zufällig gelesen, das heißt, mein Mann machte mich darauf aufmerksam, ebenso wie auf die Kritik von Zeißler zu *Zwiegespräch*, die habe ich aber nicht gelesen, weil ich seit Jahren *abstinent* bin, was Kritiken zu meinen Büchern betrifft. – Übrigens glaube ich den Hallenser, per Brief-Debatte, zu kennen, ich könnte es nachprüfen, aber in meiner ungeordneten Ablage seine Briefe zu finden, würde mich jetzt zuviel Zeit kosten. Mir scheint, es ist jener verkrachte Theologe, Anthroposoph, der als Heizer arbeitet und mich auf Theismus festlegen oder mir verbieten wollte, bestimmte Worte wie *Segen, Fluch, Gott, Sünde* zu verwenden, die für mich poetische *Bilder* sind, die bisher nicht *ersetzt* wurden. Ich hatte lange Auseinandersetzungen mit ihm, erst gab er sich nicht zu erkennen, auch ich dachte, er wäre von der *Firma Irma*, er wollte unbedingt *Konfessionen* von mir, ins *Blaue* hinein, dann schickte er mir gedruckte Traktate aus religiösen Zeitschriften, trotz allem kann er natürlich von der *Firma* sein, das hindert ja nicht, jedenfalls habe ich die Korrespondenz abgebrochen, und ich traue ihm diesen Schwachsinn zu, der da steht. Er ist ein Scholastiker, der sich einbildet, *Freigeist* zu sein und in der *Gnade* zu leben ... Wir andern aber krauchen herum und sind für die Hölle bestimmt.

Ich hoffe, es geht Ihnen gut! Sie können schreiben?

Bringen Sie Ihrer Familie endlich bei, daß Schreiben Ihr *Beruf* ist!

22. Februar 1981

Ihre *Tagesfreude* wurde auch mir zur Tagesfreude, lieber Herr Müns, und Sie haben richtig geahnt, daß uns wichtig ist zu wissen, wer uns schreibt. Wir haben viele Korrespondenten, die wir nicht *persönlich* kennen, aber durch Briefe bekommt man doch einen Eindruck, „wie sichs so lebt" im Lande, wieviel Leute auf dem Weg sind, den sie sich *wählen* und wie viele klagen, weil sie sich *schieben* lassen in eine Richtung, die ihnen nicht behagt. Sie also haben gewählt, und Sie führen ein Leben, das Ihren Neigungen entspricht, und geben ihm *Tiefe*. Natürlich weiß ich, daß Sie vieles Ablenkende, Pflichtgemäße, Unbehagliche tun müssen wie wir anderen alle, aber ohnedem ist nun einmal nicht zu leben – auch uns gehts so, aber das wichtigste ist eben, daß man sich immer wieder *einnordet* auf die Richtung, in die zu gehen sich, geistig, lohnt.

Ich freu mich auf Ihre Blumen in dem Frühling, der gewiß kommt.

Hier schicke ich Ihnen das Poesiealbum, von dem Sie schrieben, mit Grüßen an Frau und Tochter!

22. Februar 1981

Vorige Woche hatte ich gerade *projektiert*, bei Euch anzurufen und zu fragen, ob ihr noch „gesund beim Leben" seid, wie einer unserer Korrespondenten aus dem sibirischen Tscheljabinsk zu schreiben pflegt („Meine liebe Frau Elsa und ich und die Söhne und Schwiegertöchter und Enkelsöhne und Enkeltöchter sind alle gesund beim Leben … Irina ist fünfzehn und lernt sehr gut und wiegt schon bei hundertfünfzig Pfund …"). Nicht, weil ich nichts von Euch hörte, war ich unruhig, sondern, weil nichts von Abe und Speitel zu lesen war im *Eulenspiegel.* Ich fürchtete: Krankheit, Ärgernisse, Zerwürfnisse gar, wer kann sich ausdenken, was alles geschieht?

Nun, von alledem nichts, ganz *normal*, Ihr habt gearbeitet, Bücher *gemacht.* (Die zweite Auflage von *Weises* hatte ich mit Befriedigung im Buchhandel gesehen, die dritte nicht, aber bei der zweiten fühlte ich mich als bestätigter Prophet, auch die Ankündigung von Ulrichs Buch im *Eulenspiegel*, dort wars wohl, hatte ich gelesen, und ich dachte, na, endlich werden sie auf eine *sichere Basis* kommen, die Bücher werden gehen und gehen, sie können in Ruhe schreiben ...)

Nun hat also Ulrich schon wieder eins fertig, und bei Dir, liebe Irmgard, dachte ich doch, die überwiegend exzellenten *Landstücke*, die in den Jahren im *Eulenspiegel* waren, kämen gesammelt heraus? Was aber schreibst Du von: Du hast in Eile geschrieben? Also was Neues? Oder eins schließt das andre nicht aus, es kommen zwei neue Sachen?

Nur eines finde ich nicht *normal*: daß Du anscheinend alle Familien-Lasten schleppst! Deine Töchter sind doch erwachsen, sollen für sich selber sorgen!

Wenn die Große mit Kind bei Euch ist, kann sie doch wohl am ganzen Geschiebe mitschieben!

Daß es bei Euch unseretwegen „die widerlichste und häßlichste Szene gegeben hat", die Ihr in Ohnewitz je erlebt habt, tut uns leid. Wir müssen uns entschuldigen, vielleicht sogar für unsere Existenz. Nun könnte man natürlich versucht sein zu spekulieren, was für „hirnverbrannte und primitive Anschuldigungen" man gegen uns vorgebracht hat. Daß wir Spitzel sind (für hüben oder drüben?), daß wir goldene Löffel klaun, unsre Eltern oder Kinder verhungern lassen, Kollegen *abwürgen*, Geld auf Wucherzinsen verleihen, in Berlin eine Spielhölle oder ein Bordell unterhalten – oder die harmlosen Varianten: daß wir einen marmornen *swimmingpool* haben und unsre Pferde goldene Trensen? Oder, daß wir längst geschieden sind und nie verheiratet oder verwandt waren? – Wir haben schon allerhand von guten Freunden zu hören bekommen. Man muß damit leben. Im ersten Moment, wenn man so einen Satz wie den Deinen liest, denkt man: vielleicht wäre es nett gewesen, ihn nicht zu schreiben, denn, na klar, kann sich jeder, der ihn hinschreibt, ausrechnen, daß der, den er betrifft, sofort zu überlegen beginnt: was hat man wohl über mich erzählt, was so schändlich ist, daß es nicht wiederholt werden kann? Im zweiten Moment ists einem dann schon wieder gleichgültig, weil man zu arbeiten hat …

24. Februar 1981

Wie sehr wünsche ich Dir, liebe Lotti, daß Du wieder Freude findest, entweder Dich mit Deiner Freundin zu versöhnen versuchst oder aber andere Freundschaft anfängst! Man darf auch nicht *zu* zurückhaltend sein, manchmal freut sich ein andrer, wenn man ihm entgegenkommt, und überhaupt ist es, meiner Erfahrung nach, nicht gut, sich zu eng nur an einen Menschen anzuschließen! Die Stimmungen wechseln doch, manchmal paßt einem etwas nicht, dann zieht man sich zurück, nach einer Zeit hat man es vergessen oder findet es schon belanglos und versteht nicht mehr, wieso man sich geärgert hat – ich glaube, Du solltest es leichter nehmen! – Ich hatte mich schon gewundert, daß Du Dich nicht wieder gemeldet hast, hatte schon nicht mehr damit gerechnet, und ich dachte, hoffentlich ist nichts Schlimmes geschehen! Ich habe ja wenig Vorstellungen davon, wie Du so lebst, arbeitest. Meine Mutter hat mir erzählt, daß Du sie einmal besucht hast, also kommst Du doch wohl öfter nach Neuruppin?

Mein Leben ist natürlich ganz anders, mit der großen Familie, aber dadurch auch belastet mit allerhand Ärgernissen und Enttäuschungen – man nimmt sich vor, nichts drauf zu geben, braucht aber doch Kraft dazu. Ich schaffe es schon immer, wenn ich mich auf meine Arbeit konzentriere, verliert das andere seine Wichtigkeit.

Jetzt freue ich mich auf den Frühling, da kann ich wieder mehr draußen umhergehen. Ich liebe es auch im Winter, aber ich habe die Gewohnheit, in der Landschaft herumzustehen, manchmal stundenlang, und mir was auszudenken, und das aktiviert mein Rheuma, an dem ich, schon seit ich achtzehn war und eine Rippenfellentzündung hatte, kranke – letzte Woche hatte ich mich wieder hinreißen lassen vom schönen Schnee und der Sonne, aber es war sehr kalt – und nun krümme ich mich hier herum und kuriere mich mit Schlangengift, dessen Geruch ich schon als Kind haßte, als meine Mutter sich damit einrieb!

24. Februar 1981

Haben Sie Dank für das besondere *Bekenntnis* zu *Zwiegespräch* und für das neue eigenartige *Stimmungsbild!*

Was Sie über das *Stimulierende von Kunsteindrücken* sagen, kenne ich: das freudige Gefühl, auch etwas versuchen zu müssen, nun gerade, die *Ermunterung*. Übrigens gibt es das auch fürs Leben. Und ich mag immer weniger solche Schriftsteller, die mich *herabmindern*, denen jenes X fehlt, jener Zauber, der das Leben zum *Geheimnis* macht – natürlich kann man es auch anders sehen, rein *funktional*, dann sind die Menschen nichts anderes als *Automaten*, programmierbar (das geht ja sehr weit, wenn man sich drauf einläßt zu beobachten, wie unter bestimmten Bedingungen und Einflüssen Reaktionen *programmäßig* ablaufen ... Unter Hormon-Medikamenten-, auch

Bakterien- oder Vireneinfluß ... Unter sozialen Konstellationen ... aber das Stück Freiheit eben, sich dem zu widersetzen, nicht zu denken, zu fühlen, zu leben, zu sterben wie *erwartbar*, und doch kein antisoziales Ungeheuer zu sein), kurz, mir soll die Welt wunderbar, das Leben ein Zauber bleiben – deshalb liebe ich Schriftsteller wie Paustowski und Laxness mit ihren Prosa-Poesie-Legierungen, der Teufel hole die Nüchternheit und das Kleine Einmaleins!

27. Februar 1981

Dank für das Buch, das vor zwei Wochen kam, lieber Karl, und das ich inzwischen gelesen habe, so Stück für Stück (nein, nicht vor zwei Wochen, drei Wochen, also habe ich so lange dran gelesen, wie Du damals dran geschrieben hast. Ich erinnere mich genau, es war, als Du eigentlich nach Finnland wolltest und zu Hause bliebst, Loni in der Sowjetunion und ich in Jugoslawien war. Im Anschluß dran warst Du krank, im Krankenhaus, weil Du Dich natürlich total *ausgeraubt* hattest) ...

Was mich seit langem beschäftigt, ist das Verhältnis zwischen Wandel und Konstante in jedem Menschenleben: mal scheint einem, jemand, den man kannte, hat sich sehr oder ganz und gar verändert, dann wieder meint man *zu erkennen*, daß er sich immer gleich geblieben ist. Natürlich *erkennt* man nicht, man fühlt nur *auf den anderen hin*. So, wenn ich Deine Märchen lese, die Bilder dazu ansehe: Eigentlich war alles schon in den ersten Geschichten vorgeprägt, die Du uns bei unserem ersten Besuch in Freienbrink vorgelesen hast. Die *Dämonen* rasten oder tummelten sich auch schon da. Mir geht es jetzt so (ging es eigentlich schon so, auch ich habe mich nicht verändert, in Wahrheit), daß ich mit Dämonen und Fratzen nichts zu schaffen haben mag, ich hab gern eine Welt, in der es *gesetzlich* zugeht und ein Sinn ist, jedenfalls als *Hypothese*. Ich weiß sehr gut, daß der Satz „Das Leben hat einen Sinn" ebensowenig zu beweisen ist wie der Gegen-Satz „Das Leben ist sinnlos", daß: „Der Mensch ist gut" ebenso *vereinfacht* ist wie „Die Menschen sind Narren und Bestien" – aber, da wir selber Menschen sind mit allen *Bedingtheiten*, finde ich es nobler, der ersten These anzuhängen. Und da kommt es nun eben: Dein tiefes Mißtrauen gegen andere Menschen, gegen die Menschen *im allgemeinen*, kriecht durch die Märchen, und es ist – Du weißt, daß ich nie Anspruch auf Recht-Haben mache, immer nur für mich rede –, für mein Gefühl, in den *Fabeln* der Märchen keine Gegenkraft enthalten. Die gehn überwiegend *zufällig*, wies kommt, kein Sinn-Gebäude, keine *Konstruktion*, gedankliche, die das Lianengeschling, das urwaldliche, urweltliche, Deiner *Visionen* zusammenhält oder stützt … Kann sein, ich bin eine *biedermeierliche* Ausnahme mit meinen Empfindungen, kann sein, anderen scheints gerade die *Zeit* auszudrücken. Das wirst Du erfahren, hören, lesen.

Wir folgen ja, was Schreiben angeht, verschiedenen Prinzipien. Deines ist auf *Eruption* gestellt, nicht auf Zeit, auf mähliche Entwicklung. Natürlich spielt da der Bau, die Konstruktion einer Sache, nicht die Rolle wie etwa bei Erwin und auf meine, andere Formen suchende Weise doch auch bei mir. Ich kann es nur bedauern, daß Du Deine Methode beibehältst, so ungeheuer schnell schreibst. (Wie Dostojewski oder Balzac, allerdings hat der lange korrigiert, denn die könntest Du mir entgegenhalten.) Ich habe es schon besonders bei *Großstadtmittag* bedauert, dessen erster Teil mir sehr gefallen hat, aber bei dessen *Kunst-Bühnen*-Teil Du viel zu sehr im Aufzählen und äußeren Beschreiben geblieben bist (für mein Gefühl, wieder sei es gesagt) und bei dem Du die Konflikte (siehe

Deine mündliche Erzählung von Juni 53) soweit verwischt hast, daß sie nur noch als *Chiffre* vorhanden sind.

Um auf den *Wandel* zurückzukommen, so bist Du Dir wohl gleich geblieben (abgesehen von den, jenen vor fünfzehn Jahren unvergleichbaren, Lebensumständen), wir sind ebensowenig verändert. Aber gewandelt hat sich doch durch die lange Lebenszeit und durch die *Produktion* das Verhältnis zueinander, in dem man sich heute mit Hoffnung und Ermutigung gegenseitig nicht mehr *wohltun* kann, es ja auch nicht braucht, weil diese Hoffnung auf Arbeit und Anerkennung, auf Überstehen der widrigen Verhältnisse, doch erfüllt ist. Und nun zeigt sich, daß jeder seines betreibt und betreiben muß, und mir geht es jedenfalls so, daß ich heute das *lebendige* Gespräch, die Bestätigung weniger brauche als das Gespräch mit längst *Vergangenen*, mit *Zeit- oder Raum-Fernen*. So ist auch der Brief-Schreib-Impuls nicht mehr da: erstens hab ich ihn für mich nicht, zweitens weiß ich, daß Du heute *mich* für *Anruf* und Ermutigung nicht mehr brauchst.

Wie viele Menschen hast Du *gesammelt* seit dem Tag, da *wir* zuerst voneinander hörten! Unvergleichlich viel mehr als wir!

Die *Ablösung* ist das *Normale* und Notwendige, man soll drum nicht grämen, soll es sich nicht verübeln gegenseitig, soll sich trotzdem *gesonnen* sein!

Ganz stark habe ich diese *Trennung* zu verschiedenen Wegen übrigens empfunden bei der Ausstellungs-Eröffnung von Marianne Gábor. Aber auch schon bei anderen Gelegenheiten. Die stärkste *Nähe* war bei Deinen Bildern im Freienbrinker Atelier, das letzte Mal, als wir die vielen Ölbilder und die Aquarelle ansahen. Das war ein großes Glück, ein *Lebenstag*, und keine *Dämonen*.

Ich hoffe, ich habe Dich nicht traurig gemacht, besser wütend, schimpf auf mich Frauenzimmer, auf meine Gedichte, mein ganzes Geschreibe. Macht nichts! Auch mein früher Freund Kant kann meine Gedichte nicht mehr leiden. Macht nichts!

Was mich, wenn ich an Dich denke, bekümmert, lieber Karl, ist, daß Du wieder schlechter siehst – und ich kann nur hoffen, daß Du ein weises Regime für Dein Leben findest, um Deine Sehkräfte zu erhalten und nicht zu schwächen.

Eine schöne Nachricht ist die von Deiner Holland-Reise, für die ich Dir so viel Gutes wünsche, wie Du ertragen kannst.

27. Februar 1981

Mein lieber *Mattuche*, gestern kam Dein Brief mit dem Faschingsbericht. Die „Schweine mit Kopftüchern" haben uns lachen gemacht – ich hab den Brief bei Tisch vorgelesen – und der ganze Brief mit all seinen *strebsamen* Arbeits-Nachrichten hat uns gefreut! Nun könnte es ja sein, daß Du morgen, Sonnabend, vielleicht doch kommst, aber wenn Du nicht kommst, sollst Du Anfang der Woche einen Gegen-Brief und einen Dank haben. Brief wider Brief – „so kummt man zu wase!" wie der alte Kulka zu sagen pflegte. Vor paar Tagen hat Vater Jakob und mir in der Dämmerstunde, zum Tee in der Küche, anderthalb Stunden Neues vom *Laden* vorgespielt, frisch aufgenommen und sehr schön. Geschichten von den *Ziegenbergleuten* und der alten *Schmiedowan*, die „soff sehre", die immer mit der Leiterkarre Heidekraut holen fuhr und im Zickzack zurückkam … Vater wollte wissen, ob es nicht „zu weit wegführt" – aber wir sind der Meinung, es kann gar nicht weit genug wegführen, je mehr *Fülle* es hat, Menschenreichtum, Geschichtenreichtum, desto besser. Wir wolln ja doch all die Gestalten im Buch sehen, die wir vom Erzählen kennen.

„In Schulzenhof ist der Winter schön" – wenn Du meine Gedichte kennst, kennst Du das. Jakob *genießt es*. Er war gar nicht nach Berlin – hab ich Dir vielleicht schon am Telefon gesagt – auch nach Cottbus nicht, wohin die Klasse am Dienstag, 24., fuhr, mit Herrn Kupke. Gestern sind sie zurück, aber *Jakob wurde krank*. Er hat große Lesezeit in diesen Ferien, von Thackeray über Hašek zu Dostojewski. Weißt Du schon, daß die Potsdamer Museumsleute bei ihm waren, Museum für Ur- und Frühgeschichte? Heut vor acht Tagen, Freitag. Das war *sein* Tag. Sie haben nun unser Hausmuseum geräubert, alles mitgenommen. Es stellte sich heraus, daß das alles echte Stücke aus der mittleren Steinzeit waren, und jenes Walzenbeil, das er schon Jahre hatte, ist ein *Unikat*. Im Brandenburgischen immer gesucht, noch nie gefunden, nur in Mecklenburg bisher. Kannst Du Dir also vorstellen, daß diese Steinzeitleute wirklich über unserer Wiese gehaust haben, am Berg, wo unser Heuwagenweg ist, und links davon, am Hang, überm verlandeten See, habe ich *ahnungsvoll* vor Jahren jenes Gedicht geschrieben, das die *erdgeschichtlichen Vorgänge* aufnimmt und endet: „Doch wir finden neu das Feuer, und wir üben unsre Hand. / Urmenschliches Abenteuer im schon lang vermessnen Land." Dort auf dem Berg hat Jakob auch die Klingen – die alle echt sind – und das *Kernstück* gefunden, von dem Klingen abgespalten wurden. Man hat ihn nun *amtlich beauftragt*, weiter zu beobachten, zu suchen, im Sommer will man wiederkommen. – Als er dort beim Museum mehrmals angerufen hatte, habe ich ihn gefragt: „Bist Du Dir so sicher? Ich würde mich das nicht trauen ..." Er sagte: „Ganz sicher!" Und siehe da! Die Potsdamer haben natürlich gesagt, er soll Archäologe werden und haben mir vorgeworfen, daß ich ihn *abwerbe* für die Literatur – aber beides ging ja von ihm aus, er muß wissen, was er will, so wie Du immer wußtest, was Du wolltest ...

Dein Bruder-Kollege Ilja hat am Mittwoch, 25., das Haus auf Kredit gekauft (so nehme ich an, am Montag hieß es jedenfalls so) … Nun müssen wir abwarten, ob unsere Befürchtungen wahr werden (wie bei Roehrichts, wo alles eintrifft, was Vater prophezeit hat, sie können nicht mehr nach Groß-Poserin, weil es dort genauso geht wie in Freienbrink, „man bricht ein, nimmt alles weg und bringt es dann wieder") oder ob sich unsere *Ahnungen* als falsch erweisen – hoffen wir es.

Der *kleine Erwin* hat Probeaufnahmen für die Verfilmung von *Sonjas Rapport* gemacht. Er soll die Rolle des Len spielen, des englischen Mannes von Ruth Werner, mit dem wir vor Jahren, als ihr klein wart, auf der Insel warn bei den Ponys. Gedreht wird in der Schweiz. Wünschen wir ihm, daß er die Rolle kriegt. Er wird grad deprimiert sein, weil Stengel im *Eulenspiegel* gegen ihn geschrieben hat (ich hab ihn noch nicht gesprochen, um ihm zu sagen: schau Dir an, was der lobt: diese *beschissenen* Hochhausgeschichten). *Götte Klein Kreutz* war mit Uwe hier, der aussieht wie Frank Schöbel, Familienvater (Tochter Julia), aber ein ebenso netter Junge ist wie immer – Götte sagt, *ganz Klein Kreutz* hat Erwin im *Adel* angesehn und ist begeistert und stolz. Und Kurti und Werner und alle sagen: „Damals hat er versprochen, aber wenn er erst Schauspieler *ist*, dann kommt er zu uns zu Besuch!" Das muß ich ihm sagen, er muß es wahrmachen. Im übrigen *studiert* er Gesang bei einer Lehrerin von der Musikhochschule und *Bewegung* am Berliner Ensemble.

Freund Achim Kynaß ist gestern fünfundvierzig geworden und beginnt nächste Woche die Kobalt-Bestrahlung. Heldenhaft hat er letzte Woche, während der *Biennale*, schon wieder zehn ausländische Musiker fürs ND interviewt …

Ich sehe ihn nächste Woche, am 3. fahre ich für ein paar Tage nach Berlin.

Bei uns ist noch, dünner, Schnee. Herbert hat schon die Stare gesehn. Heut, vormittag zwischen neun und zehn, ist große Sonne. Sommerlich blau ists.

Der *Hauptheld des Hauses* ist nach wie vor oder mehr als je *Äsop*. Jakob schleppt ihn auf dem Arm umher und tanzt mit ihm, das findet der Hund ganz *natürlich*.

Werd nur nicht trüb bei Deinen Tabletten und *termini technici*, lieber Matti. Geh es mit Munterkeit an, mit einem *Überfluß* an Bemühung, dann macht es auch Spaß, wie jede Sache, in die man genug *investiert*. Wenn Du Ruhe zum Arbeiten brauchst – hier ist sie.

2. März 1981

Gut, liebe Edith, daß es Dir gut und alles nach Willen geht – mit den Kindern, der Arbeit, dem Leben! Wir wünschen Dir Erfolg für das Pony-Buch, aber da kann man sicher sein. Es gibt so eine Gier nach Pferdebüchern, daß er gar nicht ausbleiben *kann*! Vielleicht verabschiedest Du Dich dann doch vorzeitig von der Schule und fotografierst wieder? Oder *töpferst mit*, bei Ulrike, wozu Du, wie man spürt, große Lust hast?

Im übrigen ist man sich doch recht fern ... Mecklenburg ist weit ... Im vorigen Sommer hatte ich Dir einmal einen *Boten* geschickt, Ilja, der Dir mein letztes Buch brachte. Wenn ich ihn nicht gefragt hätte danach, wäre ich nicht sicher, daß Du es bekommen hast ... Noch größere Ferne tat sich auf bei Erwins *Wundertäter*. Du schreibst: das Buch schmerzt Dich, denn Du bist fünfunddreißig Jahre in der Partei! Aber doch nicht nur Du! Und wie viele Genossen, alte Genossen, denen man gar abgeraten hatte, das Buch überhaupt zu lesen, bedanken sich bei Erwin dafür ... Man bekämpft es, verschleppt die Nachauflage um fast ein Jahr, aber die Leute lesen, lesen es, leihen es aus nach Plan, für Tages- und Nachtfristen.

Genauso war es bei *Bienkopp*, der inzwischen, in diesen siebzehn Jahren, in Millionenauflage in zig Sprachen erschienen ist, gerade auf Vietnamesisch, sofort vergriffen, er wird abgeschrieben, das Buch auf dem Schwarzmarkt zu hohen Preisen gehandelt ... das schrieb uns ein Mitarbeiter der Botschaft.

Den *Wundertäter* zu schreiben, hat Erwin viel *gekostet* – er ist ja nicht mehr so jung, und auch er hat mit Krankheiten zu tun. Da ging es wirklich *ums Leben*. Für uns ist die Reaktion unserer Freunde und Bekannten auf das Buch eine Art *Prüfstein*. Und das Argument mit dem *Zeitpunkt* ist so alt. Wenn es danach ginge, wäre die Zeit für *Offenheit* nie gewesen, und sie würde auch nie kommen.

Wir mußten in den vergangenen Jahren mancherlei *Verluste* hinnehmen, an Freundschaft, Nachbarschaft – es gibt eben für alles einen Preis, und man kann es nicht in erster Linie angenehm haben wollen, denn natürlich ist es angenehm, mit allen gut Freund zu sein und zu bleiben.

Jemand hat mir einen schönen Picasso-Satz geschrieben, zufällig: „Die meiste Zeit verbringt man damit, festzuhalten, was man längst verloren hat."

Natürlich wünsche auch ich, daß wir einander nicht *verloren* sind, aber ich sehe doch deutlich die *Abgründe*, die wir entweder zu reden oder offen lassen müssen, wenn wir uns treffen. Für alles, was man gelebt hat, für alle Gemeinsamkeit, alle leichten und heiteren Stunden, ist ja eine Art Dankbarkeit in einem, mir geht es jedenfalls so, sie gehn nicht weg aus meiner Erinnerung, und Dir geht es gewiß auch so. Es ist Sehnsucht nach verlorener Jugend und Unbekümmertheit dabei.

Und wenn man sich so lange kennt wie wir, ist es was wie Verwandtschaft, die nicht aufhört, und an die man wieder anknüpfen kann nach *Entfremdungen* – kann sein, es gelingt uns ganz *harmlos*, wenn wir uns sehen.

Jedenfalls sind unsere guten Wünsche mit Dir und Deinem *Haus* (wie man früher sagte), das stimmt ja wörtlich. Die Nachfolge im Haus ist bei Euch gewiß, anders als bei uns, wo bisher alle hinausgehen – nur Jakob träumt davon, in Schulzenhof zu leben, nach dem Literaturstudium.

2. März 1981

Zweimal hast Du geschrieben, warum wir nicht schreiben, lieber Nodar. Ich habe Dir aber, zusammen mit der NDL 1, einen Katalog, den Literaturkalender 81 und einen langen Brief geschickt! Abgesandt am 31. 1. und ich hoffe, daß alles inzwischen bei Dir angekommen ist? Und daß auch Medea ihre Post bekommen hat, die am selben Tag abging?

Dank für die guten Worte zu *Tomovski*! Wenn ich diesen Sommer nach Struga fahren sollte, werde ich mich erkundigen, worüber er noch gearbeitet hat. Viele Leser haben mir schon zum *Rundbrief* geschrieben, Dušan wird für sie zur *Gestalt*. Das eben wollte ich.

Neuigkeiten bei uns: Gestern, Sonntag, 1. März, ist ein solcher Schnee gekommen, daß wir wie *versunken* sind. Heut früh ist Nebel und macht das Versunkensein noch dichter und tiefer. Ein ganz grelles und gleichzeitig trübes Licht steht ums Haus.

Unter einem Holztisch habe ich einen Futterplatz für die Amseln eingerichtet, aber jedesmal, wenn ich Futter rausbringe, erspähen es vom Kiefernwald her die Eichelhäher, die krächzigen Vögel mit der blauen Flügelfeder, die doppelt so groß und so stark wie die Amseln sind. Ihrer vier liegen auf Lauer und stürzen sich auf die Schüssel, da sie aber wegfliegen mit ihrem Raub, haben die

Amseln eine kleine Frist und raufen sich ihrerseits an der Schüssel. Das kann ich von der Küche aus sehen, in Schreibpausen geh ich nachschauen, ob ich neues Brot *bröcken* muß …

Ich war, wie im vorigen Brief vorausgesagt, in Rostock mit Marianne Gábor. Nun geht die Ausstellung, das heißt, die Bilder gehen nach Budapest zurück. Am 8. Februar, meinem Geburtstag, sind Marianne und Mityu abgereist. Erwin und ich haben sie mit Hildchen zusammen zur Bahn gebracht, nachts – Mityu war sehr krank, hatte Nierenschmerzen zum Erbarmen.

Unser Film *stockt*: Ernst Cantzler hatte einen *Herzinfarkt*. Zwar, sagt man, einen leichteren, aber immerhin, einige Wochen/Monate darf er nicht arbeiten.

Nun warte ich auf Bestätigung meines ersten Briefes. Sicher wirst Du ihn bei Frühlingswetter gelesen haben, die Tbilissier Bäume werden schon grün!

2. März 1981

Kann es wirklich sein, lieber Galsan, daß wir auf Deinen Brief vom 22./29. September nicht geantwortet haben? Diesen Lang-Brief, der uns so erfreute? Der den Besuch fortsetzte, diese wenigen, aber schönen Stunden mit Tuja und Dir, mit Dir und Tuja?

Eben habe ich den Brief noch einmal gelesen und gesehen, daß die letzte Eintragung vom 16. Oktober war, also ist er erst Ende Oktober gekommen …

Vielleicht ist der Journalistenpreis dieses Mal doch nicht an Dir vorbeigegangen? Aber vor allem: vielleicht oder hoffentlich fühlst Du Dich wieder besser? Nicht mehr so krank und müde?

Nun erzähle ich Dir das bis hierhin Aufgesparte:

Erwin hat vor ein paar Tagen die Korrektur seines Nachwortes für Dein Buch gelesen, das im Druck ist und auch schon von der Verlagsleitung angekündigt war! Dieses Jahr noch wirst Du *Buchautor* sein, und selbstverständlich wird das alle möglichen Folgen haben! Endlich kann ich den Leuten, die nach Lektüre der *Briefe aus Schulzenhof* Deinen Namen und den Titel Deines Buches wissen wollen, eine bessere Antwort geben als bisher. Bisher habe ich nur Deinen Namen verraten (den manche richtig aus dem Gedicht *Wurzeln* herausgelesen hatten) und gesagt: sein Buch ist noch nicht erschienen, wird aber erscheinen eines Tages! Und siehst Du, wir haben recht behalten! Also versuch die *Einundzwanzig Tage* zu beenden, schaff Dir Zeit! Es war etwas so Großes und Schönes, was Du da begonnen und schon so weit geführt hattest!

Erwin schreibt weiter am *Laden*, aber nachdem Ihr hier wart, hat er die *Selbstermunterungen*, seine Aphorismensammlung von 1966/67, bearbeitet zum Druck. Das Buch erscheint noch in diesem Jahr. Mit dem *Laden* will er sich Zeit lassen, obwohl der Verlag drängt, man will den Roman 1982, zum siebzigsten Geburtstag des *Chefs*, verlegen, aber er hat keine Lust zur Eile (so wie der Verlag keine zur Nachauflage des dritten *Wundertäter* hat. Die Leser leihen es untereinander, nach *Wartelisten*, für befristete Tag- und Nachtzeiten, weiter). Dem *Laden* wird *Die Kleinstadt* folgen. Freudige Arbeit für Jahre! Denn Erwin schreibt mit großem Genuß, man merkt es dem Erzählten an. Wir hören oft was vom Tonband, zumindest Jakob und ich, wenn keine anderen von der Familie oder vom *Clan* da sind. Jetzt übrigens immer seltener sind welche da …

Du hast vom Nicht-Winter bei Euch, zur gesetzlichen Winterszeit, geschrieben: bei uns ist gestern, 1. März, der Winter mit Gewalt, das heißt mit viel nassem Schnee, zurückgekommen. Heut früh sind wir in weißem Dunst, schwimmen mit unserm *Schiffhaus* (so kommt mir unser

Haus mit seinem hohen Schornstein, von der Wiese aus gesehen, immer vor: wie ein Schiff auf Südkurs) durch den Nebel. Schön auch das. Und dann wird es einen jähen Frühling geben. Eine Atemlosigkeit der Freude!

Wir hatten einen glücklichen Februar mit Jakob, der in Ferien zu Hause war. (Heut hat die Schule und damit die Internatswoche begonnen.) *Drei Philosophen in drei Etagen* – so haben wir gelebt. Jeder bei sich beschäftigt mit wichtigen Dingen, und zwischendrein, beim Tee und bei Tisch, gute Gespräche.

2. März 1981

Dank für den Gruß aus Neuruppin – der am längsten von allen warten mußte. Er wollte ja gehört werden. Ein Brief liest sich schnell. Nun, sehr merkwürdig war das, Sie in meinem Zimmer zu *haben*, denn etwas davon ist dran, vielleicht würde man, wenns Gewohnheit wäre, die Briefe zu sprechen und abzuspielen, sich so drauf einstellen, wie man sich auf Handschriften eingestellt hat. Jetzt hats einen Zusatz von *Intimität*, den geschriebene Briefe nicht haben, man schaut sich schon um, ob der, der spricht, nicht doch im Zimmer bei einem ist, auch hört und sieht …

9. März 1981

Am 4. war ich, wie geplant, in Berlin und auch bei Erika Büttner, der für *Nachwuchs* zuständigen Sekretärin des Schriftsteller-Verbandes, um Ihretwegen mit ihr zu sprechen, liebe Dagmar. Sie fährt am 13. März nach Erfurt und wird dort sagen, daß man Sie regelmäßig zu den Jungen Autoren einladen soll, auch zu anderen Veranstaltungen, und daß man mit Ihrem Betrieb verhandelt wegen der Frei-Tage, die Sie dafür benötigen. Frau B. hat Sie in Schwerin kennengelernt. Zufällig war auch der Sekretär des Zentralrates da, der für das Poetenseminar arbeitet. Frau B. und der Jugendfreund erzählten mir, wie schlimm krank Sie in Schwerin waren und welche Ängste man Ihretwegen ausgestanden hat … Das trifft mit dem zusammen, was Sie auf meine Frage über das Allein-leben-Können schrieben: Sie sind also doch auf die Familie angewiesen, und so sehr Sie sich Selbständigkeit wünschen mögen, wird es auf diese Weise wohl nicht gehen … Was Sie von dem *Abwehrenmüssen*, von Unverständnis und Nichtachtung, schreiben, lernt aber jeder, der in einem nichtintellektuellen Milieu auf etwas *Geistiges* zielt, in der einen oder anderen Weise kennen. Auch Erwin Strittmatter mußte sich Jahrzehnte so verteidigen, auch ich bin meiner Familie nicht *geheuer* gewesen und habe schlimme Konflikte, auch *Kräche*, hinter mir. Da hilft nichts: man muß es nach *innen* verlagern, seine Rechtfertigung und Befriedigung dort finden …

Ich sehe Ihre Situation so, liebe Dagmar Wolf: Niemand kann für Ihre Krankheit. Es ist einer der *Ratschlüsse des Schicksals* (das es gibt oder nicht gibt), mit dem Sie zu leben, gegen den Sie zu kämpfen haben. Aber sicher waren all die Jahre auch für Ihre Eltern nicht leicht, und gewiß haben Sie ihnen vieles zu danken … Versuchen Sie nicht, auf die *Schnelle* Recht zu bekommen, eine Überlegenheit zu beweisen, die nur auf lange Sicht, durch das Anwachsen einer geistigen Leistung, bewiesen werden kann. Sie müssen weiter Ihrer Bildung leben und arbeiten, müssen schreiben, dürfen es nicht eilig haben mit dem Veröffentlichen. Ich habe deswegen mit Christian Löser von der NDL gesprochen, der der Meinung ist, daß er Ihnen nicht *entmutigend*, sondern ermunternd geschrieben hat. Er zeigte mir, welch einen Stapel Gedichte er dort liegen hat, einen halben Meter hoch! Die NDL ist ja aber doch, im Gegensatz zu *Temperamente*, keine Zeitschrift der jungen Autoren, er kann nur gelegentlich *Neue Namen* versammeln ...

Grollen Sie auch dem Werner Voigt nicht, wir alle mußten immer wieder versuchen, unsere Sachen unterzubringen, sind manchmal jahrelang herumgelaufen, bis etwas gedruckt wurde. Ich habe sechs Jahre Gedichte geschrieben, ehe ich überhaupt einen Versuch machte, der NDL etwas anzubieten. Zu meinem sechsunddreißigsten Geburtstag erschienen die ersten sieben Gedichte in der Zeitschrift.

Ihren Entschluß, wieder zur Arbeit zu gehen, bejahe ich, weil Sie schreiben: es ist eine *Willensfrage*, und weil Sie erklärten, daß Sie Kontakt zu Menschen brauchen. Besprechen Sie einmal mit der Anne Wiesigel oder jemand anderem, der Ihnen nahesteht, ob Sie nicht zusammen für eine Zeit irgendwohin fahren könnten, um dort zu lesen, zu schreiben und etwas anderes zu sehen? Ins Schriftstellerheim? Es handelt sich doch wohl vor allem darum, daß Sie jemanden haben müssen, der Sie persönlich betreut. Und wenn Sie so eine Gelegenheit finden und sich von der Arbeit freistellen lassen können, schreiben Sie mir, ich schicke Ihnen Ihr Gehalt.

In Berlin habe ich mich nach Ungaretti umgesehen, ihn jedoch nicht gefunden, dafür Zwetajewa, die ich hier schicke. Auch einen Band Koreanische Poesie (alte) habe ich gekauft, aber in Berlin vergessen. Er kommt später.

11. März 1981

Gestern, am 10., kam schon Ihr Brief vom 3. März, und weil Sie so beunruhigt fragen, was los ist, will ich Ihnen, vor aller anderen Tagesarbeit, heute ein paar Zeilen schreiben.

Hier bei mir liegen die Briefe vom 2. Oktober und 5. Januar, mein Mann hat wohl bei sich den vom 20. Oktober, kann aber jetzt nicht suchen. Er ist krank, liegt mit Grippe und Kreislaufbeschwerden im Bett.

All Ihre Briefe haben wir, wie immer, mit Freude gelesen, auch die Hochzeitsbilder und das Bild der kleinen Vera mit Andacht besehen – all Ihre Fotos sind bei uns in Ehren bewahrt. Daß wir nicht so schnell schrieben – aber mein Mann hat Ihnen ja mehrmals im Laufe des Sommers und Herbstes doch eine Brief- und Buch-Nachricht gesandt – hat einfach damit zu tun, daß wir mehr und mehr Post bekommen. Wir wissen nicht, trotz größter Anstrengung, wie wir es bewältigen sollen, wollen doch aber jedem persönlich antworten. Obwohl ich bis zum *Krummwerden* an der Schreibmaschine sitze, werde ich niemals fertig, denn täglich kommen mindestens fünf, manchmal zehn neue Briefe. Und es ist schwer zu sagen, was *wichtiger* ist, die Briefe neuer Leser oder alter Bekannter … Also denken Sie immer, wenn Sie länger nichts von uns hören: die Strittmatters haben viel zu tun …

Sie dürfen auch nicht vergessen, lieber Jakob Karlowitsch, daß mein Mann im August neunundsechzig wird, also fast so alt ist wie Sie! Er arbeitet aber jeden Vormittag konzentriert am Roman, nachmittags an anderen Dingen, Tagebuchaufzeichnungen, Briefen, wenn nicht Gäste kommen, Leser. Außerdem ist es für einen Schriftsteller unbedingt nötig, seine Literaturkenntnisse zu erweitern und Bücher wieder zu lesen, die er schon kennt, die ihm aber besonders wichtig sind.

Nebenbei haben wir auch noch eine Familie und einen Freundeskreis, in dem es Sorgen und Krankheit gibt. Krebs, Infarkte, so daß man Kraft braucht, die Freunde zu stützen, ihnen Mut zu machen. Wir sind froh, daß in der Familie solche schweren Krankheiten bisher nicht vorkamen. Der Vater meines Mannes wird im Mai zweiundneunzig und hat einen Schlaganfall von vor zwei Jahren ganz gut überwunden. Meine Mutter ist siebenundsiebzig und in außerordentlich guter Verfassung zur Zeit, arbeitet in ihrem Garten, näht für Bekannte, fährt Rad durch den größten Stadtverkehr und reist im übrigen viel und mit Leidenschaft. Die Söhne, die im Beruf sind als Förster und Schauspieler, haben schon größere Lebensprobleme, die auch auf ihrer Gesundheit lasten. Der Älteste hat dauernd mit Magengeschwüren und mit den Augen zu tun, der Schauspieler steht – trotz großer Filmrollen, die er mit Erfolg gespielt hat – immer unter *Druck*, wie es weitergeht, was für Angebote er bekommt und ob er sich behaupten kann. Der dritte macht im Juni sein Examen als Förster, der Jüngste beendet nächstes Jahr die Schule und muß gleich zur Armee. Der Zweitjüngste, der sein Forstexamen macht, wird wohl dieses Jahr im November *einrücken*, wenn man ihn nimmt trotz seiner schlechten Augen (er hat seit der Kindheit eine starke Brille). So gibt es auch bei uns, wie bei Ihnen, ständig etwas zu bedenken, beraten, besorgen …

Daß Ihre Lili schon geheiratet hat, hat mich verblüfft, aber natürlich ist sie längst erwachsen! Und wie schlank sie geworden ist! Als *Backfisch* sah sie ganz anders aus, wir haben noch ihr Foto hier. Unseren Glückwunsch zur Hochzeit! Und Grüße an die ganze Familie in Tscheljabinsk! Alle auf dem Hochzeitsbild sehn übrigens sympathisch aus.

Nun, lieber Jakob Karlowitsch, wissen Sie wieder ein wenig was von uns. Bei uns geht schon der Winter vorbei, seit zwei Tagen haben wir Wärme, bei zwölf, fünfzehn Grad, gestern Sonne, heute Regen, trotzdem schön!

13. März 1981

Dank für die Leihgabe, liebe Frau Oqueka! Sehr freundlich und dienlich für mich! Aber: ich will kein Buch über Paula Becker schreiben, nur einen *poetischen* Eindruck von ihr zu geben versuchen in einer Prosaarbeit, die in die Reihe der Versuche gehört, in denen ich mich mit Tschechow, Bella Chagall, Marianne Gábor und anderen beschäftigt habe. Immer aus *Liebe* und *Freundschaft*. Das sind inzwischen fast zwanzig Arbeiten, über Jahre entstanden. Sicher wird es in absehbarer Zeit ein Büchlein geben „Dies schrieb aus Freundschaft". Dahinein, in den Kreis meiner Lieben, gehört Paula Becker, deren Briefe und Tagebücher ich seit Jahrzehnten kenne, die mir immer schon nahestand. Es ist kein ehrgeiziges Projekt, ich will der *Wissenschaft* nichts hinzufügen. Auch Paustowski und Laxness will ich noch beschreiben (was sie mir sind).

17. März 1981

Inzwischen wirst Du meinen Brief mit der NDL 2/81 wohl bekommen haben, lieber Nodar. Als er weg war, kam noch Dein Brief vom 21. und die Karte vom 28. Februar. Dank dafür! Du kannst gar nicht oft genug schreiben, das solltest Du wohl wissen!

Von der georgischen Ausstellung in Berlin hatte ich nichts gehört. Oft sind Ausstellungen nicht *plakatiert*, nur irgendwo in der Zeitung im Monatsplan des Hauses ausgedruckt, und so entgehen sie einem. Gibt es dagegen an einem *zentralen Platz* ein sichtbares Plakat, so wissens alle und gehen hin. Ich wäre bestimmt gegangen, wenn ich es gewußt hätte.

Zu *Thomas Mann. Aspekte seines Schaffens*. Den Titel kannst Du nehmen. Ich wüßte nicht, wie man den Sinn, der drinsteckt, anders umschreiben sollte. Kürzer jedenfalls nicht. Glück zu dem Buch! Daß es bald erscheinen soll!

Erwins *Selbstermunterungen* sollen im Herbst, September, herauskommen. Das wird man wohl einhalten, hingegen wurde die Neuauflage des dritten Bandes des *Wundertäter* auf November verschoben (von März), ohne Begründung. Als ob es die Leute hindern könnte, das Buch zu lesen! Immer dieselbe Dummheit, wie bei *Bienkopp*, der inzwischen *Klassiker* ist und in Millionenauflagen in zig Sprachen erschienen. Und was war 1963/64? Damals hätte es Erwin fast das Leben gekostet. Er lag ja nicht umsonst mit Herz- und Kreislauf-Attacken und brauchte lange, sich zu erholen. Nun ja, Du kennst die *Briefe aus Schulzenhof* gut genug ... Aber bitter ist es doch immer wieder. Im übrigen schreibt Erwin am *Laden*. Gestern hat er mir gerade wieder eine Stunde Erst-Diktat vorgespielt. Es hat mich so erschüttert: so *kann* man eigentlich gar nicht schreiben, er ist *über die Grenze der Kräfte gegangen* (Ich habe Lust, mich selber zu zitieren, aber aus unveröffentlichten Gedichten: „Ja, jetzt braucht es List, nicht in Spiegel zu sehen / Oder sie atmend mit Wärme zu trüben / Und ohne Rücksicht auf Schwäche zu üben / Über die Grenze der Kräfte zu gehen ...“). Ihr werdet sehen: das ist so schön, so hat er noch nie geschrieben. So sind wir also glücklich, voll Hoffnung auf *Künftiges*.

Diego Valeri kenne ich nur von dem Gedicht, das in Mariannes Katalog ist und dessen Rohübersetzung man mir zum Bearbeiten gegeben hatte. Aber Du weißt, daß das nichts heißen will: die Poesie bleibt oft lange verborgen im eigenen Sprach-Land.

Schön, daß Dir meine Prosa-Sachen gefallen, ich hoffe da weiterzugehen. Aber wenn ich eine Zeitlang keine Gedichte geschrieben habe, kriege ich ein Unruhe- und Verlustgefühl, Angst, das *Leben* zu verlieren. Poesie ist eben das ganz und gar *andere*.

In vier Tagen beginnt der *amtliche* Frühling. Unser Wetter schwankt. Wir hatten vor einer Woche einen Sonnenvormittag, der vollkommen war. Ich war ganz besessen an dem Tag, dann kam Regen und Regen, heut früh wieder Schnee – und trotzdem *geht* jeden Tag etwas anderes *auf*, eine Blume, ein Vogel, die Luft ist voller Stimmen von *einst*, man erkennt alles wieder! Ja, ich bin ebenso abhängig vom Wetter wie Du, auch Erwin ist es zuzeiten. (Wenn er sehr *stark* ist und gut in der Arbeit, sagt er dagegen: es gibt gar kein Wetter, nur unzweckmäßige Kleidung! Wie ein Waldläufer in der kanadischen *Urwelt*.) Ich bin an die Sonne *gekettet*, von allen Kulten leuchtet mir nur der persische Sonnenkultus ein (ob es in diesem fanatisierten moslemitischen Glauben noch Reste des alten Kultes geben mag? Ob man vom Heidnischen in Persien noch etwas *aufgehoben* hat? Ich weiß nicht, aber die Berichte über die alten Zeiten dort gefallen mir wegen dieser Beziehung zur Sonne). Ich kenne Deine Abneigung gegen Hitze, und ich schließe mich an: temperiert soll es schon sein, nichts Extremes, aber eben: Licht.

Nun: Auf Wiedersehen für heute – irgendwann dieses Jahr wirds ja kommen, inzwischen hören wir doch noch voneinander!

17. März 1981

Dank für die beiden Briefe (vom 20. und 25. Februar), lieber Reso, auch noch für Temo Tschaparides Spruch und das kopierte Foto von 1965! Ich war nicht *beleidigt*, dachte nur, Du hättest gespürt, daß ich Dir in dem im Oktober Surab mitgegebenen Brief etwas Wichtiges geschrieben hatte, ich mache nicht so leicht *Konfessionen* … Nun, macht nichts, und längst hätte ich auch Dir *gründlich* schreiben wollen, ob ein Brief gekommen war oder nicht. Nodar hat Dir hoffentlich ein wenig berichtet, daß auch *mein* Herbst und Winter *überfüllt* waren. Ich rechne immer damit, daß Ihr die *Fakten* austauscht, wie in Moskau Julia und Lydia, der einen schreibe ich dies, der anderen das ... Ja, und, das Wichtigste habe ich vergessen, was an den Anfang sollte: Dein Hesse-Buch ist gekommen mit der *Einlage zu Hesse*. Mein Gott, wie gelehrt Du bist! Ich habe den *Steppenwolf* schon mehrmals gelesen, ohne alle *Schlüssel* – Deine haben mir nützliche Kenntnisse entdeckt oder wiederentdeckt – die tiefenpsychologischen könnte ich nie benutzen, sie machen mich immer lachen, auch jetzt, bei Deinem Text, biegt und peinigt mich eine wilde Lachlust, wenn ich an die Freudschen Erklärungen komme. Nun man, im Nachhinein, über Freuds eigene Existenz einiges erfahren hat, wird einem dieser *Sublimierungs*-Drang begreiflicher. Ich möchte übrigens Deine Sache gern weiterlesen, um zu erfahren, was Hesse bewußt *gemacht*, wie weit er es *symbolisch* konzipiert hatte, oder was ihm nur *unterlaufen* ist. Ich lese gerade wieder mit Vergnügen seine Erzählungen, die Beschreibung seines *Spieltriebs* in der *Nürnberger Reise* gefällt mir so. Vor einiger Zeit hatte ich in einem Gedicht geschrieben: „Verwendbarkeit als Lebenssentenzen / Wird meinen Versen erst anentdeckt / Wenn wer sie liest, und sucht eine Richtung / (Und seis ein Irrlicht, das hoffen läßt), / Aber für mich war Leibseeleverdichtung / Ins spielende Wort ein sinnliches Fest, / Nur eine andere Art der Liebe / Körperlose, von Paarung befreit ...“/ – jetzt las ich bei Hesse wieder über die *Wollust des Schreibens*, sein Bekenntnis zum *Mangel an Gründen*, rationellen, für seine Handlungen. Ich liebe ihn schon darum sehr, immer mehr. Übrigens hat ihn Jakob grade, ganz für sich, entdeckt, kommt voriges Wochenende aus dem Internat und sagt: „Ich habe etwas so Wunderbares entdeckt: Hesse-Erzählungen." Hat mir aus *Heumond* vorgelesen und anderem, was er sich angestrichen hatte in einem Reclam-Band, den er als *Wochenlektüre* nach Gransee mitgenommen hatte. – Zu Deinem georgischen Buch gratuliere ich Dir, schön jedenfalls, es hier zu haben mit dem guten Titel-Gesicht und mit Deiner Widmung, es immer mal wieder zu durchblättern und auf Eure *gestickten* Schriftzeichen zu sehen!

Jetzt, so habe ich es verstanden, machst Du ein noch größeres Hesse-Buch? Dafür bist Du in Freizeit (Freiheit aber nicht, wie es scheint, bei all den Belastungen, von denen Du schreibst!) Ich hoffe, daß es Otar wieder besser geht nach der Gehirnerschütterung und auch Nino und der ganzen Familie!

Jakob mußte heute zur *Musterung*, Matti muß am 3. April dort, in Fürstenberg, erscheinen. Er wird wahrscheinlich diesen November – im Juni beendet er sein Studium – *einrücken*, Jakob nach dem Abitur 1982, Matti ist dreiundzwanzig im Juni, Jakob wird achtzehn, auch im Juni. Beide sind glücklicherweise *gefaßter* als der *kleine* Erwin, für Matti geht nur sein Plan kaputt, mit zwei Studienfreunden in einer Brigade zusammen bei der *Forsteinrichtung* anzufangen, worauf er sich gefreut hatte. Jakob will Literatur studieren (Germanistik) und weiß nicht, ob er einen Platz kriegt, Germanistikplätze sind rar ...

Dieser Winter war schwer von Krankheiten und Katastrophen im Freundes- und Bekanntenkreis, so gehäuft, daß schon das Telefonieren zu einer *Kraftleistung* wird. Bei uns ist nichts *Ernstes*, aber Erwin geht es seit Wochen gesundheitlich schlecht, auch *moralisch*, der Ärger mit dem *dritten Band* reißt nicht ab.

Mir scheint, Du hast das Gedicht *Dämmerung* in die falsche Richtung gelesen. Es ist schon Jahre alt und meint andere Leute und einen anderen Vorgang, als Du annimmst. Die Leute, auf die es sich bezieht, leben in nächster Nachbarschaft, *Welt* ist überall. Es heißt ja: „Verstreut./Nicht nur in verschiedenen Ländern ..." Zu *Tomovski* haben viele Leser geschrieben, das macht mich froh! Die Makedonier übersetzen es, dieses Jahr im August fahre ich wieder *hinunter*, aber ich habe mein *Gelübde* gehalten und bin 1980 zu Hause geblieben. Hier schicke ich Dir meine letzten Arbeiten (obwohl Du die NDL, wie Du schriebst, abonniert hast) – nur als Gruß.

Für heute, sage ich der ganzen schönen Reso-Familie auf Wiedersehen – vielleicht schreibe ich selten, um nicht Sehnsucht zu kriegen nach Euch. Dieses Jahr werdet Ihr vom Verband Volker Braun und Elke Erb geschickt bekommen, das haben wir in der Auslandskommission beschlossen. Aber ich komme eines Tages auch wieder! Versuch nur ein bißchen mehr Ruhe zu bekommen – denk an Ernst! Wenn es dann gehn muß mit dem *Abschalten*, gehts plötzlich. Also seid gesund und glücklich im Frühling!

17. März 1981

Schön, daß Sie auf Ihrem Weg bleiben, ihn weiterzugehen versuchen. Ich wünschte mir, daß Sie immer strenger würden, alle *gefälligen* Wendungen aus Ihren Gedichten wegließen. Am besten finde ich *Sieben Winter* – da stört mich aber der Schluß: Das *Erscheinen des Grases*. Es hätte genügt: *Spüre ich stärker das Gras*.

Dank auch für die *Trappen-Schrift* und vor allem für die Trappen-Feder, liebe Frau Bölsche!

Ich finde die Zähigkeit bemerkenswert, mit der Sie Ihr Leben leben, tun Sie es ja weiter, in Überwindung aller Anfechtungen durch Kümmernisse mit den Kindern und den Kleinmut, der einen da anfällt! Es läuft alles darauf hinaus, daß man Kraft sammelt, um etwas zu *machen* in der Welt!

18. März 1981

Daß Sie, als Musiker, etwas an meinem *Wanderer* fanden, freut mich besonders!

Ich hoffe doch sehr, daß Ihnen die Lust zum Schreiben wiederkommt, *ungetrübt*, aber auch ich kenne keine Sicherheit. Das Schreiben, von Gedichten jedenfalls, geschieht *anfallsweise*. Nie ist mein *Selbstgefühl* so labil wie in diesen Phasen. Auf und Ab binnen Stunden. Ist es was oder nicht? Die Angst vor Selbsttäuschung nach dem *Rausch* ist schlimm.

18. März 1981

„Die Bäume starben …" heißt, sie sind gefällt worden. Vielleicht schaun Sie noch einmal in die Bild-Kette hinein. „Das Baumfleisch ist vor Nässe rot" – das Baum-Innere kann man doch nur sehen, wenn die Bäume abgehauen sind, sonst sieht man nur die Rinde. Es hat also nichts mit Winterschlaf und kommendem Frühling zu tun. Über diesen Nicht-Tod habe ich in anderen Gedichten geschrieben.

18. März 1981

Was Sie zum *Wanderer* schreiben, liebe Frau Thomas, klingt, als hätten Sie nie meine Bücher gelesen! Steht nicht alles über *das Leben*, über den *Wert* des Lebens darin? Die *Einleitung* ist doch Teil des Ganzen, da heißt es: „Ein Augenblick (der Schwäche, mag sein) …" und ich sage ja, was mir Musik, eben diese Musik, ist: Halt, ein Kraftreservoir, das immer zur Verfügung steht und niemals versagt, sich niemals vermindert. Wenn ich mich mit meinen Zweifeln und Kümmernissen und Schwächen auf einen anderen *lebenden* Menschen *werfen* würde, würde ich ihm von seiner Kraft nehmen. Ich weiß, wovon ich rede, denn das machen viele Menschen mit mir. Sie lassen sich nicht am Geschriebenen, Geformten genügen, das in Gedichten und Briefen steckt, sondern wollen *ihr* Stück aus mir, als Person, *herausreißen*, belasten mich mit allen Details ihrer Krankheiten, ihrer Familiensorgen und so weiter. Seit März 78, als die *Briefe* und die *Rose* erschienen, verstärkt seit *Zwiegespräch*, kommt Post und Post, dreieinhalbtausend Briefe seit drei Jahren. Die sind sehr verschieden in ihrer Haltung. Manche imponieren durch Lebensleistung, Selbstzucht und Anspruch an eigene Kraft, andere sind hemmungslos und haltlos, süchtig geradezu. Durch diesen Einblick in die *seelische* Struktur meiner Zeitgenossen ist meine *Konfession* bedingt, die mir jede Konfession über meine *Zustände* im Privatleben verbietet. Wen geht es was an, wie mir zumute ist? Es sei denn, ich finde den Zuständen eine Kunstform, bringe sie in ein *musikalisches* Spiel?

Nur sind *haltlose* Menschen, die allzumal auf sich konzentriert und Egoisten sind, dadurch überzeugt, daß unsereiner nichts mit sich abzumachen hat. Redet einer nicht von seinen Krankheiten und Lebenslasten, so ist er eben ein Glückskind und hat keine. Interessante Experimente lassen sich da anstellen im engeren oder weiteren Lebensumkreis!

Zum *Wanderer* habe ich schöne, einverständige Briefe bekommen, die sich aufs Ganze bezogen, ein fünfundsiebzigjähriger Brieffreund, der im Februar, als das Heft erschien, eine schlimme Krebsoperation hinter sich hatte, schrieb, wie er sich in den schlimmsten Tagen an den *Wanderer* hielt. In meinem nächsten Freundeskreis war in diesem Winter so viel Leid, und es geht weiter und dem Ungewissen entgegen. Ich trage es mit, und mit vollem Einverständnis versuche ich, Kraft abzugeben, aber ich kann Leute nicht ausstehn, die sich nicht zusammennehmen und zu Lasten anderer leben. Es gibt so eine *Tyrannei der Schwachen*, die schon manchen Stärkeren am Leben gehindert hat.

Ich bitte Sie, vielleicht doch noch mal das Ganze zu lesen, um auf seinen Sinn zu kommen.

18. März 1981

Ein *sicherer* Mensch war ich nie, das, was Sie feststellen, ist mir von Lektoren und Kritikern von Anfang an vorgehalten worden. „Warum schreibst Du so traurige Gedichte? Bearbeite doch mal andere Themen?" Jahrelang konnte ich deshalb kein Buch veröffentlichen. Ich bin, wie ich bin, ich mühe mich um Überwindung von Schwäche und Zweifel und Ungenügen, das zeigen meine Gedichte. Immer waren sie antithetisch (und antipathetisch), Sieg und Niederlage, Versuch ihrer Aufhebung ins *Leben*. Merkwürdigerweise ist das genau der *Identifikationspunkt* für die Leser, denn so, „aus Schwäche gemacht", wie ich, sind die meisten Menschen. Daß obendrein die letzten Jahre besonders schwer waren, muß jeder, der einigermaßen die *Bewegungen* in Literatur und Kultur verfolgt hat, bemerkt haben. Ist es denn leicht, Menschen zu *verlieren*? Sei es durch Tod, sei es durch *Abgang* in ein anderes Land? Es wäre doch einfach lächerlich, grinsend optimistisch herumzuhüpfen, so *lebenssicher* und selbstverständlich man sich in diesem unseren Land befinden mag, denn das Aussprechen von Anfechtungen und Traurigkeiten heißt nicht, daß man die Gesellschaft negiert, sich ihr verweigert. Meine Erfahrung ist, daß man sich durch diese Art Offenheit um so sicherer über den Wert dessen verständigt, was wir alle zusammen hier haben. Eine Bindung aneinander, Verantwortungsgefühl, aus dem heraus einer den anderen stützt.

Ich danke für die Teilnahme an meiner Arbeit und hoffe, Sie werden sich nicht von mir abwenden.

18. März 1981

Nein, Sie lesen nicht mehr heraus als in den Gedichten steht. Gerade das ist der *Untergrund* meines Lebens (so wie des Ihren): Bindung, auch Hemmung, durch die Familie, gleichzeitig Bewußtsein, daß das Fehlen der Bindung Verlust an Leben und Erfahrung wäre. Und die für mich wichtigste Frage: schaffe ich es trotzdem, unabhängig von der *Lebensleistung* zu einer *Kunstleistung* zu kommen? Denn da gibt es keinen *Pardon*! Entweder es taugt *absolut* was, als Sprachkunst, oder nicht, da gibt es keine Entschuldigung für Schwächen, weil man Frau ist und vier Kinder hat. Aber natürlich ist es ein Vorteil, diese Existenz in die Poesie *einzubringen*, denn sie ist früher nicht *eingebracht* worden. Frauen, die schrieben, waren oder machten sich frei für die Kunst.

18. März 1981

Ja, Paula Becker *arbeitet* in mir. Dank einer unbekannten Leserin bin ich mit Reproduktionen versorgt. Sie schickte mir gerade wieder, leihweise, ein Büchlein aus der Piper-Galerie: Kinderbilder von Paula B. Im übrigen suche ich all ihre *Spuren*. Rilke und Paula kannten sich seit 1899 aus Worpswede, waren dann oft, 1900, in Berlin zusammen. Rilke kannte Paula gleichzeitig mit Clara Westhoff, der Bildhauerin, seiner späteren Frau. Er war wohl ziemlich unentschieden, welche es sein sollte, wohl Paula zunächst mehr ... Fantastisch ist, daß keiner verstanden hat, wer sie war und was sie machte. Rilke hat sie an Rodin mit einem Empfehlungsschreiben als „Frau eines sehr distinguierten Malers“ geschickt. Niemand, niemand, und sie war allen um eine Epoche voraus. Dann, ein Jahr nach ihrem Tod, ist Rilke eine *Ahnung* gekommen. Er schrieb ihr ein *Requiem*, das zu seinen größten

Gedichten gehört, neben dem *Requiem für Graf Kalckreuth.*

Nun, ich hoffe, meine *Vision* von dieser Frau und dem Drama, das sich in ihr und um sie abspielte, eines Tages vermitteln zu können.

19. März 1981

Lieber Herr Hüge, ich habe das unangenehme Gefühl, Sie glaubten, ich wollte eine Art Bekenntnis von Ihnen zu meinen Sachen. Beileibe nicht! Ich hatte sagen wollen: jeder macht seins, wies ihm *eingegeben* oder *angewachsen* ist. Ich wunderte mich nur über das Wort *Idylle*, als Faktum gesprochen, aber Sie sollten sich gar nicht widerrufen! Es erstaunte mich, daß da eigentlich gar keine *Brükke* war, als Sie mir seinerzeit zum ersten Mal schrieben und Ihre Gedichte schickten (ich hatte aber doch aus Ihrem damaligen Brief, sicher irrtümlich, so etwas herauszulesen geglaubt), aber da ich mich erinnere, daß Ihre Texte *abgezogen* waren, kann ich mir nun denken, daß Sie sie an mehrere Leute gleichzeitig schickten. Alles legitim, alles Ihr gutes Recht, und ich freue mich, daß es doch zu etwas geführt hat, daß sich da ein Weg auftut für Sie. Und ich hoffe (im Nachhinein), daß Sie ein gutes Gespräch mit Günter Caspar hatten. Nur ersparen Sie mir, lesen zu müssen, inwiefern sie meine Gedichte *doch* tolerieren können. Ich brauche das nicht, um überzeugt zu sein, daß in *Ihnen* eine ganz starke poetische Kraft steckt.

19. März 1981

Sie wissen selbst, daß ich keinen Rat für Sie haben kann – Ihr Leben hat schon seine eigenen *Gesetze* gefunden, manchmal scheint es, als ob das Leben in Zug und Gegenzug nur noch bestimmte Regeln erfüllen kann, als ob kein

Absprung mehr möglich wäre. Anscheinend (verständlich) sind Sie mit allem *Hiesigen* so zerfallen, daß es nur noch ein *Leben als ob* für Sie gibt. Irgendwann sind Sie ins *Kraftfeld historischer Prozesse* (die ja ohne Unterbrechung, von lange, lange her sich bewegen) geraten, Sie haben über sie zu herrschen begonnen, was Sie handeln und schreiben, ist *Reaktion* auf das, was Ihnen, dem ins *Spielfeld* Geratenen, geschah und geschieht. Ich für meinen Teil glaube, daß die Anerkennung der Kräfte-*Polarisierung* zu einer Lebens-Einengung führen muß. Das Leben ist mehr, als die *Politik* will. Und was für *Alternativen* sich bieten, zeigt sich an K., mit dem ich 1968 zwei Wochen in der Sowjetunion, bei den Puschkin-Tagen der Poesie, war, und den mein Mann von lange her kennt, dessen erster Gedichtband sich in meiner Bibliothek heute höchst seltsam ausnimmt mit seinen *Deklarationen* – ich halte für keine *Alternative*, von Franz Josef Strauß einen Preis anzunehmen ... Gut, das ist K.s Sache, ebenso wie die Auftritte von Bettina W. (die ich noch als *Ferienkind* kannte, als sie mit meinen Söhnen von der Sommerreise kam), im Westdeutschen Fernsehen. „Jeder, wie er kann", wie ein Liliputaner unserer Bekanntschaft über einen Schauspieler sagte, der irgendwo einen Clown spielte ... Ich ehre Ihr Bekenntnis zu den beiden, aber sie müssen Ihnen doch eine solche *moralische Stütze* sein bei Ihrer Existenz – wieso brauchen Sie da mich? Mein Leben ist anders, mein Schreiben ist anders. Ich bin hier *integriert* und durch vielfältige Beziehungen gebunden. Wenn mir auch viele Leser aus Westdeutschland schreiben (wo man die Bücher per Direkt-Export verkauft), so habe ich doch meine *eigentlichen* Leser hier, die, mit denen ich übereinstimme in Lebensführung und Lebensbedingungen. Ich will hier leben, bin im Einverständnis. Die vielen Briefe, die ich bekomme, zeigen mir ein so großes geistiges und moralisches Potential in dieser Gesellschaft, daß ich mich berechtigt fühle, im Vertrauen auf diese Kräfte zu veröffentlichen.

Seit Sie mir schrieben, denke ich oft an Sie, mit Unruhe, mit Trauer, darum, weil ich in Ihnen eine poetische Kraft sehe. Ich kann Ihnen aber nur sagen: wenn Sie es so fühlen, das Leben, so denken, müssen Sie es aushalten damit und müssen es so auch in Worte fassen. Wie schwer das ist, kann ich mir einbilden.

19. März 1981

Die *Sybille*, in der Ihre Bilder reproduziert sind, hatte ich damals gekauft, mich gleich erinnert an Ihre Einladung und mich gefreut, wie schön der Krumbholz Sie vorgestellt hat, habe es auch meinem Mann gezeigt, dem die Sachen ebenso gefielen wie mir. Von der Ausstellung hatte ich auch gehört, aber als sie schon vorbei war, das ärgerte mich. Jemand erzählte mir wohl davon bei der Beendigung der Marianne-Gábor-Ausstellung in der TiP-Galerie (Theater im Palast).

Die Erzählungen zu Ihrer *Karriere* haben uns natürlich besonders interessiert, lieber Ulrich Pietsch: welch merkwürdige Verbindung: die Zeitung *Freier Bauern*, der Vorabdruck von *Pony Pedro* und Ihre Mitarbeit daran. Und wie schön, daß Sie so eine glückliche *Lebensform* gefunden haben jetzt, und daß Sie aus allem malerisch (und ich zweifle nicht: auch schreibend) etwas machen können. Wie sollte sonst so ein Bild zustande kommen: *Ehemalige Ballerina beim Stricken*! (Natürlich frage ich mich, was die Ballerina Lydia außer Stricken noch tut? Hat sie sich, *einverständig*, der Haus- und Landwirtschaft ergeben?) Wir haben vor siebenundzwanzig Jahren diese *Umformung* begonnen, aber doch immer daneben die Stadt gehabt, auch Reisen. Das *Aufbrechen* des Lebens-Schemas, in das man unter diesen *ländlichen* Bedingungen leicht verfällt, war wichtig, mir übrigens wichtiger als meinem Mann, der jetzt am liebsten überhaupt nicht mehr wegfährt, aber das ist unser spezielles *Problem*, das aus dem Altersunterschied zwischen uns herkommt: immerhin achtzehn Jahre.

Ihre Bilder sind schön, man muß sie einfach lieben, und es ist eine Freude, dran zu denken, daß Sie in diesem Wandlitz sitzen und solche Sachen malen. Ich hoffe gewiß, daß ich die Bilder einmal in *Wirklichkeit* sehen werde.

19. März 1981

So lange habe ich nichts von Ihnen gehört, liebe Frau Valjeur! Ich habe in meinem Postbuch nachgesehen: am 5. November schrieb ich Ihnen zuletzt, von Ihnen kam nichts mehr. Sind Sie krank? Das wäre mir leid, und wenn ja, hoffe ich, daß der Frühling, der gleich kommen muß, Ihnen helfen und Sie aufheitern wird!

19. März 1981

Sein Sie nicht böse, daß es ein bißchen gedauert hat, ehe ich auf Ihren Brief vom 16. Februar antworte, es hätte eigentlich gleich sein müssen, um Ihnen zu sagen: Sie haben bestimmt recht mit Ihren Empfindungen. Es geht doch immer um *Ihr* Verhältnis zur Lyrik. Ein intellektueller Jugendlicher kann darauf ganz anders reagieren, er sucht vielleicht gerade das Schwierige, Verschlüsselte, fühlt sich dadurch gehoben, daß nur wenige verstehen, was in einem Gedicht *steckt*, er glaubt zu einer *Elite* zu gehören, und das stärkt sein Selbstgefühl. Wenn Sie nun aber anders empfinden, sind Sie ebenso im Recht, und wenn Sie im Club oder sonstwo über Gedichte sprechen, brauchen Sie doch keinen Anspruch auf Allgemeingültigkeit zu erheben, es genügt, wenn Sie sagen: *mir* geht es so und so. – Aus den *Briefen* wissen Sie, daß das auch meine Methode ist, ich rate Ihnen also nichts Spezielles an. Ich schrieb Ihnen schon mal, daß ich versuche, mir möglichst alles, was zugänglich ist an Literatur, an Poesie, anzueignen oder wenigstens anzusehen, *Entdeckungen* zu machen, aber die sind selten, soviel man auch liest. Bei Übertragungen aus anderen Sprachen ist immer eine Sinn- und Sprachbarriere da, man weiß nie, wieviel wirklich *herüberkommt* vom Geist des Dichters und von der Musik seiner Sprache.

Sein Sie nicht so kleinmütig, liebe Frau Zimpel! Haben Sie doch ein wenig Freude an sich und Ihrem Leben! Sie sind eine schöne Frau, noch jung, von auffallender Eigenart – lassen Sie sich nicht verkümmern, von niemand! Es tut mir leid, daß wir uns in Piešťany nicht treffen werden, wir reisen gerade am 7. Juni, Ihrem Ankunftstag, ab, in der Frühe! Kommen am 10. Mai dort an. Wenn wir nicht Einzelzimmer hätten, würde ich annehmen (aber kann sein, Sie tuns auch), Sie beziehen unsere Zimmer. Nun, wir beide freun uns schon drauf, haben es sehr nötig, ich bin diesen Winter, wenigstens in den letzten Wochen, rheumatischer als sonst. Meinem Mann gehts nach einer, noch immer nicht überwundenen, Grippe leider nicht gut mit Herz und Kreislauf – nächste Woche hat er sich zum EKG usw. angemeldet. Hoffentlich wird ihm die Kur erlaubt!

Ich schicke Ihnen ein paar Sachen, die auch zum *Thema* gehören, das wir in unseren Briefen besprechen.

19. März 1981

Ein Brief wie der Ihre hätte sogleich ein Echo finden sollen – sicher sind Sie enttäuscht von mir.

Aber was für einen *Wink* kann ich Ihnen schon geben? Sie hören doch Ihre eigene Stimme, die läßt sich nicht zum

Schweigen bringen, zwingt Sie, zu sprechen und aufzuzeichnen, was Sie bewegt, was Ihnen widersteht oder was Sie treibt. Daran müssen Sie festhalten, müssen es weiter so halten, nicht am *Sinn* zweifeln – was Ihr Leben angeht, können nur Sie sagen, kein anderer, da gibt es auch kein Muster, weder meine Gedichte, noch die eines anderen Dichters, können ersetzen, was Sie zu sagen haben. Wenn Sie bei mir einen *Sinn* finden, um so besser, jedenfalls eine Ermutigung zum Leben und Schreiben. Ich spüre in Ihren Gedichten eine Kraft, die ihr *Spielfeld* finden will und wird. Sie sind an einem schönen Anfang und in einem guten Alter: alles ist möglich!

19. März 1981

Eben habe ich noch einmal Ihre beiden Briefe, den vom September 80 und den vom Februar dieses Jahres und alle Gedichte durchgelesen – (zwischendrein schon öfter, um mich *einzufühlen* und einzuhören). Endlich will ich schreiben, und nehmen Sie meinen Geburtstagswunsch noch an, liebe Astrid Philippsen, der Ihnen wie mir gilt: Kraft, von *Nebendingen* abzusehen und uns auf die *Kunst* zu konzentrieren! Sie haben so schöne Aufgaben für dieses Jahr: allein, Dessankas Gedichte zu übertragen, muß ein Fest sein für einen Menschen, der in der Sache leben kann, wenn er sie macht! Aber, ich weiß, wovon Sie reden! Auch mir ist es oft und oft, eigentlich meistens, so gegangen, und es geht mir nach wie vor so: wenn ich mich wirklich vom *Geist* erfaßt fühle, ganz leicht, ganz frei, ganz an die *Sache*, das über uns Stehende, hingegeben – dann kommt jemand *getrampelt* und will, daß ich den Klempner anrufe oder was andres in dem Genre. Abgesehen von den sowieso *automatisch* laufenden Haushaltspflichten, Kochen, Wäsche, Einkaufen, Aufräumen. Ich gerate, innerlich, manchmal in solche *Raserei*, daß ich glaube, mir platzt die *Hirnschale* oder ich kriege Schreikrämpfe. Aber bis jetzt ist es mir noch immer gelungen, das *in* mir abzumachen. Und sicher ists falsch so, auch ich hätte mehr Energie aufbringen müssen für die Arbeit, anstatt meinen Ehrgeiz in perfektes *Funktionieren* als Hausfrau und Familienmutter zu setzen …

Ich habe die Gedichte nicht sortiert dieses Mal, hätte es tun können, aber das hat keine Bedeutung, wenn ich sage: dieses mehr, jenes weniger. Ganz stark finde ich *Warnung*, da ist alles in ein einheitlich ablaufendes Bildgefüge umgesetzt. Aber es gibt mehr von der Art. Wichtig ist wirklich, daß man nicht wahllos Bildelemente aufeinanderwirft, sondern, so wie ein Maler die Farben aufeinander stimmt, die Bilder in Beziehung zueinander hält, und daß man keine Sprach-Klischees im Text läßt. (Irgendwo steht bei Ihnen was von *Winterpracht* – das ist so was, Feuilletonstil der *Berliner Zeitung*.) Also, ich meine, bei Ihnen ist eine wirkliche poetische Kraft. Sie müssen dabeibleiben, und versuchen Sie doch ruhig, was zu veröffentlichen. Bei *Temperamente* etwa oder *NDL*. Vielleicht wirds nicht gleich, aber versuchen sollten Sie es schon.

20. März 1981

Falls ich Ihren Namen nicht richtig herausgelesen haben sollte, entschuldigen Sie es.

Ich wollte Ihnen nur sagen, daß Hunderte anderer Leser, auch Frauen, gerade gegenteilig reagieren auf meine Selbst-Auseinandersetzung, ob in dem von Ihnen genannten Gedicht oder anderen, in denen ich die Bedingtheiten meiner Existenz auszusprechen versuchte, oder in den *Briefen aus Schulzenhof*. Alte und junge Menschen, Christen ebenso wie Sozialisten, einschließlich unserer DDR-Vertreterin in der Frauenkommission der UNO, haben sich der Gedichte bemächtigt mit der Bemerkung: „Ja, das ist auch meine Erfahrung!" (z. B. in dem Gedicht *An meinen achtzehnjährigen Sohn*). Seit diese *Briefe*, die Sie so schockiert haben, erschienen sind, haben mich dreieinhalbtausend Zuschriften erreicht, in denen die Leser mit mir, über diese meine Familien-Beziehungen, über ihre eigenen Probleme ins Gespräch kommen wollten. Ihr Brief ist der erste, in dem mir jemand vorwirft, ich handelte unmenschlich („... dann kann das Kind nicht in Freiheit gedeihen ..."). Das Kind, von dem Sie sprechen, war zur Zeit des Drucks fünfundzwanzig Jahre alt, hatte die schweren Krisen seiner Pubertät, die uns alle um Schlaf, Frieden und Arbeitsmöglichkeit gebracht hatten, überwunden (durch die Schule im wesentlichen verursacht, die auf die besondere Begabung des Jungen nicht eingehen konnte), lange Jahre, bis heute, stützt sich dieser Sohn auf uns, speziell auf mich, in all seinen Lebensdrangsalen und -entscheidungen. Inzwischen ist er Schauspieler. Wir leben mit unseren Söhnen in enger Beziehung und Harmonie.

Was das *Veröffentlichen* betrifft, so ist der Schriftsteller und sind es seine ihm Nächsten gewohnt, Rücksichtslosigkeit gegen sich zu üben. Es kommt nicht auf Beschönigen an, sondern auf Aussprechen von Zweifeln und Konflikten. Und da ist genau der *Identifikationspunkt* für die Leser, jedenfalls für ihren überwiegenden Teil. – Also: wenn ich es für nötig halte, wenn es mich drängt, über mein Verhältnis zu meinen Kindern zu schreiben, werde ich es wieder tun. Ich schreibe auch über mich: so offen wie möglich.

27. März 1981

Dank für Ihre Familien-Erinnerungen, liebe Frau Mende-Hacks!

Ich hoffe nur, daß Sie sich zum Frühjahr erholen und

ausgehen und überhaupt wieder aus dem *vollen* leben können. Es gibt solche *Zwischenphasen*, in denen alles schlechter geht, und man glaubt, es sei schon eine Behinderung auf Dauer. Und dann: siehe da! verjüngt, belebt man sich wieder und kann leisten, was eine Zeitlang unmöglich war. – Ich weiß es von meiner Mutter, die siebenundsiebzig ist und der es ein paar Jahre lang schlecht ging, die aber jetzt in *Hochform* ist, wieder Rad fährt, ihren Garten allein bearbeitet, schneidert, reist, liest, auf der *Veteranenakademie* Vorlesungen hört, blendend und elegant aussieht – keiner hätte es vor fünf Jahren für möglich gehalten. Sie hatte 1974 einen Unfall (Gasvergiftung) und brauchte Jahre, um sich davon zu erholen.

Daß Sie mich so freundlich in Ihre Gedanken einbeziehen, rührt mich, und es ehrt mich auch, ich hoffe nur, daß ich es immer rechtfertigen kann!

27. März 1981

Heute ist ein so schöner Sonnen-Abend. Ich denke, Sie in Ketzin haben ihn auch. *Ich* freue mich dran.

Schade, daß Sie ein solches *Mißtrauen* auf meinen Mann geworfen haben, der Ihnen nur geschrieben hat, wie er immer schreibt: höflich, ohne *Hintergedanken*. Er hat Sie geschätzt aus meinen Erzählungen, aus Ihren Briefen, die von der Kindheit und Jugend und Ihrer Lebenshaltung erzählten, auch von Ihren Besuchen, die schön waren und bei denen er auch Ihren Mann kennengelernt und ihm Sympathie entgegengebracht hatte. Ich glaube, Sie müssen einfach was *dagegensetzen*, dürfen Ihren Stimmungen nicht nachgeben. Müssen sich *belasten*! Das hilft! Ich weiß es von mir und von anderen. Sie sind doch noch jung! Seien Sie fröhlich, wenn auch bei Ihnen die Amsel singt und die Krokusse blühn und die Rosen treiben!

27. März 1981

Sie haben natürlich genau erfaßt (gewußt), was das soll: „Gottdergerechte“, und wos herkommt. Mir gefallen diese Wendungen aus dem Jiddischen sehr (ich kenne sie vor allem aus der Literatur, aber auch von einigen jiddisch sprechenden Freunden aus der Sowjetunion – aber der witzigste Freund lebt uns nicht mehr) – manches habe ich in meine Gedichte *eingeschmuggelt*, so in dem Gedicht „Anfang der Liebe“: „Werden wir leben und es erfahren“ … Sie schreiben nichts von der Gesundheit, liebe Lolf, ich hoffe, daß es schon besser geht?

27. März 1981

Hier kommt Ihr *Gästebuch* zurück – mir scheint, nicht zufällig haben Sie dieses Pracht-Album gewählt, haben Schrift und Zeichnungen drauf *abgestimmt*, was Sie machen, ist, was man zu *Anlässen* schreibt. Das tun Tausende, vielleicht Zehntausende, es kann vergnüglich sein. Aber: „So – oder wie weiter?“ Diese Frage haben Sie mir gestellt. Ich sehe da kein *weiter*. Das hat mit Poesie nichts zu tun, ist nur aus schon *Bekanntem* gemacht. Wie ich Sie verstanden habe, haben Sie einen schönen Beruf, Lehrerin, konzentrieren Sie sich darauf!

Wenn Sie ein Buch von mir kennen würden, das *Briefe aus Schulzenhof* heißt, hätten Sie Antworten dieser Art an andere finden können, meine Meinung überhaupt dazu, daß man jemanden nach dem Weg, den man gehen soll, fragt! Ich kann ihn Ihnen nicht zeigen, Sie müssen ihn finden. Wenn Ihr Talent zum Schreiben stark genug ist, wird es sich durchsetzen – aber bis jetzt sehe ich keinen *eigenen* Ansatz.

11. April 1981

Der Wanderer scheint Ihnen doch nicht ganz *einverständig* zu sein, oder irre ich mich? Sie gehören ja nicht zu den Menschen, die sich *anlehnen*. Sie nehmen die Gedichte richtig, sagen es selbst, wie Sies tun, und ich habe Ihnen in Briefen immer bestätigt, daß mich freut, wie Sie in *Anspruch* nehmen, was ich schreibe. Ihre Lebenshaltung ist eine *positive*, das spürt man aus all Ihren Briefen, Tages- und Lebensberichten. Es gibt aber viele Menschen, die haltlos sind, sich selbst kein *Regime* geben oder geben können und immer nach *Suggestionen* gieren, für sie ist Poesie eine Art Droge, und der Dichter soll ihnen *Schamane* sein, aber gleichzeitig wollen sie seine Person, ganz *irdisch*, für sich, machen Anspruch, einen Teil an ihr zu *besitzen*. Solche Menschen, wenn man sie gewähren läßt, *fressen* einen, lassen nichts von einem übrig, nehmen einem die Zeit zum Denken, zum Leben, zum Schreiben …

Ich wünsche Ihnen weiter schöne Frühlingstage! Wie gut das klingt: „Wir haben die lange Bank an die Südwand gerückt, um miteinander zu *reden*."

11. April 1981

Dank für die Schilderung der *kuriosen* Szene um das Gedicht *Werte*! Aber das gefällt mir, wenn die Gedichte so in *Anspruch* genommen werden. Ich habe es vor Jahren in einem anderen Gedicht geschrieben. „Meine Gedichte soll man nicht bei Banketten, sondern in der Küche beim Kochen lesen …". Nun, die Situation war *verwandt*. Ursprünglich ist nur mein eigenes *Lebensgefühl* ausgedrückt; wenn ich schreibe, denke ich nicht dran, daß jemand anderes das lesen und für sich gelten lassen könnte, aber wenn es geschieht, freut es mich. Grüßen Sie Ihre Sportfreundinnen!

11. April 1981

Dank für die beiden Briefe in einem! Und für das blaue Notenblatt von neulich. Sehr schön ist das, das Blau und die Blumen stimmen *von selbst* heiter. Ich denk mir Ihre Tage, sie sind schlimm, das denk ich mir, und Sie habens mir geschrieben, ich seh Sie an der Birke stehn, arme Lolf …

Ich schreib Ihnen ein andres Gedicht auf, nur so. Karfreitag ist es vielleicht in meiner Radio-Lesung, die ich gestern – für einen Tag in Berlin – aufgenommen habe. Vielleicht fällts aber auch raus, ich hab mehr gelesen als Zeit ist, und Musik kommt auch noch rein.

Unlust zu Versen, ihrer Beschränkung durch Zeile
 und Reim.
Untergrundstimmung, die murmelnd geheim
Wie verborgenes Quellwasser gehn muß durch das
 Gedicht,
Denn nur aus dem Dunkel gewinnt es sein Licht.
Mich aber lüstet es, offen zu sagen
Von den geheimnislos heiteren Tagen,
An denen die Sonne scheint heiß im April.
Und die Luft ist voll vom Stimmengeschrill
Vieler Vögel. Stare schwirrn noch in Scharen.
Und alles ist so wie in früheren Jahren.
Feldlerchen lullen noch immer beim Singen
Tonauf, tonab. Blaumeisen schwingen
Unsichtbar Amboß und Hämmerlein.
Sie machen ein Schmiedgeräusch silberfein.
Der Amseln Sang geht über alle Begriffe.
Der eine sitzt auf dem Kiefernriffe
Am Wiesenrand. Der andre singt in den Erlen am Bach
Und gibt dem ersten an Wohllaut nicht nach.

Und über dem balzenden Stimmenschlag,
Dem sonnentönenden Vogeltag
Lautlos und hoch kreist der Rote Milan.
Und wenn er wendet auf seiner Bahn
Vom See zum Wald, bricht flammender Schein,
Augenblicksdauer, ins Blaue ein
Des Himmels: Glückeserblinden.
Es sind einfach keine Worte zu finden
Für das, was das ist: der Milan und das Licht.
Für die Freiheit des Flugs ist zu eng das Gedicht.
Und drum Unlust zu Versen, die Leben einengen,
Anstatt die Grenzen des Seins zu sprengen
Und die Fülle der Welt in Worte zu gießen,
Die schon vom Täuberruf überfließen,
Der noch vergessen ist. Und so tausende Dinge,
Mit denen ich mein Leben verbringe
Und machen mich mit zu der, die ich bin,
Und offenbarn mir verborgenen Sinn,
Aller Wandlung Geheimnis im grünen April:

Es gibt kein Geheimnis. Ich lebe. Ich will.

11. April 1981

Dank für die Schilderung Ihrer *Unternehmungen*, Ihrer schönen Fahrten durchs Land und all der Museumsbesuche und mineralogischen Studien! Ja, die Mineralogie ist ein schönes Fach. Ich liebe Steine und habe, von Lesern geschenkt, eine kleine Sammlung mir lieber Stücke. Amethyste, Achate, Rosenquarze, vielerlei auch, zu dem ich schon die Namen vergessen habe, das mich aber trotzdem freut. Auch Meeresgetier-Versteinerungen vom Ettersberg, den schon Goethe studierte … Gestern kam nun auch Ihr Paket. Ich weiß nicht: soll ich danken oder *schel-*

ten? Für einen Brief kann ich immer mit einem Gegenbrief danken, aber für ein Paket muß ich mir erst was *Sinnreiches* überlegen, ein Buch finden, von dem ich annehme, es freut den anderen wie mich ... Die Gladiolenzwiebeln sollen gleich im Gärtchen ausgesteckt werden. Da habe ich schon allerhand *Besonderheiten*, die mir andere *unbekannte* Leser schickten. *Wildformen* von Tulpen und Krokussen zumal, beginnen sich auszubreiten ...

12. April 1981

Gern hätte ich etwas über den Komponisten Lohse gewußt. Ich habe von der Existenz dieser Lieder bisher nichts gehört. Das *verbreitet* sich, daß die Komponisten einem keine Kopien der Lieder schicken. Dessau, mein *erster* (zeitlich gemeint) Komponist, hat da ganz anders gehandelt. Er hat mir alles geschickt, und zu seinem achtzigsten Geburtstag, als ich noch überlegte, wie ich ihm gratulieren werde, sandte er mir einen Brief und die Vertonung des Gedichtes *Lob*, das damals gerade in der NDL erschienen war ... Vor zwei Jahren aber hat ein junger Komponist ein ganzes *Märkisches Liederbuch* aus meinen Gedichten gemacht. Er hat mich nie gefragt, mir nie eine Note geschickt. Ich weiß nur von Sängern der Uraufführung, daß das *Liederbuch* von mir ist. Es ist ein Chorwerk und wurde schon oft in großen Konzerten gesungen, wie ich immer hinterher erfuhr, und man sagt, es sei gut. Der Komponist hat auch den FDGB-Preis dafür bekommen, während man meinen Namen nicht mal erwähnte ... Kurios. Nichts zum *Ernstnehmen*, nur eine Randglosse.

12. April 1981

Man muß alles selber suchen und finden. Durch Lesen, Vergleich, Wiederlesen, vor allem aber durch Leben. Sehen Sie, jetzt drängt es Sie zu schreiben. Sie sind in einer *besonderen* Situation. Wenn Sie studieren, wirds, unterm *Druck* der Wissenschaft, vielleicht vergehen. So wars schon bei mehreren, die mir in ihrer Armeezeit Gedichte schickten. Grad wenn Ihnen meine Gedichte nahestehn, lesen Sie sie möglichst selten oder gar nicht. Man muß sich vor so einer *Herausforderung* hüten. Ich mache es mit den Dichtern, die ich liebe, ebenso, lese sie selten, um ihrer Suggestion nicht zu erliegen.

14. April 1981

Dein Brief kam gestern gerade zurecht, daß ich die Rundfunksendung hören konnte, in der man Dich *vorstellte*, liebe Ellen. Die Sendung hat mir insgesamt nicht gefallen, sie ist so *anbiederisch* an ein bestimmtes *niedriges* Niveau. So war auch bei Dir der Versuch gemacht zu zeigen: sie ist wie alle anderen, ganz *normal*. Das stimmt aber nicht. Du bist anders, sonst würdest Du diesen Weg nicht gehen. Und schade, daß Dir für die Musik wenig Zeit bleibt, wegen des allgemeinen Schulprogramms ... Mozart und Beethoven hat man nicht mit Biologie *gestopft*, sondern mit Musik ... Aber ich kenne das, ich habe mit meinem jüngsten Sohn, der zur Literatur will, Debatten darüber, daß er sich bemüht, allem gerecht zu werden, anstatt eben seine Sache, die geisteswissenschaftliche, stärker zu betreiben. Der Klassenlehrer ist Biologie- und Geographie-Lehrer, dessen Frau Mathematik-Lehrerin, sie wollen *ihre* Fächer mit Glanz bestanden sehen, Literatur ist ihnen nur ein *Schnörkel*, Luxus, eigentlich brauchte es das nicht zu geben, Hauptsache, die Welt funktioniert in ihren *mechanischen*

Teilen ... Warum ich Dir das alles schreibe: beharre eigensinnig auf Deiner Sache, versuch Dich nicht *anzupassen*, setz Dein Ziel nicht zu niedrig: was heißt: Musikpädagogik? Warum nicht Musik? Bist Du, Ellen Hünigen, dafür nicht gut, wenn Du schon so weit bist? Musiklehrer werden auch andere, ohne schöpferisches Talent!

14. April 1981

Die Nachricht von Frau Dr. Mólnars Ende kam mir überraschend. Ich hatte gedacht, es wäre ein (bei der Krankheit) *normales* gewesen ... Die Schilderung des Schwelbrandes kann ich nur mit Schaudern lesen. Als meine Kinder klein waren, hatten sie die Gewohnheit, kurze Zeit ging das nur, abends ein Heizkissen anzustellen und sich von Bett zu Bett zu geben. Bei Matti, dem Zweitjüngsten, der damals wohl fünf oder sechs war, bliebs liegen, er schlief fest drüber, es brannte an – das Heizkissen hatten wir erst kurz vorher im Dorfkonsum gekauft, nachher hieß es, es wäre veraltet gewesen, es hätte *Bi-Metall* drin sein und sich von selber rhythmisch abschalten und austarieren müssen – er merkte überhaupt nichts, alle drei Kinder schliefen fest, die Stube war voller Qualm, ich war bei meinem Mann im Dachgeschoß des alten Hauses, hatte mich dort festgelesen ... Nun, es ist nichts weiter geschehen, keiner zu Schaden gekommen, aber nie wieder hat es in unserm Haus so ein Gerät gegeben, nur die alten Wasserwärmflaschen, die können höchstens leck werden ...

Die Nachrichten über die *grassierende Wundertäter-Lektüre* haben meinen Mann und mich gefreut. Das hört man von allenthalben. Literatur, einmal gedruckt, läßt sich nicht hindern.

14. April 1981

Dank für den Brief vom Februarende, aus der sehr vergangenen Winterzeit!

Ich grüße Sie aus dem *österlichen* Schulzenhof (da man nicht weiß, ob Ostern so österlich sein wird, noch sinds ein paar Tage hin), um Ihnen zu sagen: ich lese Karfreitag 20 Uhr bei *Radio DDR II* neue Gedichte, sonst wars immer Ostersonnabend, aber die Sendezeit wurde für eine andere Art (positive) Literatur gebraucht – außerdem Antwort: wir haben einen neun Monate alten Dalmatinerrüden, nachdem wir unseren elfjährigen Dalmatiner Assan vor genau einem Jahr erschießen lassen mußten, als er von einem Fuchs angefallen worden war. Wir hatten schon: Chow-chow, Boxer, Neufundländer, Zwergschnauzer – nun bleiben wir beim Dalmatiner, das ist für uns der schönste Hund. Voriges Jahr, das war ganz schlimm für uns alle. Nun haben wir, seit Oktober, Äsop, und er ist schon wieder *Familienhund*.

Pferde haben wir, aber auch da gibts Tragödien. Gerade ist uns eine Zwerg-Pony-Stute, die allerkleinste, acht Jahre alt, buchstäblich verhungert, im Laufe von vierzehn Tagen, unmittelbar vorm Fohlen. Das Fohlen wurde noch geboren, starb unter der Geburt – kein Mittel schlug an, das der Tierarzt versuchte, konnte auch nicht, wie sich nach dem Tod herausstellte. Die kleine Stute Beere hatte eine ganz schlimme Lebergeschichte … Neujahrsmorgen war auf der verschneiten Koppel ein anderes Pony geboren worden, unterkühlte sich, starb vierundzwanzig Stunden später. Aber seit vorgestern gibts ein Fuchs-Stutfohlen, das in der Sonne springt und schon auf zwei Beinen geht … Ein anderes, Mischling zwischen einer norwegischen Fjordpferdstute und unserem Araberhengst Galba ben Afas, wird dieser Tage erwartet … Bei uns gibts schrecklich viel

Durcheinander, Sorgen, Belastungen, liebe Frau Doktor Garbe. Wir versuchen *hindurchzusteuern* – irgendwie gehts auch immer. Wenn man nur den Tag nicht *verlebt*, an dem man lebt.

14. April 1981

Es tut mir leid, daß Sie Schulzenhof so erfolglos gesucht haben (es ist übrigens nicht *der Schulzenhof* der Strittmatters, das ganze Vorwerk, sieben Häuser, heißt Schulzenhof, das war mal ein kleines Gut, unter Friedrich II gegründet, die erste Besitzerin war ein Fräulein Schulze, das Gutshaus ist abgebrannt, die Kätnerhäuser sind geblieben, eines davon haben wir 1954 gekauft, 1971 haben wir zusätzlich ein Haus in den Garten gebaut) – es tut mir leid, aber vielleicht sollte es so sein, damit Sie nicht enttäuscht werden? Es hätte sein können, Sie hätten uns bei übler Laune getroffen, wenn wir schon oft hintereinander *überfallen* worden waren von Besuchern (der Sommer war grad zu Ende, und der Sommer ist die schlimmste Zeit). Wir müssen immer unsere Arbeit, unsere Arbeitszeit, verteidigen und werden dabei manchmal grimmig. In dem meist freundlichen Verlangen, einen Schriftsteller zu sehen, denken die Leser nicht, daß viele es mit ihnen teilen und daß im Schriftsteller, wenn er *willfährig* ist, nichts von dem übrigbleibt, was sie grad an ihm lieben … Seine Freiheit, Heiterkeit, Unabhängigkeit vom *Tage* … Sowieso ist es schwer, im Gleichgewicht zu bleiben, man muß allerhand Listen gegen sich gebrauchen, um in Schreibstimmung zu sein oder sich drin zu halten, und wenn man *herausgerissen* wird, *stirbt* einem oft, *buchstäblich*, etwas, was man sonst geschrieben hätte … ein Gedicht … Trotzdem ist man glücklich über die Neigung, die die Leser einem entgegenbringen. Ein Widerspruch, der wirkliches Verständnis für die Existenz des Schriftstellers verlangt.

14. April 1981

Lieber Herr Hrdlička, ich kann nur wiederholen: ich überlasse ganz Ihnen, was Sie tun wollen, was Sie wählen, schließlich hängt ja doch – bei Ihnen wie bei uns – alles vom Verlag ab.

Hier sende ich Ihnen die anderen Gedichtbände. Da Sie nur *Die eine Rose* und *Zwiegespräch* erwähnen für Ihre Auswahl, nehme ich an, daß Sie die übrigen Bücher nicht besitzen.

Am 10. Mai reisen mein Mann und ich wie jedes Jahr nach Piešťany. Eigentlich wollten wir über Prag fliegen, wir hätten dann fünf Stunden Aufenthalt gehabt, man hätte sich vielleicht sehen können, aber es gibt mit dem Flug Schwierigkeiten. So werden wir über Bratislava direkt gehen.

Ich würde mich freuen, wieder von Ihnen zu hören, natürlich auch zu erfahren, wie und wieso Sie gerade auf meine Gedichte gekommen sind!

14. April 1981

Dank für die Briefe vom Januar und vom 3. April. Ich freue mich über die Arbeit, die Sie für mich tun, und ich danke Ihnen dafür, und ich hoffe, daß wir uns, hier oder bei Ihnen, bald einmal wiedersehen. Im August will ich nach Struga/Jugoslawien. (Ich weiß vom bulgarischen Konflikt mit Makedonien, weiß aber nicht, wie Sie dazu stehen.) Hier sende ich Ihnen eine *NDL*-Zeitschrift, in der etwas über einen makedonischen Freund von mir steht.

Ihren Nachdichtungen wünsche ich Erfolg, und daß Sie nur Freude haben sollen von der Arbeit, liebe Nadia!

14. April 1981

Inzwischen ist so ein schöner Frühling, und ich nehme an, er hat auch Ihnen geholfen, auf hellere Gedanken zu kommen, die in Ihrem letzten Brief standen, gereimt oder ungereimt, waren zu finster! Mein jüngster Sohn ist so alt wie Sie, geht auch in die elfte Klasse und lebt im Internat. Ich kenne also die Dinge, die Sie belasten und beschäftigen, ganz gut. Ihm hilft sehr die Literatur. Fast jede Woche sagt er mir: ich hatte schöne Tage, ich habe die und die Gedichte gelesen, den oder jenen Dichter entdeckt. (Hesse, Storm aus dem Literaturbuch, Rilke in einer Reclam-Ausgabe). Es steht ja alles zur Verfügung in Bibliotheken; in Büchern ist ein solcher Reichtum beschlossen, und er öffnet sich, wenn man nach ihm greift … Ich weiß auch, wie man zur Kontra-Stellung neigt in Ihrem Alter, sich auflehnt gegen die Lehrer, Eltern, den Internatszwang – aber, seltsam, wenn ein paar Jahre vergangen sind, stellt sich heraus, daß das doch eine ganz *romantische* Zeit war, eine Zeit der Freiheit von Verantwortung für andere. Man ist, das begreift man erst später, in Wahrheit noch nicht eingeschränkt von Pflichten, kann sich selbst und seiner Freude leben, wenn mans richtig sieht … Ich will Ihnen natürlich keine Vorträge halten, das habe ich mit meinen Söhnen nie gemacht. Ich möchte nur, daß Sie sich nicht *hängen* lassen und schon gar nicht die Literatur nur zur Unterstützung einer Gegen-Haltung heranholen. Dichtung ist mehr, will mehr, ist gar nicht für den Tag gemacht, wie könnten sonst dreitausend Jahre alte Gedichte (wie die alten chinesischen) noch auf uns wirken? Was ich Ihnen raten kann: lesen Sie viel, vieles, Gutes, lesen Sie gründlich, damit Sie wirklich zu einem Urteil kommen, damit *wächst* auch das, was Sie selber zu schreiben versuchen.

15. April 1981

Nun liegen die Bilder immer noch verpackt in Rostock herum. Ich bemühe und bemühe mich, sie nach Budapest zurückzukriegen, Marianne Gábor braucht sie, sie hat schon einen Ausstellungstermin verpaßt deswegen. Es sind fünfundzwanzig neue, nie bisher (außer in der DDR) gezeigte wichtige Bilder dabei. Außerdem hat sie der Nationalgalerie und der Dresdener Galerie zwei wunderbare Bilder geschenkt – auch die stehn in Rostock rum, nichts rührt sich, keiner schreibt ihr eine Zeile. Dabei werden ihre Bilder in der übrigen Welt, Italien, Frankreich, USA, zu hohen Preisen von den Galerien gekauft – aber so ists bei uns: schwerfällig, und ich bin auf dem Bettel wegen der Sache, als wäre alles mein Privatvergnügen ... Ein Ergebnis der Berlin-Ausstellung: Marianne Gábor hat nach ihrer Heimkehr zwei Bilder gemalt (wie sie mir am Telefon erzählte): Berlin vom fünfunddreißigsten Stock des Hotels *Stadt Berlin*, wo wir sie in einem sehr schönen Appartement untergebracht hatten. *Blaue Lampe und blaue Nacht* – in ihrem Zimmer stand eine Stehlampe mit blauem Schirm.

Dieser Apriltage habe ich lebhaft an Jena und an Sie gedacht. Die Sonnenstimmung, das Licht, das Grün erinnern mich an den heiteren Tag unseres *Ausflugs*. Ich habe nie vorher und auch noch nicht wieder so einen *Auenwald* gesehen, Leberblümchen und Buschwindröschen in einem solchen *Rausch*. Und dieser Frühling ist ein *Jahrhundertfrühling*! Ich hoffe, lieber Herr Doktor Schreiner, Sie gehn auf den Berg zu den Blumen und Sie erleben den Frühling so intensiv und freudig wie wir?

15. April 1981

Sie haben mir eine so große Freude gemacht, lieber Arno Mohr! Daß Sie mir für den *Wanderer* die zwei Blätter schickten, hat mich gerührt und richtig *erwärmt*. Man bekommt ja allerhand zu hören zu den Sachen, die man macht, aber wenn jemand, dessen Kunst einem so nahesteht, schreibt oder ein solches Zeichen gibt, das geht über alles andre.

Erwin und ich sind erstaunt, was Sie aus dem Holzschnitt machen, wie *Mohrsch* das sofort wieder ist (vielleicht auch nicht sofort, wie viele Versuche vorangingen, wissen wir ja nicht). Die Regenstimmung in der Stadt, die ist so fein und besteht eigentlich (wie so oft bei Ihren Zeichnungen schon) aus *nichts*. Auch die anderen Blätter schön, sehr schön. Ich mag noch besonders das Männerporträt mit den zusammengelegten Händen – aber wenn ich wieder zu den anderen Blättern sehe, sind sie ebenso stark. Dank also für alle, für die meinen aber speziell!

Ich wundere mich, daß Sie an die *NDL* gekommen sind, da doch von Ihnen keine Reproduktionen drin sind? Zufall, oder sind Sie Leser der Zeitschrift?

Hier schicke ich Ihnen den Katalog einer Ausstellung, die ich in die DDR gebracht habe, nach Berlin und Rostock. Immer schon sahen Erwin und ich etwas Verwandtes zwischen Marianne Gábors und Ihren Arbeiten. 1978 habe ich ihr nach Budapest Ihr *Lebensbuch* mitgenommen, das ist ihr sehr lieb.

15. April 1981

Schrecklich bin ich in Ihrer Schuld, liebe Krista! So lange habe ich nicht geschrieben. Das Jahr ist bald herum, und wir planen wirklich wieder, nach Piešťany zu reisen, am 10. Mai dieses Mal. Nur habe ich schon Angst vor der ganzen Reise: den Vorbereitungen hier, für die Zeit unserer Abwesenheit, den Vorbereitungen für unser Gepäck, und außerdem gibt es keinen Flug mehr sonntags nach Bratislava, wir müssen früh acht Uhr nach Prag fliegen, abends achtzehn Uhr Prag–Piešťany. Das heißt, um vier aufstehen und bis spät unterwegs sein. Bratislava war so gut, wir waren einmal schon in drei Stunden fünfzig Minuten von unserer Berliner Wohnung bis ins *Thermia* gekommen ...

Ich würde mich natürlich freuen, wenn wir uns wiedersehen, obwohl es mir lieber wäre, Sie wären endlich erst hierher gekommen, es liegt mir schwer auf dem Herzen, daß es letztes Jahr wieder nichts wurde.

Hoffentlich sind bei Ihnen alle gesund? *Unsere*, alle Söhne und Iljas Familie, werden sich Ostern versammeln, das wird ein großer *Betrieb*!

23. April 1981

Ganz so selten, wie Sie meinen, ist es nicht, daß man uns aus der Bundesrepublik schreibt, auch aus Ihrem Hamburg kommt Post. Gerade hat mir ein junger Dichter seinen ersten Band gewidmet, eine Doktorandin kündigt ihren Besuch an – von meinem Mann nicht zu reden, der seit langem veröffentlicht in westdeutschen Verlagen. Was die *Briefe aus Schulzenhof* angeht, sind Sie einer literarischen *Fiktion* zum Opfer gefallen: das ist nicht meine *Sekretariatsarbeit* für Erwin Strittmatter, die habe ich nie geleistet. Ich habe ihm nur bei einer längeren Krankheit, aus *Freundschaft*, etwas von der Last abgenommen, die auf ihm lag, auch viele *theoretische* Fragen, die ihm zuwider sind, beantwortet. Der größte Teil der Briefe geht aber an Freunde. So erklärt sich der *private* Charakter des Buches. Es war von mir so ganz *subjektiv* gedacht. Es ist kein Buch *über* Erwin Strittmatter, es ist mein Buch und mein Leben, von dem da die Rede ist. So fassen es auch die Leser, zumal die in der DDR, die meine Gedichte gut kennen, auf. – Für die Abkürzung der Namen habe ich mich, nach genauem Überlegen, entschieden, und ich halte sie aufrecht. Vieles ist dem in die Literatur und Kunst der DDR und der sozialistischen Länder Eingeweihten ohnehin verständlich. Manche haben ein *Entschlüsselungsspiel* betrieben und das meiste herausbekommen. Der überwiegende Teil der Leser, der nicht so nahe an den *Zentren* lebt, beruflich nicht mit Kunst zu tun hat, fragt nicht danach, liest das Buch unter anderen Gesichtspunkten. Ihn interessiert, daß Schriftsteller *arbeiten*, davon haben viele keine Vorstellung. Sie glauben, *es macht sich so*, vielleicht, weil sie zuviel schlechte Filme über *schöpferische Menschen* gesehen haben. Da trillern die Vögel, und der Dichter oder Komponist springt inspiriert umher und braucht nur aufzuschreiben, was ihm die *Muse* flüstert … Mit Grüßen aus dem schönen Schulzenhof nach dem schönen Hamburg!

23. April 1981

Dank für Ihren Brief, für seine *Konfessionen* und auch für die freundliche Zustimmung zur Karfreitagslesung! Und wieder frage ich mich nach Ihrem Brief und Ihrem Bekenntnis zum Glauben: wie kommt Ihr handgeschmiedetes Neujahrspräsent mit dem verschlossenen Ausblick zustande (das ich erst gar nicht begriffen, dem ich vergeblich eine *praktische* Funktion *abzuentdecken* versucht hatte und das mir dann meine Söhne erklärten): kein Licht, keine Hoffnung, nur *Dunkel*? Luther soll geschrieben oder gesagt haben: Und wenn ich wüßte, daß morgen die Welt untergeht, würde ich heute einen Apfelbaum pflanzen. So wie einer der alten Römer, habs irgendwo notiert, aber finde es jetzt nicht, so daß ich nicht weiß, wers war: Und wenn das Weltgebäude krachend einstürzen sollte, so sollen die Trümmer einen Furchtlosen treffen ... Luthers *Glaube* beruht also auf alter Philosophie. Und ich denke immer, wenn Glaube zu irgendwas gut ist, dann wohl dazu, einem Halt und Haltung zu geben über das Maß hinaus, das einem die eigenen Kräfte ermöglichen, sozusagen einen *mystischen* Zuschuß ... Leider habe ich bei manchen unserer *bekennenden* organisierten Christen das Gefühl, es handele sich um eine Sache der *Politik*, sie gehören einer *Enklave* an in diesem Staat. Aber, für mein Verständnis, ist das jämmerlich klein gedacht vom Christentum, von der ursprünglichen Botschaft des Evangeliums, über die gar nichts hinausgehen kann – man kann sich ihr nur annähern in der Anwendung. Das „Liebe deinen Nächsten, er ist wie du" – ach, all die Gebote, wir leben ja aus ihnen, versuchen aus ihnen zu leben, wenigstens das: unsere Eltern zu ehren, nicht zu lügen, zu stehlen, zu töten, auch nicht durch üble Nachrede – auch wenn wir das erste, das Gottesgebot, nicht bekennen. Dabei: welch eine poetische Idee! Und ich wünschte, ich könnte so kindlich sein und mir einen Vater Gott (den der alten Bildergeschichten und Legenden, den mit dem Barte) vorstellen – denn, nämlich, die *rationalistischen* Varianten, die Versuche, den Gottesgedanken *wissenschaftlich* annehmbar zu machen im stratosphärischen Zeitalter, sind mir absurd. Entweder – oder. Entweder ist da *Himmel*, und da sitzt er, und da kommen wir hin, wenn wir glauben, oder nicht. Wie wunderbar, wie grandios hat Thomas Mann im „Joseph" das Ausdenken des Ein-Gottes geschildert, beschworen, und den ungeheuren sittlichen Aufschwung des Menschen durch diesen *Akt*: die Geburt des Gewissens im Schuldbekenntnis Judas', vor Joseph. Unvergleichlich, von einer so tiefen Wahrheit und Weisheit – ich kenne in der Literatur nur den „Faust" (in seinen beiden Teilen), um einem früheren

Werk den „Joseph“ an die Seite zu stellen. Ja, dort ist *Gott*. Da geschieht er. Und wie natürlich für die Menschen jener Epoche, zu ihm zu kommen. Mir schreiben viele Christen, aus der DDR, aus der Bundesrepublik, auch aus anderen Ländern, Priester und Laien, man *predigt* meine Gedichte von Kanzeln ... Oft bekomme ich Einladungen zu Lesungen in kirchlichen Gemeinschaften, einige habe ich angenommen, vor zwei Jahren war ich ein paar Mal in solchen Gruppen – vor vielen dieser Menschen habe ich Hochachtung, ich schätze ihren Lebensernst, die Sinn-Suche. Aber es geschieht auch immer wieder, daß ich spüre: hier will man mich *einvernehmen* für einen Zweck (wogegen ich mich immer wehre, bei jeder Gruppe, welcher Art immer), hier lädt man regelmäßig *oppositionelle* Geister ein, Schriftsteller, die sich bemerkbar gemacht haben als Kritiker des Sozialismus. Nur diese, keine anderen ruft man, und man glaubt, ich gehöre dahin und dazu. Aber das ist Irrtum.

23. April 1981

Das Porträt der Schauspielerin Dagmar Manzel ist großartig! Wir beide finden es, sind begeistert und stolz auf Sie! Das ist es! Ist es wieder! *Giebe*.

Ich wußte nicht, daß Sie in *Schuld* warn zu schreiben. Ich wollte es aller Tage schon tun, weil wir oft von Ihnen sprechen, und ich wollte Ihnen sagen, wieviel Freude wir an Ihren Bildern haben, an Jakobs Porträt, das in meinem Berliner Zimmer hängt, wohin nun auch, neben dem *Wassermann* (dem kleinen, *grünen* Strittmatter) der große *böse* mit den rosa Ohren soll – auch ein hervorragendes Bild. Da hängt auch mein liebes *Karussell*-Bild mit der winzigen weißen aufgeschlagenen Ecke an der Dachplane, die winzige Stelle *macht* das ganze Bild, seine Poesie, seine heimliche Trauer und Schönheit ...

Jakob hat übrigens – nun ist er endlich soweit – vor kurzem gesagt: daß er immer schon sein Porträt, das Sie gemalt haben, lieber hatte als das von Roehricht. Was Sie gemalt haben, *ist* er, der andre nicht ... (sagt er)

Man müßte wirklich reden über alles. Die Dinge *beschreiben*, die Sie von seiten der Kunst, der Malerei andeuten, ist zu langwierig und zu stier. Vielleicht soll man überhaupt nicht und sich lieber an dem Guten freuen, was Sie doch schaffen, durchsetzen: die Beteiligung an wichtigen Ausstellungen, den Druck der Grafik-Mappe. – Ich hatte übrigens eine große Freude: Arno Mohr hat mir für den in der NDL 2/81 veröffentlichten *Wanderer* ein paar sehr schöne Blätter geschickt, außerdem meinem Mann wunderbare Holzschnitte, die Mohr neuerdings macht, er hat erst vor einiger Zeit damit begonnen.

Wenn Sie kommen wollen (was Sie andeuteten im vorigen Brief): wir haben die Kur für Mai abgesagt, weil *Tante Else* vor drei Tagen zur Operation gegangen ist, und wir konnten uns nicht entschließen, Jakob alles *anzuhängen*, Haus, Hund, Kater, Blumen. Er müßte dann täglich fahren, einkaufen etc., neben der intensiven Arbeit für die Schule. Mit dem Zeugnis muß er sich ja zum Studium bewerben. Unser *Lebens-Problem*: daß wir allein sind, und keine Änderung, keine Hilfe in Sicht. Der Aufwand ist groß. Rechtfertigt sich nur, wenn *Leben* ist. Also, wenn Sie kommen wollen – können: schreiben Sie Bescheid. Ich weiß nicht, wie Sies mit Marlies und Caspar vereinbaren? Das, was mit Caspar und der Krippe geschehen ist, geschieht anscheinend mit allen sensiblen Kindern. (Ihr Vergleich, der sich aus *untauglich* ergibt, ist also begründet). Ich denke, daß er sich bei Marlies' Mutter wieder erholen wird ... Er war doch von Anfang an ein so gesundes Kind!

Mein Mann schreibt am *Laden*. Wir, die wir immer mal

ein paar Stunden vom Band hören dürfen (in den Ostertagen mit Matti und Jakob) sind ganz glücklich über das, was da entsteht.

Passen Sie auf sich auf, lieber Hubertus, Marlies natürlich auch auf sich – vergessen Sie nicht auf freie Zeit, auf Muße, aufs *Spielerische* – wir versuchen uns jetzt darin, versuchen auszubrechen aus dem selbstverfertigten Zwang und Schema … Gelingt nicht immer, aber manchmal doch, und gerade daraus kommt Schönes.

23. April 1981

Nein, das will ich ganz gewiß nicht, meine Gedichte vor Menschen lesen, die sich nicht für Gedichte interessieren, mich und sie Leuten aufzwingen, die gar nichts wissen wollen von uns …

Vielleicht habe ich einmal eine öffentliche Lesung in Neubrandenburg, da können dann auch die wenigen von Ihrem Institut, die eine Neigung zu Gedichten haben, hingehen. Sowieso ist mir das lieber, als in *Betrieben* zu lesen.

24. April 1981

Dank für den Brief, der Brücken zwischen Neuruppin und Bohsdorf baut … Mein Mann war Ostern mit einem unserer Söhne dort. Seinem fast zweiundneunzigjährigen Vater geht es, nach einer Grippe, nicht gut, aber mein Mann meint, der Großvater könne noch wieder zu Kräften kommen …

Daß Sie einen *Zuwachs* an *Lebensmut* aus *Zwiegespräch* ablesen, freut mich. Nur ist es so, daß ein Teil der Gedichte schon in den ersten Band *Ich mach ein Lied aus Stille* hinein sollte, den ich 1971 in Verlag gab (erschienen 1973). Damals hat man sie mir nicht abgenommen, weil sie zu *traurig* waren. So sind in all meinen späteren Büchern frühe Gedichte mit neueren gemischt, der Eindruck, den Sie da hatten, muß – von dieser Seite her wenigstens – täuschen. Ich war nie ohne *Lebensmut und Zuversicht,* aber das Leben ist mal so, mal so, hat seine Farben und Stimmungen und unterliegt den Wandlungen des Alters (also ständigen Wandlungen). Die Gegenstände sind verschieden, die einen beschäftigen, über die man schreibt. – Es gibt in einem Gedichtband von mir, der beim Kinderbuchverlag erschienen ist (keine *Kindergedichte*) und *Ich schwing mich auf die Schaukel* heißt, ein Eröffnungsgedicht: *Pflicht*, vier Zeilen:

„Ich hoffe, daß ich sie erfülle, / die allererste Menschenpflicht. / Daß ich die Sonne nicht verhülle. / Daß ich vermehr das Erdenlicht".

So, hoffe ich, habe ich immer geschrieben.

24. April 1981

Ist das kein Gespräch, das wir führen, liebe Dagmar? Wenn ich Ihnen Bücher sende, die für mich zu den wichtigsten gehören? In Berlin durch die Buchhandlungen laufe, um sie für Sie noch einmal zu finden? Liebes Kind, liebes Mädchen, Sie *müssen* sich und Ihre Situation annehmen, so schwer sie ist. Sie haben ein Talent, und Sie können bei Konzentration auf Ihren Lebens-Bereich, auf Ihr Welt-Verhältnis zu ganz starker Poesie kommen, eine, die ein *freier*, ein schweifender Mensch gar nicht schreiben *kann*.

Schön, daß die Koreaner zu Ihnen gesprochen haben, ich habe diese Schlichtheit so lieb.

Hier schicke ich Ihnen zwei andere Bücher, die mir wichtig sind. Leider habe ich den Insel-Gedichtband von Daltschew, der ein großer Poet war, noch nicht wieder gesehen, aber die *Fragmente* werden Ihnen etwas sagen, da

Sie gerade mit Prosaskizzen begonnen haben. Sie werden sehen, daß man sich *begrenzen* und genau sein muß in dem, was man schreibt.

Den Dichter Fernando Pessoa habe ich vor ein paar Jahren entdeckt. Damals habe ich all meinen Freunden und Söhnen geschrieben und ihnen, wenn möglich, den Reclam-Band geschickt. *Mir* war er eine *Sensation*. (So wie Lorca.)

Ich wünsche Ihnen Freude.

24. April 1981

Daß Du mir die Großmutter von Nana bisher vorenthalten hast, lieber Reso, weißt Du? Nie habt Ihr von ihr gesprochen! Zu wem gehörte sie denn? Zu Frau Etheri? Oder zur väterlichen Seite? Ich habe ein Verlustgefühl, ein richtiges, weil ich sie nicht kennenlernte.

Ob Erwin Dir *wegen Goethe* schreiben wird, weiß ich nicht. Er hat gesagt, wenn Du schon was gefunden hast bei ihm, wird es wohl stimmen. Er liest ja immer wieder in den Werken, hat auch eine Menge dazu aufgeschrieben in seinen Tagebüchern. Ich erinnere mich an lange Betrachtungen zum *Wilhelm Meister* und der *Romantechnik* der *Alten*. Das war schon in den sechziger Jahren.

Vor ein paar Tagen habe ich Endlers *Versuche über Georgien* gekauft, immer schon hatten sie mich so *angesehn*. Nun lag wieder ein Stapel traurig herum in der Karl-Marx-Buchhandlung (die Erstauflage von 76 ist immer noch nicht verkauft), da hab ich eins mitgenommen. Das meiste, das heißt den ersten Versuch, hab ich fast durchgelesen, beim zweiten angefangen. Bis jetzt finde ich *Euch* nicht …

Grüß alle im Haus und die Freunde außerm Haus. Ich wünsch Euch ruhigere und schönere Zeit, schönen Frühling!

4. Mai 1981

Noch vom vorigen Sommer habe ich zwei Briefe nicht beantwortet und bedankt, liebe Frau Professor Hayeková. Dazu kamen noch eine Weihnachts- und Osterkarte, und nun soll es endlich einmal werden, und ich will Sie grüßen im grünen (aber kalten) Mai, den wir dieses Jahr nicht in Piešťany verbringen, wir haben unsere schöne Tradition *zerbrochen* (mein Mann war seit 1974, ich seit 1975 jedes Jahr im Mai im *Thermia*), vor zwei Wochen habe ich mit der *Administration* telefoniert und gebeten, unsere Buchung auf 6. September bis 4. Oktober umzuschreiben. Wir sind ganz traurig, daß wir jetzt nicht fahren, aber erstens fühlt sich mein Mann gesundheitlich so ungut, daß der Herr Primarius ihm bestimmt keine Schlammbäder gestatten würde (wegen des Herzens und Kreislaufes, der nach einer Grippe und Bronchitis geschwächt ist), zweitens geht es dem morgen zweiundneunzigjährigen Vater meines Mannes, ebenfalls nach einer Grippe, bedenklich, drittens ist unsere Nachbarin, die seit einundzwanzig Jahren bei uns hilft und das Haus in Ordnung hält, wenn wir reisen, vor zehn Tagen an der Schilddrüse operiert worden, und wir wissen noch nicht, wann sie wieder arbeiten kann. Möglicherweise bleibt sie den ganzen Sommer über krankgeschrieben. Deshalb also machen wir einen ersten Herbst-Kur-Versuch. Hoffentlich stürmt und regnet es nicht zu sehr um die Zeit. Man hat uns erzählt, daß Herbst und Winter überm Waag-Tal gewaltig sein sollen – und wir könnens uns vorstellen. Wir hatten schon manchmal im Mai solche *Wettereinbrüche*, daß man fast von der Brücke geweht wurde. Die großen Pappeln bogen sich, und überm Park war ein Rauschen von Regen und Wind … Aber, mag sein, es gibt im September noch Sonne, wir können draußen schwimmen und haben einen Fast-Mai, ein Nachholen des Frühlings, der dies Jahr so kalt ist, daß alles, was blühen wollte, vergeht, ehs dazu kommt …

Mir scheint, ich habe Ihnen noch nicht mein letztes Buch geschickt? Das tue ich jetzt und auch den *Wundertäter III* – wenn Ihre Studentinnen auch nicht mehr über *Die Ironie im Wundertäter* arbeiten, so werden *Sie* doch gewiß – auch in *Pension* – noch Ihren Genuß daran haben!

Ich verstehe sehr gut, wie Ihnen bei Auflösung des Elternhauses und dem Verkauf zumute war: man beginnt sein Leben und lebt es lange mit dem Gefühl der Dauer und Sicherheit: alles wird so bleiben, wie es war, und es gibt einen Ort, der einem bleibt, dieses *Zuhause*, das über alle anderen Behausungen hinausgeht … Aber das kann nicht bleiben, weil man selber nicht dort bleibt, weil man hinausgehen will ins *Leben*, und niemand ist da, der das Elternhaus erhält, pflegt, bewahrt, mit Leben erfüllt. Das Sterben des *Hauses* beginnt, lange ehe die Eltern, einer nach dem andern oder beide nah beieinander, hinwegsterben … Auch bei uns beginnt das schon. Die Söhne gehen davon, jeder in seine Richtung. Sie kommen zwar gern zu Besuch, und sie wünschen sehr, daß alles für immer immer so bleiben soll, wie es in ihrer Kindheit war, aber das kann es gar nicht, denn die Kräfte lassen nach, und wenn das Haus leer wird, wird auch die Anstrengung, es zu erhalten, von Tag zu Tag sinnloser … Bei uns ist es der jüngste Sohn Jakob, der sagt: ich will zu Hause, in Schulzenhof, leben. Er ist jetzt siebzehn, nächsten Sommer macht er Abitur, dann muß er zur Armee, mit einundzwanzig könnte er zu studieren beginnen. Germanistik ist sein Ziel (ursprünglich war es Archäologie), Literatur seine Passion. Er will das Archiv aufbauen in Schulzenhof – aber wird er es sich während des Studiums nicht anders überlegen? Wird ihn Berlin nicht festhalten? Und wenn er es wirklich wahr macht, so wird mein Mann sechsundsiebzig sein, wenn der Sohn sein Studium beendet, und es fällt ihm jetzt, da er krank ist, schon schwer, die täglichen Haus-Pflichten, die in seinem *Bereich* liegen, zu erfüllen: die Zentralheizung feuern, mit dem Hund spazierengehen und einiges, was mit dem Auto zusammenhängt, besorgen. Das *Vernünftigste* wäre, wir gäben das Haus und Schulzenhof auf, bezögen wieder in Berlin eine größere Wohnung (dort haben wir nur zwei Zimmer) und reisten im übrigen nach Piešťany oder an andere Orte, wenn es uns zumute ist, die Stadt zu verlassen. Aber das werden wir nie tun, mein Mann vor allem könnte es nicht ertragen, diesen Platz zu verlassen. Also *improvisieren* wir von Tag zu Tag, von Monat zu Monat unser Leben, und *nebenbei*, was natürlich heißt: in der Hauptsache, schreiben wir …

4. Mai 1981

Lauter Mißverständnisse, liebe Frau Neuss, Ihr Brief war durchaus in dem Paket mit dem indischen Kleid und den anderen indischen Sachen, ich dachte, das wäre aus *meinem* Brief zu entnehmen gewesen – was ich *bekundet* hatte, war lediglich Freude (nicht, weil ichs mir nicht erklären konnte), war Überraschung. Ich fand es so besonders liebenswürdig und bemüht um einen *eigenen* Einfall, als Sie mir dieses Geschenk machten, denn allerdings schicken mir Leser von hüben und drüben öfter was, aber nie war es mir so *märchenhaft* und wohlgefällig gewesen, vielleicht eben, weil es für mich was *Exotisches* hatte, denn um gerecht zu sein, muß ich sagen, daß ich zum Beispiel in Rerik an der Ostsee eine an Jahren alte (und seit einiger Zeit, nach einer Krebsoperation, sehr leidende) Leserin habe, die für mich und auch schon für meinen Mann Pullover und Jacken aus Shetland-Wolle in kompliziertesten Farbmustern strickt (ohne uns je gesehen zu haben, und die Sachen passen) – die Frau hat ein Leben hinter sich, zu dem man, mit einem Klischeesatz, sagen möchte: wie ein Roman. Fast die ganze Nazizeit im KZ und Zuchthaus, das erste Kind in der Zeit nach England ins Exil geschickt – jüdisches Kind – und seither nur noch tageweise gesehen, nie *wiedergefunden*, die Zeit war *drübergegangen*, dann gleich nach dem Krieg zwei Kinder geboren und großgezogen – eine bewundernswerte Frau von großer Bildung und Charakterstärke … Sie begann mir eines Tages so *spontan* zu schreiben, wie Sie es getan haben. Im Februar dieses Jahres habe ich die Ausstellung einer ungarischen Malerfreundin in der Kunsthalle Rostock mit einer Lesung eröffnet, da kam diese alte Leserin siebzig Kilometer gefahren, um mich zu treffen (direkt aus der Klinik, einen Tag nach dem *Probeschnitt*, der das schlimme Ergebnis brachte, fünf Tage vor der Brust-Amputation). Ich kann mich über dieses Verhältnis zu den Lesern nur wundern und wundern – und diese meine verwunderte Freude hat Sie anscheinend etwas unmäßig getroffen, so daß Sie meinten, Ihre Gabe wäre mir unverständlich, weil der begleitende Brief aus dem Päckchen abhanden gekommen wäre. Nein also: ich bin ein wenig kindisch-kindlich gewesen in meiner Reaktion, so scheint es.

4. Mai 1981

Auch bei uns ist es wie in Jena, lieber Herr Doktor Schneider: aller Tage Frost. Man wagt kaum auf die Pflanzen zu sehen. Als ich, Anfang April, von Erfahrungen mit ähnlichen Frühlingen ausgehend, mich fürchten wollte vor einer solchen Wendung des Wetters, verbot mein Mann es mir und sagte: es *muß* ja nicht immer so gehen, glaub ans Abweichende, ans *Wunder*!

4. Mai 1981

Bei uns geht es nicht gut, lieber Nodar, Erwins Gesundheitszustand macht mir Sorgen, es geht ihm von Woche zu Woche schlechter – obwohl der Arzt keine nennenswerten Abweichungen von der *Norm* gefunden hat bei gründlichen Untersuchungen, die vor drei Wochen gemacht wurden – er ist dauernd müde, fühlt sich schwach, sagt, er könnte beim Gehen einschlafen ... Heut hat er sich entschlossen, nicht am Roman weiterzudiktieren, sich einfach *fallenzulassen* und im Bett zu liegen, vielleicht, daß es sich doch von selber bessert. Schmerzen hat er keine außer vom Rheuma, er leidet aber auch an chronischer Bronchitis, und dieser Frühling ist so *extrem*, so unsinnig, Anfang April hatten wir sommerliche Hitze, alles *schoß* hinauf und hinaus, dann kam Frost, acht Grad in der Früh, immer am Morgen sind die Wiesen weiß von Reif, es hagelt und schneit und geht kalter Wind, und die Blütenbäume verkümmern vorm Blühn, die Rosen treiben in sich hinein anstatt nach außen, die Triebe sind erst frostrot, dann braun, dann trocken und bröckeln ab von den Sträuchern ... Vielleicht ist es all das, neben dem *Wundertäter*-Ärgernis, das unausgesetzt anhält, sich eher noch steigert durch neue Informationen. Aber: nach achtzehn Jahren (1963 im November erschien das Buch) wird *Ole Bienkopp* Schullektüre, der Verlag informierte Erwin, daß er eine Auflage mitdrucken muß für den Unterricht. Das *konterrevolutionäre Machwerk*, wie der schon lange verstorbene einstige Landwirtschaftsminister Ewald den *Bienkopp* in einer Versammlung des Schriftsteller-Verbandes nannte, das aber inzwischen in dreißig Sprachen übersetzt und in fünf Millionen aufgelegt ist, zieht in die Schulen ein ... Natürlich wirds mit dem *Wundertäter* eines Tages genauso gehen, nur: man muß es erleben! Um doch einigermaßen entschädigt zu werden für die Demütigungen und den Ärger. (Gewiß gibt es auch Freuden: wie viele begeisterte Leser hat das so sehr behinderte Buch, das nicht einmal ausgeliehen werden darf in den Bibliotheken!). Unser Name wird nirgends mehr genannt. In einer Bilanz über *dreißig Jahre DDR-Literatur*, die unser Staatssekretär Höpcke vor der Messe in einem *ND*-Artikel gegeben hat, kommt der Name Strittmatter überhaupt nicht vor, auch mich trifft der *Bann*, besser, man nennt auch mich nicht, dann wird niemand an Erwin erinnert …

Man darf nur gespannt sein, ob die Leute, die das machen, bis nächstes Jahr ihren *Komplex* loswerden, damit sie Erwin wenigstens zum siebzigsten Geburtstag gratulieren können … In Vietnam aber hat er gerade einen sensationellen Erfolg mit *Ole Bienkopp* und *Blaue Nachtigall*. Ich habe die ersten vietnamesischen Veröffentlichungen meiner Gedichte bekommen. Der Übersetzer schrieb kurios: „Nachdichtung ist immer wie *Kunstfälschung* …“ und: „in der Hoffnung, daß Sie beide Vietnamesisch nicht lesen …“ diese Selbstironie hat mir gefallen.

7. Mai 1981

Gestern war Rodrian hier, lieber Karl, und erzählte, daß Du auf dem Basar warst am 1. Mai. Da wären wir feindlichen Völker uns bald angerannt! Ich war ja auch da, aber Du warst, wie R. sagte, bei den Malern, denn sonst hättest Du – nach Alphabet – ganz in meiner Nähe sein müssen, bei den Schriftstellern.

Ich bildete mir ein, Du wärst in Holland. Vielleicht bist Du auch schon zurück? Daß Du im April fahren wolltest, weiß ich, aber ich dachte, es ginge in den Mai hinein.

Natürlich mußte ich lachen und weinen über Deinen *blutigen* Brief. Von *Aus-der-Seele-Reißen* und solchen

Grauenhaftigkeiten stand ja in meinem Brief gewiß nichts drin. Vielleicht hätte ich ihn tatsächlich nicht schreiben sollen, nicht, weil „man solche Briefe nicht schreibt", sondern, weil es zwischen *uns* nicht üblich ist, Empfindungen, Bedenken deutlich auszusprechen. Einmal, vor ein paar Jahren, hatte Erwin Dir einen langen Brief geschrieben zu Deinem zweiten Erzählungsband, er liegt bei den *Akten*, ich hab ihm damals gesagt: schick ihn nicht ab, Karl ist in keiner guten Verfassung. Jetzt hab ich es wohl *verschätzt*, dachte, in diesen Jahren hätte sich manches stabilisiert, so daß ich meine Bedenken aussprechen könnte. Du weißt ja, daß ich bei *Vorstadtkindheit* ganz glücklich war, weil es ein harmonisches Buch ist, eben ausgewogen in all seinen Teilen, das heißt ja nicht, es muß auf Skurrilitäten oder Kruditäten verzichtet werden ... Na, keine *Theorien*, auch weiter keine Kommentare zu meinem Brief – ich wollte Dir nur sagen, daß Du – wie immer – *übertreibst*. So, wie Du ihn aufgefaßt hast, war mein Brief gar nicht gemeint. Auch meine, unsere Gesinnungen gegen Dich, gegen Euch, sind *unwandelbar*.

Wir haben uns gefreut zu hören, daß Dein Buch beim Kinderbuchverlag kommt und daß Du gut mit Frau Dr. George – die ich sehr gern habe – auskommst.

Hoffentlich sind bei Euch alle gesund, hat die Groß-Poseriner Saison begonnen?

Erwin ist seit Februar krank, wird immer *schlechter*, der Arzt sagt: psychisch. Er hat die *Wundertäter*-Krankheit. So wie er vor achtzehn Jahren die *Bienkopp*-Krankheit hatte. Man behandelt ihn skandalös. Nur ist er jetzt zwanzig Jahre älter, und auch damals endete es schon mit einem Kollaps und wochenlangem Krankenhausaufenthalt. Traurig ist das, der *Preis* für Literatur ist hoch. Ich hoffe nur, daß es mir gelingt, ihn wieder so weit *anzuheben*, daß er noch etwas Zukunft sieht. Augenblicklich nicht: er rudert in einem unterirdischen schwarzen Teich, sagt er. Aber heute scheint die Sonne, wir haben zum ersten Mal dieses Jahr (nach fast dreißig Jahren hier) einen Sprosser am Berg vorm alten Haus, dort im Schlehen- und Fliedergebüsch, und heut morgen hat der Kuckuck gerufen, und ein paar Schwalben sind auch schon da …

7. Mai 1981

Dank für zwei Büchersendungen und zwei Mal Grüße!

Du hast mich *überholt* mit dem zweiten Brief, denn natürlich war längst auf meinem Programm, für die vorige Sendung zu danken. Meisterlich habt Ihr den *Herzfelde-Grosz-Band* gemacht, wir danken dafür und beglückwünschen Euch dazu!

Das war ein seltsamer Satz, lieber Hans Marquardt, ein ängstlich machender („ich fühle mich sehr einsam"), aber es trifft sich, daß wir auch so was empfinden seit einiger Zeit.

Hubert Witt hatte nach Eurem Besuch seinen *Walther von der Vogelweide* geschickt mit einer freundlichen Zeile zur bevorstehenden Zusammenarbeit, leider habe ich ihm noch nicht gedankt, und ich bitte Dich, da mein Vermittler zu sein. Was das *Projekt* betrifft, so habe ich mirs überlegt und will die Auswahl für RUB nicht von Gerhard Wolf machen lassen, sondern sie selber machen, und ich will auch keinen mich *preisenden* Text als Nachwort, überhaupt keins. Die Sachen solln für sich stehn.

Vielleicht kann Witt mir schreiben, was für einen Umfang er sich vorstellt, ich würde dann mal die Bücher durchgehn und *meine* Gedichte angeben.

Dank nicht nur für den *Grosz*, sondern auch für all die andern Sachen. Erwin hat schon eine ganze Reihe der Bände für die Kur-Bibliothek bereitgestellt. Schön, daß es immer wieder so schöne Bücher, immer wieder was zu entdecken gibt. Eine meiner größten Entdeckungen, die Ihr ermöglicht habt, war vor ein paar Jahren der Portugiese Fernando Pessoa, nie vorher hatte ich von ihm gehört, ein unglaublicher Dichter!

7. Mai 1981

Zuerst und hauptsächlich – was schon längst geschehen sollte – möchte ich Dir Glück wünschen zur Wahl ins Zentralkomitee, liebe Ursel Ragwitz! Ich denke mir, daß Du nun noch energischer wirken kannst für die Kultur, für die Kunst, und ich erinnere mich dabei mit Vergnügen an unser Gespräch im Gästehaus an jenem Abend mit Marianne Gábor, Mihàly Rónai und unserem Sohn, dem Schauspieler.

Seinetwegen will ich Dir ein paar Sätze schreiben, unter anderen. Du hattest ihm gesagt, er solle zu Dir kommen, wenn er Sorgen hätte. Er hat sie. Der Regisseur von *Adel im Untergang* (der gerade eine Fassung für das westdeutsche Fernsehen herstellt), Wolf-Dieter Panse, hat dem Erwin jr. (Erwin Berner) vor ein paar Tagen gesagt, daß er ihn für die Hauptrolle eines neuen, im Herbst zu drehenden, Fernsehfilms vorgeschlagen hätte, man hätte den Erwin aber, ohne Angabe von Gründen, von der Besetzungsliste gestrichen. Er fragte ihn: „Hast du etwa einen Ausreiseantrag gestellt?“ Und sagte: „Mir ist so was noch nie passiert!“ – Als *Adel im Untergang* lief, sagte Erwin, der Vater, dem Sohn am Telefon: „Wenn man Dich jetzt *meinetwegen* nicht behindert“ – schließlich wissen alle *Eingeweihten*, daß Erwin Berner Erwin Strittmatter junior ist – „müßtest du nach diesem Film gute Arbeit bekommen!“ – Die DEFA gibt ihm zwar eine Rolle, eine wenn auch kleine, aber wichtige und schöne: er soll den Len in *Sonjas Rapport* spielen. Die Ruth Werner ist sehr einverstanden damit. (Sie hat ihn in *Adel* gesehen.) Aber das Fernsehen verhält sich höchst merkwürdig. Nicht nur, daß sie seit über einem Jahr eine Lesung von Erwin zu liegen haben, auch von mir *schmoren* zehn Gedichte, die ich im Juni aufgenommen habe und die mit drei Dessau-Liedern zusammen, die Vera Oelschlegel aufgezeichnet hat, laufen sollten (erst hatten sie mich dauernd angerufen, der Selbmann hatte mir geschrieben, nun, nach *Wundertäter III* – nichts, der *Bann*, den manche Leute über uns verhängen, ist total, den Namen Strittmatter gibt es nicht mehr, darf es nicht mehr geben) – wir müssen damit fertig werden, obwohl es dem Erwin schwerfällt und er schon wochenlang krank ist, aber, daß es, wie es scheint, nun auch den Erwin Strittmatter junior trifft, finden wir doch zuviel, und Du, liebe Ursel, sicher auch.

22. Mai 1981

Dank für die japanische Karte, die heut kam, und für den Brief von neulich, der mir aber Schreck gemacht hat. Ich weiß nicht, liebe Lolf, daß ich *kühl* geschrieben haben soll, ich habe geschrieben wie immer, denke ich – nur, wahrscheinlich, nicht ganz *geistesgegenwärtig*, ich fühle das, was man *Einwachsen* nennt, bin so schrecklich belastet seit Wochen/Monaten durch Krankheit meines Mannes, Abwesenheit unsrer *Tante Else* hier, dieses Riesenhaus-Häuser, der total verwilderte Garten/Gärten, in Berlin die Wohnung – ich bin zu allem allein, keine Spur von Hilfe. Meine angefangenen Manuskripte starrn mich an: ich bin *die* Verbrecherin, gegen mein Leben, gegens Schreiben, wanns je wieder wird, anders oder überhaupt, ist die Frage. Jede Woche fahr ich nach Berlin, Verlag, Abschreiberin, mein Mann war in einem halben Jahr nur ein- oder zweimal da, einmal zur Marianne-Gábor-Ausstellung, einmal im Krankenhaus (nein, zweimal zu Marianne) – er konnte, wegen schlechter Verfassung, Kreislauf und so weiter eine ganze Zeit überhaupt nichts tun, jetzt spricht er wieder Roman (*Der Laden*) auf Band – wunderbar. Ich sitze mit Hunderten Briefen da, die nicht beantwortet sind, alles aus den letzten Monaten, Berge Auslandsbriefe allein, Interviewbitten, Fragen von Lesern, Übersetzern, jetzt, von Anfang Juni an steht eine Freundes-Invasion aus der Sowjetunion und anderswo ins Haus, ich bin, wie immer, *Generalmanager*, alle wolln von mir Zimmer, Organisation ... Die ganze Zeit habe ich noch Bemühung und Ärger wegen der Gábor-Bilder, die endlich in Budapest angekommen, aber noch nicht vom Zoll deklariert sind – zehn Skizzen fehlen seit Rostock. Inzwischen hängen andere Maler, von unseren, an mir dran, wegen ihrer Ateliersorgen und so weiter. Ich schreibe Briefe, telefoniere ans ZK, junge Autoren und ältere Autoren brauchen Unterstützung, Freund Kynaß geht es schlecht. Meine Freundin Frau Dr. Diener hat Sorgen mit ihrer Tochter ... Entscheidungen sind zu treffen: im voraus alle Reisen absagen, Einladungen ablehnen oder nicht? Mein Mann will nicht mehr allein bleiben. Jetzt *jage* ich innerhalb eines Tages nach Berlin und zurück. „Das ist eben Leben, wie Leben ist ...“, habe ich mal geschrieben. Aber muß es so sein? Die Frage ist *unbeantwortbar*. Das Leben hat seine *Mechanik*, aus der man eines Tages nicht mehr herauskann, es sei denn, man will das ganze *System* zum Einstürzen bringen. Kann ich das wollen? Mein Mann braucht es so, wie es ist, und er schreibt ein Buch, schöner als alle, die er bisher geschrieben hat.

Nun, das sollte nur gesagt sein, weil Sie meinten, da wär ein anderer, ein *Nebenton* gewesen in meinem Schreiben. Es kann von meinem Gefühl, von meinem An-Sie-Denken her, gar nicht gewesen sein. Ich denke oft hinüber zu Ihnen und lese ab aus den *Programmen*, die Sie andeuten, daß es Ihnen ein wenig besser gehen muß, daß Sie sich *stabilisiert* haben.

Ich wünsche Ihnen in diesen so schönen Maitagen in Rerik gute Stimmung, *leichten* Besuch, Freude an allem und allen!

22. Mai 1981

Dank für Ihren Brief und für Ihre Arbeiten, liebe Frau Bock! Ja, sicher gibt es eine Verwandtschaft durch Lebensumstände und Kunst-Übung. Wie merkwürdig, daß so viele Maler schreiben, daß ihnen das eine *Medium* nicht genügt! Mich wundert nur (oder ich frage mich warum), warum Sie nicht direkt von Ihren Erlebnissen auf Rügen schreiben, nicht beim *Ich* bleiben, warum Sie versuchen, zu *transportieren* auf andere Gestalten, was doch Sie erlebten und erleben? Bei den reproduzierten Holzschnitten gefällt mir die Strenge, die herbe Linie. Bei Ihrer Sprache dagegen ist vieles noch *verschwommen*, nicht streng genug, Sie bleiben beim *üblichen* Bild und Ausdruck, haben sich nicht davon weggearbeitet. Einige der Gedichte haben das aber schon, was ich meine, eben das Reduzieren auf die einfache Linie, das starke, unübliche Wortbild.

Ich beneide immer die Maler, ich denke, sie üben eine so schöne Kunst! Eine, die man wirklich *üben* kann im Gegensatz zum Schreiben. Wie schön kann die flüchtige Skizze schon sein! Die gar nichts will als eine Erscheinung, einen *Gegenstand* notieren! Das kann man *so* mit Worten nicht machen, es braucht immer Verknüpfung (Sinn und Hintersinn), um *Sinn* zu bekommen. Wenn ich meinen Blick aus dem Fenster beschreibe, den ins Gebüsch – Essigbaum, Flieder – und den drüber hinaus in Apfelbaumkronen und durch sie hindurch auf die Wipfelkante des Kiefernhochwaldes – ists nichts, ich müßte einen solchen Aufwand machen, um den verschiedenartigen *Rhythmus* von Bewegung und Farbe zu bekommen, das

Grün, die Grüns und das Licht – aber der Maler könnte das *einfach so* hinsetzen.

Ich weiß also nicht, ob *ich* nicht dabei bliebe zu malen, zu zeichnen, in Holz zu schneiden ... Natürlich, ich sehe den starken Trieb zu schreiben, der Sie drängt. Ich wünsche mir aber, Sie würden so direkt, wie Sie im Brief von Ihren traurigen Lebenstagen, von Ihrem Mut zur Überwindung und dem schönen Leben mit der neuen kleinen Familie schreiben, auch in Ihren anderen Aufzeichnungen verfahren ... Aber: da Sie die *Briefe aus Schulzenhof* kennen, wissen Sie, daß ich immer schreibe: das ist nur *meine* Meinung, und nur *eine* Meinung, kann sein, ich habe nicht recht.

23. Mai 1981

Haben Sie Dank für Ihren so freundlichen Brief und die Studien und Fotos Ihrer Arbeiten, lieber Herr Petzsch! Es freut mich, daß Ihnen meine Gedichte ein wenig von dem aufbewahren, was an Landschaft in der Rheinsberger Gegend Sie einst beeindruckt und angeregt hat. Bei aller Kargheit – oder sogenannten Kargheit, denn unsere Umgebung ist eher wechselnd, verschiedenartig – scheint sich diese Landschaft einzuprägen, sich unvergeßlich zu machen. So schreiben viele, die hier einmal lebten, daß es sie immer wieder herzieht zu den Seen und Sandwegen, den Kiefernwäldern und Birken und Mooren.

Ich bin kein *Topograph* der *Mark*, aber manches geht unwillkürlich ein in die Poesie. Ich schreibe auch über anderes, andere Länder, andere Gegenstände. Aber da ich schon seit fast dreißig Jahren hier lebe (und auch so fern nicht großgeworden bin, Sie schreiben es ja), ist manches Charakteristische der Gegend in die Gedichte eingegangen, meist nebenher. Wenn dann Stimmen wie die Ihre zu mir kommen, wird es mir wieder bewußt. Denn man ist immer drauf eingestellt, Neues zu machen, woandershin vorzudringen, und nur gezwungen, aufgerufen durch Briefe oder Gespräche, reflektiert man, was man schon gemacht hat … Mit guten Wünsche aus dem jetzt, seit endlich Regen kam, grünen Schulzenhof!

23. Mai 1981

Dank für den Brief und das Gedicht! Die *Blume*!

In diesem April/Mai war und ist mir die Zeit noch *bemessener* als sonst – sonst hätte ich Ihnen gleich geantwortet und vielleicht auch *schöner*. Es gibt so einen Zustand (den für einen Dichter schlimmsten), den Rilke einmal *Trockenheit der Seele* genannt hat. Der kann aus den verschiedensten Gründen über einen kommen. Bei mir kommt er aus Mangel an *Muße*, wenn ich zu viele Pflichten *üben* muß. Aber natürlich versuche ich immer wieder, mich da herauszureißen, meine Identität (die des Dichters) wiederzufinden. Diese Antwort ist auch nur möglich bei so einem Versuch. Denn Ihr Brief geht ja über die *Brücke* der Gedichte.

Nach Ihrer Schrift zu schließen, sind Sie jung, deshalb danke ich Ihnen besonders für die Sympathie, und ich wünsche Ihnen Glück zu Ihrer Jugend! Leben Sie nur im Bewußtsein dieses Glücks, mit Lust! Mein Teil ist schon ein anderes, dabei fühle ich aber noch genau (nicht nur nach) die Lebenslust jeder Jugend … Ich freue mich, wenn ich ihr bei meinen Söhnen und bei meinen jungen Lesern begegne. So wünsche ich auch Ihnen schöne Maitage, guten Sommerbeginn, Glück im ganzen Jahr!

23. Mai 1981

Heut habe ich mir endlich auf dem Klavier die Liedstimmen zu meinen Gedichten vorgespielt, die Du mir geschickt hast, liebe Manuela, und ich war nicht nur erstaunt, sondern geradezu überwältigt, wie Du das gemacht hast: wie verschiedenartig, wirklich für jeden Text anders und neu – denn neu und anders von Lied zu Lied sind die Melodien durchaus nicht immer, die mir Komponisten schicken. Es gibt so eine Monotonie, besonders bei manchen *Liedermachern*, die die Sachen, die sie singen, selber vertonen. Wenn man hintereinander so ein Programm anhört, *leiert* sichs richtig herunter. Bei Dir also ganz anders, und ich bin bestürzt, woher ein so junges Mädchen eine solche Kraft hat?

Wahrscheinlich hatte ich Deine ersten Briefe nicht richtig gelesen, etwas überlesen, ich dachte immer, Du studiertest Klavier, nun habe ich erst gesehen, daß es Flöte ist! Oder spielst Du *nebenher* Klavier? Wie auch immer, ich wünsche Dir für Deinen Beginn in Dresden Glück! Dresden ist eine so schöne, so reiche Stadt, da kann man gut leben und vieles aufnehmen, ich denke oft, wenn ich in einer Stadt leben wollte, so wäre es Dresden. (Dabei hänge ich aber an Berlin.) Ich habe Lust, bald wieder einmal nach D. zu fahren, ich kann aber jetzt so gut wie gar nicht fort. Ich habe so viele Einladungen, so viele Pläne könnte es geben, nächsten Sonntag, 31. sollte ich in der Orangerie in Magdeburg, im *Farnhaus*, an einer Matinee teilnehmen, wo neue Lieder von mir uraufgeführt werden – aber ganz unmöglich, die Reise zu machen, und so gehts schon immer …

Daß Du an Frau Weigert eine so gute Lehrerin hast, ist ein Glück für Dich, und ich habe mich gefreut, von Deinem und ihrem Aufenthalt in Weimar einen Gruß zu bekommen. Wir lieben Weimar ebenfalls und bedauern es, diesen Sommer nicht mit unseren jüngeren Söhnen Matti und Jakob nach Weimar zu fahren. Wir hatten dort immer so glückliche Zeit! Unsere frühen Morgenspaziergänge zum Gartenhaus und die Wanderungen durch den Belvederer und Tiefurter Park: unvergleichlich, unvergeßlich! Auch ins weitere Thüringen sind wir von Weimar aus immer gefahren!

Es ist Sonnabend abend, Jakob, der von Montag bis Sonnabend mittag im Internat ist, reitet noch in der Regendämmerung durch die Wälder und Wiesen, auf der norwegischen Fjordpferdstute Inka, umsprungen von ihrem Fohlen Grimur, so genannt, weil sein Vater, der Araberhengst Galba ben Afas, einen Namen hat, der mit G beginnt, da bekommt auch der Sohn ein G, Grimur (gesprochen Grimür) heißt er, weil wir den Namen lieben durch das Buch eines unserer liebsten Schriftsteller, des Isländers Halldor Laxness, das Buch heißt isländisch *Brekkukot*, deutsch *Fischkonzert* und ist eines der schönsten und menschlichsten, komischsten und rührendsten Bücher, die ich kenne. Bei Jakob, Inka und Grimur ist noch unser Dalmatinerrüde Äsop, der Nachfolger von Assan, den wir vor einem Jahr erschießen lassen mußten, mit elf Jahren, Äsop ist jetzt elf Monate alt und, was die Gunst und alle Begünstigungen betrifft, *Herr* im Haus …

Nun, liebe Manuela, ich wünsche Dir, daß Du Deine Schulzeit in Auerbach gut beendest, dann einen schönen Sommer hast und glücklich nach Dresden gehst!

24. Mai 1981

Haben Sie Dank für Ihren freundlichen Brief, liebe Frau Leipoldt, für die *Bestätigung*, die er enthielt. Auch für die *Bedenklichkeiten*, die Sorgen, die Sie sich meinetwegen machen … Aber das müssen Sie nicht. Ich *balanciere* eben mit Hilfe der Poesie mein Leben aus. Und mit einem dem Ihren sicher nicht unähnlichen *Engagement* für andere Menschen. Sehr viele Leser schreiben mir, in den letzten drei Jahren habe ich über viertausend Briefe beantwortet, mancher, der schrieb, suchte Hilfe. Mag sein, die Last wird oft für mich – für einen *Dichter* – zu schwer, denn der braucht schon ein wenig Leichtigkeitsgefühl, um fröhlich schreiben, die Welt und das Leben *preisen* zu können. Es ist aber nun einmal so, daß sich heute viele *gläubig* dem Dichter zuwenden, die ihre Hoffnung früher auf einen anderen Glauben gesetzt hätten. Mit den Jahren begreift man, daß man die *Widersprüche* des Lebens – des eigenen Lebens – nie auflösen wird, daß man in ein *System* von Verbindungen, Verbindlichkeiten, Pflichten, Rechten, Freunden, *integriert* ist, dem man nur durch Tod oder Senilität, die einen in ein anderes Kind-Sein versetzen würde, *entkommen* wird. Zeitweilig mag es gelingen, die *Flucht* einer Reise etwa, kann ein paar Wochen Freiheit und unabhängiges Leben vortäuschen – hinterher hat man es natürlich *abzuarbeiten.* – Da aber die meisten Menschen in ein solches Leben *eingespannt* sind, denke ich mir, wenn ich das meine und meine Bemühung um Überwindung von Grenzen, von Enge und Verarmung reflektiere, setze ich mich in Übereinstimmung mit jenen, die sich auch nicht abfinden wollen mit der Beschränkung auf die bloße Reproduktion menschlicher Existenz. Jeder, der einer Arbeit nachgeht und doch noch liest, Musik hört, Menschen um sich herum und Natur mit liebenden Augen ansieht, hat meinen Respekt, meine Sympathie. Kultur, wenn man Muße und Hilfe im täglichen Leben hat – so wie es früher in bürgerlichen Existenzen üblich war – ist keine Leistung (obwohl da so große Leistungen gesammelt und gezeugt wurden), aber wenn man hart arbeiten muß und trotzdem etwas *drüber hinaus* will und tut, das ist eine Hoffnung für alle. Deshalb habe ich Freude gerade an Briefen von Frauen, die unter der Doppellast von Beruf und Familienleben sich dieses Streben nach dem *Licht* erhalten und es verwirklichen. – So sehe ich auch Ihre Bemühung als Zeichen einer *entschlossenen* Persönlichkeitsbildung an. Und ich wünsche Ihnen allen *Segen* dazu!

1. Juni 1981

Nach Ihrem Brief vom 22. Mai scheint mir, Sie hätten meine Antwort auf Ihren ersten Brief nicht erhalten, lieber Herr Petrow? Ich hatte Ihnen geschrieben, daß ich die Gedichte *abgelegt* habe. Ich müßte sie suchen, ich habe kein geordnetes *Archiv*. Außerdem verstehe ich nicht, daß Sie immer nur diesen fünf Gedichten nachfragen. Es entwertet den Band, so wie er ist, finde ich, es heißt, die hundertsechs Gedichte, die drin stehn, sind nichts gegen die, die fehlen … Sie werden, diese fünf, falls sie als Gedichte was taugen, ein paar Jahre später noch ebenso gut sein, und dann werden sie in eine der folgenden Sammlungen eingehen. Der von mir ursprünglich gedachte Titel war *Die heimliche Freiheit der Einsamkeit*, eine Zeile aus dem im Band enthaltenen Gedicht *Freiheit* (S. 20). Natürlich habe ich auch *Zwiegespräch* selbst gewählt, das war ein Titel, den mir Freunde und Leser immer wieder vorschlugen. Ich hatte gerade keinen ganz guten Tag und keine ganz gute Zeit (kam von einer Kur zurück), als die Debatten im Verlag waren. Sonst hätte ich auf Titel und vollständigem Text bestanden. Aber bei einer Gedichtkollektion ist es niemals eine *Änderung* im eigentlichen Sinn, wenn man ein paar *Stücke* zurückstellt. Das habe ich von der ersten Sammlung an immer wieder machen müssen, es sind ja auch *Geschmacksfragen* beim Lektor, später habe ich die *verworfenen* Gedichte in neue Sammlungen gebracht, und sie wurden gedruckt. Zu Beginn war es auch noch nicht so einfach zu sagen: ich will es aber *so*, da war ich noch nicht durch die vielen Leser *gestützt*, hatte keine *Autorität* dem Verlag gegenüber, jetzt schon.

Also hätte ich mich beim letzten Band wohl durchsetzen können. – Aber, ich denke, die vielen Briefe beweisen es (*mir* jedenfalls), daß *Zwiegespräch* sowohl als (auffordernder) Titel wie auch als Buch angenommen wird.

1. Juni 1981

Dank für den Brief und die Fotos der Kinder, die sich immer noch ähnlich sehen untereinander, aber jetzt schon ganz *erwachsene* Gesichter bekommen!

Es ist freundlich von Ihnen, daß Sie mich *verteidigen*, aber das muß nicht sein, besser, man tut so was nicht! Wozu soll man einen anderen, oder gar viele andere, überzeugen wollen? Es gibt doch so viel verschiedene Menschen, auch so viel verschiedene Kunst-Menschen mit verschiedenen Kunst-Auffassungen, ich weiß schon, welche *Gruppe* so zu mir oder gegen mich steht, kann mir also den *Kreis*, in dem Sie da verkehren, vorstellen, liebe Barbara Meffert, lassen Sie doch den Leuten ihr Urteil! Das Argument, das Sie anführen, hat ja auch in der Kunst gar nichts zu bedeuten! Kinder haben und so weiter, deshalb muß man noch keine guten Gedichte schreiben! – Vielleicht sind sie auch gar nicht gut?! Wer weiß, ich weiß jedenfalls nur, daß ich grad die schreibe, die ich schreiben *will*, muß. Andre würden nicht zu mir *stimmen*. Nun haben diese Gedichte viele Leser, meine Bücher haben die höchsten Auflagen und sind auch deshalb anderen ein Ärgernis. Also, wenns wieder so kommt: denken Sie sich lieber Ihr Teil, denken *Sie* freundlich von mir und meinen Gedichten, dann will ich zufrieden sein!

Zufrieden bin ich aber auch, daß bei Ihnen alles gut geht,

Sie offenbar fröhlich in der Arbeit sind und mit allem zurechtkommen! Genießen Sie nur die Zeit, in der die Kinder Ihnen noch *gehören*! Mein jüngster Sohn (*unser* Sohn natürlich) wird am 19. Juni achtzehn – er ist schon das dritte Jahr im Internat in Gransee, nur noch Sonnabend/Sonntag zu Haus, die *Glanz-Zeit* der Woche! An Pfingsten werden wieder einmal einige Söhne da sein. Ein ganz anderes Leben!

Ich wünsche Ihnen schöne Sommertage in Haus und Garten!

1. Juni 1981

Inzwischen hatte ich von Frau Büttner gehört, daß sie mit Ihnen korrespondiert hat und daß Sie ihr ausführlich Ihre Situation geschildert haben, liebe Dagmar. Frau Büttner sagte mir, daß der Schriftstellerverband versucht, die Sache mit Ihrem Betrieb zu klären, damit Sie zu den Verbandstagungen fahren können, und daß man versuchen wird, Hanns Cibulka als persönlichen *Paten* für Sie zu gewinnen. Ich hoffe nur, daß sich das alles *realisieren* wird, damit Sie ein wenig aus dem *engen* Kreis heraustreten können, der Ihnen durch die Krankheit gezogen wird. Hoffentlich hält das wenigstens relative Wohlbefinden, von dem Sie jetzt schrieben, ein Weilchen an! Ich wünsche es Ihnen sehr! Obwohl ich an einem Tag wie dem heutigen, an dem wir dreißig Grad haben, fürchte, die Hitze könnte Ihnen schaden …

1. Juni 1981

Dank für den schönen und *schwierigen* Brief! Er ist so, daß man nicht nur eine Antwort, sondern einen *Rat* geben sollte – eben das, was man nicht geben kann. Höchstens den, daß man, wenn man in sich *hineinhorcht*, doch die Stimme hören muß, die einem sagt: tus (oder tus nicht!). –

Das Leben, Zusammenleben, ist ja überhaupt schwer, auch wenn man sich sehr gut versteht, ähnlich ist, ähnlich empfindet. Der Alltag bringt – zumal für uns Frauen – eine solche *Trivialität* mit sich, daß man glaubt, verrückt werden oder fliehen zu müssen. Ich wollte es Hunderte Mal, wollte für mich sein, wollte frei sein (will es eigentlich immer noch) – aber ich habe auch immer den Verlust gesehen, den es bedeuten würde. (Übrigens habe ich mit zwanzig zum ersten Mal geheiratet, als Studentin, mit einundzwanzig meinen ersten Sohn bekommen, mit zweiundzwanzig mich scheiden lassen, gleich nach der Geburt des Sohnes hatte ich mich von meinem Mann getrennt, ein halbes Jahr allein gelebt, dann lernte ich Erwin Strittmatter kennen, ich war grad zweiundzwanzig geworden, als ich dreiundzwanzig war, wurde unser erster gemeinsamer Sohn geboren, der jetzt achtundzwanzig und Schauspieler ist.) – Mein Leben hatte – ebenso wie das meines Mannes – allerhand *Wirrnisse*, wir hatten vieles an Widrigkeiten hinter uns zu bringen, und überhaupt war das Leben schwer, aber: es zeigt sich, daß manches, auch manche Krise im Zusammenleben, nur mit der Zeit vergehen kann. – Ich stelle mir vor, daß Sie sehr überbeansprucht sind durch Studium, Beruf, die Zwillinge. Vielleicht sollten Sie sich für längere Zeit *fallenlassen*, ein paar Jahre mit der Arbeit pausieren, nur für sich (auch zu Ihrem Vergnügen) und für die Kinder leben? Ich weiß aus eigner Erfahrung, daß man manchmal zu viel von sich verlangt, kann man es dann nicht leisten, ist man ewig unzufrieden mit sich, hat ein schlechtes Gewissen, wird nörglig gegen sich und andere. Man sollte sich manchmal ein wenig längere *Leine* lassen …

Nun sieht es doch fast nach *Rat* aus, ist es aber nicht. Ich kann nur hoffen, daß Sie bei guter Gesundheit und Stimmung zurückkommen und sich sagen, so oder so – in jedem

Fall ist das Leben gut, muß gut sein und werden! Das war die Überzeugung, die mir immer geholfen hat. Das Gefühl: es liegt an mir, was ich draus mache.

1. Juni 1981

Dank für Ihren freundlichen Brief und für die Mitteilung des Gedichtes! Aber ich muß Sie enttäuschen: ich kann Ihnen nicht sagen, ob es *Zweck* hat, weiter Gedichte zu schreiben (weil es ja gar nicht darum geht, ob es Zweck hat, sondern darum, daß es Sie treibt, es zu tun). Nur eines will ich noch sagen: ich wäre nie auf die Idee gekommen, jemandem diese Frage zu stellen und von seiner Antwort abhängig zu machen, ob ich weiter schreiben soll oder nicht. Auch jetzt, da ich schon zwanzig Jahre Gedichte schreibe und seit fünfzehn Jahren veröffentliche, wäre ich mir trotz der bejahenden Antwort anderer nicht sicher. Übrigens, es gibt genug Leute, die meine Gedichte nicht mögen, die Ihnen nicht zustimmen würden, was meine Sachen betrifft. Allerdings kommt es, was das Schreiben als *Profession* angeht, auf Kontinuität an, auf das Bedürfnis, sich in Sprache *aus*zudrücken, das sich nicht *unter*drücken läßt. So können Sie sich die Frage nur selbst beantworten: ist es so ein Bedürfnis oder nicht? Das eine Gedicht besagt nichts. Wenn man *wirklich* schreibt, entwertet sich das, was gemacht *ist*, nach kürzester Zeit, es geht immer darum, etwas Neues zu machen, da liegt die Hoffnung.

2. Juni 1981

Es erstaunt und erfreut mich natürlich auch, wie viele Menschen aus der Bundesrepublik mir ein Zeichen davon geben, daß sie die Gedichte *in Anspruch nehmen.* Alles, was ich schreibe, ist ja ganz *subjektiv* (für mich der Hauptreiz der Poesie, nicht nur, wenn ich was *mache*, sondern auch beim Lesen anderer Dichter, ganz alter, alter und neuer), merkwürdigerweise ist das die *Brücke*, über die die vielen gehen, wohl, weil alle im Lauf ihres Lebens, im Lauf des Jahres und des Tages, den *großen* Gesetzen von Werden und Vergehen gleichermaßen unterworfen sind. Weil es nur *Varianten* von Verhalten – im Einverständnis mit diesen, oder im Widerspruch gegen diese Gesetze – gibt. – Mit guten Wünschen und Grüßen!

3. Juni 1981

Von Erwin Strittmatter sind, vor vielen Jahren, im *Sigbert-Mohn-Verlag* mehrere Romane erschienen, der Verlag existiert nicht mehr. Inzwischen hat *Fischer* in der Taschenbuch-Reihe *Ole Bienkopp* und *Nachtigall-Geschichten* herausgebracht. Außerdem ist *Ochsenkutscher* als Mitdruck von *Reclam Leipzig*, in der von Lothar Sell illustrierten Ausgabe, bei *Röderberg* erschienen.

Wie sehr Sie von *außen* auf uns sehen, zeigt Ihre Frage wegen des Fernsehfilms, lieber Herr Stein. Es ist doch keine *homogene* Literatur, die hier geschrieben wird, die Schriftsteller sind nicht so *uniform*, wie es bei Ihnen immer dargestellt wird. Sakowski, der Autor dieses Films (und Romans) steht künstlerisch auf unserem *Gegenpol*. Ich habe Teile des Films gesehen, *alles* wäre mir unerträglich gewesen, ich fand ihn *ganz* schlecht (als Kunst), ich will damit nichts zu tun haben! – Es gibt aber bei uns sehr gute Schriftsteller, Bücher, Filme. Jeder kann sich die geistige Gesellschaft suchen, die ihm paßt.

Alle guten Wünsche für Ihre Wolgareise! Eine Reise, die wir immer schon einmal machen wollten, aber noch nie gemacht haben! Durch wunderbare russische Schriftsteller dazu aufgerufen, hatten wir es lange vor – aber meinen Mann hat immer die Arbeit *gefesselt*, jetzt sind es, zunehmend, Krankheit und Alter, er ist reiseunlustig, ich dagegen tue nichts lieber als reisen, und ich habe Einladungen an so viel Orte, in so viele Länder!

Nur: da es meinem Mann nicht gut geht, kann ich ihn schlecht allein lassen. Es heißt also, sich von Kompromiß zu Kompromiß *hangeln*. Jedenfalls gebe ich die Idee, die Illusion, dieser Wolgareise nicht auf, ebensowenig Sibirien bis zur fernöstlichen Pazifikküste, die Mongolei, aber auch alles, was Süden ist ... Hamburg übrigens auch nicht, ich will es doch einmal wiedersehen!

4. Juni 1981

Dank für den Brief von Mitte Mai mit dem ausgezeichneten Reproduktionsfoto Ihres uns so lange vertrauten Bildes, lieber Herr Schultz-Liebisch! Wie schön, daß es in Gábrovo hängt, dem Ort, von dem man immer öfter im Zusammenhang mit diesem *Festival für Humor und Satire* hört. Marianne Gábor hat voriges Jahr dort ausgestellt und ist auch dieses Jahr dabei. Unverändert ist unsere Freude an *unseren* Schultz-Liebischs in Berlin und in Schulzenhof, sie *bestimmen* in der Berliner Wohnung, machen die Stimmung der Räume. Auch auf *unsere* drei Bücher bin ich nach wie vor stolz, freue mich an ihnen.

4. Juni 1981

Schön haben Sie Ihr Leben auf dem Hof geschildert, liebe Frau Kuhlee, den See, den Schwan, die Hühner ... aber wird denn das gehen, dort bleiben, wenn das Dorf Groß-Buckow verschwindet? Wird es nicht unheimlich sein, da ganz allein zu wohnen? Ich kann mir Ihre Situation gut vorstellen. Bei uns ist es ja schon problematisch, obwohl wir beide zusammen sind, mein Mann und ich. Aber wir brauchten Hilfe, jemand, der die technischen Dinge *orga-*

nisiert – schon brauchten wir wieder einen Maurer, an unserem neuen Haus sind im Kellergeschoß, wo Archiv und Kinderzimmer liegen, die ausgemauerten Fensterkästen gerissen, bei einem Zimmer ist der Putz in großen Stükken herausgefallen, alles zusammengestürzt, die anderen Kästen werden folgen. Wir haben hier so ein *schiebendes* Gelände, ein Gefälle von anderthalb Metern von einem Giebel zum anderen (angehöht und ausgeglichen beim Bau, es arbeitet aber immer weiter, nun sind genau zehn Jahre vergangen, seit das Haus angefangen wurde, und siehe da! Das neue Haus wird ein altes!). Wo finden wir nun einen Maurer? Voriges Jahr haben wir das alte Haus putzen lassen: vier Jahre Bemühungen voraus, dann fünf Monate *Terror* der Bauleute, seit September 80 stehen die Gerüste neben dem Giebel herum, keiner holt sie ab, trotz Schreiben, Telefonieren …

Gestern ist eine Türklinke abgebrochen. Woher eine neue nehmen? Ich kann immer nur auf unseren ältesten Sohn hoffen, aber der wohnt anderthalb Autostunden entfernt und baut sich gerade ein altes Bauernhaus aus … Mein Mann sagt manchmal: lassen wir alles um uns zusammenfallen, ich habe keine Kraft, mich dagegen zu wehren, die *paar Jahre*, die ich noch habe, brauche ich zum Schreiben. Noch anderthalb Jahre, dann geht das Nachbarsehepaar, das jetzt bei uns arbeitet (der Mann besorgt die Pferde) in Rente. Was dann? Es ist wunderbar schön bei uns, die Landschaft, die Häuser, das ganze Leben hier, aber es erfordert einen solchen *Aufwand*, daß die Stadt als Flucht-Ort möglich scheint (mir, meinem Mann nicht). Letzten Endes muß man sich entschließen, viele Dinge als nebensächlich anzusehen und als einzige Hauptsache die Literatur. Was *drüberbleibt* am Ende, wird keine Spuren umgebender Unordnung oder Vernachlässigung zeigen. – Ich spüre aus Ihren Briefen, daß auch Sie den Entschluß zur konzentrierten Arbeit gefaßt haben, alles andere zurückdrängen wollen, und das freut mich. – Etwas verstehe ich nicht: ich hätte Ihren Vorschlag negiert, daß Sie uns besuchen und uns Arbeiten zeigen wollten? Ich habe einen solchen Vorschlag gar nicht in Erinnerung, es war doch immer davon die Rede, daß wir einmal vorbeischauen wollten bei Ihnen, wenn wir in die Lausitz fahren. Für heute gute Wünsche! Und noch die Bestätigung: ja, ich liebe *Blau*, es ist *meine* Farbe!

4. Juni 1981

Dank für die beiden Gedichtbriefe, lieber Herr Suma! Sie sind richtig angekommen (im *Postsinne*) – ob auch so? Natürlich war ich schockiert zu lesen: „manchmal bist du einfach eitel ..." Nun habe ich mich zu fragen, ob es stimmt? Heißt, von sich – in Gedichten – sprechen: eitel sein? Haben Dichter es nicht immer getan? Sie als Bibliothekar wissen es: ob die alten Chinesen, die Perser, ob die neuen und neueren Dichter: am schönsten und wahrsten sprechen sie, wenn sie, unverstellt, von sich reden. Ich habe es versucht, versuche es weiter, so meine *Wandlungen* (und Konstanten) aufzeichnend, auch, was mir an *Welt* begegnet, festzuhalten mit Worten (auch das, was ich an *Welt* entbehre).

Diese Ihre Gedichtstrophe wirkt auf mich so: entweder ist meine *Existenz* in ganz verzerrter, getrübter Form zu Ihnen gekommen, von Ihnen aufgenommen worden – da kann ich mich nicht rechtfertigen, Sie nicht überzeugen, oder aber Sie haben recht, ich bin wirklich so, wie Sie da schreiben, dann haben meine Gedichte mich *entlarvt* als etwas, was ich nie in mir gesehen habe (andre Dinge habe ich schon gesehn und festgehalten), und dann bin ich nicht wert, daß Sie sich überhaupt um mich und meine Gedichte kümmern.

4. Juni 1981

Entschuldigen Sie, lieber Herr Hohenberg, daß ich so spät eine Absage telegraphiert habe für Ihr Unternehmen! Ich hatte gehofft, fahren zu können, aber dann ging es meinem Mann wieder schlechter, und ich konnte mich nicht entschließen, ihn für das ganze Wochenende – praktisch drei Tage, denn ich hätte hier Sonnabend früh wegfahren müssen und wäre erst Montag abend zurückgekommen – allein zu lassen.

Ich hoffe nur, daß Sie und alle Beteiligten Freude und Erfolg hatten von der Veranstaltung, und ich danke Ihnen noch einmal für die freundliche Einladung nach Magdeburg!

4. Juni 1981

Dank für den *einfachen* Satz, den Sie mir schrieben!

Ich will Ihnen so einfach antworten: ich hoffe, was ich künftig veröffentlichen werde, findet Ihr Einverständnis, liebe Frau Mai!

4. Juni 1981

Dank für den Katalog und das Herbst-Blatt, lieber Herr Hempel! Eine schöne Ausstellung das, nach dem Katalog zu urteilen, und ich gratuliere Ihnen, daß Sie dabei waren! Sehr schön das Herbst-Blatt, wie *geahnt* (auf andere Weise als bei Marianne G.).

So sollen Sie den *Wanderer* nicht verstehen! Übrigens ist er nicht *alt*, sondern vorigen Herbst geschrieben, ich rede von der *Funktion*, die eben jene Musik für mich hat. Ich billige anderen zu, mit meinen Gedichten so umzugehen, ich *staune* nur darüber, daß die Leute mich so sehen, sich an mich halten. (Ganz andere Briefe bekomme ich doch als die Ihren, da geht es um Existenzfragen, Leben und Tod. Wie viele schreiben mir, die sich in schwerster Krankheit anlehnen, andere wollen wissen: soll ich mich aus meiner Ehe lösen, auch wenn ich zwei Kinder habe, ach, was nicht alles: Depressionen jeder Art, politisches Mißbehagen, Glaubenskrisen, und das Ganze so *massiert*, daß es *mir* manches Mal die Lebenslust nimmt.) Der *Wanderer* ist wohl verschieden aufzunehmen. Arno Mohr, den ich persönlich nicht kenne, mit dem ich nie was zu tun hatte, schickte mir zwei schöne Blätter, Radierungen, mit der Widmung: Für den *Wanderer*. Ich bitte Sie jedenfalls, ihn nicht als *Absage* zu verstehen. Für mich war das wichtigste Einsicht in *Vergänglichkeit* und das Doch-Widerstehen, das Dagegensetzen von Kunstleistung, jedenfalls der Versuch dazu. Ich wünsche Ihnen für *Ihre* Kunst gute Stunden, in denen Sie von *Kollegen* nichts wissen, nur von dem, was Sie da aufs Papier bringen!

4. Juni 1981

Dank für den End-Mai-Brief, nun ist schon Juni, grün, grün und seit heut nacht halb drei ziehen Gewitter auf und ab. (Jetzt ist Vormittag um zehn, und das vierte bereitet sich vor mit Finsternis und Gift-Tönen im Grün des Essigbaums und Flieders vor meinem Fenster.) Um halb fünf hatten wir ein Gewitter, wie ich es überhaupt noch nicht gesehen habe: es wetterleuchtete um den Rundhorizont *gleichzeitig*. Wie ein Blitz-Ring, der sich um uns zog. Und auf uns nieder – mitten auf uns – gingen gewaltige Donnerschläge. Ich habe ein wenig Gewitterangst, seit die Telefonmonteure, beim Aufgraben der Leitung, unsere Riesen-Blitz-Schutz-Anlage, die mir mein Mann ans neue Haus bauen ließ, zerrissen hatten, ich weiß nicht: funktioniert sie überhaupt noch? Na jedenfalls, ich stand, sozusagen auf einem Bein, am Türrahmen von meinem Zimmer zur Diele, von da konnte ich nach allen

Seiten durch alle Fenster sehen, und es war großartig! Wir hatten drei Tage eine solche Schwüle gehabt, noch gegen Abend dreiunddreißig Grad im Schatten, daß es schon eine solche *Entladung* geben mußte. Alles war *elektrisch.* (Aber Sie verstehn sicher mehr davon, irgendwas mit *Elektrisch* und *Blitzen* hat wohl Ihr Betrieb zu tun? Ich weiß, das ist ein Laienwitz, Starkstromanlagen nennt man wohl, was Sie da produzieren?) Nun: mein Mann fühlt sich heut – trotz *Hexenschuß* – wie *erlöst.* Er ist mit unserm Herrn Franke, dem *Pferdemann,* zur Pferdeschau ein paar Dörfer weiter gefahren, aber nur als Zuschauer, nicht als Aussteller. Den Hexenschuß hat er sich am Montag, 1. Juni, geholt, da haben wir einen Morgenspaziergang in die Feldmark zwischen Dollgow und Hindenberg gemacht: Hafer, Gerste in großen Schlägen, blühender Ginster, abblühender Rotdorn, der zu Altrosa verfahlt war, Eichen, Wildapfel, alles in Rundformen wachsend, wie große Glucken oder kleine Kuppeln gegen den Feldwind gekauert. Es erinnerte uns an unsere Piešťany-Spaziergänge. (Hier gehen wir selten zusammen.) Dort gibt es so wilde Wege, Hohlwege mit einer Vegetation von Heckenrosen, Holunder, Faulbaum, Waldrebe, Himbeeren und Brombeeren dazwischen, ein wirklich *undurchdringliches* Dickicht. Und die Blumen und Kräuter und Gräser und die Vögel! So etwa ist es auch in der Feldmark, die gegen *Grünhof* geht, den *Sterbenden Hof,* über den mein Mann einst geschrieben hat und der auch in den *Briefen* bei mir vorkommt, genau vor zehn Jahren waren wir dort mit Erwin jr., Matti, Jakob an einem Sonntagvormittag. Assan war auch dabei, wir fanden ein totes Kalb im Stall – jetzt gibts nur noch Mauerreste, das Haus ist zu drei Vierteln abgetragen, man sieht noch eine mit Waschblau getünchte Knechtskammer, in der damals noch ein altes Holzbett mit Kugeln auf den Knäufen stand, von den Ställen nur noch Stützecken aus schweren Feldsteinen, alles andre ist weggeschleppt worden, aber zwei Linden stehn vorm Haus, ehrwürdig, herrlich, und man fürchtet den Tag, da man kommen wird, und es hat sich ein Frevler gefunden und sie gefällt. Das ganze Gehöft überwuchert von Holunder und Flieder, der Flieder ist abgeblüht, und vergehende Blütendolden verströmen einen strengen Duft, wie Brennesseln, wie Buchsbaum, ganz narkotisch südlich, dazu der schäumende, stauende trübe Duft des aufblühenden wilden Flieders-Holunders – und vor den Sträuchern im hohen Gras blau und versteckt blüht Ehrenpreis in großen Quartieren. Man geht vom Gehöft fünfzig Meter durch eine Wiese zum Teich mit den Birken, der Teich, an dem sicher früher Bauersleute und Gesinde, vor allem aber die Kinder sich gewaschen und gebadet haben, auch das Vieh wird man hier getränkt und geschwemmt haben, der Teich wächst zu und wird von Hunderten Fröschen am Leben erhalten, rhythmisch bewegt mit Rufen. Eine solche Einöde, solcher Friede und Überfluß war da an dem Morgen, auch ein Überfluß an Erinnerungen, wir hatten immer ein „Weißt du noch, damals ...“ zu sagen. Es war jenes *Nichts*: „die guten Dinge des Lebens sind alle kostenlos ...“ Aber seinen Preis hats doch gehabt, mein Mann hatte sich zu *kühn* luftig angezogen, aus Angst vor der Überhitze, die schon am Morgen unseres *Kindertages* heraufkam, und am nächsten Tag in der Früh hatte er *seinen* Hexenschuß. Nun: wir haben unsere Bestätigung für Piešťany, am 6. September werden wir fahren, und der Winter soll uns dann, hoffentlich, leicht werden.

Mein Mann schreibt, obwohl er viel krank, wirklich in schlechter Verfassung war, wunderbar am *Laden*. Ich schlage mich so durch: seit zwei Monaten ist Frau Franke nicht da, wegen der Operation, auch in Berlin bin ich seit anderthalb Jahren ohne Hilfe. Ich versuche trotzdem zu *leben*, das heißt, zu schreiben.

Inzwischen hatten Sie Ihre Fest-Tage, liebe Ursula, und ich hoffe, daß Sie Freude hatten an den Abenden, für die Sie Karten *erobern* konnten. (Eigentlich ist dieses *hoffen* ja sinnlos und falsch, da es sich um Vergangenheit handelt, aber ich habe noch keine Lösung für den Widersinn gefunden.)

5. Juni 1981

Heute kam Ihr Brief aus Graal-Müritz, und nun will ich endlich, endlich schreiben und danken sowohl für die Grüße und Gedanken aus Ihrer Kur-Zeit als auch für den Brief vom Februar, in dem Sie so wohltuend schrieben zum *Rundbrief zum Tode von Dušan T.*. Ich weiß nicht, ob Sie dann im Februarheft den *Wanderer* gelesen haben? Auch er ist mir wichtig.

Ich habe mich nun einmal entschlossen zur *Preisgabe*, das habe ich getan, als ich Gedichte zu veröffentlichen begann, und sicher bin ich vor Mißverständnissen nicht, auch bei diesem *Rundbrief*. Aber die Möglichkeit, Menschen zu erreichen, die mich nicht kennen, die Dušan nicht kannten, die aber ein *Organ* haben für geistige *Schwingungen*, deren Lebenswerte auf einer der meinen gleichen oder ähnlichen Skala gemessen werden, läßt mich das Risiko des Mißverstandenwerdens tragen. Die mich mißverstehen, von denen will ich nicht verstanden werden, es wäre nur möglich durch *Vergröberung* meiner Lebensempfindung und durch Anpassung an jene Menschen. Denn ihnen ist es unmöglich, sich auf meine *Frequenz* einzustellen. – Es haben mir viele so schön zu diesem *Rundbrief* geschrieben, erschüttert, berührt, alle sprechen von Dušan als von ihrem Bruder, erkundigen sich weiter nach ihm, wollen ihn kennen.

Inzwischen ist der Text in Jugoslawien übersetzt, man schrieb mir: „Wie gut, daß Sie es geschrieben und veröffentlicht haben! Von der Bundesrepublik her wurde Dušan postum die Goethemedaille verliehen – die einzige Stimme aus der DDR: Ihr Brief."

Nein, *Puschkin* ist noch nicht erschienen, ich arbeite aber daran und habe so eine Hoffnung, es dieses Jahr zu schaffen. Inzwischen hat man erste Teile ins Russische übersetzt und in *Ogonjok* publiziert, von dem, was in der *NDL* war seinerzeit, jetzt übersetzt man es gerade ganz für *Literaturnaja Gazeta*. Es gab aus der Sowjetunion ein so einverständiges, rühmendes kritisches Echo auf meinen Versuch – noch nie bin ich so bestätigt worden in dem, was ich tue. – Um aber das Ganze auf gleicher *Höhe* zu halten, brauche ich eine Art der *Inspiration*, die, weit über das Vermitteln von Kenntnissen hinaus, eine neue Art Poesie schafft. Ich habe phasenweise, in guten Lebenszeiten, daran geschrieben, so hoffe ich, immer von *innen* her, ein (*mein*) Bild Puschkins geben zu können, was heißt: ein Bild *des Dichters*.

Sie werden heute, Freitag, vielleicht auf der Heimreise nach Bad Schandau sein und freudig von den Ihren empfangen werden! Wie groß Ihre Mädchen nun schon sind, alle fast erwachsen, oder fast alle! Aber sicher werden sie Ihnen *erhalten* bleiben, das Zuhause immer als Lebenszentrum empfinden und Freude bringen, wenn sie *aus der Welt* heimkommen. Wir empfinden es so mit unseren Söhnen. Heut ist gerade Jakob aus dem Internat gekommen, die nächsten drei Wochen wird er zu Hause bleiben, weil er – während die *Zwölfer* Abitur machen – als *Elfer* im Wald arbeiten wird, ganz in unserer Nähe, so habe ich ihm zu Wochenanfang einen Brief an die Internatsleiterin mitgegeben und gebeten, daß er zu Hause wohnen darf in dieser Zeit. Dann sind bald Ferien, zu Beginn muß er ins

GST-Lager nach Rügen, deshalb haben wir unsere traditionelle Weimar-Lese-Reise abgesagt, die gerade in diese Juli-Zeit fallen sollte.

Wenn die Wünsche Sie auch brieflich nicht mehr zu Pfingsten erreichen, so wünsche ich Ihnen doch (*telepathisch*) gesegnete Pfingsttage, lieber Herr Bühler.

5. Juni 1981

Wie gut haben Sie wieder über unsere Arbeiten geschrieben, lieber Herr Warnke, Sie nehmen sie gerade so auf, wie wir es uns wünschen, haben das für uns Wesentliche erfaßt. Was Sie im Zusammenhang mit der *Blauen Nachtigall* schrieben, *trifft* das *Programm* meines Mannes. („Seine Bücher genügen hohen Ansprüchen, aber auch Leute, die keine Hochschule besucht haben, können sie mit Genuß und Gewinn lesen.") Das ist es, was er immer gewollt hat: ein Buch soll viele *Schichten* haben, die man, je nach Lebenserfahrung und Bildung, aufschließen kann, es soll von seiner Handlung, von den Gestalten her so fesselnd sein, daß es einen, der es einmal begonnen hat, nicht wieder losläßt. *Nebenher* stecken seine Bücher voller literarischer, philosophischer, politischer, wissenschaftlicher *Anspielungen*, voller parodistischer Züge, die man entdeckt, wenn man die Sachen kennt, auf die sie sich beziehen. Aber man kann es auch so, als schönen oder lustigen Text, lesen, ohne die Hintergründe zu kennen.

Sehr gefallen hat uns auch, wie Sie über die Verwendung des Begriffes *Perlen der Dichtkunst* reflektiert haben in Ihrem Brief! („Es ist vielleicht eine Redewendung, die schon abgegriffen ist.") Uns allen geht nicht aus dem Kopf, daß wir in der Schule gelernt haben, man soll keine Wiederholungen verwenden, sondern lieber *Austauschworte* suchen, daß Wiederholungen schlechter Stil sind, das wird auch heute noch gelehrt, die Kinder kriegen ein Kreuz an den Rand ihrer Aufsätze gemalt (Ausdrucks- und Grammatikfehler), wenn sie mehrmals ein Wort verwenden. Das ist ganz blödsinnig, viele sehr gute Schriftsteller haben die Wiederholung zu einem bedeutenden Stilmittel gemacht, und es ist besser, dreimal dasselbe Wort zu verwenden, das schlicht und genau die Sache trifft, als durch Abwandlungen und schon zur Schablone erstarrte Wortverbindungen dem Text etwas Gesuchtes, *Kostbares*, Künstliches zu geben. Immer ist es am besten, so zu schreiben, wie es einem natürlich ist.

Sie führen, wie man Ihren Briefen entnehmen kann, ein schönes Leben, ein *rundes* Leben, in dem vieles nebeneinander, miteinander harmonierend, existiert. Arbeit, Literatur, Garten, Familie – und offensichtlich sind Sie sich einig in der Familie in diesen Lebensbedürfnissen, und das ist beinah das Wichtigste, die Grundlage, um das Leben zu genießen. (Natürlich kann man auch in der Familie ein *Einsiedler* sein, seine besonderen Interessen haben, die von denen aller anderen Familienmitglieder abweichen, die einen dann für einen Narren und Sonderling halten.) Bei uns ist es ebenso, wir leben mit den Söhnen in Übereinstimmung, und wenn sie an den Wochenenden oder zu den Feiertagen im Haus sind, gibt es lange, gute Gespräche über das, was jeder inzwischen getan, gelesen und erfahren hat. Mein Mann spielt vom Tonband neue Kapitel des *Laden* vor, dessen erste Niederschrift er wohl im Lauf dieses Sommers beenden wird. Wie immer wird aber die Bearbeitung längere Zeit dauern. Trotz wirklich schlechten Befindens hat er seine Arbeit fortgesetzt, und wir alle glauben, nach dem, was wir kennen, daß der *Laden* ein schönes Buch wird, sehr gut zu lesen, ganz *Poesie* und doch voller *Informationen* über eine schon vergangene Zeit. Nun, Sie kennen ja ein

Stück daraus. Ihnen und der Familie schöne Frühlingstage, schönen Sommerbeginn!

14. Juni 1981

Dank für die *schönen* Grüße und auch für die Vermahnung mit Christa Wolf, liebe Lolf. Mein Glück und Unglück ist, daß mein Mann nicht Gerhard Wolf, sondern Erwin Strittmatter ist, bei der Rollen-Verteilung ist G. mir gleich, nicht die Christa. Wir kennen uns ja seit Jahrzehnten, abgesehen vom Talent, der *Potenz*, die bei Erwin Strittmatter sicher eine andere ist, gehört er auch einer anderen Generation an. Seine *Ideologie* – trotz aller Rücksichtnahme – geht doch darauf hinaus, daß ein Haus eine Hausfrau und einen Hausherrn haben soll. Ich hätte – wenn ich nicht das üble Übel der Schreib- (und Denk-) sucht hätte – nichts gegen diese seine Ansicht, soweit sie ihn, seine Existenz betrifft. Er kann es wahrhaftig beanspruchen! Mit was für *Hilfsvölkern* haben Schriftsteller früher gearbeitet! Schwamm drüber! Ich hätte ja nicht davon geschrieben, wenn ich mich nicht hätte *selbstverteidigen* wollen (wegen *Kälte*). Und ich denke, ich mache *poetisch* was aus dieser *spezifischen* (spaltirren) Situation, in der so viele Frauen stecken ...

Ich staune: ist denn *Ihre Amerikanische* Schriftstellerin? („Sie hat ein Buch beendet über ...“) Was Sie über die alten *Dokumente*, Briefe etc. und das Hängen am Vergangenen schreiben, trifft auf eine ähnliche Situation bei uns, die wir aber anders angenommen haben: Mein Mann schreibt ja *Familiengeschichte* im *Laden*, wenn auch poetisch verwandelt, und wir haben es als einen Glücksfall erster Ordnung angesehen, daß der Bruder meines Mannes aus den Dachboden-Kammern des Bohsdorfer Bäckerhauses ganze Kartons voller Briefschaften, Dokumente dieses Jahrhunderts, holte und meinem Mann übergab: Hunderte Postkarten,

Ansichtskarten allein, die einen enormen kultur- und sittengeschichtlichen Aufschluß geben ... mein Mann kann jetzt sozusagen *verifizieren*, was er als Kind *erspäht*, aufgefangen hat vom Leben, Denken, Reden der Erwachsenen. Erstaunlich, wieviel von den *Versen*, die er sich drauf gemacht hat, stimmt. Also, wir würden keine Zeile, keinen Fetzen Papier von dem wegwerfen, was da geblieben ist ... Alles erzählt was. Aber mag sein, Sie haben Gründe für Ihre ablehnende Haltung, die ich nicht kenne ...

Hoffentlich haben Sie sich inzwischen, in schönen Tagen, erholen, ausruhen können? Heute, am *Wahltag*, ists grün und grau vor meinem Fenster, ein leiser Regentag, wir müssen nicht mehr *wählen*, nicht nach Berlin, habens schon am Donnerstag getan, bei einer kurzen Berlin-Tour. Inzwischen sind unsere Georgier in der DDR eingetroffen, zunächst in Weimar zur Goethe-Gesellschaft, am 19., an Jakobs achtzehntem Geburtstag, dann in Schulzenhof ... Noch einmal Dank für die Rosendüfte!

15. Juni 1981

Trotz mehrmaligen eifrigen Suchens konnte ich im diesjährigen Spargelpaket keinen Brief, keinen Gruß von Ihnen finden – wie sonst immer – so dachte ich, es würden vielleicht ein paar Zeilen nachkommen ... Nun will ich aber endlich danken für das sehr wohlbehalten angekommene Geschenk, das in der Woche vor Pfingsten kam und dessen Inhalt bis über Pfingsten hinüber reichte – Sie haben uns schon sehr verwöhnt mit dieser alljährlichen Gabe! Nun haben wir zum *Abdanken* wohl dieses Jahr keine neuen Bücher, denn mir ist so, als hätten wir Ihnen voriges Jahr *Zwiegespräch* und *Wundertäter III* geschickt? Sicher doch, aber wenn Sie noch etwas von unseren Büchern nicht haben oder für Freunde brauchen, schreiben Sie es uns, liebe Frau Wolff, wir schicken es dann mit Vergnügen!

Auch hätten wir gern wieder einmal gewußt, wie es Ihnen geht? Ob Sie das Pferd noch in Betreuung haben oder ein anderes, und wie Sie überhaupt mit Leben und Arbeit zurechtkommen …

15. Juni 1981

Dank für Ihren freundlichen Brief, lieber Kurt Nolze! Ich gebe Ihnen gern die *Erlaubnis*, sich herauszusuchen, was Ihnen gefällt und für Ihr Programm paßt, bei dessen Zusammenstellung ich Ihnen Freude und für dessen Aufführungen ich Ihnen Erfolg wünsche! Daß Ihnen meine Sachen *zusagen* (obwohl Sie nicht speziell für Sie *gemacht* sind), freut mich natürlich. Ich halte ja hartnäckig daran fest, nur zu schreiben, was mich *betrifft*, niemals für andre, an andre. Aber es zeigt sich, das ist auch eine *Brücke*, über die viele gehen. Mit Grüßen zu Ihnen hinüber ins schöne Schwerin, das ich liebe!

16. Juni 1981

Über den *kurzen Weg* Neuruppin–Leipzig wird Dich die Nachricht längst erreicht haben, lieber Bruder, daß ich nicht nach Kassel komme zu Eurer Feier, ich schreibe nicht, „nicht kommen kann", weil das ja in den allerwenigsten Fällen wirklich gilt und angenommen werden kann … Aber es spricht doch so vieles dagegen, daß ich diese Reise jetzt mache, die ich sehr gern gemacht hätte!, daß ich drauf verzichte. Erwin geht es seit Februar nicht gut, manchmal ausgesprochen schlecht, unsre Frau Franke wurde im April an der Schilddrüse operiert und ist seither krankgeschrieben, und ich bin von allem so müde, von dem Haus- und Hof-Kram hier und der Wohnungspflege in Berlin, von dem allen, was sich zur *Hauptsache* macht und mich hindert an dem, was ich wirklich tun möchte, daß ich nicht die Energie aufbringe, mir die Reise zu *or-*

ganisieren und außerdem für meine Abwesenheit hier vorzusorgen mit Kochen etc. ... ich hoffe nur, daß Udo seinen Paß bekommt, so daß er dabeisein kann, und für mich hoffe ich auf eine andere Gelegenheit, vielleicht führt mich einmal eine Lese-Tour in Eure Gegend, mag sein, es ergibt sich eines Tages ...

Kurioserweise habe ich erst durch Eure Anstalten zu dieser Feier entdeckt, daß auch Erwin und ich *Silberhochzeit* haben, ich glaube, *heute*, ich weiß es nicht genau, muß mal in Berlin in unsere Akten schauen, wir haben ja vier Jahre zusammengelebt, ehe wir geheiratet haben, und für dieses Datum haben wir uns nie interessiert, wir denken nur immer dran, daß wir uns am 20. Februar 52 kennengelernt haben (aber ganz sicher auf den Tag sind wir auch da nicht, wir müßten den 52er Kalender einsehen), und daß wir nächstes Jahr dreißig Jahre zusammen sind ... Eine ungeheure Zeit!

Heute abend werde ich noch einmal versuchen, Euch anzurufen (habe es schon versucht, aber von Schulzenhof aus ists schlecht, von Berlin aus gehts besser, das werde ich nächste Woche probieren, einen Tag will ich hinein, um eine Funkaufnahme zu machen), wenns nicht gelingt, werden Mutter und Udo Sonnabend Grüße überbringen von mir.

Jedenfalls wünsche ich Euch allen zusammen eine gute Zeit in Deiner, Eurer *Heimatstadt* Kassel (das ist sie ja längst, denke ich mir), und ein fröhliches Fest am 27. in der *Grauen Katze*!

16. Juni 1981

Hab Dank für Deine freundlichen Zeilen zu *Zwiegespräch*, liebe Trude Richter! Ich freue mich, daß ich Dir mit dem, was ich schreibe, ebenso nahekommen kann, wie Du mir mit Deinen Aufzeichnungen, Deinem Lebensbericht, nahgekommen bist. Ich dachte dieser Tage wieder an Dich, als ich bei Gelegenheit von Mischket Liebermanns Tod, in dem Nachruf von Gisela Karau im *ND*, über deren so anderen *Heimweg* nach Deutschland aus der Sowjetunion las. Man weiß am Ende nicht, was man sagen soll: *Schicksal*? Wo soll man nur ein Wort hernehmen, um es zu ersetzen? Wie soll man erklären, warum für Dich Jahrzehnte so anders verlaufen mußten als für Mischket L., die Offizier der Roten Armee war?

Jedenfalls bin ich immer froh, etwas in den *Verbandsmitteilungen* oder in den Zeitungen von Deiner Aktivität zu lesen und zu denken, daß es Dir gut geht und daß Du mit Gewinn für andere und mit Genuß für Dich selbst lebst!

7. Juli 1981

Heute, an Marens vierzehntem Geburtstag, schreibe ich Ihnen, endlich, ich habe so viel an Sie gedacht in der Zeit, seit Ihr Brief von Anfang Juni kam, aber zu schreiben wagte ich nicht. Es gibt keinen angemessenen Satz, den ich Ihnen sagen könnte. Von Mitfühlen oder Mitleiden will ich nicht reden, Entsetzen über das, was Ihnen geschehen ist, sträubt sich in mir, wenn ich denke, mir könnte ein Kind verlorengehen ... Obwohl die meinen schon groß sind, bis auf den Achtzehnjährigen, den wir noch immer den *Kleinen* nennen, sage ich: meine *Kinder*.

Heute wird für Sie unter all den traurigen Tagen ein besonders trauriger sein, dieser besondere Geburtstag, an dem man *groß* wird, wie anders sollte er sein ... Ich weiß zwar nicht, woher einem in solchen Zeiten die Kraft kommt, sich zu fassen, zu sammeln, weiterzugehen, aber ich wünsche so sehr, daß Sie sie haben, daß Sie sich aufrichten können. Liebe Astrid, ich grüße Sie!

8. Juli 1981

Ja, es hilft einem schon, wenn man sieht oder hört oder liest, daß auch andere von den *Lebensgesetzen* getroffen werden, daß es nicht eigene Schuld, eigenes Versagen sein muß, was einen trifft. Je mehr Menschen man kennenlernt, desto mehr kommt man auf die Gesetzlichkeiten in den Lebensabläufen, natürlich haben manche mehr *Glück*, ein glücklicheres Temperament als andere etwa, aber zum Schluß läuft alles auf eines hinaus, das Leben vergeht, man geht von einem Verlust zum anderen, und dennoch: Lebensgewinn. Nun, Sie, liebe Frau Hambach, haben sehr gut verstanden, was in den Gedichten *verborgen* ist.

8. Juli 1981

Dank für den *grünen* Brief, liebe Ursula! Ja, es gibt Pilze! Nie gab es so viel in *meinem* Wald, wo ich einen Dicht-Platz habe, da ist ein *Wunder* geschehn (oder man hat Chemikalien vom Flugzeug aus gestreut, hat den Wald gedüngt, und das ist den Pilzen bekommen? Ich hab aber nie ein Flugzeug gesehen ...) Seit meiner *Kindheit*, als ich mit meiner Großmutter hinter Frankendorf in den *Echtern* (den *echten* Tannen) Pfefferlinge (man sagt bei uns nicht *Pfifferlinge,* zu *vornehm*) gesucht habe, hatte ich nicht mehr so ein *Glück*. Der Sprachzwang ist übrigens so groß, daß ich Ihnen zwar schreiben kann: seit meiner *Kindheit*, aber zu Frau Franke, die mir hilft, könnte ich so ein *Abstraktum* nicht sagen, da müßte es heißen: seit wir klein warn, oder: wie wir Kinder warn ... Schöne Julitage, ohne Hexenschuß, im so schönen schönen Dresden!

8. Juli 1981

Dank für die Grüße aus Piešťany, liebe Frau Zimpel, auch für den ersten Gruß von Zschorlau dorthin! Ja, wir mußten es auf September verschieben, habens noch vor uns, aber dieses Mal bin ich etwas skeptisch: Wie wird das Klima, wie werden die Leute sein? Denn das ist im Mai so angenehm, daß man die meisten schon kennt, die kommen. Nun, nächstes Jahr gehn wir wieder im Mai.

Hoffentlich hat es Ihnen gutgetan? Sie werden – da es so heiß war – schwarzbraun sein, das warn Sie ja voriges Jahr schon im Mai. Wie mag es Ihrem Mann gefallen haben?

Bei uns hat die Sommer-Besuchs-Saison begonnen, mehrere Freunde aus dem Kaukasus sind schon *durch*, Moskauer kommen, ein Dresdener Maler, Söhne ... Ein Freund aus Paris, ich rudere hindurch, zwischendrein fahre ich nach Berlin (per Bahn, da ich immer noch nicht Auto fahre), zur Abschreiberin für meinen Mann, der seinen Roman *Der Laden* in der ersten Niederschrift beendet. Und um Leute zu treffen, mit denen was besprochen werden muß, um einzukaufen und mich um die Berliner Wohnung zu kümmern, um Funkaufnahmen zu machen, an einem Dokumentarfilm zu arbeiten, und dann schreibe ich noch etwas ...

8. Juli 1981

Ja, den Zwiespalt kenne ich, von dem Sie schreiben, liebe Frau Worch (sonst wäre er ja nicht in meine Gedichte geraten) – und er ist durchaus nicht *überlebt* für mich. Übrigens ist er nur *eine* Variante, es gibt so viele andere davon, und kommt daher, daß wir Frauen, viele von uns noch, einem Mann *folgen*, irgendwohin, in irgendeiner Sache, einem Interesse. (Tschechow hat darüber geschrieben in der wunderbaren Erzählung *Herzchen*, er macht sich nicht lustig über die Frau, die eigentlich lächerlich ist.) So, kann ich mir denken, sind Sie auch in *den Wald* geraten. Keine Schande, wenn Sie unruhig sind, was sind schon dreiunddreißig Jahre! Vielleicht finden Sie eine Möglichkeit für sich, *Ihr* Leben zu leben. Aber jetzt ist erst einmal Juli, schönste, grünste Zeit, und ich wünsche Ihnen, daß Sie einen Genuß von *diesen* Tagen haben!

8. Juli 1981

Schönen Dank für Ihre Grüße auf der schönen Chagall-Karte, liebe Frau Walther. Es freut mich, daß Sie so zu meinen Gedichten stehen! – Ich bereite gerade einen Auswahl-Band für die Reclam-Universalbibliothek vor, da habe ich, weil ich mich mit ihnen beschäftigen muß, einen Widerwillen gegen meine Gedichte. So tut es mir gut zu denken: aber andere haben sie gern. Schöne Sommertage in Arnstadt und in Carwitz!

8. Juli 1981

Dank für Ihre Grüße mit der *Rose*, liebe Frau Kusche! So geht doch alles mit der Zeit, weil es muß! Ich verstehe Sie gut, jetzt ist Jakob, unser jüngster Sohn, für elf Tage nach Brege auf Rügen (bei Arkona) ins *GST-Lager* gereist (nach Beendigung der elften Klasse) – ich denke dauernd an ihn, wie es ihm da wohl geht? Was da mit ihm geschieht, ist so ganz gegen seine *Natur*. Nichts zu machen, es gibt eben so *abweichende* Menschen, es wiederholt sich von Generation zu Generation, so war schon der Vater, so sind die Söhne, keine Lust am *Einordnen*, von *Unterordnen* ganz zu schweigen. Aber das ginge noch, nur verträgt Jakob Hitze nicht, vertrug sie noch nie, das macht mir Sorgen. Aber ich lasse sie nicht *laut* werden, um mich nicht lächerlich zu machen, und im stillen hoffe ich, daß er zurückkommen und sagen soll: es war auch Spaß dabei, und Rügen war trotzdem schön.

8. Juli 1981

Meinen Brief haben Sie in einem Detail mißverstanden, ich habe meinen ersten Sohn nicht hergegeben, niemals hätte ich das getan, für keinen Mann, um keinen *Preis*. Im Gegenteil: sein Vater hat ihn mir überlassen, dafür habe ich auf alle Ansprüche verzichtet, die Trennung war schon vor seiner Geburt beschlossen, Vater und Sohn haben einander niemals gesehen. Erwin Strittmatter hat diesen meinen Sohn adoptiert, der weiß es zwar, betrachtet Erwin Strittmatter aber als seinen einzigen Vater. Ich halte die Bindung von Mutter und Kind für so *elementar*, daß mir ein psychischer *Defekt* bei einer Frau vorzuliegen scheint, die ihr Kind hergibt. Das Verhältnis des Vaters zum Kind ist ein anderes, *vermittelteres*, wesentlich durch die Frau vermittelt.

8. Juli 1981

Dank für zwei Briefe und die Diapositive! Auch für Ihr Foto, liebe Agnes Groß! Sie sehen *romantisch* aus, ein wenig wie aus dem neunzehnten Jahrhundert, nach Haltung und Ausdruck – das ist positiv gemeint, heut gibt es wohl wenige junge Mädchen wie Sie. Auch das Kinderfoto mit dem Vater schön, schon damals so ernst! Und Ihre Landschaft – ja, ich möchte sie kennenlernen, und gern würde ich sie mir gerade von Ihnen zeigen lassen. Vielleicht gelingt es mir nächstes Jahr, das in mein *Programm* zu bekommen. Dieses Jahr geht es schon nicht mehr, und überhaupt ist es schwieriger für mich, als Sie sich vorstellen, irgendwohin zu reisen, weil Erwin Strittmatter nirgendhin reisen will, er sitzt immer hier bei seiner Arbeit, beendet seinen Roman *Der Laden*, und wenn ich wegfahre, bleibt er allein, denn unsere vier Söhne sind nur noch zu Besuch zu Haus …

Was Sie zur *Blauen Nachtigall* schrieben und zum Abscheu vor dem Schriftsteller, der Ihnen vom Unterricht her geblieben ist, stimmt uns natürlich traurig, es schreiben viele wie Sie von der *Wiederentdeckung* oder *Neuentdeckung* Strittmatters, meist durch einen Zufall. Wie gut, dachte ich bisher, daß die Schule mich nicht *behandelt*, aber siehe da, unser jüngster Sohn hat gerade die elfte Klasse absolviert, und in seinem Literaturbuch standen zwei Texte – *tendenziös* eingeordnet – von mir …

Sie schreiben schön und gut von Ihren Eindrücken und Empfindungen und ich denke mir, da wird eines Tages etwas *herausschauen*, Sie werden nicht Postbotin bleiben! Lassen Sie sich nur nicht von Ihrem Wege ablenken!

8. Juli 1981

Dank für Brief und Katalog, lieber Hubertus! Wir rechnen mit Ihnen also im Juli – unser Vorschlag: in der übernächsten Woche, die mit dem 20. beginnt, da kommen Frau Dr. Diener und Danny und Erwin junior, Jakob, der bis 17. im *GST-Lager* in Brege/Rügen ist, möchte natürlich auch da sein, wenn Sie kommen.

So schreibe ich nichts weiter von uns, wir werden Zeit zum Reden haben, darauf verlasse ich mich.

8. Juli 1981

Dank für die freundlichen Zeilen und das doch wohl für *Sie* bestimmte Gedicht, zu dem ich nur der Anlaß war … Ich dürfte es eigentlich nicht behalten, aber da Sie es mit einem Zusatz-Text für mich versehen haben, soll es bei mir bleiben.

8. Juli 1981

Dank für Ihr Blatt zu *Beweis*, lieber Rudolf Matz!

Wenn man ein Gedicht schreibt, hat man keine bildliche Vorstellung im Sinne von Malerei oder Grafik, deshalb kommt immer ein Verwundern, wenn etwas *umgesetzt* wird. Aber auch immer Freude darüber, daß von dem Gedicht etwas *überspringen* konnte. So freue ich mich an Ihrer Auffassung, an der *runden* Form, in der Sie den *Beweis des Glücks* sehen.

13. Juli 1981

Es ist Montagmorgen, noch vor sieben Uhr, Vater und ich sind um fünf aufgestanden – das wolln wir für den Sommer wieder einführen, es ist so schön in der Frühe – um acht wolln wir zur Post, um für Dich einen Brief aufzugeben, so daß Du ihn wohl am Mittwoch bekommen wirst. So schnell wie der erste, den ich Dienstag sechzehn Uhr in Rheinsberg eingesteckt habe und der schon Mittwoch bei Dir dort oben in Brege war, wird er von Dollgow nicht reisen …

Sonnabend ist endlich Dein Brief gekommen, lieber Jakob, auf den ich schon seit Donnerstag gewartet hatte – ganz unsinnig natürlich, ich konnte mir denken, daß es mit dem Schreiben nicht gleich geht – er war schön, trotz der *Abgründe*, die er verbarg oder halb verbarg. Nun bist Du über die Hälfte der Zeit, der achte Tag seit der Abreise, am 17. kommt Ihr wieder, und ich hoffe, daß Du die letzten Tage leichter bewältigst. Vielleicht gibt es doch so etwas wie *Anpassung*, das hilft.

Hier wartet alles auf Dich, Äsop, die Pferde, Dein Zimmer, die Bücher, die Musik, das schöne, schöne Grün ums Haus und in den Wiesen und in den Wäldern und der See! Vater und ich waren in den letzten Tagen im Tietzen-See schwimmen, an unserer alten Badestelle, bei der *Geier-Insel. Angebadet* hatten wir Freitag mit Hildchen und Erwin, das heißt, Erwin hat nur Krebse gefangen, wir anderen sind geschwommen. Nun sind wir immer gegen Abend hingefahren, und wir wollen es unbedingt fortsetzen. Heute ist es zwar trübe, mir scheint, es regnet schon ein wenig, aber wenns nicht stürmt und kalt ist, wollen wir auch heute schwimmen gehn.

Das *richtige* Sommerleben wird aber erst beginnen, wenn Du wieder da bist, und wenn nächste Woche Frankes in Urlaub gehn und Erwin und Hildchen und Danny und Christin und Hubertus da sein werden. Ich habe aber schon ein neues *System proklamiert*, nach Deinem Vorschlag: ich werde nicht kochen, sondern im alten Haus Vorräte anlegen, jeder kann dann selbst nehmen, was er braucht, essen, wann und wie er will. Wir werden nur abends zusammensitzen und erzählen.

Donnerstag/Freitag letzter Woche war ich in Berlin, vielleicht fahre ich diese Woche noch einmal, wenn Vater wieder eine Kassette fertig hat, nun geht es dem Ende entgegen mit dem Roman. Daß er so ruhig in Schulzenhof bleiben konnte, nicht nach Berlin mußte, auch kaum nach Gransee, daß wenig Störungen waren durch Besucher, ist Vater und der Arbeit sehr gut bekommen, und er ist fröhlich und fühlt sich viel besser als noch vor einem Monat.

Nur Du fehlst uns, schrecklich! Wenn Du in Gransee bist, sind wir ja doch immer in Verbindung durchs Telefonieren. So weit weg, so unerreichbar, warst Du noch nie! Dein *Brüderchen* Matti hat zweimal telefoniert (aus seiner *Anstalt*), es läßt sich leidlich an mit der Arbeit. Sonnabend früh telefonierte er, da wollte er sich gerade wieder in den Wald *rollen*, Sonnabend/Sonntag *privat* arbeiten. (Vielleicht auch nicht im Wald, sondern bei irgend jemandes Haus.) Er läßt Dich grüßen. Auch Ilja, der gestern,

Sonntagmorgen, hier war, die Rosen spritzen, ohne seine *Baggelmeite*, aber schrecklich nervös und abgehetzt. Er fuhr nach zwei Stunden schon wieder ab, mußte heim, sich kümmern. Nur Erwin, dieser *Hamlet,* hat sich entschlossen, *Kind zu spielen*, er hat die ganze Zeit so Sachen getrieben wie als Junge, rumstreunen, Krebse fangen, Pilze suchen (abgesehen davon, daß er Hildchens Hausräumer war, mit ihr Möbel auf- und abgebaut hat beim Malern. Die Handwerker sind dort mächtig zugange und werden demnächst fertig.) Er kommt ja nächste Woche erst richtig auf *Urlaub*. Und ich freu mich, daß alle wieder einmal zusammen sein werden, wie im Sommer 75 und 76, als Hubertus hier war. Matti wird Ende Juli dazukommen. Schön wollen wir leben!

Du merkst natürlich, daß ich Dir allerlei *Ablenkendes* schreibe, um nicht über Dein Leben da zu reden und zu fragen. Hoffentlich konntest Du doch noch die schönen Bücher *zu Rate ziehen*, die Du mitgenommen hast. Und noch öfter zum Schwimmen kommen! So tut es Dir – Luft und Wasser – vielleicht auch gut.

13. Juli 1981

Das Bild „Unsere Terrasse in Piran", das Du mir zum Geschenk bestimmt hattest, liebe Marianne, ist, nachdem unsere *Behörden* die *Einfuhrgenehmigung* erteilt haben, von der Kunsthalle Rostock an mich übergeben worden, und mir bleibt nur, Dir für das Geschenk zu danken, das als Erinnerung an unsere *gemeinsamen* Ausstellungen in Berlin und Rostock, über seine malerische Schönheit hinaus (die mir seit langem bekannt war) nun auch einen eigenen Symbolwert für mich besitzt. Noch einmal: Dank!

13. Juli 1981

Dank für Deinen so schönen Brief, liebe Charlotte! Dieses Gedicht, das übrigens *Interruptio* (Unterbrechung) heißt, hat wohl die meiste *Resonanz* von allen meinen Gedichten gebracht. Es wird nachgedruckt, hüben und drüben, in Kliniken *ausgehängt*, viele Frauen schreiben mir dazu, ich mußte mir, noch vor Erscheinen des Bandes, nur nach einer Rundfunklesung, die viele aufgezeichnet hatten, bei meiner ersten gynäkologischen Untersuchung im Regierungskrankenhaus einen Kommentar des Arztes (einen einverständigen) anhören.

Diese Geschichte, die Du mir aufgeschrieben hast, rührt mich sehr. Grüß die Frau und die Kinder, auch den lieben Jungen, der meine Gedichte abgeschrieben hat! Ach, ich würde so gern nach Ahrenshoop kommen, das ich ebensowenig kenne wie Hiddensee (ich dachte, Du wärst wieder dort!) – dabei liebe ich die See so sehr ...

Ich freu mich für Dich, liebe Charlotte, daß Du diesen Sommer, diese Sommer hast, und daß Du von guten Menschen umgeben bist – aber das wirst Du immer sein, Du ziehst sie an, weil Du selber gut bist! Wir wollen uns fest vornehmen, daß wir uns im Herbst sehen und ausführlich miteinander reden. Es wird wieder einmal Zeit!

13. Juli 1981

Mit den Gedichten ist das so eine Sache: sie sind entstanden als *Selbstgespräch*, als Auseinandersetzung mit eigenen Schwächen und Schwierigkeiten, werden aber von vielen in Anspruch genommen, als wäre es ihr eigenes Leben, ihr eigener *Text*. Sie fühlen sich mir nahe, verbunden. Nun kann ich aber durchaus nicht zu allen, die mir gegenüber so empfinden, eine *Bindung* eingehen, einfach, weil es Hunderte sind. Ich würde es gern tun, weil ich ein unermüdliches Interesse an Menschen habe, aber ich muß es mir verbieten, weil ich meine Zeit – die sowieso eingeschränkt ist durch Verpflichtungen im Lebensumkreis der Familie und Freunde – zur Arbeit brauche. Schreiben braucht ja einen *Untergrund* von Bemühung: Lesen, Denken, Vergleichen, Studium verschiedener Dinge. Ich bin oft in *Panik*, weil immer unzulänglich bleibt, was ich leiste.

Ich kann also nicht *der* Mensch für Sie sein oder werden, den sie sonst nicht gefunden haben. Sowieso, liebe Frau Claus, kann ich das nicht akzeptieren, stimmt es mich kritisch, wenn mir jemand so etwas schreibt. Man darf seine Ansprüche nicht zu hoch setzen, dann findet man immer Menschen, mit denen man umgehen kann. Wenn man keine Bindungen hat, liegt es nicht an den anderen.

Verzeihn Sie, daß ich so offen spreche, obwohl sie die ältere sind, was es mir eigentlich verbieten sollte. Aber ich habe durch die vielen vielen Briefe doch einen ganz guten Einblick in *Schicksale*, weiß, worunter Menschen leiden, wie sie leben. Manches *kristallisiert* sich als *typisch* heraus. Und ich kann Sie nur bitten: sein Sie nachsichtig zu den Menschen Ihrer Umgebung, denn Nachsicht brauchen wir alle.

13. Juli 1981

Dank für die Karte, lieber Herr Krause!

Wir hatten schon sehr auf ein Zeichen gewartet, dachten aber, es würde von Ihrer Frau kommen. Nun sind wir froh, Ihre Schrift zu sehen, daß Sie schon wieder selber schreiben, ist beruhigend!

Bei uns ist gute Zeit: mein Mann beendet in den nächsten Tagen die Niederschrift vom *Laden* (achthundert Manuskriptseiten). Die Bearbeitung wird, wie immer, lange dauern, aber die Hauptsache ist doch getan. Er hat wunderbar geschrieben, wir alle sind froh darüber, und wir sind darum gut in den Sommer gegangen – dieser Tage sind wir allein, Jakob, der Jüngste, ist zum GST-Lager (*vormilitärische Ausbildung*) in Brege auf Rügen (bei Arkona). Mit Rilke- und Hesse-Gedichten *ausgerüstet*, ist er losgezogen gegen den *Preußengeist* – aber in den ersten Tagen ist er nicht mal zum Lesen gekommen. Nun, es sind nur zwölf Tage, am 17. kommt er zurück, vom 20. an wird er die Pferde besorgen, weil unsere Frankes zwei Wochen in Urlaub gehen, dann wird das *große* Sommerleben beginnen, Frau Dr. Diener mit Tochter und deren Freundin, Sohn Erwin junior, der Schauspieler, und Hubertus Giebe werden kommen. Ein bißchen *nostalgisch* ist mir zumut, das setzt ja schon ein nach kurzer Zeit (wenn es große Wandlungen gegeben hat, und so wars privat und öffentlich in den paar Jahren) – wir werden, wenn es gelingt, die Stimmung der Sommer reproduzieren, in denen Giebe – noch jung und ledig – hier war zum Arbeiten.

Wir hoffen, liebe Frau Krause, lieber Herr Krause, daß die Tage für Sie auch schön sein sollen, daß es bald eine wirkliche Genesung gibt!

13. Juli 1981

Vor ein paar Wochen fragte mich Bärbel Bell, ob ich Sie kenne, liebe Frau Homberg. Sie hat wohl bei Ihrem Mann studiert, und sie *schwärmte* von Ihnen, sagte, ich müßte Sie unbedingt kennenlernen, sie seien eine so *mütterliche* Frau und Sie machten malerisch und zeichnerisch schöne Sachen … Also: Sie irren sich nicht mit Ihrer Wirkung. Ich finde das aber nicht schlecht. Ich halte es für eine Tugend, sich im *wirklichen* Leben zusammenzunehmen, nicht auf den anderen zu lasten. Ich *hasse* die *Sensiblen*, die voraussetzen, daß die anderen nichts mit sich *abzumachen* haben, und die ständig Hilfe in Anspruch nehmen und Bedauern. Ich kenne genug solche unter meinen Künstler-Freunden, die nur von sich, von sich, von sich reden. Die ihre Ohren *zuklappen* wie die Hunde beim Schlafen, wenn es um das Leben, die Gedanken, die Sorgen der anderen geht. Ob die Höflichkeit *englisch* ist, die Beherrschung *preußisch* oder *aristokratisch* oder *proletarisch* oder *stoisch* oder *taoistisch* oder *indianisch*, ist gleich – *gelehrt* wird eine solche Haltung in vielen Kulturen und Philosophien. Die *Originalgenies* wolln davon nichts wissen, sie *werfen* sich auf alles und alle: aber schließlich müssen die Menschen zusammenleben und müssen einander Freiheit lassen. Ich bin, meiner Beobachtung und Erfahrung nach, der Meinung, daß die Menschen viel mehr unter *persönlicher* Versklavung als unter gesellschaftlicher Unfreiheit leiden – die Gesellschaft läßt ihnen ziemlich viel Lebens- und Bewegungsfreiheit. Die wenigsten können sie nutzen, weil die Ansprüche der Ehe, der Familie dagegenstehen. Sie, liebe Frau Homberg, genießen die *Abseite* der Einsamkeit: Entscheidungsfreiheit, Sie sind nicht zur Rücksicht genötigt. (Ich übe sie, aus Liebe zu meinem und Verehrung für meinen Mann, dessen Arbeitsmöglichkeiten und -fähigkeiten wesentlich von meinem Da-Sein und Mit-Leben abhängen.) Und, Sie müssen es zugeben, eine solche *festliche* Liebe wie die Ihre, mit Sehnsucht und Trennung, Hangen und Bangen, ist ein Stimulans für die Arbeit!

Also: so wünsche ich Ihnen einen glücklichen August und dann *drei Wochen* Mittelasien, wo ich einmal drei Tage (und nur in Alma-Ata und Umgebung) war, und doch hat es *Epoche* gemacht in meinem Leben! Ich hoffe zuversichtlich, daß wir uns eines Tages treffen werden!

13. Juli 1981

Endlich! Will ich schreiben, liebe Marianne, sortieren, was ich schon am Telefon erzählt habe, was neu ist? Der Gas-Herd-Einsatz für die Kleinst-Kaffeemaschine ist gekommen. Und danke! Mit der Stefanie Hoffmeister habe ich gesprochen – schon vor drei Wochen, gleich, nachdem ich mit Dir telefoniert hatte. Sie sagte, daß der Fotograf die Bilder an Dich geschickt hat. Dann: daß ihr Artikel erst im Herbst erscheint und daß sie ihn mir vorher geben wird, damit keine Fehler vorkommen. Sie war von Euch bezaubert und ist glücklich, daß sie bei Euch in Budapest war.

Meine *Unsere Terrasse in Piran* hängt in Berlin, gegenüber meinem Arbeitsplatz, allein, frei, auf der weißen Wand, im schönsten Licht, und ich habe eine große Freude an ihr, lasse mich immer, wenn ich da sitze, *hineinfallen* ins Licht, in die *Ferne*. Dank dafür!

Mit Achim stehts wer weiß wie. Ich hab ihn vor drei Tagen gesehn, seinetwegen eine ganze Nacht ein Manuskript gelesen, das er redigiert. Man rätselt zur Zeit: neue Bestrahlungen, für die Lunge? Das entscheidet sich in diesen Tagen. Sonst will er Ende des Monats nach Salzburg.

Mit Karl Hermann Roehricht, den Ihr kennengelernt habt (nicht der alte Maler, der jüngere) ist *totale* Feindschaft. Ich hatte ihm einen Brief geschrieben zu seinem neusten Buch, Märchen, *Die unzufriedenen Wörter*, das er auch illustriert hat. Er hat mir einen Antwortbrief geschickt mit einem großen roten Herzen, aus dem Tropfen fallen, und geschrieben: „Solche Briefe schreibt man nicht ...“ Da hab ich ihm wieder geschrieben, aber er antwortet nicht mehr. Zwanzig Jahre warn wir in Verbindung. (Übrigens hab ich ihm auch einen *Hieb* gegeben in dem Brief wegen seines Benehmens bei der Eröffnung

Deiner Ausstellung, daß ich da gemerkt hab, wie *fern* wir uns sind ...)

So gehts eben, manchmal trennt man sich besser: sehr verschieden in Lebenshaltung und -praxis waren wir sowieso.

Ob Ihr noch immer in der Stadt seid oder doch irgendwo auf dem Land? Dieser Tage erschien in unserer Illustrierten *Freie Welt* eine Foto-Reportage über Budapest, das ist dann ganz schlimm, man möchte gleich zu Euch hinüber.

Nun schreibe ich noch einen Extrabrief wegen des *Hierbleibens* der *Terrasse*, für Eure *National-Bank*. Mein tüchtiger Mann hat seins längst besorgt, wie er mir sagte. Aber ich bin ihm auch tüchtig, mache den *Außendienst* zur Abschreiberin usw., besorge alles, was mehr oder weniger widrig zu besorgen ist. Na, *Jonniko*, Du kennst das ja!

Grüße für Mityu, der sicher noch immer aussieht wie *eine Puppe*, und für Dich, meine sehr liebe Marianne, meine liebste Marianne! Mir ist heut etwas *dreherig* im Kopf, deshalb kann ich die Buchstaben nicht richtig treffen, und es ist so ein Geschmier. Aber ich wollte, daß Du endlich Nachricht bekommst!

13. Juli 1981

Lieber Nguyen Quan, wir haben sehr um Verzeihung zu bitten, daß wir nicht längst für Ihren Brief vom April und für die Übersetzungen gedankt haben! Das war eine Überraschung und Freude für uns, es ist uns noch immer nicht ganz begreiflich, daß unsere Arbeiten über diese große Ferne hinweg, unter so anderen Lebensformen, Winden und Wettern, verständlich und fühlbar sind.

Über Ihren Satz „Mit Freude schicken wir Ihnen unsere Übersetzungen, verbunden mit der Hoffnung, daß Sie beide Vietnamesisch nicht lesen“, haben wir herzlich gelacht, er *erwärmt* durch die Selbstironie, eine so seltene Gabe!

Wir hoffen, daß wir Sie eines Tages kennenlernen, daß Sie in unser Land kommen und unser Gast in Schulzenhof sein werden! Zusammen mit Familie Dr. Igel, deren Vermittlung zu Ihnen wir dankbar in Anspruch nehmen.

Mit herzlichen Wünschen für Ihre eigene künstlerische Arbeit, von der Dr. Igel uns schrieb!

13. Juli 1981

Dank für zwei Briefe und die Gräser!

Wie schön, daß Sie diesen Sommer *leben*! Auch wir tun es, Erwin Strittmatter und ich. Ein paar Tage sind wir allein, Jakob wird militärisch *dressiert* auf Rügen (man versuchts wenigstens) aber er ist mit antipreußischen Genen geboren, nichts zu machen, er haßt es, wie wir alle, und muß und soll sich doch *unterwerfen* ... Und das ist ein so wunderbarer Junge, ein so edler Mensch! Heut hab ich geträumt, daß er nicht mehr sprechen konnte, *dort*. Wir beide *Alten* sind aller Tage am See gewesen, schwimmen, da ist gegen Abend eine so *chinesische* Stimmung, Schilf wie Bambus, eine *hängende* Birke, unter der Erwin Strittmatter, nach dem Baden, wie ein Weiser am Wasser sitzt und einen Apfel ißt, den ich regelmäßig, als *Genannt*, wie er es nennt (so sagten die Ausgedinger, *min Genannt,* ihr *Ausgemachtes*) mitbringe. In ein paar Tagen kommt die nächste *Sommerwoge*, wir werden dann acht Leute sein, wollens fröhlich haben.

Schrecklich, liebe Lolf, was Sie von Ihrem Nachbarn schrieben ... Grausam. Immerzu, immerzu hört und erlebt man solche Geschichten ...

29. Juli 1981

Dank für Ihr Telegramm, lieber Hubert Witt! Hier sende ich Ihnen die fünf Gedichtbände für *Reclams-Band*, ich habe angekreuzt, was ich nehmen würde. Sicher viel zu viel, wir hatten noch nicht über den Umfang der Auswahl gesprochen. Ich weiß nicht, wer sich bei Ihnen damit befassen wird, jedenfalls erwarte ich Vorschläge, wie wir es *angehen* wollen: ob immer mit dem Titel des Buches vor den einzelnen Teilen oder *gemischt*. Mir – als Leser – wäre wahrscheinlich der erste Weg lieber.

29. Juli 1981

Dank für Ihren Brief, liebe Bärbel Rethemeyer! Wir werden uns erst im Oktober treffen können: ich fahre 25. August bis 2. September nach Jugoslawien, 6. September bis 4. November in die Slowakei zur Kur.

Ich freue mich, daß Sie mit meinen Sachen symathisieren und etwas draus machen wollen im Maxim-Gorki-Studio-Theater. Jetzt habe ich nur eine Frage: neulich sah/hörte ich im Fernsehen Brigitte Becker mit alten Liedern, einen Tag danach las ich in der BZ, daß sie am 24./25. im Gorki-Theater aufgetreten ist. Gehört sie zum Ensemble? Wenn ja, würde es mich freuen, wenn sie singen würde in meinem Programm. Vertonungen gibts viele, ich kenne nur wenige. Die meisten sind mir zu *aufwendig*. Aber ich mische mich da nie ein, auch viele junge Leute haben sich was vertont von den Gedichten.

Wenns Ihnen mit Oktober zu spät ist, könnten Sie mir Ihr Programm – das ja, scheints, schon fixiert ist – vielleicht vorher senden.

29. Juli 1981

Dieser Tage müßten Sie wohl aus dem Urlaub zurückkommen, lieber Ernst Cantzler, und ich hoffe, daß er Ihnen allen, trotz des grauen Wetters (jedenfalls bei uns war und ist es grau) bekommen ist ...

Ich schreibe, nur ein paar Sätze, weil ich noch mal über die Musik für unseren Film nachgedacht habe. Ich glaube, es wird mit *gesungenen Texten* ungünstig sein. Wir haben Interview, Gedichte, Briefe und sollten von der Musik her *Ruhe* bringen zum Bild. Also wollte ich Sie bitten, den jungen Leuten von der Pankower Gruppe noch nichts zu sagen wegen *eventueller Mitwirkung*. Damit wir Zeit haben, gründlich zu überlegen.

Zeit wird uns wahrscheinlich knapp, wenn wir erst im Oktober herangehen können und am 4. Dezember *Abnahme* sein soll. Oder ich habe Sie falsch verstanden, und Sie werden sich schon vorher mit dem *Material* beschäftigen? Ich will in den nächsten Tagen das Interview durchgehen.

Von Nodar habe ich noch nichts gehört, nur von Reso. Daß Sie und Attila in *Spannungen* geraten sind, tut mir leid, ich wünschte, sie ließen sich *auflösen*.

29. Juli 1981

Schon längst wollte ich schreiben, liebe Medea, daß mich das Paket mit den Interlinearübersetzungen Deiner Gedichte erreicht hat und daß ich sie inzwischen oft gelesen habe und glücklich bin, sie zu besitzen. Viele gute Stunden der Erhebung und Freude verdanke ich ihnen. Nodar wird es Dir erzählt haben, auch von meinen Plänen mit den Gedichten. Im November will ich in Berlin, in einem neuen großen Kulturhaus, in einer Veranstaltungsreihe *Dichter lesen Dichter* daraus vortragen. Auch mit dem

Rundfunk habe ich eine Verabredung, Dich in einer speziellen Sendung vorzustellen. Dann werde ich versuchen, die Gedichte zum Druck zu geben. Ich werde über Sommer an der Form arbeiten. Aber die Interlinearübersetzungen von Lamara Narouschwili und Ssergei Okroporidse sind ausgezeichnet und schön! Grüß sie von mir und danke ihnen!

Mir scheint, unsere Briefe haben sich *gekreuzt*, ich hatte Euch einen geschrieben, dessen Ankunft Du noch nicht bestätigt hast: in Deinem, der vor dem Manuskript kam, stand aber, daß Tamunia zum Studienjahresbeginn im September in die DDR kommt, bleibt es dabei? Reso und Nodar und Shushuna und Nino waren längere Zeit bei uns, sie wissen alles Wichtige, haben auch die Filmmuster gesehen. Beenden werden wir die Arbeit erst im Herbst. Ernst Cantzler war lange krank, nun ist er in Urlaub, und dann dreht er erst einen anderen Film. So kann er erst im Oktober mit dem *Schnitt* beginnen. Vorher will ich für eine Woche nach Jugoslawien, nach Struga am Ohridsee, über das ich geschrieben habe. Jetzt sind gerade welche von diesen Gedichten in einer amerikanischen Zeitschrift (die von Frauen herausgegeben wird und nur Texte von Frauen bringt), zweisprachig, deutsch und englisch, abgedruckt worden, das ist eine schöne, ausnahmsweise internationale, Ausgabe, und ich freue mich, natürlich, daß man dort meine Gedichte *entdeckt* hat, ich bin die einzige Autorin aus der DDR, aus der Bundesrepublik sind es drei, eine davon die schon verstorbene Marie Luise Kaschnitz.

Ich habe einiges an Gedichten geschrieben dieses Jahr, einiges an Prosa, aber im ganzen bin ich – wie meistens – unzufrieden mit mir. Die Tage und Wochen brauchen sich auf mit so vielen *Nebendingen*, die getan werden wollen, die alle ganz primitiv sind, wie Waschen und Kochen, *Organisieren*, so daß von der Zeit zu wenig für die *eigentli-*

che Arbeit bleibt ... Vielleicht nutzen sich auch Energie und Konzentrationsfähigkeit ab ... Aber vor allen Dingen *brauche* ich mich *auf* bei der Beantwortung der Hunderte Briefe, die ich nach wie vor bekomme. Das alles soll keine Klage sein, auch keine Erklärung oder Rechtfertigung für langes Schweigen, sondern nur sagen, warum ich mich immer wieder mit besonderer Freude an die Zeit im vorigen Jahr bei Euch erinnere. Weil ich da frei war von den üblichen Dingen und sehr froh, und das Müde-Sein vom Sehen und Erleben hätte gar nichts ausgemacht, schlimm war nur diese Allergie, die, wie ich inzwischen denke, vom *Fisch* kam. Da ich gern Fisch esse, habe ich mich (besonders an jenem Abend in Kazbegi) an den Fisch gehalten. Ich vertrage ihn sonst gut, aber Allergien treten ja plötzlich, bei einem bestimmten *Sättigungsgrad* auf. Das möchte ich nicht wieder erleben, es war wirklich schlimm!

Und was macht die liebe Eka? Wird sie mir einen eigenen Brief schreiben, eines Tages? Wie geht es mit ihrer Gesundheit? Ich habe große Sehnsucht nach Euch allen! Und ich wünschte so sehr, mein lieber Mann wäre so reisefroh wie ich, dann wäre ich schon wiedergekommen. Aber er will nicht von zu Hause fort, er fürchtet sich vor allen Veränderungen, so werde ich wohl – falls es mir nicht doch gelingt, ihn zum nächsten Jahr zu überreden – allein wieder nach Georgien fliegen müssen.

Bei uns geht sonst alles – bis auf das Wetter, das ganz *unsommerlich* grau und kalt ist – gut, alle sind beschäftigt mit ihren Arbeiten, nach ihren Interessen. Besucher kommen und gehen, manchmal nach Stunden, manchmal nach Tagen. Und ich hoffe, auch Euch eines Tages hier zu sehen!

Grüße für alle in der Familie, für Herrn Okro, für Tamunia, für Eka und Hund Pussi, für den papierenen Lord

Charles Spencer (dessen *Nachkommin* Lady Diana heute Prince Charles Windsor heiratet) und Grüße für meine liebe Freundin Medea, die starke Dichterin!

29. Juli 1981

Liebe Dagmar Wolf, verzeihn Sie, daß ich so spät schreibe, sechs Wochen ist, wie ich gerade sehe, Ihr erster unbeantworteter Brief schon alt. Nun wird meiner wohl gerade noch zurechtkommen, um Ihnen Glück auf die Reise nach Schwerin zu wünschen, gute Gesundheit für die Tage und Freude mit alten und neuen Freunden!

Ich war im *Dienst* von Freunden, die aus der Sowjetunion zu Besuch kamen (aus Georgien), und mit allerhand Kram und Nebenkram beschäftigt, meine Existenz ist ja *schizophren*, nach wie vor, und um da rauszukommen, müßte ich weggehen von Schulzenhof. Hier *landen* aller Tage irgendwelche Menschen an, deren *Wirtin* ich bin, der Sommer ist schlimm. Also genau entgegen Ihrem Leben, das Ihnen so zu schaffen macht: Alleinsein, Nichtsprechen-Können. Für Sie hoffe ich, daß jetzt ein paar Tage des Ausgleichs kommen sollen, bei mir hoffe ich auf Kraft, *überschüssige, um dennoch etwas zu tun.*

Das *Taoteking* ist für meinen Mann und mich eins der wichtigen Bücher. Darin gibt es einen Satz, auf den der Titel meines ersten Gedichtbandes zurückgeht: „Das Weibliche überwindet das Männliche durch Stille". Laotse und die alte asiatische Poesie haben auf mich den größten Einfluß gehabt, schon bevor ich Gedichte zu schreiben begann. Der Sinologe Ernst Schwarz hat es übrigens gleich entdeckt und es mir bei unserer ersten Begegnung 1973 gesagt.

Schön, was Sie alles an sich *heranziehen*, in sich aufnehmen, gerade so muß ja ein Dichter *leben*, sich anerleben, was an Kunst, was in den Künsten *schon da* ist! Wie will er sonst etwas hinzufügen? Meine *Küchengäste* beginnen zu *rumoren*, weil Abendzeit ist und ich noch auf der Maschine klappere – ich verabschiede mich mit herzlichen Wünschen für die August-Reise!

29. Juli 1981

Dank für die *Bestätigung* der Fernseh-Lesung, liebe Frau Thomalla!

Die Aufzeichnung wurde vor einem Jahr gemacht, als das Buch noch nicht im Handel war. Die Sendung sollte eigentlich zu seinem Erscheinen kommen, blieb aber ein Jahr liegen. Nun war es komisch, ein Buch präsentiert zu sehen, dessen zweite Auflage inzwischen vergriffen ist … Denn die Serie heißt ja *Wir stellen vor* – da die *Autoren* meistens bekannt sind, will man wohl neue Texte vorstellen. Nun, ich hatte meinen Ärger an dieser Sache, man hat *alle* Punkte, die vereinbart waren als Voraussetzung für die Aufnahme – ich hatte da meine Bedingungen gestellt, man hatte sie akzeptiert – ignoriert, dann hat man noch zwei Gedichte herausgeschnitten, so daß sieben Minuten Lesung übrigblieben, aber manchem, der nichts davon weiß, hat es gefallen oder mag es gefallen haben. Und so will auch ich es zufrieden sein und gelten lassen.

Tapfer bin ich ganz und gar nicht, was ich schreibe, zeigt nur immer die Überwindung von *Anfechtungen*. Aber vielleicht sollte ich sie besser gar nicht überwinden? Vielleicht ist gerade das falsch? Nun, ich reflektiere auch diese Zweifel, schreibend.

29. Juli 1981

Liebe Christl, wir haben noch für eine *polnische Karte* und für einen Brief zu danken – ich war die letzten Monate durch Gäste und durch *Kurierfahrten* für Erwin nach Berlin (wie Kurier Münchhoff aus dem *Wundertäter III*) beansprucht, bin immer zur Abschreiberin gefahren. Weil Erwin eine lange Strecke Zeit ohne Unterbrechungen arbeiten konnte, hat er vor zehn Tagen die erste Niederschrift vom *Laden* beendet. Das war kein *richtiger* Sommer! Dreimal waren wir schwimmen, als es warm war, nun schon zwei Wochen nicht mehr. Ist es bei Euch auch so, daß – wahrscheinlich durch den zu Anfang sehr heißen April – dieses Jahr alles viel zeitiger an- und abblüht? Die Dahlien, die Astern, der Phlox sind schon im Blühen, Hinüberblühen, all jene Blumen, die sonst vom Frost, vom ersten Reif geschwärzt werden und vergehen. Und dabei ist erst Juli!

Schön, daß Eure polnische Ausstellungs-Reise so unbeschadet von den *Ereignissen* dort bleibt. Hoffentlich geht es weiter so. Ich habe Unruhe deswegen, denke, fürchte immer, daß es irgendwohin *umschlagen* könnte.

Aber ich war nicht da seit 74, und damals war alles, im Vergleich zu *bei uns*, so üppig und elegant und freundlich, auch die *Provinz*, wir waren mit einer großen internationalen Dichtergruppe zu Lesungen unterwegs. 73 waren wir mit Erwin an der Ostgrenze, in Janow-Podlaski, bei Terespol. Auch dort fühlten wir uns sehr gut, unvergeßliche Tage hatten wir da im Mai, auf dem Arabergestüt, dem größten, besten Europas.

Wegen meiner *Hängerei* mit Post und Arbeit habe ich an die Schweriner Museumsleute noch nicht geschrieben, werde es aber dieser Tage tun. Die Frage ging wohl wegen September, aber da werden wir in Piešťany sein. Sicher ist die Lesung auch im Oktober noch möglich, Eure Ausstellung bleibt ja wohl länger dort.

29. Juli 1981

Daß Sie auch mein letztes Buch *angenommen* haben, das für mich schon sehr *vergangen* ist, freut mich. Ich hoffe,

Neues zu schreiben, habe auch geschrieben, manches hat sich angesammelt, was eines Tages in ein Buch eingehen wird. Das wird wieder andere *Verhältnisse*, Fragen, Zweifel, Anfechtungen, Überwindungen zeigen als *Zwiegespräch*. Das *Gedicht* ist ja doch etwas *Flüchtiges*, dem Augenblick Entspringendes (wenn man an der Form auch lange arbeitet, manchmal) – so habe ich mich an den *Weggang* der Söhne gewöhnt (soweit man sich überhaupt an die Wandlungen des Lebens gewöhnt). Außerdem sind sie immer mit uns in Verbindung, kommen so oft wie möglich, aber eine bestimmte Existenz-Form hat sich aufgelöst, muß durch eine andere ersetzt werden, wird es auch, ohne Sentimentalität. Aber den *Krisen-*, den *Fieberzustand* dieser Umwandlung habe ich im Gedicht festgehalten, und da steht es nun in *Zwiegespräch* wie etwas *Dauerndes*, das ist ja überhaupt der Zauber der Poesie, daß sie dem Flüchtigsten einen Anschein von Dauer gibt ... Nun ergreifen es Menschen, die gerade jetzt in ähnlicher Lage sind, sagen sich: also, auch andren gehts ähnlich ... Ich weiß es aus vielen Briefen, die sich gerade auf jene Gedichte beziehen, die das Verhältnis zu den heranwachsenden Kindern reflektieren.

29. Juli 1981

Liebe Frau Oehme, heut habe ich den Vertrag für *Puschkin* unterschrieben und sende ihn an Frau Gronski. Er war mir nicht verlorengegangen, ich hatte immer noch gezögert, weil die Standardaufteilung des Vortextes mir nicht unbedingt notwendig und jedenfalls auf dieser einen Seite viel weniger zu sagen scheint, als ich in meinem Text gesagt hatte. Das war es, was ich wollte –, ich bin also nicht überzeugt, obwohl ich zugestimmt hatte, ebensowenig wie bei dem Verzicht auf die beiden Gedichte, vor allem beim *Propheten*. Ich hatte mir ja wirklich die Auswahl lange überlegt und nur Dinge genommen, die ich für schön und wichtig hielt … Ich wollte Ihnen vorschlagen, die Sache ohne meinen Namen zu veröffentlichen und mich aus dem Vertrag zu entlassen – aber dieses *ohne Namen* entspricht ja auch wieder nicht den Gewohnheiten der Poesiealbum-Reihe. Und schließlich: vielleicht *überbewerte* ich es. So will ich es endlich vergessen, trotz der *Gegengefühle* gegen diese glatte, eben *wie immer*, abgefaßte Kurz-Biographie, die nie von mir stammen könnte, zu der mir aber keine Ausschmückung oder Änderung einfällt …

Darf ich Sie um die Liebenswürdigkeit bitten, Herrn Lewerenz zu sagen, daß mir noch niemand eine Erklärung zur Vergabe des Poesiealbums Eva Strittmatter an den Damnitz-Verlag (Reihe *kürbiskern zeitgedichte*) ohne meine Einwilligung, ohne Beleg oder Honorar gegeben hat?

Hoffentlich hat Ihnen mein *Puschkin-Album* mit den Zeichnungen genutzt?

30. Juli 1981

Schulzenhof ist ein Ortsteil von Dollgow, Schulzendorf liegt etwa acht Kilometer entfernt, alle Dörfer eines Kreises haben ja die gleiche Postzahl.

Karl Hermann Roehricht ist es wirklich, an den viele Briefe gingen, es spricht nur für Sie, daß Sie darauf gekommen sind, liebe Frau Braune!

Georgien wollen die Georgier gesagt haben, sie sind leicht *nationalistisch* eingestellt, grusisch-grusinisch ist russisch, das lassen sie sich von den Russen gefallen, aber im übrigen, sagen sie, hieß ihr Land in der Welt immer *Georgien*.

Ich hoffe, daß Sie sich in diesem kühlen Sommer wohl fühlen, daß es mit Ihrer Gesundheit gut steht und Sie freudig dem Dezember entgegensehen! Schön, daß Sie die Zeit zum Lesen und Denken nutzen können! Natürlich ist da kein Ende, wir alle wissen und kennen ja nur einen winzigen Teil von dem, was an geistiger Leistung im Lauf der Jahrtausende aufgebracht wurde. Mich macht meine schreckliche Unbildung zuzeiten ganz krank. Wie wenig haben wir gelernt, wie unsystematisch wurden wir gelehrt!

30. Juli 1981

Manches habe ich schon von der Wirkung meiner Gedichte gehört, ich weiß, daß dieses Gedicht *Interruptio* in Kliniken aushängt, zitiert, nachgedruckt wird, aber ein so *eindeutiges* Bekenntnis wie das Ihre, liebe Frau Hofmann, habe ich noch nicht gehört ... Übrigens hat mir mein alter Freund Hermann Kant gesagt: „So etwas schreibt man nicht, das behält man für sich ..." Das Gedicht ist 1970 entstanden, ich wollte es schon in meinen ersten Band aufnehmen, den ich 1971 dem Verlag übergab und der 1973 dann als *Ich mach ein Lied aus Stille* erschienen ist, aber damals hatten meine Verleger-Lektoren alles heraushaben wollen, was irgendwie kritisch, heikel, problematisch schien. Nun, nach zehn Jahren, habe ich da einen festeren *Stand*, weil eben die Leser meine Gedichte in *Anspruch* nahmen und durch *heftigen* Kauf für mich *votierten*, so habe ich, bei und bei, auch die alten, abgelehnten Gedichte in meinen Sammlungen untergebracht, sie mit neuen gemischt, das heißt, die Gedichte, die es mir immer noch wert sind. An manchen *hänge* ich nicht mehr so. Die Wirkung von *Interruptio* aber übertrifft die aller anderen Gedichte, das weiß ich aus Lesungen vor der Buchveröffentlichung, bei denen ich immer gebeten wurde, das Gedicht abschreiben zu dürfen, und aus vielen Briefen.

Ich kann Ihnen nur von Herzen Glück wünschen zu Ihrem *Glücklichen*, zum Felix! Und zu Ihren Kindern überhaupt, auch natürlich zu diesem wunderbaren Jungen, der seinem Mädchen Gedichte abschreibt! Wieviel reine schöne Kraft ist in Kindern und Halbkindern, die sich *selber verwirklichen*! Ich halte mich am liebsten zu ihnen, uns Erwachsenen ist es oder wird es doch oft schwer, am *Schönen* festzuhalten, nicht zu versinken im Grau der Gewöhnung.

30. Juli 1981

Dank für den Brief, liebe Ursula, und für das Bild der kekken Andrea mit deren *eigenhändiger* Bemalung! Was für ein *fertiges* Mädchen schon!

Nun haben Sie sich hoffentlich wieder an Dresden gewöhnt und die Migräne verloren! (Aber ich habe auch in Schulzenhof Kopfschmerzen, kommt vom Schreibtisch-Hocken und Maschineschreiben).

„Der Sommer geht vorüber, ohne Sommer gewesen zu sein/ die Tage warn trüb und trüber,/ die Lüste schliefen uns ein ...“ habe ich in einem der letzten Jahre geschrieben, in diesem Sommer wills wohl wieder so werden, kühl, grau, man wartet, wartet, verwartet den Sommer, die Herbstblumen, Astern, Phlox, Georginen/Dahlien blühn schon, die Gladiolen beginnen, nur Sonnenblumen und Süßkartoffeln noch nicht ...

Frankes haben Urlaub, wir fahren, mein Mann, Jakob und ich, zu den Ponys nach Fliederort, um die Elektroleitung zu kontrollieren und auf das *Schöne* zu sehn, das immer dort ist ... Lang wirds nicht mehr so gehen, zum Herbst trennen wir uns von den Ponys, nach fünfundzwanzig Jahren Zucht. Schwer tun wirs, aber es wird immer schwieriger, Hilfe zu finden. –

Ich überlege, was ich am *wichtigsten* tun soll? Habe für Reclam-Verlag einen Band Gedichte (meine aus fünf Büchern) zusammengestellt, aber was schreibe ich nun außer Briefen am *ersten*? Ich *schweife* umher in meiner Lektüre, von Euripides über Wilhelm Müller zu Paustowski und wie immer, Puschkin. Am Ende fügt sich alles zum *Bild* (zum Gedicht).

30. Juli 1981

Dank (aber das ist nicht das rechte Wort) für Ihren Brief, liebe Frau Steinbeck, oder Bestätigung, Ihren Brief *empfangen* zu haben, denn er ist nicht so, daß man sich für ihn *bedanken* kann, zu viel Unruhe, Zweifel, Verzweiflung bringt er als zwischen den Zeilen verborgene Fracht. Da bleibt mir nur zu fragen: was ist mit Ihnen, was heißt *Agonie*? Was Giebe betrifft, so war er eine Woche in Schulzenhof, ist erst vor ein paar Tagen abgefahren, ihm geht es – für seine *Verhältnisse*, für sein Temperament – sehr gut, er ist in der Arbeit auf dem Weg, von *Agonien* keine Rede, wenn er das gesagt hat, wars im Rausch der Debatte, es ist so wahr und unwahr wie alles andere, was er – und was jeder von uns – über sich sagen kann. Haben Sie also keine Angst, ihm das Buch zurückzubringen!

Die *Bilder*, die wir uns von anderen Menschen machen, sind immer *unscharf* – so, wie Sie mich gesehen haben, bin ich *weder noch*. Bei dem Fernsehbild von Klaus Manzek war ich müde von tagelangem Herumsitzen und -ziehen mit den Fernsehleuten, es war kalt, ich war durchgefroren und hatte schon genug von der Sache (wir waren gerade ein paar Stunden in der Landschaft gewesen, und ich mußte, wegen der Technik-Mängel, wieder und wieder mein Gedicht *Grasnelken* sprechen, vor der Kamera, *unbefangen*), für dreizehn Minuten Sendung hatte ich zweieinhalb Tage sechs Fernsehleute hier, hab für sie gekocht etc. Aber hinterher sagt man sich: es war ganz lustig, und vor allem hatten wir am Ende der Landschaftsaufnahmen zufällig ein Feuer auf einem Kahlschlag entdeckt, das haben wir noch aufgenommen, da konnte man sich wärmen, und das hat dann nicht nur die Film-Sequenz eröffnet, sondern ich bin da noch tagelang hingewandert, jeden Spätnachmittag in dem Oktober war ich da, hab das Feuer geschürt, und es gibt davon ein Gedicht *Rauch*, das ich also den Fernsehleuten verdanke und das auch in der *NDL* war, von der Sie schrieben, so kommt alles im Leben zu seinem *Ausgleich*. Und ich wünschte, Sie wären auch davon überzeugt!

31. Juli 1981

Dank für die Auszüge aus Frau Dr. Mólnars Briefen, liebe Frau Lachmann!

Ich dachte, sie hätte Ungarn früher verlassen, 1956 oder vor 1956, so kann ich mir nicht denken, daß *politische* Gründe sie veranlaßt haben zu gehen, eher private. Und nach der Lektüre dieser Text-Auswahl ahne ich vielleicht, welches die Gründe waren. Wie es scheint, hatte sie keine Familie, keine andere Bindung als diese brieflich-telefonische zu Ihnen in den letzten Jahren? Erschütternd die nun doch weitergehenden Mitteilungen über die Umstände ihres Todes … Ich dachte damals, sie wäre an der Krebs-Krankheit gestorben, es geht ja manchmal, nach langem Widerstand, von einem Tag zum anderen mit der Kraft zu Ende …

Sicher war sie ein außergewöhnlicher Mensch, und ich kann verstehen, daß Sie noch immer unter dem Verlust leiden. Auch ich habe, auch wir haben Freunde verloren durch Tod (andere verliert man durch Zeit und Wandlungen), eben gerade, vor einer Stunde, erfuhren wir, daß einer unserer nahen Freunde in Moskau gestorben ist, Sergej Lwowitsch Lwow, einer der Adressaten der *Briefe aus Schulzenhof*. Wir waren in der letzten Zeit in Sorge seinetwegen, er litt unter schweren Depressionen (wie schon oft), dieser Tage wollte er eigentlich in die DDR kommen, nach Berlin und Weimar, ich war gerade beschäftigt mit der Ab-Organisation der bestellten Zimmer und eines Bungalows, beruhigte ihn telefonisch deswegen vor zwei Wochen – und nun ist er, am dritten Herzinfarkt, im Alter von neunundfünfzig Jahren gestorben. Wir hatten uns 1967 im Schriftstellerheim in Jalta durch Lew Kopelew, seinen Lehrer, kennengelernt und haben uns inzwischen oft gesehen, er kam regelmäßig in die DDR und nach Schulzenhof, zuletzt habe ich ihn Ende September letzten Jahres in Moskau getroffen, auf meiner Hinreise nach Georgien war ich eine Nacht in Moskau, er besuchte mich im Hotel, ich hatte ihm neue Pfeifen und Tabak mitgebracht, denn er hatte – in einem *Anfall von Entschlossenheit* – das Rauchen aufgegeben und seine Pfeifen und alles Zubehör verschenkt, dann aber doch wieder angefangen zu rauchen, so hatte ihm mein Mann, als allerdings seit zehn Jahren *inaktiver* Sachverständiger, neue Pfeifen und Tabak besorgt, wir, Sergej und ich, hatten zwei Stunden interessanter Gespräche, wollten uns wiedersehen, wenn ich aus Georgien zurückkommen würde, aber da gab es dann nur einen Aufenthalt von fünf Stunden, und ich konnte nicht, wie geplant, zu ihm und seiner Frau Ewa Rajter, die Barlach und Bobrowski und Strittmatter und Fühmann übersetzt hat, und zu seiner Tochter Lena, einer Malerin und Kunstwissenschaftlerin, zu Besuch kommen könne … Viele, viele Gespräche, Stunden der Freiheit und Heiterkeit tauchen auf, wenn ich an ihn denke, ein Stück Leben ist verloren oder auch nicht: es will bewahrt und dankbar erinnert werden.

31. Juli 1981

Dank für Brief, Skizze, Foto, liebe Regina Kempin! Ihre Mädchen sind ja schon tüchtig herangewachsen, und sicher können Sie sie bald so weit *erziehen*, daß Sie in ihrer Gegenwart auch arbeiten können! Das ist, meiner Erfahrung nach, eine Sache der *Dressur*, ich habe manchmal mit einer *Kindergruppe* um den Schreibtisch gearbeitet (außer meinen noch Nachbars- und Freundeskinder). Das *Problem* mit der Arbeitszeit und -freiheit bleibt ja für uns Frauen immer bestehen, wenn wir uns einmal eine Familie *angeschafft* haben, vielleicht sollte man, wenn man etwas Künstlerisches oder Wissenschaftliches machen will, beizeiten die Entscheidung treffen, allein zu bleiben. Aber weiß man in dem Alter, in dem man sich *bindet*, irgendwas Sicheres von sich? Eben nicht, und so muß man nachher sehen, wie man mit der Verantwortung für die Familie und der für die Kunst zurechtkommt. Jedenfalls darf man sich nicht beklagen, denn Kinder sind so gut, es ist so schön, mit ihnen zu leben! Und so wünsche ich auch Ihnen, daß Sie die nötige Heiterkeit aufbringen für alles zusammen!

Lassen Sie sich nur nicht zu sehr von der Literatur verführen, wegführen von Ihrer *eigentlichen* Kunst, besonders die Dichter, die Sie nennen, könnten Sie jetzt zu sehr *eintrüben* (sie sind auch zur Zeit ein wenig *modisch*, scheint mir, alle *intellektuelle Welt* liest sie gerade, so wie vor ein paar Jahren Hesse, der für manche nun wieder *out* ist, ich liebe Verlaine sehr und die anderen, aber, neben noch anderen, mit *Maßen*).

31. Juli 1981

Ich hoffe, daß Sie sich inzwischen schon wieder ein wenig mehr eingelebt haben in der neuen Umgebung und Gemeinschaft finden mit Ihren Heimgefährten! Wichtig ist, daß Sie ein Einzelzimmer haben, es erscheint mir als *die* Bedingung, aber ich weiß, daß es davon nur wenige gibt. Ich denke aber, das dürfte nicht sein, die Zimmer könnten auch klein sein, aber jeder müßte sein eigenes, ein *Leerzimmer*, haben, in das er seine Sachen mitbringen kann, denn man geht doch mit den Gegenständen im Lauf der Jahre und Jahrzehnte ein *Vertrauensverhältnis* ein, und wenn man auch nicht all seine Sachen behalten kann, so doch die liebsten, und man hat schon von ihnen ein Geborgenheitsgefühl. Muß man in einem fertig ausgestatteten Zimmer wohnen, fühlt man sich in der Fremde, wie im Hotel, und man meint immer, man muß gleich nach Hause reisen … Ich kann mir denken, daß es schwer für Sie war, die Wohnung aufzugeben, aber daß Sie nur über die Straße zu ziehen brauchten und in dieselben Ahorn- und Lindenbäume sehen, wie vorher, das ist, finde ich, ein Glück! Und da Sie *innerlich* beschäftigt sind, Interessen haben, glaube ich, Sie werden mit dem neuen Leben noch etwas Schönes anfangen können, da Sie nun von der Last frei sind, fürs *Tägliche* sorgen zu müssen. Wie immer hat ja auch dieser Wechsel seine zwei Seiten, sein Für und Wider. Und ich meine, daß alles von einem guten Humor und Gemüt, von der Fähigkeit, sich einzustellen auf die Verhältnisse abhängt. Durch die vielen Briefe, die ich bekomme, reiche ich doch etwas über meine eigenen Erfahrungen – auch die meines Alters – hinaus, und ich sehe immer mehr, wieviel vom Temperament, der glücklichen oder unglücklichen Fähigkeit, das Leben zu sehen und anzunehmen, abhängt – wie viele Menschen – besonders Frauen – können selbst die günstigsten Bedingungen nicht nutzen, sind unzufrieden, mit sich zerfallen, zerstritten, haben gar keinen *Lebensgenuß*, und immer suchen sie die Schuld bei anderen, bei ihren Männern, Kindern, Enkeln, aber sie fassen keinen Entschluß, zu nichts, und viele fallen in Depressionen, leben von Tabletten, die jetzt leider immer mehr verordnet werden – und andere überwinden Krankheiten, Behinderungen, Verluste und bejahen dankbar das Leben und leben jede Stunde mit Genuß und Gewinn und zur Freude ihrer Mitmenschen, die ihnen durch solch eine Lebenshaltung auch *zufallen*, sie haben nicht über Einsamkeit zu klagen, man vergnügt sich an ihrer Existenz und kommt gern zu ihnen, weil so eine Ausstrahlung von möglichem Glück von ihnen ausgeht. So wünsche ich Ihnen, liebe Frau Metzler, gute Tage im neuen Heim!

31. Juli 1981

Leider kann ich nicht versprechen, nach Klingenthal zu kommen – ich habe so viele Einladungen zu lesen, manche *stehen* seit Jahren *an*, dieses Jahr mache ich fast keine Vorlesungen, ich muß arbeiten. Die *Honorarfrage* wäre keine: ich habe auch in Karl-Marx-Stadt, wie an anderen Orten, ohne Honorar gelesen. Sie irren sich: ich lebe nicht davon, ich bin ja Schriftstellerin, nicht Vorleserin (oder Frau eines Professors), ich lebe von meinen Büchern.

Verzeihn Sie die Knappheit des Briefes – aber es wartet viel Post auf Antwort.

31. Juli 1981

Es ist traurig, aus Ihren Briefen herauszulesen, daß Sie immer neuen Anfechtungen unterliegen und nicht zur Ruhe kommen können! Ich wünsche es Ihnen so sehr, und wenn unsere Bücher ein wenig helfen, wollen wir froh sein! Mit *Gutmachen* sollen Sie sich nicht beunruhigen, das ist ganz und gar überflüssig! Wenn wir Bücher haben, verschicken und verschenken wir sie gerne!

31. Juli 1981

Dank für Deinen Brief und die neuen Lieder, liebe Manuela!

Gerade habe ich sie mir mehrmals vorgespielt, und wieder wundere ich mich, welche Du ausgewählt und wie gut

Du den *Geist* und die Stimmung getroffen hast. Ich weiß nicht, ob Du oder einer Deiner Freunde ein Kassettentonbandgerät hast oder hat, und ob Du mir wohl den Wunsch erfüllen könntest, die Lieder auf Deiner Flöte zu spielen und für mich aufzunehmen? Das würde mir große Freude machen!

Nun bereitest Du Dich sicher schon für die Übersiedlung nach Dresden vor? Oder bist Du mit Deinen Eltern verreist? Frau Weigert schrieb, daß Du dieses Mal nicht in Weimar dabei wärest, und sie war traurig darüber.

Ich schicke Dir meine guten Wünsche und herzlichen Grüße an einem schönen Abend, dem letzten des Juli, an dem endlich die Sonne hervorgekommen ist, nach zehn Tagen Gräue und Kälte!

31. Juli 1981

Hast Du den Brief etwa selbst geschrieben, so *perfekt* auf der Maschine, oder hat das Deine Mutter für Dich getan, auch die Gedichte abgeschrieben? Es sieht mir fast so aus, und da wäre es mir lieber gewesen, Du hättest mir *von Hand* geschrieben, ich hätte durch Deine Schrift einen Eindruck von Dir bekommen.

Du bist für Dein Alter, scheint es, sehr *reif*, jedenfalls im Vergleich zu anderen Deines Alters heute, vor hundertfünfzig Jahren waren die *gebildeten* Vierzehnjährigen schon Erwachsene, ihrem Geist, ihrem Denken nach. In der Literatur gibt es genug Zeugnisse dafür.

Natürlich hast Du ganz recht mit dem, was Du schreibst: beobachten, lesen, schreiben sind eine Einheit für den, der *Dichter* werden will. Was die Vorbilder betrifft, so wechseln sie, wenn Dir jetzt meine Gedichte gefallen, werden sie Dir vielleicht in ein paar Jahren *nichts mehr sagen*, veraltet sein. Du mußt soviel wie möglich zu *erraffen* suchen an Poesie, in der Bibliothek kannst Du sicher an Welt-

Dichtung finden, was schön und wichtig ist. Man muß einfach alles kennenzulernen versuchen.

Von Deinen Gedichten gefällt mir *Trost* am besten.

1. August 1981

Dank für Ihren Brief und für das Album mit den Eintragungen Ihrer Schwester, liebe Frau Wolff!

Wie schade, daß sie es nicht fortführen konnte! Sie hat die Landschaft so deutlich geschildert, daß ich sie vor mir sehe, daß ich von der Schönheit ergriffen bin und denke: du müßtest das sehen!

Nun kann ich mir auch vorstellen, wo Sie arbeiten, in welcher Umgebung Ihr Spargel-Feld liegt, und ich verstehe, wie sehr Sie an dem allen hängen.

Wollen Sie denn nicht noch einmal ein junges Pferd anschaffen? Es ist doch zu schwer, immer wieder dieses Altern und Sterben eines Pferdes zu erleben! Wir haben auch eine so alte Araberstute zu stehen, dreiundzwanzig Jahre alt, und sie hustet. Aber doch ist sie, scheint es, noch wieder tragend, sieht auch schön aus, Schimmel, wir haben sie, seit sie dreijährig war, und werden sie auch bis zum Ende behalten. Nur, bei uns stehen eine Menge junger Pferde neben ihr, allein von ihr zwei Töchter.

Heute beginnt sich das Wetter zu ändern, die Sonne scheint wieder, und man hat Hoffnung, daß es doch noch einen Sommer gibt! Ich wünsche Ihnen auch etwas Muße in dieser Zeit, damit Sie Ihre schöne Landschaft erleben können, die mir nun vertraut ist!

1. August 1981

Schön, daß Du so viele Möglichkeiten siehst für Dich, liebe Ellen! Ich glaube, Du wirst den richtigen Weg finden. Raten kann der und jener, mehr oder weniger sachverständig, aber es hängt doch alles von Dir ab, und wenn Dich nicht eine überwältigende Kraft, eine Leidenschaft zum Komponieren treibt, wirst Du es aufgeben. Alles, was Du gelernt hast, wird Dir zugute kommen und vor allen Dingen den Schülern, falls Du doch Lehrerin werden solltest. Gerade Musiklehrerin! Es ist so traurig, wenn die Lehrer *Stümper* sind in ihrem Fach, gerade so das Nötigste beherrschen. Wie schön ist es, einen Lehrer zu haben, der aus einem *Überfluß* abgeben kann. So stelle ich mir Dich als Musiklehrerin vor. Man kann doch immer nur auf einige Schüler rechnen, die begabt sind und begeistert. In den meisten Fächern werden die meisten nur aus *Pflicht* lernen, aber die wenigen führen die *Kunst* später weiter. Aber auch alle anderen werden sich an etwas Schönes erinnern, wenn der Unterricht gut war. Was die Lehrpläne betrifft, stimme ich Dir zu, aber der gute Lehrer gibt viel über den Plan hinaus, er verstreut nebenher Anregungen und *Reichtümer*, zieht begabte Schüler auch privat zu sich heran und erschließt ihnen seine geistige Welt. Eng wird alles nur durch Menschen, die selber *eng* sind und sich deshalb auf Vorschriften berufen, aus Unfähigkeit oder Bequemlichkeit.

Schön, daß Du so einen heiteren Sommer an der See erlebst! Ich wünsche Dir, daß Du freudig ins neue Schuljahr hineingehst und darin viel gewinnst!

6. August 1981

Jakob war in Brege im Norden der Insel Rügen. Drei Wochen, er kam krank zurück, verstört. Meine Haltung ist der Ihren ähnlich, liebe Lolf: immer sagen, zu etwas wirds schon gut sein. Der Schauspieler Erwin junior kam mit fast fünfundzwanzig zur Armee, hatte einen *krankhaften* Widerwillen dagegen, panische Angst davor. Ich konnte ihm aus der schlimmen Anfangssituation heraushelfen, er war dann beim Stab in Neubrandenburg, hat in einem Lager gearbeitet (sehr tüchtig, alle unsere Söhne sind ausgesprochen *arbeitswillig*), man hat ihn respektiert. Aber Jakob war dort oben *der bunte Hund*, der die Kolonne zur Strafe umkreisen mußte, kein Essen bekam usw., eben weil er sich dem preußischen Drill nicht *unterwerfen* wollte. Dabei hatte er den besten Willen, als er abfuhr – nun, er wird nächstes Jahr im Herbst, wenn er zum *Ehrendienst* (da liegt es eben, das Übel von allem, bei der dummen Phrase) einrückt, eine Methode finden müssen, um es *durchzustehen*. Aber ich denke: nicht umsonst hat man *die Dichter* immer ausgemustert. Thomas Mann, Brecht, Rilke, Werfel, viele andere … sie haben es eben nicht *gekonnt*. Und er ist seiner Anlage nach (und wie ich ahne, auch schon tatsächlich) ein Dichter …

Was mich betrifft, so müssen Sie sich keine Sorgen machen wegen *Resignation* oder ähnlichem. Für mich ist das Leben ein ästhetisches *Phänomen*. Und so ein Gedicht wie *Szenario* ist für mich *Glück*. Sprache ist alles: etwas sagen, *so* sagen zu können, *das* entzückt mich. Das ist wirklich so *objektiviert* gefühlt, wie es da steht. Ich habe das wie eine Filmszene gesehen und *gemacht*. So sind all meine Gedichte. Da ist vielleicht ein Impuls, ein *Gefühlsflackern*, das ich anfache zu einem Gedicht. Wer *wirklich* Gedichte schreibt, nicht nur stammelt, braucht schon eine Art *Kälte*, etwas Gläsernes, Transparentes, eine Fähigkeit zur Analyse, Selbstanalyse, die ihn aus dieser Beklommenheit des Leids und Selbstmitleids heraushebt. Ich bin sehr vergnügt, wenn ich so was schreibe, aus der Spannung heraus, die Worte so zu drehen, zu wenden, ins *Verhältnis* zueinander zu setzen, daß sie wie ein *Netz* Wirklichkeit fangen … Schwer zu erklären, aber die *immaterielle* Substanz der Sache ist für mich viel wichtiger als tatsächliches Begebnis oder Gefühl. In mancher Hinsicht sind Dichter *Ungeheuer*.

Natürlich weiß ich, daß man auch mit siebzig lieben kann, mit fünfzig, mit sechzig, es gibt so ein Gedicht *Anfang der Liebe*. Aber eben doch – trotz stärker werdender *Leidenschaft* – mit einem Verlust an Illusionen. Wenn man die *Abläufe* kennt, ist es nicht das, was Liebe in *Reinform* für mich meint. Eben davon handelt das Gedicht, nicht von Resignation über die Möglichkeiten des Alters …

Vor drei Tagen haben wir den zweiundneunzigjährigen Vater meines Mannes beerdigt. Er hatte sich mit siebenundachtzig so verliebt (in die Frau eines Enkelsohnes), daß eine Familientragödie/komödie draus wurde … Wir andern wissen noch nicht, was uns *blüht* … Hier kommt das *Geheimfoto* zurück. Weiter schönes Leben im August!

10. August 1981

Seit Sie mir schrieben, lieber Mathias Noack, sind fast drei Monate vergangen, jetzt sind Ferien, und ich hoffe, daß Sie irgendwo im Norden oder Süden mit Freunden und vergnügt sind. Ich will einfach nicht glauben, daß Sie niemanden finden in Ihrer Umgebung, mit dem Sie sich verstehen, mit dem Sie sprechen können! Dem Sie Ihre *Träume* und Ängste anvertrauen, der Ihnen wenigstens zuhört! Immer gibt es Menschen mit *besonderen* Anlagen, aus denen später Dichter, Künstler oder jedenfalls *Kunstanhänger* werden, sie unterscheiden sich von den übrigen, die Talente für praktische Dinge oder wissenschaftliche Interessen haben. Mit dieser Besonderheit muß man leben, sie ist eine Unruhe, eine Last, aber auch ein Glück. Nur darf man den *anderen* nicht *anlasten*, daß man sich von ihnen unterscheidet. Und wenn sie einem *spießerhaft* vorkommen, muß man drauf achten, daß man ihnen nicht gleicht. (In vielen Grund-Bedürfnissen, auch im Verhalten, gleicht man ihnen, leider – wenn auch nur *phasenweise* – doch, auch Sie, auch ich, prüfen wir uns nur genau!) Das Entscheidende ist aber die geistige Haltung, die *Analyse*, das Bewältigen durch Schreiben, wenn es einen dazu drängt. Und das Wichtigste, was man zeitig beginnen kann, ist, vom *Allgemeinen* zum Konkreten zu kommen, genau hinzusehen auf Menschen, Dinge, Natur, Lebensverhältnisse, das spezifische Detail einer Sache, einer Situation in Sprache zu übertragen, nicht nur verschwommen seine *allgemeinen* Empfindungen und Aggressionen aufzuschreiben. Für mich gibt es ein *oberstes Gebot*: man darf nicht schlecht von den Menschen im *Allgemeinen*, von der *Gattung* sprechen oder schreiben. Man gehört ihr an, kann sich nicht ausschließen.

Daß unsere Zeit voller Bedrohungen, deshalb auch voller Ängste ist, daß die *Welt* insgesamt kein harmonisches Bild bietet, ist nicht zu bestreiten. Nur: wer in die Geschichte eindringt, und sei es nur über die Literatur früherer Jahrhunderte und Jahrtausende, erkennt, daß die *Welt* niemals harmonisch war, sondern immer voller Spannungen und Katastrophen, nur haben natürlich die Früheren nicht gleichzeitig so viele Welt-Punkte erblicken können wie wir heute, hatten kein Bewußtsein von dem, was auf der Abseite der Erde geschah. Das wichtigste ist: sich nicht fürchten, man muß die Nicht-Furcht trainieren, den Sieg über die Furcht, den täglichen, erstreben. In jeder Situation. Auch in der Schule, wenn man glaubt, man hat eine begründete Meinung zu einer Sache, die zu verteidigen die eigene Würde erfordert. Das ist was anderes als Rechthaberei und Opposition gegen einen Lehrer, den man nicht leiden kann. Obwohl ich zugebe, daß auch das einen reizt und man sich manchmal hinreißen läßt aus einem unbeherrschten Gefühl. Nur muß man sich immer wieder die Wahrheiten erobern, für die es zu leben lohnt – auch schreibend und lesend.

10. April 1981

Verzeihen Sie, daß ich so spät schreibe (nicht *antworte*, das kann ich gar nicht): Es ist nicht Gleichgültigkeit oder böser Wille, lieber Michael Vogt, wenn ich nicht ausführlich auf Ihre Arbeiten eingehe. Gedichteschreiben ist ein *Weltverhältnis* und ein *Lebensprozeß*, wenn man wirklich unter diesem Zwang steht, sucht man sich einen Weg selbst, und da hat niemand *hineinzupfuschen*. Ist das Schreiben aber nicht zwanghaft, ohne Kontinuität, nun, um so besser, dann leben Sie leichter.

11. August 1981

Dank, besonders für die Briefe mit den Familiennachrichten, über die Heirat beider Söhne, zu der ich gratuliere, und über die Beerdigung des alten Onkels, und mit den Erzählungen von der langen Bahnfahrt nach Sibirien und der Verbreitung meines Gedichtes *Wandel*! Aber auch für die Schilderung der Begegnung mit dem ehemaligen Schüler Sascha, der im Park zur Ehre seiner Lehrerin und seines Abendschul-Abschlusses so laut die deutschen Lieder sang, daß die Parkbesucher ein Sing- und Schauspiel hatten! Fein haben Sie das erzählt, liebes *Lieselchen*, ich habe eben alles noch einmal gelesen und mich wieder dran gefreut wie bei der ersten Lektüre, und wenn es nach der Freude ginge, hätte ich immer gleich geantwortet, aber danach gehts immer nicht, immer ist was anderes *dran* zu schreiben, oder man muß reisen – so wie ich letzten Herbst nach Georgien. Ich hatte Ihnen sicher geschrieben, daß ich zum Jubiläum meiner ersten Lesung (Oktober 65) hinreisen würde mit einer Gruppe Filmleute. Inzwischen waren meine georgischen Freunde wieder in der DDR – also, ich war und bin immer beschäftigt, beschäftigt, *geschäftig*, vor einigen Jahren habe ich mal

Tagebuch geführt, und ich müßte es wieder tun, ganz mechanisch, einfach um zu sehen, wo die Tage *geblieben* sind. Mein Mann tut es fast immer, aufzeichnen, was der Tag bringt, aber ganz *identisch* sind unsere Tagesabläufe nicht, so kann ich mich auch nicht bei ihm *befragen*, was ich eigentlich gemacht habe in all dieser Zeit? Es wird nicht weniger mit den äußeren *Anforderungen*, Leute kommen, gehen, die Söhne schauen herein oder bleiben länger, bringen ihre Wäsche zum Waschen, der *mechanische* Tagesablauf mit seinen *öden* Verrichtungen bleibt sich immer gleich (und seltsamerweise hat man nach dieser *öden Mechanik* sofort Sehnsucht, wenn man eine Weile entfernt ist, etwa im Krankenhaus eingesperrt).

Mein Mann ist, glaube ich, betrübt, daß Sie ihm nichts zum dritten Band vom *Wundertäter* schrieben. Er hat jetzt gerade seinen neuen Roman *Der Laden* beendet, in der Niederschrift, bis nächsten Sommer will er ihn bearbeiten.

Vor einer Woche haben wir seinen zweiundneunzigjährigen Vater begraben. Er wurde in den letzten Monaten immer schwächer, wollte nicht mehr essen, aber er war bis zuletzt geistig lebendig, und er hat keine Schmerzen zu leiden gehabt. Hatte überhaupt ein gutes, unabhängiges Alter, mein Mann hatte ihm eine Wirtschafterin angestellt, so daß er in seinem Haus als *Herr* leben konnte. Die Nachricht erreichte uns am 30. Juli, er war in den frühen Morgenstunden im Krankenhaus gestorben (in den letzten zwei Wochen war er, auf eigenen Wunsch, dort), am 31. Juli kam ein Anruf vom Schriftstellerverband aus Berlin, traurige Nachricht aus Moskau: unser lieber Freund Sergej Lwowitsch Lwow, den Sie damals bei unserem Leseabend in der Bibliothek für Weltliteratur kennenlernten, ist am Dienstag, 28. Juli, in seiner Moskauer Wohnung am Herzinfarkt gestorben. Wir sind traurig wegen Sergej Lwowitsch, er war ein so guter Mensch und ein so naher und uns herzlich zugetaner Freund, Freund unserer Arbeit und vieler Gespräche! Einer der wichtigen Korrespondenzpartner der *Briefe aus Schulzenhof* und leidenschaftlicher Liebhaber des Buches, zu dem er mir immer wieder schrieb ... Es ist eben doch etwas anderes, ob man mit neunundfünfzig oder mit zweiundneunzig stirbt! Der Vater meines Mannes hatte, auf seine Art, ein vollkommen *erfülltes* Leben. Dagegen sind in unserem Freundes- und Bekanntenkreis einige von schlimmen Krankheiten befallen, seit einem Jahr haben wir große Kümmernisse: mit ansehen zu müssen, wie jemand *vergeht* und dabei doch noch ganz im Leben ist, handelt, schreibt, reist, und niemand weiß, wie lange es noch möglich sein wird, alle Mediziner sagen: es gibt keine Heilung ...

So, liebe Jelisaweta, *neutralisiere* ich mütterliche *Kümmernisse* wie die, von denen Sie schrieben, was Kolja und die Mathematik betrifft: lassen Sie ihn nur. Wenn er gesund ist und arbeitet und auf seine Weise glücklich, sein Sie zufrieden! Sie wissen nicht, ob er sich nicht eines Tages noch *aufraffen* wird!

11. August 1981

Aus den *Briefen* wissen Sie, lieber Herr Schuller-Anger, daß ich zur Begründung *Zeitknappheit* ein kritisches Verhältnis habe, deshalb rede ich auch nicht davon, es ist eher eine Art *Unorganisiertheit*, Verstörtheit, Verzettelung, die einen hindert zu schreiben. Meist sind es auch Zeiten, in denen man überhaupt nicht sehr *produktiv* ist (oder man ist es *unterirdisch*, neue Dinge bereiten sich in einem vor). Ich habe tatsächlich allerhand *Verzettelndes* getrieben, geschrieben, unter anderem mich auf einen Dokumentarfilm *über mich* eingelassen, für den wir letzten Herbst in Georgien waren mit einem großen Filmstab der DEFA (sieben Filmleute und ich), dann haben wir in

Schulzenhof gedreht und Interviews gemacht, aber nun geht die eigentliche Arbeit erst los, zum Herbst müssen wir aus dem *Material*, das etwa 10:1 steht, auswählen, schneiden, montieren. Außerdem habe ich einiges in Prosa geschrieben in den letzten Jahren und Monaten, neben Gedichten, die doch immer das *Eigentliche* bleiben – und dann ist es tatsächlich so, daß Tausende Briefe zu den *Briefen aus Schulzenhof* und zu den Gedichten gekommen sind, und täglich kommen neue.

Nun ist es schon so schwierig geworden, nach *Wichtigkeit* und *Schreibantrieb* zu sortieren, daß ich immer das in meinem Postkorb Obendraufliegende greife und drauf antworte. Komme ich eine Zeit nicht dazu, so geraten wichtige Briefe wie der Ihre in den *Untergrund*, und ich muß mich nach einiger Zeit erst aufraffen und mich in die *Tiefe* hinabarbeiten. Dabei bricht mir buchstäblich der Schweiß aus, weil ich spüre: ich schaffe es nie ...

Unter anderen liegt hier bei mir schon lange lange ein Brief unserer Botschaft in Bukarest, der mich nach Rumänien lädt, und ich habe noch nicht geantwortet! Obwohl mich schon seit Jahren die Aufforderung angeht, Ihr Land zu besuchen und ich es gern tun möchte! Zu meiner Überraschung hatte ich eines Tages – vor ein paar Jahren – im *Sonntag* einen Bericht über eine Veranstaltung mit *DDR-Lyrik* in unserem Bukarester Kulturzentrum gelesen, und da wurde mein Name an erster Stelle genannt, und unter den Nachdichtern war auch Nina Cassian, die ich einmal, vor Jahren, bei den *Puschkin-Tagen* in der Sowjetunion traf. Marin Sorescu habe ich in Sarajevo kennengelernt, Virgil Teodorescu ebenfalls in der SU ... Früher gab es so eine deutschsprachige *Literarische Revue* aus Rumänien, die wir geschickt bekamen (auch Bildende Kunst, Theater, Kritik und Film wurden behandelt), die war gut gemacht, da habe ich all die Namen meiner

Bekannten gefunden und mich überhaupt informiert über das, was bei Ihnen geschrieben wird …

Grüßen Sie Ihre Mädchen und sagen Sie ihnen, sie möchten nicht unwillig werden auf die Poesie, wenn man sie in der Schule damit *überfüttert*! Wir Dichter können nichts dafür, wenn man uns in den Lehrplan zwingt!

18. August 1981

Ihre Gedichte schicke ich zurück, ich kann sie nicht lesen. Ich werde in letzter Zeit so *überfordert* mit Gedichten, daß *mir* die Lust zum Gedichtschreiben vergeht … Suchen Sie jemand *Unabhängigen*, um sie *beurteilen* zu lassen.

18. August 1981

Das Goethe-Faustsche *Wer darf ihn nennen* … gilt mir nicht nur für *Gott*, sondern auch für *Philosophie* (ich sehe keinen so strengen *Strich* zwischen Glauben und Philosophie), in diesem Moment könnte ich vielleicht sagen: ich glaube *gar nichts*, ich habe keinerlei *System*, aber im nächsten Augenblick: ich glaube an *Vernunft* und *Organisation*, an Menschlichkeit, den aus vielen Quellen gespeisten *Humanismus*. Aber ich weiß nicht: wozu ich das *bekennen* soll? Wieso Sie das wissen wollen? Nehmen Sie meine Gedichte, aus ihnen, wie aus Jahresringen, ist schon abzulesen, wie der *Baum* wächst.

Wenn Sie einen Glauben haben, so wünsche ich Ihnen, daß er Sie froh macht, stärkt, Ihnen mit Ihren Kindern leben hilft! Unter meinen Lesern, Korrespondenten, Freunden, sind nicht wenige Christen, ich bin ihnen herzlich zugetan, wenn ihr Glaube wirklich Glaube ist, nicht *Politik*, nicht *Bündelei*, Refugium vorm *Zugriff* der Gesellschaft oder *Basis* gegen sie. Ich habe da meine Erfahrungen mit Versuchen, mich *einzuvernehmen.* Ich will von niemanden, als seiner Gruppe gehörig – und sei sie noch so groß – beansprucht werden. Aber jeder einzelne hat ein Anrecht an mich, das habe ich ihm durch Veröffentlichen meiner Gedichte eingeräumt.

Was das *besagte Gedicht* (im *Gulliver* heißt es: *besagter Menschberg*) betrifft: ich habe es schreiben müssen, es war eins der – seltenen – *Rettungs*-Gedichte, ich habe *mich* damit zu *retten* versucht. Die Frage: *darf oder soll man so was schreiben*, konnte überhaupt nicht gestellt werden. Nur die nach dem Veröffentlichen, und die habe ich mir in vielen Fällen stellen müssen, wenn ich über *unübliche* Dinge schrieb. Meiner Meinung nach bin ich noch nicht *radikal* genug, meine Gedichte werden in Zukunft noch *weiter* gehen. Ich will in Poesie bringen, was noch nie in Poesie gebracht wurde.

Schön, daß Sie einen so schönen und reichen Beruf haben, so viele Fächer lehren können! Daß aber Ihr Leben nicht leicht ist, daß Sie Kraft brauchen, um es, Tag für Tag, zu bestehen, kann ich mir vorstellen, liebe Frau Hofmann!

19. August 1981

Meine Meinung zum Literatur-Institut: wenn Ihre Ärztin es für möglich hält, gehen Sie unbedingt! Vielleicht bessert sich Ihr Zustand sogar unter anderen Lebensbedingungen? Ich freue mich, daß man es Ihnen angeboten hat und daß man Ihnen in besonderer Weise helfen will, in Leipzig unterzukommen. Machen Sie sich wegen der *technischen* Dinge nur keine Sorgen, das wird sich schon finden (auch Geld). Und wegen der literarischen auch nicht. Man weiß schon, warum man Sie vorschlägt – Sie brauchen gar keine Bedenken zu haben. Ihre Gedichte, auch die neuen, sind stark.

Daß es mit Schwerin so geendet hat, ist natürlich schade, aber wahrscheinlich hatten Sie von den Tagen vorher, bei Erhard Scherner und in Berlin, doch einen Gewinn an Erlebnis und Erfahrung, der den Verlust aufwiegt. Jedenfalls haben Sie es wieder einmal gewagt, *hinauszugehen*, das ist schön!

Ich fliege am 25. 8. nach Jugoslawien, nach Struga, dort ist zwanzigstes Jubiläum der Poesietage. Es ist mir zwar ungünstig, aber ich kann nicht zum vierten Mal absagen, unmöglich, und ich freu mich auch drauf, sicher werde ich Freunde treffen, und selbst wenn nicht und wenn alles enttäuschen sollte, so werde ich doch ein paar Tage im *Süden* sein, an *meinem* Sonnensee. Nervosität herrscht bei uns, vor allem, weil wir immer noch keine Flugkarten nach Piešťany haben, seit Monaten bestellt, aber nicht zu bekommen, und die üblichen Vorbereitungen wie Waschen etc. sind zu machen, und Leute kommen dazwischen, ab und an *tauche* ich in meinen Gedichtmappen oder in Paustowskis *Wanderungen* unter, dann ist es mir leid, wegzufahren und nicht zu arbeiten …

Also, liebe Dagmar, zögern Sie nicht, wenn es *ernst* wird mit Leipzig.

9. September 1981

Zwischen zwei Reisen (Jugoslawien, Slowakei), mit etwas Fieber (aus Makedonien, dem heißen Land, brachte ich einen Bronchialinfekt): Schön, daß den Kindern *Der Igel* gefällt, lieber Herr Fritzsche! Er ist natürlich nicht für oder wegen *Geld* geschrieben (den Terminus, den Sie benutzten, kann ich einfach nicht verwenden, es gibt Begriffe, Worte, vor denen ich einen solchen Ekel habe, daß ich sie nicht sagen oder schreiben kann) – ich habe lange, über Jahre, daran gearbeitet, es gibt von mir einige Kindergeschichten, Märchen, die ersten habe ich 1957 geschrieben, zu schreiben begonnen. Für fünf Seiten Text habe ich hundert Seiten geschrieben, eine Fassung nach der anderen, ich kann mir auch nicht vornehmen: jetzt schreibst du eine Kindergeschichte, sie *kommt* oder sie kommt nicht, das ist eben die Geschichte mit der *Inspiration* (Puschkin: ich kann nur aus Inspiration schreiben, aber das fertige Gedicht ist eine *Ware*, die ich verkaufe) – natürlich bekomme ich für meine Bücher Honorar, mit den Jahren zunehmend. Mein erstes Kinderbuch, *Brüderchen Vierbein*, das 1959 erschien (in einer neuen Ausgabe 1972 wieder), hat man mir für zweihundert Mark abgekauft, und man hat davon dreißigtausend Exemplare gedruckt – die Zeiten sind natürlich vorbei; aber wir beide, Erwin Strittmatter und ich, waren uns von Anfang an einig, niemals eine Zeile *für Geld* zu schreiben oder jemals beim Schreiben daran zu denken, wieviel Geld *es* bringen würde, und bei dieser Haltung zur Arbeit ergibt sich merkwürdigerweise der Erfolg *nebenbei*. Wir kennen Kollegen, die Jahr für Jahr ihr Buch schreiben *müssen*, denen immer die Gedanken an Geld zwischen die Arbeit kommen, sie sind meistens *Sklaven* des Berufs, kommen nie aus dem Druck und der Bedrückung heraus.

Ich möchte gern wieder eine Kindergeschichte schreiben, habe angefangene Sachen, aber die *Gunst* hat mir bisher gefehlt, es schön zu machen, ich möchte es wegen der Freude tun, aber ich bin nicht frei und heiter genug dazu, so kann ich nur hoffen, daß es eines Tages wieder so sein wird und ich es kann.

9. September 1981

Es tut mir leid, lieber Herr Szameitat, ich kann Ihre Arbeiten nicht lesen: Ich könnte ein Lektoratsbüro aufmachen mit den vielen Manuskripten, die man mir schickt (ohne einen Verlag oder eine Zeitschrift zur Verfügung zu haben), ich könnte selber das Schreiben aufgeben, wollte ich mich mit allem befassen, was kommt, ohnehin habe ich schon durch Briefe-Schreiben meine eigene Arbeit vernachlässigt. Ist es dieser Weg oder jener, den ich wählen muß? Auch ich muß mir die Fragen selber beantworten, kann meine Dinge niemandem schicken, den ich für *kompetent* halte, es sei denn, wenn ich glaube, es ist *druckbar*, einer Zeitschrift oder einem Verlag. Und das rate ich auch Ihnen: wenden Sie sich mit Ihren Arbeiten an Leute, die drucken. Das Risiko der Ablehnung muß man tragen, jeder hat sich *herangearbeitet* an die Literatur, der schließlich in sie *eingedrungen* ist.

Wenn Sie schreiben, das sind zum Teil *Strittmattereien*, so ist es erst recht nichts für uns, zu viele haben schon versucht, den *Kramkalender* oder die *Kleingeschichten* nachzuschreiben.

9. September 1981

Ja, das mit der Schule weiß ich, liebe Frau Kirsch, leider hat man auch schon angefangen, meine Sachen abzudrukken (im vorjährigen Literaturbuch meines jüngsten Sohnes, 11. Klasse, standen Gedichte und ein Prosatext von mir), aber da so viele junge Leute *freiwillig*, ohne *Aufforderung*, lesen, bin ich nicht beunruhigt darüber. Das mit der Schule war nie anders, und trotzdem hat es immer Menschen gegeben, die eine *Passion* für die Literatur faßten.

20. Oktober 1981

Die Post ist nicht schuld, Vera, ich war sieben Wochen nicht zu Haus, erst in Jugoslawien, dann in Piešťany.

Ich will versuchen, was zu schreiben über Paul Dessau, muß noch Deinen ersten Brief heraussuchen, wo, was, wann. Das nur als *erste Nachricht*.

20. Oktober 1981

Es ist natürlich erschreckend: Was Sie von dem Alters- und Pflegeheim schreiben, ahnt, weiß man vielleicht gar, aber daß es so sein muß oder soll, will man nicht glauben. Da Sie sich dessen bewußt sind, muß es schon ganz aussichtslos sein, unter Ihren Kolleginnen Gleichgesinnte zu finden, die mehr aufwenden als elementares Pflichtgefühl, wenn Sie so selbstverständlich-resigniert die Zustände beschreiben, ohne jeden Aspekt der Änderungsmöglichkeit ... Traurig ist das, aber ich will nicht urteilen oder verurteilen, ich war nie in der Situation, wüßte auch nicht, woher ich die Kraft nehmen würde, dort zu arbeiten, vielleicht *auch* nur aus der *Abhärtung*, der *Gleichgültigkeit*. Ich kenne diese Häuser nur aus Dokumentarfilmen, und da haben sie mir immer einen Schrecken gemacht.

Ich hoffe nur, daß Sie einen wirklichen inneren Ausgleich haben, daß es auch tatsächlich *Berufung* ist für Sie, dort zu arbeiten. Wenn meine Gedichte Sie ein wenig *anheben* von Zeit zu Zeit, will ich froh sein.

20. Oktober 1981

Was das *reale* Leben betrifft, verstehe ich Sie schon, liebe Frau Hofmann, natürlich ist man da dauernd gezwungen, sich zu *bekennen* (auch wenn man es vielleicht nicht will im *konfessionellen* Sinn, aber was den einzelnen Fall, die Entscheidung des *Augenblicks* betrifft, muß man es doch) – aber ich tue es beim Schreiben auch nur in diesem individuellen und Augenblickssinn, ich bekenne keinen *Glauben*, der festlegt. Anders kann ich es nicht sagen, weil ich es anders nicht denken und fühlen kann, alle Philosophien, Konfessionen stoßen mich ab, sobald sie kanonisiert werden. Der *Mensch*, von dem ich rede, ist von so vielen Dingen beeinflußt, geformt, und ich bin eher auf

Erweiterung von Erfahrung und Erkenntnis aus denn auf Einschränkung. Wie die *Humanisten* es immer waren.

20. Oktober 1981

Regen Sie sich nicht auf wegen meines Briefes vom Frühjahr, lieber Herr Hüge, wahrscheinlich habe ich mich nicht *deutlich* genug gemacht. Ich mag nicht, wenn man sich *taktisch* gegen mich verhält, Sie schrieben mir nun, es hätte nichts damit zu tun gehabt, und ich glaube es Ihnen. Aber auf mich konnte es schon diesen Eindruck machen. Ich akzeptiere, wenn mir jemand schreibt: ich will das und das von Ihnen, brauche Hilfe, und wenn er im übrigen meine Existenz als *Dichter* unerwähnt läßt. Ich will durchaus nicht jedermanns Dichter sein. Nur so eine Art *Zweck*-Verbindlichkeit will ich nicht haben. Wie ich zu Ihren Arbeiten stehe, wissen Sie, dabei würde ich unter allen Umständen bleiben. Ich halte Sie für eine große poetische Kraft (wenngleich ich weiß, daß Sie, jedenfalls zunächst, sicher ein Dichter für wenige sein werden) – und ich kann nur hoffen, daß Ihre Krankheit Sie nicht zu sehr drückt und einschränkt, so daß Sie weiter schreiben können.

20. Oktober 1981

In vielen Menschen ist die *Unruhe*, die Sie schildern, das Nicht-begnügen-Wollen, in mir ja auch, davon handeln meine Gedichte, Briefe, nach wie vor, denn die *Herausforderung durchs Leben* läßt nicht nach. Immerzu muß man etwas *bewältigen*, die Frage ist eben nur: lebend oder/und schreibend oder nur lebend? *Nur lebend* ist natürlich leichter, wenn man schreibt, wird man das Gefühl von Nicht-Genügen niemals los: was man *gemacht* hat, hält nicht lange vor, und auch wenn man freundliche Briefe bekommt wie den Ihren (und achtzig andere dazu in den vier Wochen, als ich weg war), man versteht, daß es nicht *Bestätigung* ist, was man braucht, sondern daß man die neue *Stufe* sehen muß, die man zu *erklimmen* hat.

Auch ich leide mit meinen Söhnen, möchte ihnen helfen, guttun, sie bewahren vor vielem, kann es auch nicht, muß Vertrauen haben zu ihren Kräften, zu dem *Kompaß* in ihnen, der sie auf ihren eigenen, den ihnen bestimmten, Wegen leiten wird.

20. Oktober 1981

Man sagte mir, daß Sie sich auch an den Aufbau-Verlag gewandt hätten wegen Rezensionen und Büchern und daß man Ihnen, bis auf *Die eine Rose überwältigt alles*, die Bücher geschickt hat und was an Rezensionen vorhanden war. Das ist sicher *lückenhaft* und zufällig, wahrscheinlich sind bei mir mehr Texte. Aber auch nur so, wie sie mir *zugefallen*, von Lesern oder Redaktionen, geschickt worden sind, ich habe kein geordnetes *Archiv*, habe weder Zeit noch Lust, mich damit zu befassen, und so muß ich Ihrem guten Willen überlassen, das Beste aus dem zu machen, was Verlag oder Bibliotheken zur Verfügung stellen können. Für mich ist wichtiger, daß ich mit der *Produktion* fortfahre – dennoch besten Dank für Ihr freundliches Interesse, sehr geehrte Frau Doktor Schneider!

20. Oktober 1981

Ich hatte sehr gehofft, Sie in Struga zu treffen, lieber Herr Bronisch, aber Sie waren schon *durch*, man sagte mir, daß Sie ein paar Tage vorher in Skopje waren, um einen Preis zu empfangen für Ihre makedonische Anthologie (so habe ich es verstanden). Boris Wishinski gab mir auch Ihren makedonischen Gedichtband und sagte, daß Herausgabe und Nachwort unseres Dušan letzte Arbeit gewesen seien. So habe ich jetzt Ihr Photoporträt in Schulzenhof ... Wir haben viel von Dušan und Ihnen gesprochen. Auch mit Werner Dürrson, der Sie in Bielefeld kennengelernt hatte: Seltsam klein ist die Welt der Dichter, sie begegnen einander immer wieder ...

Ich bin natürlich mit Wehmut die Straßen in Struga und Ohrid gegangen, habe zum *Biser* hinübergeschaut, dieses letzte Mal mit Dušan, als wir alle, besonders wir drei, zusammen waren, ist unvergeßlich, unvergleichlich, auch in *Sweti Naum* waren wir zwei Stunden, die Fahrt am See entlang hat mich besonders *betroffen*. Es wäre mir leichter gewesen, wenn Sie dabeigewesen wären. Meine *Gefährten* dieses Sommers kannten Dušan nicht.

Ihrer Zufalls-Bekannten vom Budapester *Campingplatz* (wirklich eine seltsame Art Bekanntschaft) werde ich gleich ein Buch schicken und mit Vergnügen und Nachdruck *Ihre* Erzählung von *unserer* Bekanntschaft bestätigen.

21. Oktober 1981

Du kannst Dir denken, wie sehr uns Dein letzter Brief erschüttert hat. Wir hoffen und denken zu Euch und nach Moskau hinüber, lieber Nodar, daß doch Rettung möglich sein möge – *Dr. Hildchen* bestätigte, daß es tatsächlich so etwas wie eine Verwandlung aus dem akuten ins chronische Stadium der Leukämie gibt – und wir bitten, daß Ihr uns informiert, ob es inzwischen Fortschritte gegeben hat? Und daß Du einmal schreibst, wann und wie es angegangen ist, denn als Ihr im Sommer bei uns wart, wußten wir alle doch noch gar nichts, wir verabschiedeten uns am Flughafen in der Gewißheit, daß in Tbilissi alles in Ordnung ist ...

Erwin ging es den ganzen Sommer nicht gut, und auch

jetzt fühlt er sich schlecht. Sein Diabetes ist wieder, heftig, bemerkbar geworden. Die Virusgrippe, mit Rückfall, im Frühjahr, vielerlei Aufregung, der Tod des Vaters, Sergejs, die schlimme Krankheit unseres Freundes Achim Kynaß, der im September zum viertenmal zur radiologischen Behandlung in der Klinik war und im Dezember schon wieder hinein muß, dazu die unausgesetzte und intensive Arbeit am Roman, dessen Niederschrift – achthundertsiebzig Seiten – er beendet hat, von dessen erster, gründlicher Bearbeitung (Umdiktat) dreihundertfünfzig Seiten fertig sind – all das hat ihn natürlich mitgenommen und geschwächt, auch die Kur war anstrengend, aber, wie immer, will er nicht Rücksicht darauf nehmen. Jeder, der eine Kur hinter sich hat, bekommt vom Arzt eine sogenannte *Nach-Kur* verschrieben, eine Zeit, in der er sich schonen soll, aber bei Erwin war weder während noch nach der Kur davon die Rede. Außerdem ist die Nervenbelastung zu groß: im September sollten die *Selbstermunterungen* ursprünglich erscheinen, nun heißt es schon wieder November, zusammen mit dem *dritten Band* (falls die Nachauflage *wirklich* erscheint). In Piešťany hatte er trotz allem eine glückliche Zeit, mit neuen *Erkenntnissen* für die Arbeit, wie er sagte, in Schulzenhof stürzte, wie immer, so viel auf ihn herab, daß die Freudigkeit geschwunden ist und mühsam wieder gesucht werden will … Dabei waren wir glücklich bei der Heimkehr, es war noch so schöner Herbst, hatte noch keinen Frost gegeben, die Rosen und Georginen blühten, der Platz, an dem wir am Sonntag Eures Besuches gesessen hatten, war sommerlich grün und frisch …

21. Oktober 1981

Seit die *Briefe aus Schulzenhof* erschienen sind, bin ich eine schlechte Briefschreiberin, jedenfalls den Freunden, weil zu viele Briefe kommen, schreibe ich meistens *gehetzt* und knapp, am ehesten noch unbekannten Lesern, an die Freunde zu schreiben, wird immer verschoben, weil es *richtige Briefe* werden sollen …

Du schriebst kurz von Surab, glücklicher- oder unglücklicherweise war auch ein etwas ausführlicherer Brief von Nodar da, es war das erste Mal, daß wir von Surabs Krankheit hörten … Aus der Literatur wissen wir, daß es eine ganz plötzlich auftretende, schnell verlaufende Form der Leukämie gibt (O'Casey hat in einer erschütternden Erzählung vom Tod seines jungen Sohnes, eines Studenten, der auf Weihnachtsbesuch nach Haus kam und binnen vierzehn Tagen starb, geschrieben) – es gibt ja auch andere, Abarten, wie die Rilkesche Erkrankung, die besonders furchtbar gewesen sein muß. In den letzten Jahren las man von sensationellen Heilungen mit einem Medikament, das in den USA entwickelt worden ist. Auch bei uns müssen schon solche Dinge bekannt sein, wie mir *Dr. Hildchen* sagte, so daß Nodars Satz: „man versucht in Moskau, in der Kosmonautenklinik, die Krankheit vom akuten ins chronische Stadium zu überführen“, etwas Hoffnung wecken kann. Wir haben Erwins Vater verloren am 30. Juli und am 28. Juli unseren Freund Sergej L. Lwow in Moskau, dem uns unser Lowa Kopelew 1967 im Schriftstellerheim in Jalta *anempfohlen* hatte, wir wohnten in einem Haus, speisten zusammen, Sergej war einmal Lowas Schüler (Student), die Welt *lichtet* sich in einem negativen Sinn, so wie sich ein Wald *lichtet*, in dem man Bäume fällt …

Schön, Deine Schilderung Eurer Wanderung mit Otar – *Herrn Patal*, dem Sänger und nun schon Studenten! Ich wünsche ihm guten Beginn für seine vor-künstlerische mathematische *Laufbahn*, eines Tages wird er ja doch Maler sein, ein anderer Temo (dessen schönes kleines Porträt hier bei mir im Bücherregal steht, das *Alt-Tbilissi* ist in Berlin, grüßt ihn von mir!) Nächste Woche beginnen die End-Arbeiten für unseren Film, ich freu mich drauf, die *Atmosphäre* von vor einem Jahr wieder zu *beschwören.* Leider sind Ernst und Attila wohl noch *verfeindet,* vielleicht kann mans ändern!

Ich war im August in Jugoslawien, unser Freund, vieler Dichter Freund, Dušan Tomovski war in unseren Gedanken und Gesprächen gegenwärtig, man hat dort meinen *Rundbrief* übersetzt und will einen makedonischen Gedichtband von mir vorbereiten, der *Ohridsee* war rein wie je, ich bin bei Nacht und bei Tag all die Wege wieder gegangen, die ich vor zehn Jahren zum ersten Mal und vor sechs Jahren zum letzten Mal mit dem Freunde ging. Ein *eigenes* Gefühl war das von einer neuen Art *Stärke*, die einem mit den Jahren und mit den Verlusten zuwächst. Das Gefühl, vieles aushalten, *ausleiden* zu können und dabei stärker als je die *Herrlichkeit* der Welt zu spüren und die Pflicht, sie zu *rühmen* und mit Worten neu zu erschaffen. Das Gefühl, nichts mehr zu *wollen*, keine Bestätigung, keine Beachtung, nur das Bedürfnis, *da* zu sein ... Ich hatte Glück mit der Gesellschaft, die mich umgab (durch die gleiche Sprache eben doch, vor anderen, diese): Friederike Roth aus Stuttgart, die mich am ersten Abend in Belgrad *liebend* begrüßte als Leserin meiner Gedichte, die alles von mir kannte, ich kannte nur ihren Namen, Werner Dürrson vom Bodensee, Jürgen Theobaldy aus Westberlin und von uns Manfred Jendryschik aus Halle. Vorher hatte es gerade den gemeinsamen öffentlichen Brief der DDR- und BRD-Schriftsteller gegen die *Neutronen-Waffen* gegeben, wir haben dort Unterschriften gesammelt, *alle* Amerikaner, Kanadier, Australier – überhaupt alle haben, die Europäer unterstützend, den Appell unterzeichnet. Aus der *SU* sind inzwischen auch eine Menge Unterschriften eingegangen.

Ich bitte Dich, lieber Reso, laß Dich in diesen Herbstmonaten nicht in finstere Stimmungen fallen, wir mühen uns auch darum, und es geht! Jetzt ist gerade trübe Zeit, aber ich habe vorhin ausgerechnet, daß in fünf Monaten die ersten Blumen blühn, und jetzt blühn noch die letzten. Die Rosen blühen noch ... Wir werden den Winter schon überstehn! Grüß die ganze Familie von mir, grüß die Wohnung, die Bilder, die Straße, den Hof, die Stadt, den Himmel von Tbilissi, die Berge!

24. Oktober 1981

Liebe Medea, verzeih, daß ich spät schreibe – einen meiner Briefe hast Du anscheinend nicht bekommen, wie ich aus dem mit dem Tee überbrachten Brief sah. Dank für das Paket, das hier abgegeben wurde, als ich in Jugoslawien war, zu den *Strugaer Tagen der Poesie*, bei denen auch Dessanka Maksimowič war ... Ich hatte Dir im Sommer geschrieben, daß das Paket mit Deinen Gedichten angekommen ist, und ich danke Dir, daß Du sie mir geschickt hast. Ich liebe sie vom ersten Lesen und jedesmal mehr, wenn ich mich *hineinversenke*, Du bist mir nun noch näher, verwandter als vor einem Jahr, da wir zusammen waren! – Ich dachte, Nodar hätte Dir schon von meinen Plänen erzählt. Am 19. November mache ich im neu gebauten *Kultur- und Freizeitzentrum* Berlin eine Lesung mit Deinen Gedichten in einer Veranstaltungs-Reihe *Dichter lesen Dichter* – dort werde ich Dich unserem Publikum vorstellen, dann will ich auch im Rundfunk die Gedichte lesen und mich um einen Verlag bemühen. Die Interlinear-Übersetzungen sind ausgezeichnet, bis auf kleine sprachliche oder syntaktische Unebenheiten und Ungenauigkeiten, sie sind auch mit einem guten Gefühl für den Rhythmus der deutschen Sprache gemacht. Ich versuche, wo es möglich ist (ohne Verlust an Kraft, an der eigentümlichen Stärke, die diese Gedichte haben) zu gereimten Versen zu kommen, was ja Deiner Methode ebenso entspricht wie meiner. Da wir uns ähnlich sind, ähnlich fühlen und denken, wird es mir wohl in vielen Fällen gelingen, diese Umsetzung ins Deutsche zu leisten. – Deine Gedichte rufen mir jedesmal Georgien herauf, unsere gute Zeit, die wir zusammen hatten, und sie machen mir Sehnsucht, Dich, Euch alle, das Land wiederzusehen, vor allem auch Euer Haus in Achalzopeli … Deine Mutter, die so schön in den Gedichten lebt und die mich so sehr an meine Großmutter erinnert, nicht an meine Mutter, leider, die das Dorf in ihrer Jugend verlassen hat und in der Kleinstadt lebt, die letzte Verbindung zur dörflichen Welt ist, daß sie einen Garten gepachtet hat, seit Jahrzehnten, den bearbeitet sie mit siebenundsiebzig Jahren immer noch und fährt mit dem Fahrrad dorthin, sonst aber ist sie schon ganz anders, mit einem anderen Lebensstil, anderen Gewohnheiten, sie reist viel umher. Sie hatte das Haus ihrer Eltern auf dem Dorf geerbt, hat aber all unserem Zureden widerstanden (ich habe so sehr an diesem Haus und Dorf gehangen) und ist nicht zurückgegangen, sondern hat das Haus verkauft. Das ist inzwischen so umgebaut, so *modernisiert*, daß man es nicht mehr erkennen würde, wenn man sich nicht durch die Erinnerung an die *Topographie* des Dorfes sicher wäre, daß es *dieses* Haus sein muß, in dem man so viele Kindheitsstunden verlebt hat …

Wie mag es Euch jetzt gehen? Was ist mit Eka? Nodar meinte, sie wäre schon wieder operiert … Und was ist mit Tamunia, die nach Jena kommen sollte zum Studium? Ich denke, wenn sie im September gekommen wäre, müßte sie sich schon bei mir gemeldet haben!

Unsere Söhne sind mit ihren Angelegenheiten beschäftigt, Jakob geht das letzte Jahr zur Schule, bei uns braucht man zwölf Jahre bis zum Abitur, er wird schon neunzehn sein, wenn er es macht, dabei ist er so alt wie Tamunia, die schon das zweite Jahr studiert, dann muß er zur Armee, und er weiß jetzt schon, daß er erst 1985 mit dem Germanistikstudium beginnen kann, falls er einen Studienplatz bekommt. Bei uns immatrikuliert man für Germanistik nur in den Jahren mit ungeraden Endzahlen, und da er Mai 84 von der Armee kommt, muß er anderthalb Jahre warten.

Ich hoffe, liebe Medea, daß Du gesund genug bist für alles, was Du zu tun und zu bewältigen hast, und daß die anderen Dir Freude und in diesem Winter wenig Kummer machen mit Krankheiten. Daß Ihr alle schön leben könnt! Daß Du die Stimme zum *Singen* nicht verlierst! – Seid gegrüßt, Ihr lieben Menschen alle! (Und die papiernen Puppen und Hund *Pussi* natürlich auch!)

25. Oktober 1981

Leider war ich an jenem Tag, als Sie in Schulzenhof waren, noch nicht aus Piešťany zurück, so kann ich nur schriftlich danken für Ihre Freundlichkeit. Die beiden Bücher wurden mir schon von vielen genannt, die Autoren waren mir durchaus *Begriff*. Da sie so im *Gespräch* waren in den letzten Jahren, habe ich natürlich von ihnen gehört, und man hat auch schon ganze *Konferenzen* abgehalten zum Thema des *Fromm-Buches* im Zusammenhang mit meinen Gedichten … Ich allerdings hatte sie bisher nicht gelesen, habe es nun, dank ihnen, getan.

Nach langer Abwesenheit (vor der Slowakei war noch eine Jugoslawien-Reise) habe ich sehr zu tun, mich aus den *Postbergen* herauszuarbeiten, wenn ich meinen *Postkorb* sortiere, nach alt, älter, am ältesten oder wichtig, wichtiger, am wichtigsten, bricht mir *buchstäblich* der Schweiß aus, mir wird schwindlig, Arme und Beine sterben mir ab (vor Angst, es niemals zu schaffen, denn täglich kommen neue Briefe dazu), ich suche, gehetzt, nach einem Ausweg: soll ich *Rundbriefe* schreiben wie der alte Hermann Hesse? Aber das käme mir zu anmaßend vor, als literarische Form ja, da kann man es nutzen, aber jeder einzelne Briefschreiber ist doch so sehr *er selbst*, wenn er einem Schriftsteller schreibt, daß er auch seine *eigene* Antwort will (sonst könnte er sich mit den gedruckten Texten des Dichters begnügen). Und ich bin auch dankbar für die Briefe, weil sie mir einen Gewinn an Erfahrung und Erkenntnis bringen, sie *erweitern* mein Leben.

Nun, mit dieser langen Abschweifung wollte ich erklären, warum ich kurz schreibe, auch zu keinen Erklärungen ansetze über die Lektüre. An Guardini, soviel sei gesagt, gefallen mir am besten die *Kierkegard-Zitate*, obwohl ich mit G. auch im ganzen übereinstimme und aus meiner Erfahrung der Künstler-Existenz, ihres *Urgrundes*, seine Behauptungen nur bestätigen kann. Aus wie vielen Biographien von Dichtern sind diese *Stimmungskurven* abzulesen! Ja, die *Leistung* ist, damit zu leben und die Vorgänge *im Wort* ins Gleichgewicht zu setzen. Noch einmal, liebe Frau Neuss, lieber Herr Neuss, Dank für Ihre immer so erstaunlich sichere Freundlichkeit!

25. Oktober 1981

Mir scheint, ich habe sehr lange nicht geschrieben, geradezu *verbrecherisch* lange, ich hoffe nur, meine Telefongrüße über Eva Dannemann und Borja Kalinin haben Dich ebenso erreicht wie umgekehrt mich die Deinen, liebe Lydia! Von Dir aber kamen inzwischen auch Karten und Brieflein mit Nachrichten über Gesundheit und Krankheit ... Auch die Andeutung, daß Du mit Inge kommen wolltest zu uns. Vielleicht wird es dieses Jahr noch, immer war ja der Winter Deine Reisezeit, und das letzte Mal warst Du bei uns auch im Winter, zusammen mit Sergej Lwow, der uns so früh verstorben ist ...

Gesehen habe ich ihn zum letzten Mal bei meiner Hinreise nach Georgien vorigen September im *Moskwa.* Bei der Rückreise erwarteten er und Ewa mich in ihrer neuen Wohnung, aber Du weißt, daß unsere Produktionsleiter das *vereitelt* haben durch plötzliche Umbuchung unseres Fluges. Als ich Euch vom Straßentelefon gegenüber dem *GUM* anrief, sprach ich auch mit Sergej, aber er konnte nicht fort (Ihr selber habt das miteinander noch beredet). Ich war glücklich, daß Du mit Julia kamst und Ihr die Bus-Fahrt zum *Aeroport* ein Stück mit mir machtet. Dann ging eine schreckliche *Konfusion* los mit unserem Weiterflug, ich weiß nicht, ob ich das jemals erzählt oder geschrieben habe? Unsere Plätze waren doppelt verkauft, wir kamen nicht mit der Maschine neunzehn Uhr dreißig weg, kriegten für einundzwanzig Uhr dreißig eine Buchung, aber die Maschine kam und kam nicht aus Berlin, wegen Schlechtwetter, wir haben bis zwölf Uhr nachts in Moskau gesessen, *eingebunkert* auf dem scheußlichen neuen Flughafen, den Euch wohl die Westdeutschen gebaut haben zur Olympiade, nachts um eins Berliner Zeit, nach sechsundzwanzig Stunden Reise, war ich in der Berliner Wohnung, und das mit dieser grausigen Allergie, die noch wochenlang weiterging und die offensichtlich vom Fisch gekommen war …

Ich trauere den alten Flughäfen nach, sie hatten noch so was *Menschliches* und Übersichtliches, waren freundlich in den Farben, hell, richtig fröhlich. Jetzt baut man überall in der Welt so was wie Unterwasser-Anlagen, wie Atombunker. Ich war gerade in Jugoslawien, da hatte ich auch den alten Belgrader Flughafen in Erinnerung, den ich sehr liebte, er war wirklich besonders schön – jetzt komme ich an, und die Szene ist genauso monströs, finster, riesig, unbequem, weg das Licht, die Heiterkeit, die roten Lederbänke, der Springbrunnen, die Cafés, die Musik … Weg auch der *service*. Früher konnte man schon Stunden vorm Abflug *einchecken*, war sein Gepäck los, ohne die Kontrolle zu passieren, konnte noch schlendern, mit Freunden zusammensitzen, es gab viele Abfertigungsschalter, das heißt, jetzt gibt es auch Schalter, aber es wird nur *kurzfristig* an einigen gearbeitet, und riesige Menschenmengen *schlagen* sich davor, und man ist bis zur letzten Minute in Panik, ob man seinen Flug schafft, obwohl man Stunden vorher da war und herumstand, denn Bänke gibt es nicht mehr bei den Schaltern ... Wahrscheinlich heißt eben das *altern*, daß man überall Veränderungen bemerkt, die einem nicht passen, die einem nicht gefallen, dabei weiß man doch, daß es für Jüngere, die die früheren Zustände und Erscheinungen nicht kannten, eben *so* sein muß, wie es *jetzt* ist, wie sie es vorfinden ...

Heut, am sechsundzwanzigsten, hat die Schule wieder begonnen nach acht Tagen Ferien, Jakob ist abgereist ins Internat, wir sind wieder allein und werden immer *alleiner* werden, es ist sein letztes Schuljahr, Matti hat im Sommer sein Ingenieurexamen gemacht und ist *endgültig* nach Mecklenburg, Forstdirektion Schwerin, übersiedelt, er hat aber seit Monaten im Vogtland in einem Schneebruch gearbeitet, kommt Ende dieser Woche beim Überwechseln nach Norden auf einen Tag mit seinem *Jeep* vorbei ... Alle sind *entschwunden*, und auch Jakob wird es bald, nächstes Jahr Armee, dann Germanistikstudium, und unsere *Kinderträume*, daß er nach Schulzenhof zurückkommen und hier das Archiv aufbauen wird, werden sich wohl nicht verwirklichen. Er muß in der *Welt* leben und sie sich *aneignen*. Im übrigen ist er noch immer ein so lieber Junge, wie er war, wie überhaupt alle Söhne gut sind und ihre *Sache* mit Ernst betreiben.

Nun wird es nur für uns *problematisch*: Frankes gehen nächstes beziehungsweise übernächstes Jahr in *Rente*, was dann mit der Schulzenhofer Existenzform wird, ist ungewiß. Schon jetzt gibt Erwin alle Ponys weg, um die Arbeit einzuschränken. Aber da läßt sich vielleicht noch eine Lösung finden, schlimmer ist das Allein-Leben hier draußen, ohne die Kinder. Erwin ist eher im Gleichgewicht, aber mich zieht es weg von Schulzenhof, ich muß die *Leere* überbrücken mit Reisen. Das wiederum hält Erwin nicht aus, nicht das Selber-Reisen und nicht das Allein-Sein, wenn ich reise, und sei es auch nur ein paar Tage nach Berlin, wohin er auch oft monatelang nicht fährt. Also heißt es, sich von Kompromiß zu Kompromiß *hangeln*, immer mal eine kleine *Flucht*, aber wenn ich zurückkomme, ist Erwin jedesmal *zusammengefallen*. Dabei ist ja auch das schon ein altes Leiden, wenn ich dran denke, wie wir, liebe Lydia, 1972 im Schriftstellerklub in Moskau hockten und die Telefongespräche zwischen Moskau, Berlin, Schulzenhof hin- und hergingen wegen der *drei Tage* Kasachstan ... Es tut mir weh, ihn so zu sehen, er hat sich viel zu sehr auf mich *fixiert*, aber ich kann gar nicht anders, ich muß *ausbrechen*, sonst werde ich nicht mehr schreiben. Die Reisen sind ja auch immer *literarische*.

All das sind keine Klagen, zum Klagen ist kein Grund, es ist nur meine Art *Realismus*, den ich auch in der *Poesie* betreibe, ich bin kein Mensch der Illusionen, und ich weiß genau, an welchem Lebenspunkt wir jetzt sind.

Hoffentlich ist es bei Dir nicht zu schwer? Hat Inge eine gute Stimmung, so daß Du ein bißchen heiter sein kannst? Denn den *Einbruch* nach dem Tod Deiner Mutter wirst Du inzwischen überwunden haben, so hoffe ich. Schön wäre, wenn Ihr kämt, daß wir wieder alles ins *reine* reden und auf den *aktuellen* Stand bringen können.

26. Oktober 1981

Der alten Tradition folgend, schreibe ich, gleich nachdem ich einen Brief an Lydia beendet habe, an Dich, liebste Julia, und wie bei ihr muß ich mich bei Dir entschuldigen dafür, daß ich mich so lange nicht gemeldet habe! Gerade habe ich zwei Briefe von Dir gelesen, die hier bei mir liegen, einen vom Dezember vorigen Jahres, einen vom März, aber ich bin nicht sicher, ob nicht in meinem Postkorb noch einer steckt. Lydia hatte in einem Brief erzählt, daß Du krank gewesen wärst, im anderen, daß Du im Urlaub warst (und da denke ich, ob wir nicht doch nächstes Jahr wieder einmal zusammen in Urlaub fahren könnten in den Süden, über den Verband vielleicht, nach Jalta oder Pizunda? Ich hätte schrecklich Lust dazu), so hoffe ich, daß Du inzwischen erholt wieder in Moskau bist und all die Unbilden mit der Wohnung einigermaßen erträgst, obwohl Du mir nicht sagen mußt, wie schwer sie zu ertragen sind. Wir hatten jetzt in Piešťany so ein Appartement, das man geteilt hatte: drei Zimmer hatten wir, zwei ein anderes Ehepaar. Vom *Speisezimmer* aus, das man für Erwin zum Schlaf- und Arbeitszimmer *umfunktioniert* hatte, weil man uns aus irgendeinem Grund die bestellten und bezahlten zwei Einzelzimmer nicht geben konnte, war von nebenan jedes Geräusch, jede Rede zu hören, auch Bad und Klo der Nachbarn grenzten an dieses Zimmer … Ich hatte versucht, da zu arbeiten und zu schlafen, bin geflohen, aber Erwin hat es *stoisch* und vorbildlich ertragen, wie er ja immer *vorbildlich* ist und sich auf die Arbeit konzentriert … Der Vorteil Deiner Wohnung mit dem kurzen Weg zum Funk ist aber doch bedeutend, ich erinnere mich gut an unsere lange Reise zu Dir hinaus. Und immer werde ich, sentimentales Mensch, das ich bin, Eurer alten Wohnung im *Baumann-Bezirk, Bolschoi Demi-*

dowski pereulok, nachtrauern und den Gärten und Höfen und den alten Frauen, die in der Abendkälte draußen unter den sich belaubenden Ahornen saßen, denn es war Mai und liegt lange zurück … Vielleicht kannst Du wirklich die Wand zur Nachbarwohnung isolieren lassen? Aber wenn ein neuer Wechsel in Aussicht steht, wenn Ihr wirklich zusammenziehen wollt mit Schwester und Schwager, dann lohnt es vielleicht nicht … Aber das solltest Du wohl gut überlegen! Deine Unabhängigkeit aufgeben? Versteht Ihr Euch wirklich so, daß Ihr auf Dauer in einer Wohnung leben könnt? Denn diese, die Du nun hast, kann Dir doch, nach Quadratmetern, niemand streitig machen? Ich kann mir denken, daß Dich all das sehr beschäftigt, man möchte so gern die Zukunft *planen*, obwohl man oft zweifelt: ist sie überhaupt planbar? Plant man nicht vieles Überflüssige (was plötzlich, durch unvorhergesehene Wendungen, überflüssig wird)? Ich habe an Lydia über unsere *Perspektiven* oder *Nichtperspektiven* geschrieben, Ihr werdet ja die Briefe austauschen. Ich versuche jetzt immer, den Sachen gelassener gegenüberzustehen, vieles zu übersehen, was mich sonst *angerufen* hätte, zum Beispiel all diese *Renovierungen*, von denen Du schreibst. Bei uns ist das alles so *ausgeufert*, so groß geworden, daß es einfach nicht zu schaffen ist. In Schulzenhof verlangt wieder vieles den Maler, in Berlin schon ganz und gar, sogar der Maurer müßte in Schulzenhof am neuen Haus arbeiten, die Fensterkästen im Kellergeschoß stürzen ein, vor Mattis Fenstern sind sies schon, unser *schiebendes* Kiesgelände drückt auf den Beton und reißt ihn auseinander …

Zu den eigenen *Sorgen* kommen die der Söhne: Ilja und Christiane haben etwas vollkommen Verrücktes gemacht: auf Kredit ein fast fünfzig Jahre altes, riesiges Bauernhaus hinter Neubrandenburg gekauft. Das ist nie renoviert worden, in einem katastrophalen Zustand, daran bauen sie herum, sie müssen dort erst alles installieren, was sie in ihrem Forsthaus, für einundzwanzig Mark Miete, haben: Wasser, Bad, etc. Ich habs mir angesehen und gesagt: ich würde rennen, daß ich die *Hacken verliere* (so einen Ausdruck gibts bei uns). Traurig hab ich unter ihrem Apfelbaum dort mit ihnen gesessen und in die sehr öde *Ferne* geschaut. Sie aber waren berauscht und sagten: ist es nicht wie in Italien? Wie auf Bildern von Schinkel? Vielleicht bin ich auch nur zu alt, und sie sind im Recht, und sie werden es schaffen und machen was draus ...

26. Oktober 1981

Selbstverständlich schicke ich Ihnen gern die beiden Bücher, die Ihnen fehlen, in zwei verschiedenen Umschlägen, das geht am besten. Und dazu sende ich Ihnen noch das Prosabuch *Briefe aus Schulzenhof*, das gewissermaßen den *Untergrund* der Gedichte bildet, ihr *Myzel.*

26. Oktober 1981

So leid es mir tut, ich bin mit meinen Versuchen, diese Sache für Sie und *Elternhaus und Schule* zu schreiben, gescheitert, ich bin das Gefühl nicht losgeworden, *Didaktisches* zu machen. Und das will ich nicht, ich ärgerte mich dran, und mir wurde klar, daß ich über etwas spreche, was zurückliegt in meinem Leben, daß ich eine abgeschlossene Erfahrung, ohne das Bedürfnis dazu, *vermitteln* will. Und ich dachte weiter: alles, was ich zum Leben mit den Kindern zu sagen habe, steht in den *Briefen aus Schulzenhof*, man könnte es durchaus *extrahieren* und zusammenstellen – wenn Sie also Lust dazu haben, wenn Sie unbedingt etwas von mir haben wollen zu dem Thema, nehmen

Sie, was Sie wollen, und ohne mich zu fragen. Aber ich werde nichts Neues sagen oder schreiben. Ich bitte um Ihr Verständnis. Ich muß mich dringend auf meine *eigentliche* Arbeit konzentrieren.

26. Oktober 1981

Wie können Sie nur denken, ich hätte jene Stunde vergessen an der Landstraße bei *Saplusje*, als wir so schön begrüßt wurden im *Pskower Gebiet*, und das Mädchen Elwira, das damals Lelbred hieß! Die *Puschkin-Reisen*, und besonders die erste, 1968, gehören zu meinen unverlierbaren *Besitztümern*, mit all ihren Details und glücklichen Begegnungen. Und so freue ich mich immer, von Ihnen zu hören. Dieses Jahr zum Puschkin-Fest hat *Literaturnaja Gazeta* wieder einen Auszug aus meiner Puschkin-Arbeit *Poesiefest in M.* abgedruckt, und ich beschäftige mich immer weiter mit Puschkin.

Eines Tages hoffe ich die Plätze alle wieder zu besuchen, so wie ich auch gewiß eines Tages noch nach Tallinn kommen und mich von Ihnen durch die Stadt und die Umgebung leiten lassen werde!

1. Dezember 1981

Wie gern schreibe ich Ihren Namen hin, er klingt schön: Melsene, und ich habe ihn noch nie gehört! Wohl Melusine – aber diese Ableitung nie!

Živa istina! – Eben habe ich Ihren Brief, der schon mehr als einen Monat bei mir liegt, wieder gelesen und habe mich an dem Wort Ihres *Sarajevo-Mannes* erfreut. Da Sie die *Briefe aus Schulzenhof* gelesen haben, wissen Sie, was mir Bosnien und Sarajevo bedeuten und Jugoslawien überhaupt. Dieses Jahr, Ende August, war ich wieder zu den *Strugaer Poesietagen* in Makedonien, und dort habe ich auch meine alten Sarajevoer Dichterfreunde Izet Sarajlić und Stefan Tontić getroffen. Izet hat gerade einen Band *Gedichte der Freunde*, mit Nachdichtungen, veröffentlicht. Im Vorwort zitiert er aus meinem Gedicht *Chagall*: „Alles kann man, was man will. / Und man kann die Welt besiegen. / Wenn man eine Liebe hat, / Kann man über Witebsk fliegen …“ und er schreibt: „Wie es im Gedicht meiner deutschen Freundin Eva Strittmatter heißt …“ Vor Jahren gab es einen Poesie-Band von ihm *Briefe an Freunde*, darin ist auch ein Gedicht an mich … Ich habe im Mai 80 eines geschrieben, das *jedan dan* heißt und Izet gewidmet ist, es wird demnächst in der *Neuen Deutschen Literatur* gedruckt werden, nachdem ich es schon Ostern 81 im Funk und auch bei öffentlichen Veranstaltungen gelesen habe. Es geht auf ein Erlebnis von April 74 zurück, als ich das letzte Mal in Sarajevo war.

Meine alte Überzeugung, meine *Vision*, daß die Poesie ihr eigenes Meridiansystem hat, daß sie die Erde auf ihre Weise mit *Netzen* überzieht, in denen sich die verwandten *Seelen* fangen, bestärkt sich mehr und mehr. Mit nichts als dieser Vision habe ich vor Jahren an meinem sehr einsamen Platz begonnen (sieben Häuser, fünfundzwanzig Menschen, das ist Schulzenhof), inzwischen sind die Gedichte und die *Briefe* weit, weit gegangen, in Sibirien und Kasachstan waren sie schon lange, aber sie sind auch in Indien und Amerika, und auch in Kurburg bei Kiel und in Hamburg und Jünckerath und Stuttgart (von wo mir eine Jugendgruppe mit hundertsiebenundfünfzig Unterschriften einen Brief schickte) und Grünkraut und Bochum und wer weiß wo. Ein Wunder, das ich nicht *auswundern* kann. Hier bei uns, in der DDR, ist es natürlich genauso, hier ist das *Netz* am engmaschigsten, Tausende Leser gibt es, ich weiß es aus Briefen, von Lesungen. Deshalb habe ich große Hoffnungen auf die Menschen, ich weiß, wie viele sich im Guten und zum Guten bemühen, wie viele, trotz täglicher Lebensbelastungen, an sich *arbeiten*, um ihre Möglichkeiten zu *realisieren*.

Meine *Probleme* sind inzwischen andere als Ihre, denn die Kinder sind herangewachsen, und, was ich früher nicht dachte, dadurch ist das Leben nicht leichter, sondern schwerer geworden. Der *Druck*, unter dem man stand, Sorge und Liebe waren, wie sich zeigt, gleich Lebensfreude. Und die muß man nun weit herholen. Holen muß man sie, sonst *versiegt* die Poesie. Jedenfalls eine, die Sinn hat und schön ist und einem echten (nicht *intellektuellen*, sondern vitalen) Impuls folgt.

2. Dezember 1981

Wir, liebe Ewa, können uns noch viel weniger als Sie an den Gedanken gewöhnen, daß Sergej nicht mehr *da* ist, Sie sehen die *leere* Wohnung, spüren alle Tage, daß er fehlt, Sie haben sein Sterben, seine Krankheit, erlebt. Aber für uns ist es nach wie vor so: Sergej ist in Moskau, in der *Ferne*, die man von Zeit zu Zeit mit Briefen und mit Besuchen hier oder dort überwand ... So versuchen wir die Trauer fernzuhalten, die doch immer, fast *anfallsweise*, wiederkommt. Er gehörte einfach zu unserem Leben, wir beide haben an ihm gehangen, auch die Kinder, unvergeßliche Stunden und Tage hatten wir hier in Schulzenhof mit ihm (er war der erste Gast, der, im Winter 72, mit uns am Tisch im neuen Haus saß, mit ihm haben wir es *eingeweiht*, und mit was für guten und lustigen Gesprächen). Ich erinnere mich nun mit Wehmut an meine letzte Begegnung mit ihm, voriges Jahr im September ...

Ja, es ist gut, daß Sie die Arbeit haben, auch die an Sergejs Buch beenden mußten (und konnten), Arbeit bewährt sich schließlich als einziges Mittel gegen alle Kümmernisse, Krankheiten und Kränkungen.

3. Dezember 1981

Heute kam Ihr Nachfragebrief, lieber Herr Bornhäuser, und ich will mich beeilen, mit der Bitte um Entschuldigung, endlich zu bestätigen, daß Buch und Brief richtig angekommen sind, sie wurden mit Rührung, der Brief, und mit Gewinn, das Buch, gelesen. Es waren nur *private* Gründe, die mich so lange am Antworten hinderten, und das ist natürlich auch falsch, Hinderungen erkenne ich selber nicht an, ich hab meine Zeit schlecht eingeteilt, so bin ich nicht mit all den Briefen zurechtgekommen, die ich zu beantworten hatte, und mit dem Leben, das gelebt sein wollte seit der Zeit, als ich zuletzt schrieb … Denken Sie nicht mit Unmut zu mir herüber, wenn Sie den *Eva-Strittmatter-Weg* gehen … Ich hoffe mich vor allen vernachlässigten Freunden und Lesern zu rechtfertigen, wenn eines Tages die Gedichte dieses Jahres gedruckt sein werden, die ich denn doch geschrieben habe … Auf Reisen war ich auch, in *meinem* Makedonien, in der Slowakei, und auch krank war ich, und vom Tode lieber Menschen betroffen und von dem schweren Leiden eines uns nahestehenden jungen Musikwissenschaftlers. Ach, das *Leben* brachte vieles, was bewältigt sein wollte …

Als *Gegengabe* für den *Buber* sende ich Ihnen eine Zeitschrift mit einer Prosaarbeit, die sicher noch nicht zu Ihnen gelangt ist.

19. Dezember 1981

Was die *niedrigen* Auflagen betrifft, irren Sie, die Auflagen sind hoch, aber erstens haben wir viele Leser in der DDR und zweitens werden viele Exemplare exportiert in andere Länder … So erklärt sich, daß die Bücher schwer zu haben sind.

Das neue Buch meines Mannes kann ich Ihnen nicht schikken, er hat die bestellten Exemplare noch nicht bekommen. Übrigens liest er Heiligabend 20 Uhr bei Radio DDR II aus seinem neuen Roman *Der Laden.*

20. Dezember 1981

Lieber Tadeusz, in ganz *ungewisser* Zeit schreibe ich Dir, so lange habe ich gewartet, bis ich nicht mal weiß, ob die Post geht, ob der Brief Dich erreicht, aber ich hoffe es, will guten Glaubens sein … Ich habe mich so sehr gefreut, als Deine Karte kam (eine frühere liegt auch noch hier, unbeantwortet), es ist schön zu denken, daß Du an mich denkst wie ich sehr oft an Dich. Im August war ich wieder in Struga, und ich hoffte, daß Du vielleicht auch zum zwanzigsten Jubiläum kommen würdest (zum zehnten waren wir zusammen dort), es war eine große polnische Gruppe, mit Wilhelm Cewszyk voran, dabei, aber Du kamst nicht … Von alten Freunden waren nur Izet Sarajlić und Stefan Tontić da, aus Sarajevo. Unser Freund, Professor Dušan Tomovski aus Skopje, der Germanist und Übersetzer, ist gestorben, ich habe über ihn geschrieben, das schicke ich Dir hier.

Voriges Jahr hatte ich Dir ausführlich geschrieben und meinen letzten Gedichtband *Zwiegespräch* geschickt, ich denke, Du hast ihn bekommen. Jetzt geht gerade eine Auswahl aus meinen fünf Gedichtbänden in der Universalbibliothek des Reclamverlages in Druck, in der auch Dein Band erschienen ist. Und ein Fünfundvierzig-Minuten-Dokumentarfilm ist beendet, für den ich vorigen Herbst mit einer Gruppe Filmleute in Georgien war. Fünfzehn Jahre zuvor hatte ich da meine erste Lesung gemacht (öffentlich), nun gab es wieder eine, zusammen mit meiner georgischen Nachdichterin Medea Kachidse, die ein Buch von mir herausgebracht hat. In Armenien ist eines in Vorbereitung …

1983 wird eine Essay-Sammlung erscheinen, in die ich Arbeiten aus den letzten zehn Jahren aufnehme, auch die über Dich, die bisher nur in dem Sammelband des Aufbau-Verlags *Schriftsteller über Weltliteratur* erschienen ist.

Fünf Jahre war es am 5. Oktober her, daß wir nachts zusammen über den Alexanderplatz zum Hotel *Berolina* wanderten und Du mir so besorgt über die Aktivitäten bestimmter Leute sprachst, nun hat sich gezeigt, daß die Sorge begründet war, und ich hoffe nur, daß Du nicht allzu große Störungen erleidest in Deinem Leben und in Deiner Arbeit. Natürlich kann man sich kein genaues *Bild* machen von dem, was geschieht, obwohl man täglich Nachrichten hört und *Fernseh-Bilder* sieht. Vielleicht wirst Du doch bald Deinen Plan verwirklichen und in die DDR kommen können? Schließlich müßtest Du Dir wohl die Aufführung der *Weißen Hochzeit* ansehen! Wir stehen da übrigens beim *Maxim-Gorki-Theater* im Januar auf einem *Spielzettel*, am 22. hat ein *Eva-Strittmatter-Abend* (*Ja doch, es lebt sich!*) Premiere ... So *begegnen* wir uns überall.

Ich bin überzeugt, daß wir auch in einer gerade in Madras erscheinenden, englischsprachigen *Anthologie der Weltpoesie* zusammenstehen, woher man mir gerade eine Kopie meines Gedichtes *Ohrid am See* geschickt hat ...

Der Gedanke, daß Du kommen könntest, hat mich sehr *ermuntert*, es wäre vielleicht möglich, sich so zu fühlen, als wären nicht fünf Jahre vergangen seit unserem letzten Gespräch ...

Ich werde sehr warten, daß ich wieder etwas von Dir höre, werde warten zu erfahren, daß Du gesund bist und, hoffentlich, zu uns kommst.

1982

25. Januar 1982

Lieber Nodar, Dank für die Neujahrsgrüße, die aber so traurige Nachricht brachten: daß Surab wieder nach Moskau in die Klinik mußte … Vielleicht kann man es in einem Medikamenten-Rhythmus doch *stabilisieren*? Wir sind mit helfenden Gedanken bei Euch, versuchen zu *stützen* mit unseren Wünschen zum Guten …

Hier sende ich Dir *Steins Georgienbuch*, ich hatte es schon vor Monaten gekauft, es lag immer noch in Berlin, nun habe ich es mitgebracht, und morgen soll es von Gransee aus – zusammen mit *Stapeln* anderer Briefe und Päckchen – abgehen. Mein lieber Erwin hat zwar gerade wieder einen *Hexenschuß* und dürfte nicht fahren, aber wir haben niemand, der es ihm abnehmen könnte. Übermorgen fahre ich dann wieder, mit dem Dir bekannten Herrn Behm, nach Berlin, um ein Nachwort zum Verlag zu bringen, das ich geschrieben habe zu einem Buch, das wir – ganz schneller Entschluß und ganz schnelle, konzentrierte Arbeit – gemacht haben aus Tagebüchern von Erwin, ich kam darauf, als wir unveröffentlichte Texte für einen Katalog zu seinem siebzigsten Geburtstag suchten. Der Katalog, mit Bio-Bibliographie, Texten, Fotos und graphischen Porträts von Hubertus Giebe wird erscheinen, und nun auch noch die *Wahren Geschichten aller Ard(t)*, zweihundert Seiten stark. Unsere Verleger sind erstaunt und erfreut über das, was sie in den letzten Tagen lasen. Ein ganz gemischtes, *reiches* Buch, aus den Jahren 67, 68, 69. Auch Jalta und Moskau sind drin, und Ihr, mit Reso, *spaziert* auch drin umher (in Berlin). Der Titel kommt schon in den *Briefen aus Schulzenhof* vor, er geht auf Matti zurück, der auf einen Zettel geschrieben hatte *Geschichten aller Ard* und ihn Erwin als Titelvorschlag für die *Romane im Stenogramm* gab. Als Erwin ihm sagte, das schreibt man aber mit t, hat er eine Klammer hinter das d gemalt, und so stehts nun im Titel *aller Ard(t)*. Im Nachwort habe ich die Entstehung des Titels und des Buches erklärt.

Vorige Woche hat Erwin unseren Dokumentarfilm angesehen, an dessen *Komposition* und Schnitt Ernst Cantzler seit drei Monaten arbeitet. Erwin war beeindruckt, er sagt, es hat noch keinen vergleichbaren Film gegeben, das Interview ist die *Achse* des Films, aber schön ist Georgien, die Lesung in der Universität, der Abend bei Euch zu Hause: Shushuna mit *Torte*, alle Fotos an der Wand, Fußball im Fernsehen, ein Teil Deiner *Laudatio* ist drin, sie ist der einzige *Kommentar* zu meinen Gedichten, außer einigen Leserbriefen, die Ernst eingearbeitet hat. Er hat den Film sehr gut, sehr schlicht gemacht, die Fotografie von Tommy Plenert ist wunderbar, Erwin junior hat den Text (Vita, Bibliographie, Leserbriefe) gesprochen, ich höre es mir übermorgen an.

Die Film-Geschichte hat mich sehr beschäftigt, mir viel Zeit genommen, und ich bleibe bis zum Schluß *dran*, aber nun sagt auch Erwin, der immer skeptisch war: es hat sich gelohnt. In allernächster Zeit werde ich auch den Text des Interviews bearbeiten und Euch eine Kopie schicken.

Gestern abend hatte im *Maxim-Gorki-Theater* ein *Eva-Strittmatter-Abend* unter dem Titel *Ja doch, es lebt sich!* Premiere. Der Intendant Hetterle hat mich heut früh angerufen, um mir zu sagen, daß es ein großer Erfolg war. Ich werde es nächste Woche sehen. Gestern war wohl als einzige aus dem *Clan* unsere Moskauer Julia drin (Julia Nekrassowa), die vier Wochen beim Funk in Berlin im *Austausch* ist zu *Studienzwecken*.

Lieber Nodar, ich sage *auf Wiedersehen* und sage Euch allen gute Wünsche, grüß Shushuna und Nino und Surab und Nathia und alle! Erwin hat Dir vor ein paar Tagen sein neues Buch *Selbstermunterungen* geschickt, Du wirst es hoffentlich schon bekommen haben!

25. Januar 1982

Liebe Nelly Wacker, ganz erbärmlich fühle ich mich, da ich eben noch einmal Ihren letzten Brief und die beigelegten Zeitungsausschnitte las, auch Ihren Gruß vom Februar vorigen Jahres zu meinem Geburtstag! Dabei hätte ich Ihnen gleich schreiben müssen, da ich merkte, daß Sie traurig waren wegen der Anthologie von *Volk und Welt* (von deren Planung ich gelesen habe), vor allem aber, um Ihnen zu sagen, daß mir Ihre Erzählung vom *Tanz der Kraniche* gefällt, und daß es mir eine Freude wäre, sie ganz zu lesen. Sie ist so streng, schlicht und poetisch, wie ich es liebe, übrigens in einer ganz reinen deutschen Sprache (nicht *archaisch-provinziell* und etwas ungeschickt, wie es bei manchen im Ausland lebenden, deutsch schreibenden Dichtern der Fall ist), und sie steht mir, ihrer Gesinnung nach, nahe. Wie auch Ihre Gedichte, unter denen mich *Seelenfrost* sehr anrührt. Ich glaube, daß Sie Wichtiges zu sagen haben, und was die autobiographische Erzählung betrifft, so *schönen* Sie nicht die Wahrheit *Ihres* Lebens um oder weg, das darf nicht sein! Fürchten Sie nichts! Alle bedeutenden Schriftsteller der Sowjetunion, welcher Nationalität immer, haben die Welt durch die *Härte* und Kompromißlosigkeit der Darstellung *erobert*!

Sie sind merkwürdigerweise dort drei Dichterinnen eines Alters: Lia Frank, Nora Pfeffer und Sie, leben aber doch an verschiedenen Orten. Sehn Sie sich oft, öfter? Ist Ihre Verbindung eng? Der Zusammenhalt freundschaftlich? Aus allem, was Sie und die Schriftsteller Ihrer Gruppe schreiben, spricht eine große Menschlichkeit, Freundlichkeit, Wärme, ein schönes Gefühl für die wirklichen Werte des Lebens. Ich wünsche mir sehr, daß ich Sie alle einmal besuchen könnte, wie auch Elsa Ulmer in Alma-Ata, die einzige, die ich persönlich kenne. Vielleicht kommen Sie einmal in die DDR? Dann müssen Sie mich unbedingt besuchen!

Hoffentlich geht es Ihrem Mann inzwischen wieder besser, hat er sich von seinem Infarkt erholen können?

Arbeiten Sie noch (wie Lia Frank) oder sind Sie in Pension?

Ich werde mich freuen, wieder von ihnen zu hören und Ihre Erzählung zu lesen, wenn sie ein Exemplar für mich übrig haben.

25. Januar 1982

Laßt Euch von dem *Goethe-Gedicht* nicht aufregen, es war doch mehr ein *Witz*, und polemisiert gegen diese Stelle bei ihm: „Gebt ihr Euch einmal für Poeten, so kommandiert die Poesie!", die manchen Leuten nur zu gut gefällt, so hätten sie es gern, aber es geht eben nicht, wenn man wirklich *Poesie* haben will! Ich bin da, was mich betrifft, guten Gewissens: ich habe nie *so* geschrieben, unter eigenem oder fremdem *Kommando*, also kein Grund, mich zu *trösten*! Ich hatte mich nur gerade einmal – was ich oft tue – mit den Goetheschen Gedichten beschäftigt, sie durch*forstet* auf *Leben und Beben* (*West-Östlicher Divan* steht da ganz hoch), und so entstand das Gedicht, als *Nebenprodukt*. Jetzt nun mache ich eine neue Sammlung, habe Abschriften nehmen und mir zu Neujahr dreihundert Kopien von zwanzig Gedichten herstellen lassen, um, mit einem Gruß auf so einer Kopie, etwas schneller aus meiner *Post* herauszukommen.

Den *Wundertäter III* gibts gerade in einer Neuauflage im Handel, sicher auch in Neustrelitz, von Neubrandenburg weiß ichs. Wenn er schon weg sein sollte, schicke ich ihn Dir.

Ihr führt also ein ganz normales *Großeltern*-Leben, liebe Gabi, bei uns ists nur gelegentlich, mehr von fern, was mir leid tut (Du hast ja wohl bei der Lesung in Neustrelitz unseren ältesten Sohn und seine Frau kennengelernt, die in Usadel wohnen), die Kinder erheitern mich, aber mein Mann, der *immer* auf Arbeit konzentriert ist, kann die *Unruhe* nicht vertragen, die mit den Kindern ins Haus kommt. So beschränken wir uns auf Festtagsbesuche, auf Stunden.

Schön, daß Ihr Eure Kleine so liebt und daß sie so gut vorankommt! Ich wünsche Euch allen gute Zeit!

27. Januar 1982

Dank für Dein Paket, liebe Medea, das vor kurzem in Schulzenhof ankam! Leider war die Flasche nicht dick genug verpackt, so war der Boden abgebrochen und das *Wasserchen* ausgelaufen, und der Tee schmeckt nun etwas nach Wodka, macht aber nicht betrunken! Dank auch für die schöne Puppe und die bunten Löffel!

Ich sehe Dich jetzt oft, beinahe jede Woche, bei der Arbeit an unserem Film, und da höre ich auch Deine Stimme, wenn wir zusammen in der Universität lesen, das ist schön und sieht auch schön aus. Der Film ist nun fast fertig, es sind nur noch technische Kleinigkeiten bei der Trick-Montage von Fotos zu machen, und am Ton ist zu arbeiten, auch Musik muß noch hinzukommen. Erwin hat ihn vorige Woche gesehen, und er gefällt ihm. Der Film ist länger geworden, als ursprünglich geplant war, er ist zweiundfünfzig Minuten lang. (Das ist ein internationales Maß, die Einheit davor ist dreiundvierzig Minuten, unser Film sollte eigentlich dreiundvierzig Minuten sein, ursprünglich nur zwanzig, ist immer weiter heraufgesetzt worden, nun, bei der *Abnahmevorführung*, war er zweiundfünfzig Minuten und dreiunddreißig Sekunden lang, und man hat gesagt, er ist so interessant, daß er seine Länge behalten soll.) Ernst arbeitet seit drei Monaten am *Schnitt* des Films, und ich *arbeite* mit. Obwohl der Film so lang ist, haben wir nur einen kleinen Teil der Georgien-Aufnahmen unterbringen können, und unser Plan besteht nach wie vor, einen *Extra-Film* über Georgien zu machen, mit Gedichten von Dir und einem Text von mir dazu.

Die Lesung Deiner Gedichte im November mußte ich absagen, weil ich Lungenentzündung hatte. Sie findet nun am 18. Februar statt. Ich werde Dir berichten, wie es war.

Gerade habe ich eine intensive, anstrengende Arbeit hinter mir: ich habe in ein paar Wochen aus Erwins Tagebüchern (die er seit Jahrzehnten schreibt) ein Buch zusammengestellt, es redigiert und mit einem Nachwort versehen. Das Buch soll noch zu Erwins siebzigstem Geburtstag dieses Jahr im August erscheinen. Nun gehe ich wieder an eigene Arbeit: zwei Gedichtsammlungen für nächstes Jahr und ein Prosaband.

Die größte Freude in Deinem Brief war der Satz: „Eka geht es merkwürdig besser!" Welch ein Glück! Und ich wünsche, daß es in diesem Neuen Jahr weiter so gehen soll, daß ihre Krankheit ganz und gar verschwindet, sich *verwächst*!

Daß Tamunia nicht nach Jena konnte, ist schade, aber

ich denke, es werden sich noch Gelegenheiten finden, herzukommen!

Liebe Medea, Dir und Deinem Mann, Herrn Okro, den Kindern und all den lieben Verwandten die herzlichsten Grüße und Wünsche zum Neuen Jahr!

27. Januar 1982

Dank für Ihre Briefe und für die Übersendung von *Panorama*! Dank für all Ihre Mühe und die schöne Realisierung Ihrer Pläne, liebe Nadia! Ich war sehr verblüfft, als ich mich *selber* da vom Umschlag der Zeitschrift *anschaute*!

Sehr gern werde ich mich mit Ihnen treffen, um die Arbeiten an Ihrer Übersetzung und an dem Gedichtband zu unterstützen, und der Gedanke, zu Ihnen in Ihren Garten ans Meer zu reisen, ist wunderbar ... *Aber* ... Dieses Jahr im August wird mein Mann siebzig, und wir haben, nach langen Überlegungen, die Ausreiß-Pläne betrafen, eingesehen, daß wir doch zu Hause bleiben müssen, um Menschen unserer Umgebung nicht zu kränken, die schon lange von diesem *Ereignis* reden. (Wir wollten eigentlich nach Weimar fahren, am Abend des Geburtstages eine öffentliche Lesung machen, im Hotel *Elephant* wohnen und alle etwaigen Gäste der Betreuung der Hoteliers überlassen, so daß wir keine Arbeit, nur die Rechnung zu bezahlen hätten, aber hier, in unserer ländlichen Umgebung, leben doch viele Menschen, die uns unterstützen und uns freundlich gesinnt sind, die würden wir dann *ausschließen*, oder wir müßten, nach Rückkehr, von vorn anfangen ...)

Der Geburtstag ist das eine, das andere ist aber auch, daß mein Mann die Hitze fürchtet und jeden ungewohnten Wechsel seiner Lebensverhältnisse. So werde ich wohl eines Tages alleine zu Ihnen nach Bulgarien kommen müssen, wie auch an andere Orte, wenn ich all die Länder nicht *versäumen* will ... Was aber Ihre Arbeit betrifft, so lade ich Sie herzlich ein, herzukommen, wenn Sie es einrichten können, und die Sachen hier mit mir zu besprechen, oder wir müssen uns auf Briefe verlegen ... Schreiben Sie mir Ihre Meinung, liebe Nadia, ich werde dann darüber nachdenken und gleich antworten, damit Sie nicht aufgehalten werden!

3. Februar 1982

Liebe Vera Wonck, leider haben Sie versäumt, sich vorzustellen und zu erklären, wieso Sie so *familiär* sind mit Erwin Strittmatter? Daß Sie *Jahrgang 39* sind, sagt doch nichts über Sie. Und *Wir sind viele, die so denken ...* woher wissen Sie das? Haben Sie *Erhebungen* angestellt, hat Sie jemand beauftragt, für die *vielen* zu sprechen?

Die *Selbstermunterungen* sind an manchen Orten vor vier Wochen in die Buchhandlungen gekommen, an anderen sind sie noch nicht zu haben. In der kurzen Zeit hat Erwin Strittmatter schon viele Briefe von Lesern bekommen, von jungen und alten, auch vom *Jahrgang 39*, bisher war nicht *einer* dabei, der *Ihrem* auch nur ähnelt.

Ich will Sie nicht von Ihrer *Verurteilung* des Buches abbringen, wollte Ihnen nur sagen, daß es vielleicht genügt hätte, wenn Sie von *Ihrer* Meinung gesprochen und im übrigen dazu gesagt hätten, welchen Beruf Sie haben, wer Sie *sind*.

26. Februar 1982

Lieber Herr Witt, hier kommt meine Auswahl: hundert Gedichte, je zwanzig aus meinen fünf Bänden. Ich möchte, daß die Unterteilungen mit den Titeln der Bücher überschrieben werden, daß die Reihenfolge innerhalb des Ablaufs so bleibt (den Büchern folgend) und daß die *Blöcke*, nach Erscheinungsjahr, in der Ordnung, wie sie jetzt ist, stehen.

Lange habe ich das *herumgeschoben*, in der immer noch vielfachen Zahl der von uns im Dezember in die Wahl gezogenen Gedichte gesucht und gewühlt. Das Ordnen nach einem *Sinn*, einem *Thema* hat mir von Anfang an und beim Bemühen um die Reduzierung der Gedichte immer mehr mißfallen, es hat mich behindert.

Nun möchte ich, daß es so bleibt.

Das Buch sollte heißen: *Ja doch, es lebt sich!* Mit dem Untertitel: *Gedichte. Eine Auswahl* (vielleicht nur auf dem Innentitel). Es soll eine Reproduktion eines *Csontváry*-Bildes bekommen. Ich würde den Band mitbringen nach Leipzig, wenn wir zur Lesung kommen.

9. März 1982

Lieber Matti, gestern abend hat Hildchen von Oberhof angerufen, sie hat (beziehungsweise Carla, die daneben saß, hat) gleich einen Krankenschein für Dich ausgeschrieben, den wollten sie heute an Deine Adresse in Holthusen schicken. Du müßtest ihn in den nächsten Tagen bekommen wie diesen Brief. Sie haben Dich von Montag, 15., an krank geschrieben. Du könntest mit uns von Schulzenhof Montag nach Berlin fahren, wenn Du zum Wochenende herkommst, denn wir fahren Montag früh nach B. weil wir mittags nach Leipzig müssen, wir lesen dort abends im Gohliser Schlößchen, Udo holt uns von Berlin ab, denn wir lesen für *Reclam*. Du solltest dann erst zu Dr. Hildchen in die Klinik, sie wollen Dich *voruntersuchen*, das mit dem Termin für den Neurologen können sie dann von dort aus schnell arrangieren. Stell Dich also drauf ein und versäume es nicht, es ist nun wirklich dringend, bis zur Armee-Zeit sinds nur noch acht Wochen.

Ich freu mich über alles, was Du erzählt hast (außer der Krankheit natürlich)! Daß Du malst, erfreut mich sehr, und unser ganzes Gespräch hat mich froh gestimmt. Mir gehts nicht so ganz glänzend im übrigen, da ist die Froh-Stimmung besonders willkommen! Ich denke also, daß wir uns bald sehen und Gelegenheit finden werden, *in der Dämmerung*, wie früher oft, miteinander zu reden.

9. März 1982

Liebe Gabi, schnelle Heilung für das Bein wünsche ich Dir und bis dahin gute Zeit zu Hause! Mein Mann hat seinerzeit, bei einem Knöchelbruch, gesagt: es war die schönste Zeit seines Lebens, wie in der Kindheit, nur mit mehr Ruhe!

Ich bin so unlustig, meine Gedichte zu verteidigen oder zu *diskutieren*, ich tus auch nicht. Du siehst ja (oder ich sehe ja), ich konnte mich Dir nicht verständlich machen. Hinter jedem Satz, den ich schrieb, liest Du einen anderen. Natürlich meine ich *Witz*, wenn ich *Witz* schreibe. Es ist doch ein Witz zu sagen: des *Klassikers* Poesie ...

Auch das war *wörtlich* gemeint, was den *Neid* auf Eure *Großelternexistenz* betraf, ich wollte nicht bezweifeln, daß Ihr viel zu tun habt, nur die *andere Lebenshaltung* andeuten (bei meinem Mann), die mir solche Hinneigung zu einem der Kinder unmöglich macht. Natürlich hat seine *Konsequenz* auch vieles *für sich*. Der *Produktion* bekommt sie.

Annemarie Bostroem habe ich einmal als Studentin im *Aufbau-Verlag* besucht, habe Bücher von ihr geholt, weil wir in unserem Seminar über ihre Arbeiten sprechen wollten. Eine Szene, die ich genau vor mir sehe, jedesmal, wenn ich Annemarie Bostroem treffe (was selten ist), erinnere ich mich an meine Aufregung und an das *Glück*, mit ihr und ihrem Mann sprechen zu dürfen ... Helga Raumer kenne ich nicht *persönlich*, aber ich schätze sie als Schauspielerin, sie hat eine *Ausstrahlung* von *Menschlichkeit*. Grüß sie von mir!

Der Sohn und seine Familie wollen nach hinter Neubrandenburg übersiedeln, sie bauen dort (ein altes Haus aus), er will den Beruf wechseln, sie sind sehr beansprucht, und obwohl es ihnen sicher Spaß machen würde, in Eurem Chor mitzusingen, glaube ich nicht, daß es gehn wird. Aber sagen werde ich es ihnen. Zumindest der Ilja ist musikalisch, von der Christiane weiß ich es nicht, wie ich jetzt merke.

10. März 1982

Wir bedanken uns für die Einladung zu den Goethe-Feiern, sehr geehrter Herr Doktor Goldammer! Lange schon hatten wir uns gefreut, daran teilnehmen zu dürfen, aber Erwin Strittmatter geht es in letzter Zeit gesundheitlich nicht gut, und wir haben beschlossen, auf Weimar zu verzichten. In der nächsten Woche, am 15., lesen wir bei der Messe, das können wir nicht absagen, und beides, Leipzig und Weimar, ist zu viel für Strittmatter.

10. März 1982

Lieber Doktor Hammer, wir haben beide keine *Märchen* in dem *anspruchsvollen Sinn* geschrieben, den Sie nennen, ich ein paar märchenhafte Kindergeschichten, ja, und es reizt uns nicht, für Ihren Sammel-Band so was zu versuchen, wir stecken beide in anderen Sachen. – Zur Einladung nach Weimar: wir wollen den vorgeschlagenen Termin nehmen, 8. Juli, kommen aber schon am 7., bitte lassen Sie Zimmer bestellen für 7. bis 11., Sonntag, ein Doppelzimmer und zwei Einzelzimmer im *Elephant*, wo wir immer wohnen mit unseren beiden jüngeren Söhnen, über deren einem zur Zeit allerdings die Armee *schwebt*.

Für die Feiern zum Jubiläum übernächste Woche haben wir mit Bedauern abgesagt, meinem Mann geht es gesundheitlich nicht gut. Im Sommer wollen wir aber unbedingt wieder nach Weimar. Voriges Jahr empfanden wir es als Verlust, nicht wenigstens ein paar Tage *da* und beim *Kurs* gewesen zu sein.

Im Februar (oder schon Januar) besuchte mich in Berlin eine intelligente und sympathische Studentin, die bei Ihnen eine Arbeit über mich schreibt, Angelika Schermaul. Inzwischen habe ich nichts wieder von ihr gehört, ich hoffe, sie ist gut nach Jena zurückgekehrt und hat Ihnen Grüße von mir gebracht.

10. März 1982

Lieber Nodar, mit welchen Gefühlen haben wir vor einer Woche, zusammen mit Ernst Cantzler, die Aufnahmen von Deiner Wohnung angesehen, die wir in unseren Film genommen haben und bei denen Surab mit uns allen am Tisch sitzt, heiter und gesund … Es ist unfaßbar, daß die Bewegung, die er macht, schon *unwiederholbar* sein soll, daß er uns nie mehr in Tbilissi begrüßen, begegnen wird … Reso hat uns zwei Tage, nachdem Ihr den Sarg auf dem Flughafen abgeholt hattet, geschrieben. Es war Nacht und schneite …

Wie ertragen es Nathia und die Kinder? Ich weiß, daß Ihr alle zu ihr steht, um sie seid, daß Ihr sie niemals ohne Hilfe und Freundschaft lassen werdet, wir kennen Eure Lebensprinzipien, aber doch: hält ihre Gesundheit stand und welche Änderungen in den äußeren Lebensumständen werden eintreten? Wie wird es mit ihrer Arbeit, mit dem Einkommen, mit der Betreuung der Kinder, mit der großen Wohnung? Ich habe schon gedacht, daß Ihr vielleicht zusammenzieht, damit Ihr das väterliche Haus, die Wohnung, nicht aufgeben müßt? Wenn Du wieder Kraft hast dazu, erzähl uns, soweit das brieflich möglich ist, von allem, auch, wie es Surab zuletzt ergangen ist und ob Ihr alle bei ihm wart in Moskau.

Reso schrieb, daß er inzwischen dort war, wegen des

Strittmatter-Sammelbands zu Erwins Geburtstag, und er schrieb so schlimme Sachen von Swetas Lonja. Der *kleine* Lonja, den ich noch immer als Dreijährigen durch die Gorki-Straßen-Wohnung springen sehe!

Die *Selbstermunterungen* hast Du inzwischen sicher bekommen. Vor vier Wochen haben wir dem Verlag ein neues Manuskript von Erwin übergeben, die *Wahren Geschichten aller Ard(t)*, der Titel taucht zum erstenmal in den *Briefen aus Schulzenhof* auf, in einem Brief an Dich ... Wir hatten, den nun schon üblichen, Ärger im voraus, die Verleger hatten wieder *Bedenken* mit den Tagebuchgeschichten. Wir haben einen *Kompromiß* gesucht, nun geht das Buch in die Produktion, es soll zum *Siebzigsten* noch erscheinen. Es ist ein *reiches, gemischtes* Buch.

Der *Film* ist fertig, macht aber ebenfalls *Schwierigkeiten.* Trotzdem hoffen wir auf ihn, hoffen, ihn den Lesern (Zuschauern) präsentieren zu können.

Am 15., also in fünf Tagen, werden Erwin und ich zusammen zur Messe in Leipzig lesen, im *Gohliser Schlößchen*, für den *Reclam-Verlag*, der zu Erwins Geburtstag eine bibliophile Ausgabe von *Zirkus Wind* herausbringt und nächstes Jahr von mir einen Auswahlband in der *Universalbibliothek.*

Hier bei uns gab es auch so einen tragischen Tod wie den von Surab: Konrad Wolf ist gestorben am 7. März. Bei ihm ging alles noch viel schneller. Bei der *Berliner Begegnung* Mitte Dezember wußte noch niemand von seiner Krankheit. Auch Paul Wiens liegt seit Wochen im Regierungskrankenhaus mit der gleichen, mörderischen *Sache.* Gerade ist das erste Heft von *Sinn und Form* erschienen, für das er als Chefredakteur zeichnet.

Ich hoffe, daß Ihr anderen Euch inzwischen fassen und erholen konntet, besonders Du, lieber Nodar, denn die Verantwortung für die ganze Familie liegt ja nun auf Dir ...

10. März 1982

Lieber Reso, vor ein paar Tagen kam Dein Brief mit traurigen Nachrichten ... Der kleine Lonja! Immer höre, sehe ich ihn in der Gorkistraße 6, als Mittelpunkt der Familie, gehätschelt, geliebt von allen ... Zuletzt sah ich ihn mit Sweta und Koma zusammen 1974 im Mai in der *Tischler*-Ausstellung, da war er herangewachsen, hatte schon Malstunden und war eine Art Wunderkind ... Ich hoffe, hoffe, daß er sich wieder faßt und ins *Leben* zurückkehrt. Wie muß es für Raja sein, das von fern, von Köln aus, zu erleben ...

Und nun wird für immer Surabs Tod mit dem Bild stehenbleiben, das Du gefunden hast: Nacht am Flughafen Tbilissi, und es schneit weiße Schmetterlinge, und der Freundeskreis wartet mit der Familie auf das Endgültige, die Ankunft des Sarges ...

Dank für den Zeitungsausschnitt! In unserem Film ist Surab zu sehen, in Nodars Wohnung, mit uns allen am Tisch, das war jener Abend nach dem Fernsehgespräch (und der Lesung), als wir die Kamera *entwendet* hatten, wie gut jetzt, schon Surabs wegen, daß wir es taten!

Bei uns beginnt der Märzfrühling zeitig, es ist zwar noch grau draußen, aber wir haben Sonne, und die Vögel rufen schon. Bei Euch ist sicher alles grün und farbig von Blumen, so denke ich es mir wenigstens, da ich niemals um diese Zeit bei Euch war.

Am 15., also in fünf Tagen, lesen Erwin und ich in Leipzig. Eine Woche drauf wollten wir zu den Goethefeiern in Weimar sein, haben aber abgesagt, denn Erwin fühlt sich müde, wir haben viel gearbeitet für das neue Buch *Wahre Geschichten aller Ard(t)*, das seit ein paar Wochen im Verlag ist und, wie üblich, mit *Knirschen* durch den *Mahlgang* der *Gutachterei* und *Genehmigerei* geht ... Jetzt soll die Produktion beginnen, zum Geburtstag soll es erscheinen. Nun sitzt Erwin wieder am *Laden.*

Ich habe von Anfang Dezember für das Buch, die Zusammenstellung etc., gearbeitet, nun bin ich wieder bei *Eigenem*, und ich denke an mein Versprechen, Euch bald das Interview zu schicken. Der Film ist fertig, morgen ist wieder mal eine *Besichtigung* durch die Auftraggeber vom Fernsehen.

Was macht Otar, der Student? Und die *Königin* Nino? Ihr alle, als *Ganzes* und als Einzelwesen? Gehst Du melancholisch oder mit *Jugendlust* ins Frühjahr? Du müßtest eigentlich, in einem zweiten *Schub*, schon wieder Jugendlust fühlen, wissen, wie unwiederbringlich das Leben ist, und Widerstand leisten gegen Belastungen, die man Dir auferlegt. „Wer nicht lebt, ist selber schuld" (Zitat aus den *Briefen aus Schulzenhof*). Surabs Tod und der Tod von Konrad Wolf vor drei Tagen, die Krankheit von Paul Wiens und unseres Freundes Achim Kynaß mahnen uns, dem Augenblick zu entreißen, was möglich ist, nichts zu *verschieben.*

11. März 1982

Das *Haus Bärenwald*, in dem Du arbeitest, sieht schön und ruhig aus, ich kann mir vorstellen, daß da eine gute Atmosphäre herrscht. Die Umgebung, von deren *Verkürzung* durch die Kohle Du schriebst, ist ja nur zu ahnen. Manchmal frage ich mich, ob die Verwandlungen tatsächlich so schlimm sind, oder ob sie einem nur so scheinen. Vorige Woche, als wir bei meiner Mutter in Neuruppin waren, sah mich die Stadt wieder so schrecklich an: wie grau, wie *heruntergekommen*! Und was für eine schöne, saubere, gepflegte Stadt war das in unserer Kindheit! Buchstäblich bis zu den Tagen der Bombenangriffe im April 45! Dabei hat man zum Beispiel das Gymnasium neu aufgebaut und

auch andere Ecken der Stadt rekonstruiert. Aber das gesamte *Bild* hebt die einzelnen Teile wieder auf.
Wenn Du nach N. fährst, liebe Lotti, könnten wir uns vielleicht treffen? Ich würde Dich gern wiedersehen!

11. März 1982

Auf den Tag genau heute vor vier Wochen hatte ich in Berlin in einem großen neuen *Kultur- und Freizeitzentrum* einen Leseabend, an dem ich die Gedichte meiner georgischen Freundin und Nachdichterin Medea Kachidse in meiner Übertragung vorstellte. Beim Autogramm-Geben, das solchen Abenden immer folgt, kam eine junge Dame an meinen Tisch und fragte: Schreibt Ihnen Frau Dr. Valakos noch? Ich mußte sagen: Sie schreibt mir wohl, hat mir geschrieben, aber ich bin ihr seit langem die Antwort auf ihre so schönen Briefe schuldig geblieben … Dabei liegen drei Briefe von Ihnen ganz obenauf in dem Stapel wichtiger Post, der unbeantwortet ist.

Nun also, liebe Sara, hier bin ich endlich, um für Ihre Nachrichten aus dem Jahre 1980 zu danken, für Ihren Europa-Reisebericht und für die Erklärungen zu Ihrer Arbeit. Und für die Bougainvillea-Blüte, die auch heute noch ihre tiefe Farbe hat!

Von Mexiko habe ich sprechen können mit Mexikanern im August 81, als ich wieder in Jugoslawien zum *Strugaer Poesiefest* in Makedonien war. Es waren auch der mexikanische Dichter Eugenio de Aguirre und seine (aus einer deutschen, aber wohl schon vor längerem eingewanderten Familie stammende) Frau Gisela, eine Historikerin, dabei. Beide waren sehr sympathisch, die Frau blond und, trotz Gelehrtheit und zweier Kinder, mädchenhaft lieb und zutraulich herzlich, sie sprach uns Deutsche an, stellte sich vor, suchte den Kontakt. (Dort sind jedesmal so viele Teilnehmer, daß man nur einige persönlich kennenlernt.) Die Begegnung mit den Aguirres gehört zu den angenehmsten Erinnerungen dieser Reise, die aber im ganzen viel Schönes brachte, vor allem natürlich die südlichen Bilder und Stimmungen, *griechische* Stimmungen, die denen, die Sie schilderten, ganz ähnlich waren. Wir haben eine Fahrt durchs Land, Richtung Skopje, gemacht, dieses Mal war ich in dem großen Tabak-Anbaugebiet um Prilep, wieder ein ganz anderer Eindruck als bisher, wo ich über das alte Heraklia nach Kavadarci ins Zentrum der Weinfabrikationen kam. Das Prilep-Erlebnis schwebt noch als poetische *Vision* über mir, ich muß es noch *machen*, mit Worten beschwören.

1980 im Dezember wollte ich nach Wien, mußte aber, von einem Tag zum anderen, absagen. Nun plane ich für dieses Jahr eine Österreichreise, das heißt, sogar zwei, einmal mit meinem Mann, im Sommer, nach Salzburg, privat, auf Einladung des Sängers Peter Schreier, zum anderen will ich im Oktober vierzehn Tage eine Lese-Tour durch Österreich machen. Im Mai wollen wir wieder zur Kur reisen nach Piešťany in der Slowakei, wo wir auch 1981 waren, allerdings September/Oktober, was nicht so schön war wie Mai. Wenn auch das Wetter konstant *prächtig* war, ist es doch ein Unterschied, ob das Jahr dem Ende entgegengeht und alle Tage etwas abblüht und abstirbt, oder ob das Jahr sich *aufschwingt* und jeden Morgen eine neue Freude entsteht: etwas kommt, lebt auf, zeigt seine blühende Farbe. Das macht die Kur eigentlich aus, glaube ich, diese Lebensfreude stärkt einen und hilft …

Ole Bienkopp heißt wirklich oder hieße wirklich hochdeutsch *Bienenkopf*, die Fassung ist *Platt-* (oder *Nieder-) Deutsch.* Diesen Dialekt spricht man hier im Norden. Das Wort ist im Buch erklärt, und ich nehme an, daß Sie auf die Erklärungen bei der Lektüre gestoßen sind. – Wenn

Sie mir verzeihen, daß ich so lange nicht geantwortet habe, schreiben Sie mir vielleicht, resümierend, wie es Ihnen inzwischen ergangen ist, wie und wo Sie gereist sind, und wenn Sie wieder so ein schönes Foto haben von sich und Ihrer lieben und noch so reisetüchtigen Mutter, würde ich mich freuen, es zu bekommen!

11. März 1982

Liebe Medea, heut ist es, nach Wochentagen gerechnet, genau einen Monat her (da der Februar nur achtundzwanzig Tage hat), seit ich die Lesung mit Deinen Gedichten in Berlin in unserem neuen, riesigen *Kultur- und Freizeitzentrum* gemacht habe, vor überfülltem Saal und sehr aufmerksamem und sehr beeindrucktem Publikum. Sie alle haben sich den Namen *Medea Kachidse* eingeprägt und warten auf die Gedichte, um sie zu lesen. Ich war froh, daß es mir gelungen ist, meine Ergriffenheit von Deinen Gedichten auf die Zuhörer zu übertragen. Ich hatte schon eine ganze Zeit vorher nur in den Gedichten *gelebt*, sie immer wieder überarbeitet (den Rhythmus, die Sprache), um dem *Geist* Deiner georgischen Gedichte, den ich fühlte, so nahe wie möglich zu kommen. Nun werde ich mich bemühen, einen Verlag für eine Auswahl zu gewinnen, dann werde ich weiter daran arbeiten, für die Gedichte, bei denen es angezeigt ist, eine *Reim-Version* zu finden, denn die habe ich bisher erst bei einigen gemacht, vor allem bei meinem Lieblingsgedicht, das nun im Deutschen so beginnt: „Warum schrumpften der Mutter die Schwingen, zum Fliegen das Flügelpaar/Warum ergraute der Mutter das schöne Haar?“ Wenn ich Abschriften bekomme, schicke ich Dir die deutschen Fassungen. – Eine Rundfunklesung der Gedichte werde ich auch machen, die Besprechung dafür habe ich demnächst, wenn ich eine Aufnahme mit neuen Gedichten von *mir* mache, zu Ostern.

Seit vielen Jahren lese ich nämlich zu Ostern eine Stunde neue Gedichte im Rundfunk. Erwin liest dafür zu Weihnachten neue Prosa.

Unser Film ist fertig, zur Stunde findet gerade in Berlin die *Abnahme* statt, die *Auftraggeber* vom Fernsehen schaun sich die End-Fassung an, ich wollte eigentlich dabeisein, bin aber nicht ganz gesund, habe einen *Infekt*, so bin ich nicht nach Berlin gefahren, um die Krankheit nicht zu verschlimmern, denn in vier Tagen muß ich unbedingt gesund sein, da Erwin und ich dann in Leipzig zur Messe lesen.

Aus Tbilissi hat uns die traurige Nachricht von Surab Kakabades Tod erreicht. Wir wußten seit dem Herbst von seiner Krankheit, hofften aber doch, die neuen Mittel, die es gegen Leukämie gibt, würden ihn retten ... In letzter Zeit hat es viele solcher traurigen Tode gegeben, und man wird gemahnt, aneinander festzuhalten, so lange es möglich ist, so lange wir *da* sind, die Bindung aneinander nicht aufzugeben. Das empfinde ich mit Deinen Gedichten besonders stark, eine Nähe, eine innere Übereinstimmung zwischen Dir und mir, so wie die Übereinstimmung zwischen Dir und den Deinen, zwischen Dir und Deiner georgischen Sprache, zwischen Dir und Deinem Land ... Eine *heiße* Sehnsucht nach Georgien ergreift mich jedesmal, wenn ich in Deinen Gedichten lese. Und in diesem Augenblick glaube ich fest, daß ich im Herbst zu Euch reisen *muß*.

Ich wünsche sehr, daß es Euch allen wohl gehen möge, daß Eka weiter gesundet, daß Tamunia glücklich ist mit ihrem Studium und daß Du und Herr Okro ohne die schweren Sorgen der vergangenen Jahre in Harmonie leben könnt!

Schreibt mir bald wieder einmal, Tamunia kann doch *Sekretär* sein, und Eka möchte mir auch ein Zettelchen schreiben!

13. März 1982

Liebe Frau Heppner! Dank für Ihren schönen Brief, der mir heute eine rechte Freude war!

Vielleicht sollten Sie sich damit abfinden, daß Sie in Ihrer Umgebung keine Gesprächspartner haben als die Bücher! Das geht wohl vielen Menschen so, daß Ihre Nächsten die Liebe zur Literatur nicht teilen. Sie aber haben doch Ihre Tochter!

Daß Sie bei Ihrem anstrengenden Leben noch die Kraft haben, nach Büchern zu suchen und sich mit deren Autoren befreunden, kann ich nur bewundern. Vielleicht ist es aber auch so: Wenn in einem Menschen der Trieb, der Hunger nach Kunst und geistiger Nahrung groß genug ist, wird er ihn unter allen Umständen befriedigen. Bücher und Bibliotheken gibt es glücklicherweise heute überall.

Seit langem kennen und lieben wir die Bilder von Max Langer. Die ersten Reproduktionen und den ersten Bericht über ihn lernten wir vor Jahren aus dem *Magazin* kennen. Dann sah ich, 1973, bei Manfred Streubel in Dresden Arbeiten von Max Langer. Und später kaufte ich das schöne Buch, zu dem Streubel den Text geschrieben hat. Herzlichen Dank also für die Übermittlung der Grüße von Max Langer und seiner schönen Blumen-Reproduktionen! Mit gleicher Post kam noch, von anderen Lesern, eine weitere *Langer-Blumen-Karte* zu mir.

An Ihre Zittauer Adresse werde ich Ihnen und Herrn Langer Bücher schicken, das heißt, ich habe ja die *Ortsanschrift* von Herrn Langer und kann sie dorthin adressieren.

Sehr habe ich mich gefreut über Ihre Worte zu Galsan Tschinag. Ihre Sorge wegen des Schreibens und Ausdrucks ist ganz unbegründet, liebe Frau Heppner, und deshalb möchte ich Sie bitten: schreiben Sie doch an Galsan Tschinag, es wird ihm viel bedeuten, von seinen Lesern Post zu bekommen.

Seine Adresse ist:
MVR ULAN BATOR
Hauptpost
SCH/X 711
Galsan

Vielleicht kommen wir einmal in Ihre Gegend zum Lesen, wenn man uns nach dorthin einlädt, wir fahren ja auch in andere Orte! Sicher lernen wir uns noch kennen! Für die letzten Wochen Ihrer Kur wünsche ich Ihnen gutes Wetter und schöne Stunden in der märzlichen märkischen Landschaft!

13. März 1982

Liebe Frau Müller, zu meinem Glück kam heute gleichzeitig mit Ihrem Brief der einer Leserin aus Zittau, die augenblicklich in Flecken Zechlin bei Rheinsberg zur Kur ist und ursprünglich geplant hatte, mich zu besuchen, nun aber gesehen hat, daß die Entfernung zu groß und ihr Kurregime zu streng ist, um einen solchen Ausflug machen zu können. Sie bestellte mir Grüße des fünfundachtzigjährigen Malers Max Langer, übersandte mir einen Brief von ihm und Karten-Reproduktionen seiner wunderbaren Blumen-Stilleben. Das heiterte mich wieder auf, nachdem mich Ihr Brief betrübt hatte. Was laden Sie mir auf? Ihr Leben? Ihre Reise nach Gransee? Ihre Wanderung nach Schulzenhof? Das *leere* Schulzenhof? Vielleicht war ich in Berlin, als Sie hier waren, vielleicht saßen mein Mann und ich an unseren Schreibtischen, arbeiteten an unseren Manuskripten oder beantworteten Briefe von Lesern – so wie den Ihren vor Jahren. Dachten Sie, wir stehen an der Straße und warten auf Besucher? Wieso *pädagogische Provinz*? Aus allem, was ich schrieb, geht hervor, daß ich ohne pädagogische *Ambitionen* bin. Was aber das Leben in Schulzenhof betrifft, so ist es im Winter vom Winter *gefärbt*, im Sommer sieht es anders aus, Menschen versammeln sich, man lebt draußen und miteinander.

Das war der kleine Hund unseres Nachbarn, der eigentlich zum *Zirkus* müßte. Er ist sehr intelligent und etwas verlassen, sucht dauernd nach Gelegenheit und Anschluß.

Wenn Ihnen der *Schock* geholfen hat, mag es gut sein. Ich glaube, daß *Fluchtsucht* gefährlich ist, man soll nicht vor seinen Aufgaben ausweichen. Und ich verstehe nicht: haben Sie ein Kind adoptiert und nun Ihren Mann mit dem Siebenjährigen allein gelassen, um *sich* in Gransee und Schulzenhof zu suchen?

Der Brief der sechsundvierzigjährigen Frau aus Zittau kontrastierte sehr mit Ihrem: Sie ist Weberin, arbeitet im Schichtsystem, hat, außer ihrer in Berlin lebenden Tochter, niemanden, mit dem sie über ihre Liebe zur Literatur, besonders zu Gedichten, sprechen kann, ist aber in sich heiter und einverstanden mit ihrem Leben. Der Brief ist von großer Freundlichkeit, auch gegen mich. Während ich den Ihren (einen sehr späten Dank für einen frühen von mir) als *aggressiv* empfand, so, als hätten Sie, die *Lehrerin*, mir, nach *Kenntnisnahme der Tatsachen* eine Fünf für meine Lebensumstände gegeben (aus denen meine *Fantasie* wer weiß was gemacht hatte, um Sie irrezuführen!).

19. März 1982

Lieber Herr Hüge, zu meinem Bedauern habe ich Sie wohl mit einem Gedicht irritiert, dessen Kopie ich Ihnen schickte, ich weiß nicht einmal, welches es war, ich hatte mir eine Reihe Abschriften machen lassen von einem

Manuskript, das ich zusammenstelle, weil ich so, mit einem Gruß oder manchmal ein paar Zeilen, meine Post schneller beantworten konnte. Das Gedicht war gewiß nicht *persönlich* gemeint! Nur *so* persönlich, wie eben ein Gruß gemeint ist! Machen Sie sich um mich keine Sorgen! Weder wegen Alter noch sonst was, ich bin in guter Verfassung, und ich *balanciere* mich mit Gedichten aus, eben weil ich *radikal* meine Lage, mein Alter *analysiere*. Ich weiß, *illusionslos*, an welchem Lebenspunkt ich mich befinde und bin einverstanden damit. Und die *Verleumdungen*, von denen Sie schreiben, können mich nicht treffen, weil ich sie nicht höre, ich erfahre von ihnen nur durch Ihre Andeutungen, will mich aber nicht weiter darüber beunruhigen.

19. März 1982

Liebe Frau Haupold, Dank für Ihr Geschenk, das so überraschend kam, aber hochwillkommen ist! Wir haben einige Leserinnen, die für uns Schafwollstrümpfe stricken oder gestrickt haben, mein Mann und ich sind beide *Rheumatiker*, und die warmen Strümpfe bieten guten Schutz gegen Unterkühlungen, von den Füßen her geht das Rheuma oft los. Daß Sie nun die Wolle auch selbst gesponnen, nicht nur die Strümpfe gestrickt haben, macht das Geschenk noch wertvoller!

Ich verstehe nicht, wie Sie auf den Gedanken kamen, daß ich *abgehauen* sein könnte?! Weil ich den Süden liebe wie jeder, der ihn kennt, brauche ich doch mein Land nicht zu verlassen! Ich habe vieles geschrieben, Gedichte, Briefe, was meine *Verwurzelung* in der *märkischen* Landschaft bezeugt, und wo sollte ich wohl hin? Meinen Sie, in die Bundesrepublik? Nur, weil schon andere Schriftsteller dahin gegangen sind? Ich habe da nichts zu suchen! Wenn mir auch viele Leser von dorther schreiben, wie auch aus anderen Ländern, so habe ich doch die engsten Verbindungen zu Menschen in der DDR, zu Tausenden von Lesern.

Erwin Strittmatter und ich werden niemals dieses Land verlassen! Es gehört zu uns wie wir zu ihm.

19. März 1982

Liebe Barbara Lange, Dank für Brief und Ihre Tolstoi-Übersetzung, die heut kamen! Ich habe die Geschichte gleich gelesen, weiß nicht, ob ich sie kannte, ob sie in der *Werkausgabe* steht, wollte sie auch unvoreingenommen lesen, und sie war mir sehr *tolstoisch*, stark in der Sprache und im *Geist*, ich beglückwünsche Sie dazu, auch zur Absolvierung Ihres Studiums und zur Wahl *Ihrer* Sprache! Wie sind Sie zum Russischen gekommen? Was haben Sie früher gemacht, wie alt sind Sie, wie leben Sie?

Es kann sein, daß ich auf Ihr Angebot als *Fachmann* zurückkomme, vielleicht sogar *intensiv*! Sie wollen also literarischer Übersetzer werden? Oder haben Sie hauptberuflich ein anderes Ziel? Sie sehen: ich frage nach Antwort.

19. März 1982

Liebe Frau Schreiner, lieber Herr Doktor Schreiner, Glückwünsche zur *Goldenen Hochzeit*! Ich hoffe, daß diese Wünsche Sie bei Ihrer Heimkehr begrüßen und daß die Tage schön waren, die dann hinter Ihnen liegen! Sicher haben Sie es richtig gemacht, dem Trubel zu entfliehen! Wir möchten es auch zum siebzigsten Geburtstag meines Mannes im August, sind aber noch im Zweifel, ob es uns gelingen wird.

Ausgerechnet mußte ich an dem Vormittag, als Sie in Berlin waren, ins Filmstudio, lieber Herr Doktor Schreiner, ich war nach Berlin gefahren, um die Musik für meinen Dokumentarfilm zum ersten Mal anzuhören und im Anschluß daran zu einem Essen mit österreichischen Gästen ins Ermelerhaus zu gehen. Als Sie abends anriefen, hatte ich außerhalb eine Besprechung mit dem Filmregisseur. Sie sprachen mit unserer Freundin Frau Dr. Diener, die in der Wohnung geblieben war, um unseren Sohn, den Schauspieler, zu erwarten …

So lieb mir der Gedanke ist, im Frühling nach Jena zu fahren, so kann ich ihn doch nicht verwirklichen. Es sind noch sechs Wochen, bis wir nach Piešťany fahren, wir haben beschlossen, doch wieder im Mai zu reisen, unsere Herbstkur vom letzten Jahr hat nicht sehr gewirkt, meinem Mann ging es schlecht über Winter, er hat sich die Treppe zu seinem Zimmer hochschleppen müssen, war ganz steif, wir hoffen, daß der Mai besser sein wird. Erst wollten wir nicht fahren, weil Jakob Abitur macht im Mai/Juni und die letzten paar Monate zu Hause ist, aber dann haben wir, Jakob und ich, gesagt, wir müssen das Mögliche versuchen, damit dem Vater besser wird, so habe ich Ende Januar ans Hotel telegraphiert, und vor ein paar Tagen bekamen wir die Bestätigung unserer Buchung. Nun sage ich auch die einzige Lesung, die ich für April geplant hatte, ab, ich wollte – schon jahrelang versprochen, verschoben – nach Nordhausen fahren. Das werde ich verbinden mit einer ebenfalls seit Jahren anstehenden Reise nach Halberstadt Ende Juni. – Das Gedicht, nach dem Sie fragten, heißt *Brot*, es ist schon alt, steht aber in meinem letzten Gedichtband *Zwiegespräch*, Seite 58.

19. März 1982

Liebe Frau Fritz, zwar schrieben Sie auf Ihren *Abschiedsbrief*, der heute kam, keinen Absender, aber ich hoffe, der Ort genügt, Buch und Brief werden Sie erreichen. – Daran, daß Sie so gekränkt reagierten, sehe ich, daß Sie die *Briefe aus Schulzenhof* nicht haben, sonst hätten Sie verstanden, was ich meinte. Ich selber habe sechs Jahre Gedichte geschrieben, ehe ein Mensch etwas davon zu sehen bekam, nicht mal meinem Mann habe ich sie gezeigt, konnte ich sie zeigen: was mir *geschah* mit diesem Gedichteschreiben, war viel zu geheim, ich war viel zu verletzlich, als daß ich mir hätte sagen lassen wollen: hier ists gut, da könnte man das oder jenes ändern. Ich wollte es selber herausfinden. Die meisten frühen Gedichte sind unveröffentlicht, werden es bleiben. Und ich empfand, daß Sie in so einer *Umbruchsituation* sind, daß Sie *sich* suchen mit Malen und Schreiben, daß das eine wunderbare Zeit, Zeit zweiter Jugend, ist, der Inspiration, des Glaubens, jeder Eingriff stört da, jeder Ratschlag, der Sprache oder *Bau* eines Gedichtes betrifft, selbst Bestätigung *engt* ein.

Schade, daß Sie mich nicht verstanden haben, sondern das Bedürfnis hatten, mir nun Ihrerseits etwas Kränkendes zu tun! Denn daß dieser *Abschied* als Kränkung gedacht war, verstehe ich wohl.

Die Beziehung zwischen dem Dichter und seinem Leser ist schwierig, am besten, er bleibt dem Leser die *gedachte* Person der Poesie. Sowie man sich in *private* Beziehungen einläßt, gibt es auch Mißverstände und Verwicklungen. Das heißt, nicht immer, ich stehe mit manchen Lesern seit Jahren in Verbindung ohne Trübnisse. Allerdings sind es Leser, die nicht selber schreiben. Meine Wünsche bleiben: Glück in diesem Frühling, schönes Leben im schönen Haus!

19. März 1982

Liebe Frau Lehmann, Dank für die guten Worte zu den Arbeiten und für die Bereitwilligkeit, die junge Dichterin aus Gotha zu begrüßen! Ob Sie wirklich, wie geplant, in Leipzig waren, im Gohliser Schlößchen, und etwa unerkannt bei uns am Tisch, oder, schrecklich wärs, nicht hineingekommen sind am Abend des 15. März? Denn so viele Menschen blieben draußen stehen, es war für uns sehr unerfreulich, zu Beginn meiner Lesung klopfte, schlug man gegen die Fenster, gegen die Tür, dann holte man gar die Polizei … Aber vielleicht haben Sie etwas davon miterlebt?

Heute morgen halb sieben rief mich Dagmar Wolf aus Gotha an, bevor sie ins Krankenhaus gebracht wurde. Sie hatte am Sonnabend voriger Woche schon telefoniert, ich hatte montags in Berlin, bevor ich nach Leipzig fuhr, versucht, sie im Schriftstellerheim in Petzow unterzubringen, das Heim ist zur Zeit geschlossen … Sie hat Zerwürfnisse mit der Familie, weil sie im Herbst nach Leipzig zum Studium will, die Mutter möchte sie nicht fortlassen und wirft ihr finsterste Undankbarkeit vor, weil sie sehr viel für diese kranke Tochter getan hat und wohl auch noch tut. Dagmar W. hatte als Dreizehnjährige (wenn ich nicht irre) eine Schilddrüsen-Total-Operation und hat natürlich weiter unter den Ausfall-Erscheinungen zu leiden. Nun ist aber ein schilddrüsenkranker Mensch besonders anfällig für nervliche Belastungen, und die sind, so wie sie mir schreibt, in ihrer Familie stark: die Eltern offensichtlich entzweit oder entfremdet, der erwachsene Bruder, mit dem die Zwanzigjährige das Zimmer teilen muß, vollkommen konträr veranlagt, hat nur Hohn und Spott für ihre geistigen Bemühungen, ihr Lesen und Schreiben, jetzt wohnt, schläft noch seine Freundin mit dort, das heißt, Dagmar muß im Wohnzimmer unterkriechen zum Schlafen, hat überhaupt keine Möglichkeit, sich zu separieren. Nun wollte sie im März nach Weimar, hatte dort Zimmer gebucht im Hospiz, jetzt hat man ihr abgesagt wegen der Goethe-Feiern. Heut nacht hatte sie einen Herzanfall nach neuen Auseinandersetzungen mit der Mutter, sie rief mich früh von der sehr verständnisvollen Ärztin aus an, die Ärztin hat Besuchsverbot für die Angehörigen erlassen und legt sie in die Stoffwechselklinik (5800 Gotha, Am Schützenberg, ist zur Zeit die Adresse). Später will sie sie nach Bad Berka bringen lassen. Ich kann sie leider nicht nach Schulzenhof holen, weil wir zu weit von der Stadt und ärztlicher Hilfe weg sind, sie auch bei uns allein im Besucher-Appartement im Stallgebäude wohnen müßte, unser neues Haus, in dem wir leben und arbeiten, ist so konstruiert, daß man niemand zusätzlich darin unterbringen kann, ohne die Arbeit unmöglich zu machen. Da ich nicht Auto fahre, mein Mann aber gesundheitlich selber schlecht dran ist schon den ganzen Winter, kann ich das Risiko nicht auf mich nehmen, daß Dagmar W., durch Reise, Klimawechsel, Nachwirkung der Aufregung, vielleicht krank wird und ich keinen Arzt in der Nähe habe. So denke ich, es ist das beste, wenn sie sich jetzt unter Krankenhausbedingungen erholt, um dann im Mai, in ihrer, wie sie schreibt, besten Jahreszeit, den Dresdenbesuch zu machen. Nächste Woche verhandle ich noch einmal mit dem Schriftstellerverband, ob wir nicht eine Zwischenlösung finden bis zum Herbst, wenn Dagmar nach Leipzig gehen soll.

Liebe Frau Lehmann, Sie sind, so will es mir scheinen, jedenfalls bekunden Sie es durch das, was Sie schreiben, eine der wenigen Frauen, die es schaffen, ihr Leben vom *Geistigen* her ins Gleichgewicht zu bringen – die meisten Frauen in ähnlicher Lage lassen sich in Depressionen, Passivität, *Verwilderung* (psychische) fallen – ich weiß, wie schwer es ist, *so* fertig zu werden mit dem Leben – und ich weiß, daß es nur möglich ist mit Hilfe der Poesie, die in Ihnen wirkt …

Ich überdenke noch einmal die Schilderung der Lebenslage von Dagmar Wolf. Es ist vielleicht, da Sie in letzter Zeit selber nicht gut mit der Gesundheit dran waren, eine zu große Belastung für *Sie* – noch dazu zwischen mehreren Reisen – Dagmar im Mai bei sich aufzunehmen. Lassen wir das deshalb noch dahingestellt, ich werde Sie informieren, wie die Dinge sich entwickeln, und werde mich, wie gesagt, über den Schriftsteller-Verband weiter für sie bemühen. Geht es ihr in der nächsten Zeit wirklich besser, so kann man den Plan neu bereden, da ich von Ihrem freundlichen Einverständnis weiß. Mit guten Wünschen für den Frühling!

19. März 1982

Liebe Dagmar Wolf, hier sende ich Ihnen die *Selbstermunterungen* und hoffe, daß Sie inzwischen ein wenig zur Ruhe gekommen sind und sich etwas erholt haben!

Ich habe heute Frau Bisky zu erreichen versucht, aber sie war auf einer Dienstreise und ist erst am Montag wieder in Berlin. Da werde ich noch einmal zu erfahren versuchen, wie man Ihnen helfen könnte.

Ihr Zerwürfnis mit der Mutter bedauere ich natürlich. Wenn ich Ihnen auch sagte, daß solche *Ablösungsprozesse* normal und notwendig seien, so sind Sie doch sicher in vieler Hinsicht auf Ihre Familie, und besonders auf Ihre Mutter, angewiesen und ihr tatsächlich zu Dank verpflichtet. Sicher wäscht sie für Sie, sorgt überhaupt für Sie, denn, so wie Sie mir Ihren Gesundheitszustand schilderten, können Sie wohl die notwendigen Arbeiten für sich selber nicht besorgen ... Und wie ist es mit Geld? Da Sie oft krank waren, nur Krankenunterstützung bekommen haben, brauchen Sie die Familie sicher auch in dieser Hinsicht. Dabei ist das sicher noch die kleinste Schwierigkeit, denn in Leipzig werden Sie Stipendium bekommen, und bis dahin kann ich Ihnen helfen. Ich könnte Ihnen gleich Geld schicken, wenn Sie mir schreiben, daß

Sie welches brauchen und ob ich es direkt oder auf Ihr Konto schicken soll: das werde ich übrigens tun, ohne Ihre Antwort abzuwarten, damit Sie doch ein wenig Sicherheit haben. Ins Krankenhaus eine größere Summe zu schicken, ist sicher nicht günstig, vielleicht kommt sie Ihnen dort abhanden, und wenn es Ihnen etwas besser geht, können Sie sich Geld holen, wenn Sie es brauchen, Sie wissen dann, daß Sie reisen, sich ein Zimmer nehmen können und so weiter. Trotzdem würde ich, an Ihrer Stelle, versuchen, mich mit der Mutter zu versöhnen, es wird zu sehr auf Ihnen lasten, mit ihr entzweit zu sein, Ihrem sehr schönen Gedicht auf die Mutter habe ich entnommen, wie sehr Sie an ihr hängen. Es ist ja, so scheint es mir, mehr die ganze häusliche Atmosphäre, der Mangel an Bewegungsfreiheit, an einem eigenen Raum zum Leben, Lesen, Schreiben, der Mangel an Respekt, den Sie gerade von Ihrem Bruder erfahren (für den Sie eben noch die kleine Schwester sind), als das Verhältnis zur Mutter, das Sie belastet.

Ich hoffe auch, daß Sie Bücher um sich haben, die Sie stützen, Ihnen aufhelfen, Sie *anheben*! Mir geht es mit Büchern so, ging es immer so mit ihnen: wenn es die richtigen waren, so fand ich mich *unangreifbar* vom äußeren Leben, unüberwindlich!

Mein Mann läßt Sie grüßen und ihnen ebenfalls Besserung Ihrer Gesundheit und Stimmung wünschen! Grüßen Sie auch Ihre Ärztin herzlich, seien Sie selbst gegrüßt mit festen Wünschen!

13. April 1982

Liebe Dagmar, mit Frau Bisky habe ich, wie verabredet, gesprochen, sie wollte Professor Schulz unterrichten, daß Sie nicht zu dem Gespräch nach Leipzig reisen können.

Als ich nach Schulzenhof zurückkam, fand ich Ihren Brief, Frau Doktor Dölle – so heißt Ihre Ärztin wohl, wenn ich mich richtig erinnere – hatte mir schon am Telefon gesagt, daß Sie nach Schulzenhof möchten. Aber das wird, jedenfalls vorläufig, nicht möglich sein. Mein Mann und ich fahren am 2. Mai wieder für vier Wochen nach Piešťany. Aber auch abgesehen von der Reise könnten wir es kaum verantworten, Sie hierher einzuladen. Sicher haben Sie keine Vorstellung davon, wie weit von der Stadt entfernt wir sind, also von Arzt und Krankenhaus, falls Sie plötzlich Hilfe brauchen, und wie oft unser Telefon gestört ist, so daß man nicht mal jemanden herrufen könnte. Und ich weiß doch, daß Ihr Zustand sich oft von einem Augenblick zum anderen verändert, gerade unter neuen Verhältnissen. Sie haben es mir geschrieben von Schwerin und von Ihrem Besuch bei Scherners. Ich fahre leider nicht Auto, so daß ich Sie nicht zum Arzt bringen könnte, und meinen Mann kann ich mit nichts mehr zusätzlich belasten, er wird dieses Jahr siebzig, ist nicht gesund und hat immer über seine Kräfte gearbeitet. Ich muß alles vermeiden helfen, was ihn zusätzlich belastet. Das sind sogar die Besuche unserer Kinder und Enkel, Bekannten und Freunde. Früher hatten wir oft und viele Gäste, jetzt haben wir das so gut wie aufgegeben, nur wer ganz auf sich gestellt hier lebt und arbeitet, kann noch kommen. Daß Sie, liebe Dagmar, anspruchslos und still sind, glaube ich, aber ich weiß, daß Ihre Krankheit bestimmte Bedingungen braucht und schafft. Ich denke, Frau Dr. Dölle wird sich dafür verwenden, daß Sie früher nach Tabarz übersiedeln können, ich hatte sie so verstanden, daß sie für den Anschluß an den Aufenthalt im Gothaer Krankenhaus sorgen würde, schon weil sie der Meinung war, daß Sie noch Klinik-Betreuung brauchten. Und so, wie Sie Ihren Zustand, die Diagnose und die neue

Therapie schildern, kann ich mir auch nicht denken, daß man zur ambulanten Behandlung übergehen wird.

Sie müssen auf jeden Fall ein Zuhause haben, in das Sie gehören. Wenn es bei Ihren Eltern nicht sein kann, muß man eine Wohnung für Sie finden. Mir gefällt aber nicht, daß keine Beziehung zu Ihrer Mutter, zu Ihren Angehörigen mehr möglich sein soll, daß die Ärzte keinen *Ausgleich* herstellen können! *Fixieren* Sie sich nicht auf mich! Ich bin keine *Idealgestalt*, sondern ein mit einer großen Familie und mit den Beziehungen zu vielen, vielen Lesern *belasteter* Mensch, der immer darum zu *kämpfen* hat, daß er seine *Identität* wiederfindet. Seit zwei Tagen wasche ich Riesenberge Wäsche, die mir vor allem mein Sohn, der Förster Matti, angebracht hat: wenn Sie mein Programm kennen würden, liebe Dagmar! Zwischendrein arbeite ich an was *Literarischem*, schreibe ein paar Briefe, Bruchteile von dem, was ich machen müßte, aber ich schaff es einfach nicht, alles zu schaffen …

Sie müssen jetzt, unterstützt von der neuen Therapie (so hoffe ich wenigstens) versuchen, sich wieder auf das Schreiben zu konzentrieren. Ihr schönes *Beethoven-Gedicht* spricht dafür, daß es geht, daß Sie es schaffen werden. Von der Dresdener Leserin, bei der ich angefragt hatte, ob sie Sie aufnehmen würde, habe ich eine Zusage bekommen, es hängt also nur von Ihrer Gesundheit ab, ob Sie im Mai nach Dresden reisen oder nicht. Ich wünsche Ihnen Mut!

14. April 1982

Lieber Hubertus, Dank für Karten-Brief und Interview mit dem neuen Direktor, der Ihnen also nicht *widersteht*! Nein, *diesen* hatte ich nicht gemeint, es gab bei Ihnen Skizzen vom *Philosophie-(ML)*-Dozenten, der tauchte immer wieder auf, von *ihm* haben Sie erzählt.

Daß Sie bald ein *Sekretariat* bräuchten, ist erschrekkend, es zeigt, daß die Hektik wächst, wohin sind die *Neustädter Tage …*

Sie haben gerade das April-Ende in Ihrem Kalender als frei herausgefunden, aber wir sind dann ganz kurz vor unserer Piešťany-Reise, es wäre also keine gute Zeit für Gespräche und friedliches Zusammensitzen. Vielleicht finden Sie doch zum Sommer hin ein paar Tage? Wenn man auch wieder schwimmen kann, was Ihnen beim letzten Mal so gefallen hat?

Sicher ist es bei Ihnen in Dresden jetzt schön, ich fand die Stadt im Frühling so besonders heiter – aber Sie sehen vielleicht kaum etwas davon, weil Sie immer im *Amt* sind, schade, daß wir alle für *uns* keine Zeit zu nehmen getrauen, immer nur für die *Pflicht*. Wäre es nicht so, würde auch ich in jedem Frühling nach Dresden reisen … Ich freue mich aber auf Piešťany, seine wunderbaren Bäume vor allem, die Platanen, Kastanien und Weiden und Pappeln! Und die blaue Linie der Berge, die, immer veränderlich, beständig die Horizonte erhöht und umschließt.

Wir hatten diesen Winter viel Betrübnis. Rolf Krause starb, der uns bei unserem Dresden-Besuch 1980 noch chauffierte und die Lesung im Klub arrangierte, Surab Kakabadse, der Bruder unseres Germanisten-Freundes Nodar Kakabadse aus Tbilissi ist an Leukämie gestorben, jung noch, in ein paar Monaten geschah es, und nun ist er nur noch in einem Film zu sehen, den wir 1980 in Georgien gedreht haben … Surab war Philosoph von Profession, er hatte über Jaspers und Heidegger habilitiert … Dann Konrad Wolf. Gestern wurde Paul Wiens begraben, und unser Freund Kynaß, der uns im September 80 nach Dresden fuhr, ist zum sechsten Mal zur Strahlentherapie in der Charité. Und so viele Leser schreiben mir, die tödlich krank sind. Schwer, sich gegen den Druck zu wehren, der da entsteht. Sich immer dem *Augenblick* anzuvertrauen, wirklich zu *leben* an *diesem* Tag, scheint mir die einzige Antwort zu sein auf all die traurigen Tode ... Und natürlich *da* zu sein für die Freunde, so lange und so weit es möglich ist ... Ihnen und Marlies und Caspar schöne Frühlingstage, ein wenig Zeit zum Aufschauen vor allem!

14. April 1982

Liebe Frau Leutert, Dank für Brief, Buch und Gedicht!

Ich freue mich, daß Sie sich wieder meldeten, habe oft an Sie gedacht und gefürchtet, Ihr Ungemach mit dem Hören und andere Kümmernisse könnten Sie so betrübt haben, daß Sie nicht schreiben wollten ... Nun war es ja wirklich so, wie sich zeigt, aber aus dem Gedicht und aus dem Brief sehe ich doch, daß Sie es immer wieder überwinden, zu überwinden suchen mit Tapferkeit und Aktivität ... Das Gedicht ist schön und genau. Was die Reaktion in der *Literatur-Werkstatt* betrifft, so ist sie natürlich unsinnig. Wieso sollte das Gedicht *gegen* die Schreiberin *einnehmen*? Wieso ist die Haltung nicht *positiv*? Ich habe glücklicherweise nie meine Gedichte in so einem Kreis *zur Diskussion gestellt*, die meisten wären sicher *verworfen* worden oder würden auch heute *verworfen* werden. Ich hatte schon jahrelang mit dem Gerede der Verleger genug, die sagten: „Warum schreibst du so traurige Gedichte? Kannst du nicht andere *Themen* bearbeiten?" Schließlich habe ich mich doch *durchgesetzt*, mit Unterstützung der Leser mehr und mehr. So meine ich auch, Sie sollten sich nicht kümmern um dieses *Urteil*, sondern wirklich versuchen, das Gedicht zu veröffentlichen, aber ohne den Zusatz *(53)*, der ist *journalistisch*, Ihr Gedicht braucht weiter keine Erklärung. Übrigens kann ich mir vorstellen, wie es Ihnen geht. Ich habe gerade wieder, nach einer Grippe, mit *Hörminderung* zu tun: als ob ich unter Wasser wäre, so ein Rauschen. Das hatte ich schon öfter, war auch beim Arzt, bei den Tests hörte ich ausgezeichnet, aber das Gefühl von *Schwer-Hören* war doch da und ist auch jetzt da. Auf eine ähnliche Weise wie Sie habe ich Ängste auszudrücken versucht in dem Gedicht *Ich will mich versuchen im Sehen des Blinden* .... Wenn ich eine Kopie finde, schicke ich es Ihnen mit.

Dank für das *Steingartenbuch*, zu dem Sie so viele schöne Fotos beigesteuert haben! Ich besaß es noch nicht, und ich werde mich, auch wenn ich keine Gärtnerin bin, dran erfreuen, an den Bildern und an den Namen der Pflanzen. Bei uns gibt es ja auch Gärtlein, aber alles unsystematisch.

Hoffentlich haben Sie dieses Jahr eine bessere Zeit als im vorigen! Man kann und will sich nicht damit abfinden, daß von einem bestimmten Alter an Krankheiten *herrschen* und man immer ihren *Zufällen* ausgesetzt ist und seine Kräfte zur Abwehr von Kummer und Ängsten braucht.

15. April 1982

Liebe Ulrike, Ostersonnabend wurde Ihr Kuchen angeschnitten: Söhne und Gäste waren da, alle lobten den Kuchen und lassen Sie grüßen! Nun weiß ich also, wie Sie leben, was Sie tun, Dank für den Bericht! Der gefleckte Hund von *damals* lebt nicht mehr, er hieß Assan. Vor zwei Jahren um diese Zeit mußten wir ihn erschießen lassen, weil er von einem Fuchs angegriffen worden war, Tollwutgefahr, das war für uns furchtbar, er liegt am Waldrand hinter unserem Grundstück begraben. Seit anderthalb Jahren haben wir wieder einen Dalmatiner, Äsop, der Assan ganz ähnlich ist. Die Hühner sind nicht mehr da, denn die *herrliche Symbiose* zwischen Hühnern und Blumen sah so aus, daß die vier Zwerghühner alle Blumen zerrauft und zernichtet haben. Früh um vier waren sie schon damit beschäftigt, die Krokusse auszureißen! Es ist sehr schade um die Hühner, das heißt, daß wir sie nicht mehr sehen und hören in unserem Garten, wir haben sie an den Lehrer in Dollgow verschenkt, der einen ganzen Hühnerhof hat, aber wir mußten uns für eines entscheiden, Hühner oder Blumen. Im Zwinger wollten wir sie nicht halten. Jetzt haben wir noch Tauben, Pferde, Kaninchen und einen Siamkater. Und nach wie vor ist es schön in Schulzenhof. – Aber in Dresden ist es auch schön! Das ist eine Stadt, die ich liebe.

16. April 1982

Natürlich kann es *so* sein oder *so*: mal ist ein Gedicht gleich *da*, mal braucht es längere Zeit der Ablagerung und des *Feinschliffs*, so bei mir, bei anderen Dichtern anders, von Bobrowski heißt es, er habe nie geändert, sondern lieber neu geschrieben, was aber wohl auch nicht ganz stimmt, es gibt Gedichte in Varianten von ihm.

Übel ist, wenn man sich einer *Instanz* anvertraut, und sei es ein Zirkel *Gutmeinender*. Ich denke, man kann immer nur selber wissen, was man sagen will, und nur man selber kann spüren, ob etwas schön ist und den Sinn hat, den es haben soll (und kann).

Genauso mit dem Einfachen und dem Komplizierten oder *Originellen*. *Gesucht* darf es nicht wirken, *angestrengt* nicht, *kunstgewerblich* nicht. Nicht zu *perfekt*, es muß auch *Brüche* geben, *gegen den Strich* Gemachtes.

Die Entscheidung, die Sie zu treffen haben, ist, ob *Sie* schreiben oder *andere*. Ohne Eigensinn gehts nicht. Natürlich im ständigen geistigen Zusammenhang mit der Weltpoesie. Sie glauben nicht, wie mich solche Fragen *anöden* – als ob es in der Poesie *darum* ginge! Es geht nur um *Selbstverdichtung*, um die Übertragung der Existenz in Sprache, in Klang. Da gibts gar keine *Regeln*, schon gar nicht dafür, ob etwas schnell oder langsam geschrieben, gleich fertig oder korrigiert sein soll! So ein *Blödsinn*! Rilke hat die *Duineser Elegien* wie unter *Diktat* geschrieben, mit jahrelangen schrecklichen *Ödnissen* zwischendrein, wo *es* sich überhaupt nicht schrieb. So *Pessoa* mit seinen größten Gedichten, so *Puschkin*, so *Goethe* – anderes wieder wurde *gearbeitet*. Über *Einfachheit* hat Pasternak das Schönste geschrieben: daß man am Ende wie *in Ketzerei* in Einfachheit verfällt ... Mit dem *Humor* ist es genauso. Wer ihn hat, soll *Humoristisches* schreiben, wer nicht, solls lassen, nicht sich zu zwingen versuchen. Natürlich kann man reimlose Gedichte mit ein paar gereimten Zeilen versehen. Das ergibt sich manchmal von selbst und schön. Bei dem *Wieck* finde *ich* es nicht gut, das ganze ist ein wenig *platt* (*so stark wie die Bohlen* ...).

Liebe Frau Bölsche: ich habe nie einen Menschen um Rat gefragt, was das *Dichten* betrifft, mich nie nach jemandes Urteil gerichtet. Meine Ratgeber sind die Dichter der Welt, durch die Jahrtausende. Sie sind mir immer gegenwärtig, ich befrage ihre Gedichte ständig. Das möchte ich auch Ihnen raten. Lassen Sie es mit diesem meinem Schreiben genug sein, ich habe mit *meinen* Schwierigkeiten zu tun, muß auch immer wieder den Kristallisationspunkt für Lebenserfahrung suchen, an den Sprache *anschließen* kann und zum Klang werden.

27. Juni 1982

Liebe Lolf, es wundert (amüsiert) mich, wie ich mich in jedermanns (und auch in Ihre) *Schuldnerin* verwandelt habe: durch meine Gedichte, durch etwas, was ich zu *geben* glaubte ... In *Zwiegespräch* stehen zwei *Gedichte des Unmuts*, es waren ursprünglich drei, aber auf das Gequengel des Lektors hin habe ich seinerzeit das eine weggenommen. Nun, in meinen neuen Band *Heliotrop*, der nächstes Jahr erscheinen wird, aus dem ich Karfreitag, in meiner traditionellen Osterlesung bei Radio DDR, eine Stunde vorgelesen habe, werde ich das erste *Unmutsgedicht* aufnehmen. Es geht:

Die Menschen machen mir Überdruß.
Es genügt Ihnen nicht, was ich gebe.
Sie wollen von mir und meinen, ich muß.
Wie wenn ich von Schulden lebe,
Die einer in meinem Namen machte
Oder hat sie mir überschrieben.
Worte, die ich in Umlauf brachte,
Werden wie Wechsel vertrieben.
Man verlangt von mir *Realisation*.
Aber was soll ich *noch* geben?
Das was ich hatte, gab ich schon:
Die Worte waren das *Leben*.

So sah mein Leben in den letzten acht Wochen aus: nach der Hochdruckarbeit der Kurvorbereitung, Manuskriptzusammenstellung der *Wahren Geschichten* und meines Reclambandes für 83 und der Annotation für die Frankfurter Buchmesse und dem Nachwort für die *Wahren Geschichten*: während der Kur habe ich hundert Seiten des Filminterviews zum Druck bearbeitet, das ich in meinen Essayband *Poesie* aufnehmen will, der ebenfalls nächstes Jahr erscheint. Nach Rückkehr von P., vor morgen vier Wochen, sofort Fahnenkorrektur der *Wahren Geschichten*, Weiterarbeit am *Interview*, Umdiktat, Arbeit an den Titeln der Gedichte und Zusammenstellung des Bandes. Fünf Fahrten nach Berlin, zur Abschreiberin, zu Sitzungen, zum Verlag, zu Arbeiten in der Wohnung, in die die Maler einfallen sollen, zum ZK. Zwei Fahrten nach Demen bei Schwerin, wo Matti, der am 13. Juni vierundzwanzig wurde, bei der Armee steckt, schwerkrank, aber als *Simulant* behandelt. Jetzt, in Neustadt-Glewe, bekennt man sich endlich zu dem bei der *Musterung* vorliegenden, Herz-Befund: schwere Arhythmie, Bluthochdruck, Herzvergrößerung.

24.–26. Reise nach Berlin und Rudolstadt, fünfeinhalb Stunden Berlin–Rudolstadt im überfüllten Stralsunder Zug ohne Sitzplatz, um am 25. abends an der Premiere von *Kabale und Liebe* teilzunehmen, in der Sohn Erwin, der an dem Tag neunundzwanzig wurde, den Ferdinand spielt, und um ihn *einmal, zum ersten Mal*, auf der Bühne zu sehen. Am 26. früh fünf Uhr nach Berlin zurück, am 26. mittags nach Schulzenhof, heute, 27. nach diesem Brief, Fahnenkorrektur für die NDL, die im August einen Teil von Strittmatters *Laden* druckt, zur größeren Sicherheit lesen wir immer beide. Morgen, 28. nach Berlin, 29. früh nach Halberstadt, per Zug, zu einer Lesung im *Gleimhaus*, dort hatte ich vor drei Jahren absagen müssen wegen der Nierenoperation, die Strittmatter damals hatte. Am 30. früh zurück nach Berlin und Schulzenhof, von Berlin (so ist es geplant) mit unserer Lektorin, die ihren Urlaubsplatz in Born durch die *Vieh-Seuche* verloren hat und zu uns kommt – ab 2. bis 4. drei Maurer, die Reparaturarbeiten machen, am 7. bis 12. nach Weimar zu Vorlesungen beim Germanistenkurs, ab 15. Juli Urlaub von Herrn und Frau Franke, Weiterarbeit am Essayband, Vorbereitung des Geburtstags …

Schade, daß die *Selbstermunterungen* Ihnen mißfallen: Es ist das Buch von Strittmatter, dem die spontanste und überwältigendste Zustimmung der Leser zufiel. Hunderte haben in Briefen, in Versammlungen, durch Abschreiben und Aushängen von Zitaten für das Buch *votiert*. Natürlich hätte er es niemals veröffentlicht, wenn er sich – durch die *Zwischenzeit* – davon distanziert hätte. Damals, 1966/1967, wäre der Druck nicht möglich gewesen, selbst Auszüge waren vom Verlag und von *Sinn und Form* abgelehnt worden. Russisch erscheinen sie zu seinem Geburtstag bei *Inostrannaja Literatura*.

Nein, er *kokettiert* nicht mit seinem Alter. Er ist müde, krank, von tagtäglicher Schwerarbeit erschöpft. Er hat seinen *Laden*, achthundert Seiten, beendet, die letzte Korrektur schließt er noch vor dem Geburtstag ab, das Manuskript wird zu dem Tag fertig sein, er wird ein neues Buch, das ihm besonders wichtig ist, sofort beginnen. Das wird eingefügt zwischen die beiden Teile des annähernd autobiographischen Buches *Der Laden/Die Kleinstadt*.

Vielleicht wird man in absehbarer Zeit auch *bei uns* begreifen, welchen Rang er als Schriftsteller hat. In der *BRD* macht man spezielle Ausgaben zu seinem Geburtstag, in deren Ankündigung – nicht bei *seinem Verlag Fischer*, sondern bei *Luchterhand*, der sich erbeten hat, zu seinem Geburtstag einen Erzählband zusammenstellen zu dürfen – man nicht ansteht, ihn einen *Klassiker* und den *großen Außenseiter der deutschen Literatur* zu nennen. In wichtigen Rezensionen kann man lesen, *daß den drei Bänden des Wundertäters in Ost und West kein episches Werk an die Seite zu stellen ist* … Strittmatters Bücher sind nun in siebenunddreißig Sprachen übersetzt und allein in der *DDR* in über drei Millionen Auflage erschienen.

Am Geburtstag meines Mannes ist es zwei Jahre her, daß ich einen wunderbaren Brief von meinem schwedischen Freund Lars Gustafsson zu *Zwiegespräch* bekam, ich habe noch nicht mal gedankt, obwohl mir dieser Brief eine solche Freude machte durch seine kluge *Analyse* und Bestätigung … So sind Briefe aus Amerika und der Türkei, aus Holland und Norwegen, aus Ungarn und Österreich und der Bundesrepublik und der Sowjetunion unbeantwortet, ich habe alle Freunde vernachlässigt, immer erst die Briefe meiner Leser zu beantworten versucht, weil mir ihr Vertrauen so wichtig ist. Ich schaffe es aber nicht mehr, sonst könnte ich keine Zeile Gedicht oder Prosa zustandebringen.

Nun, das ist mein *Problem*. Ich werde eine *Kunst-Lösung* finden müssen.

Ihre *blaue Karte* lag bei drei, vier Briefen obenauf, die ich an diesem Wochenende beantworten wollte. Der einer kranken jungen Dichterin aus Gotha ist dabei, die sich an mich *klammert*, mich dauernd anruft, und die ich gerade in Dresden untergebracht habe bei einer anderen *unbekannten* Leserin, die mir seit Jahren schreibt ...

Behrsings chinesischer Text ist uns natürlich nicht neu, die *Selbstermunterungen* speziell und viele meiner Gedichte sind eine *Paraphrase* dieses Gedankens, im Filminterview habe ich ausführlich darüber gesprochen. Schöne Sommertage mit der Familie, ich hoffe mir auch ein paar für mich zu gewinnen, vielleicht gebietet mein Herz eine Pause, es ist plötzlich zu merken.

28. Juni 1982

Liebe Dagmar Wolf, unser letztes Telefongespräch wurde unterbrochen, einen Tag danach kam ein Brief von Ihnen aus der Klinik, auf den Sie sich wohl im Gespräch schon bezogen (*Kleine Elegie*).

Ich bin dauernd unterwegs gewesen und mit Manuskript und Korrekturarbeiten zwischendrein beschäftigt, so daß ich auch die Bücher nicht abschicken konnte. Ich dachte doch, Sie hätten sie schon? Oder hatten Sie sie nur nicht mit ins Krankenhaus nehmen können? Ich habe das nicht verstanden. Wenn ich weiß, wo Sie sind, werde ich versuchen, die Sachen zu schicken.

Gleich fahre ich nach Berlin und Halberstadt, vor zwei

Tagen bin ich aus Rudolstadt gekommen, wo ich war, um unseren Sohn als Ferdinand in *Kabale und Liebe* zu sehen. Ein anderer Sohn ist, krank, bei der Armee hinter Schwerin, da war ich auch zweimal ... Ich wünsche Ihnen leidliche Tage und gute Gedanken!

28. Juni 1982

Liebe Ursula Martin, daß Sie mit dem Verlag nicht *einig* sind, wußte ich nicht, ich dachte, ein Buch von Ihnen wäre *in Vorbereitung*. – Ihr Manuskript will ich *nicht* lesen, es hätte keinen Sinn, Sie schrieben mir vor etwa zwei Jahren, daß *unsere künstlerischen Wege auseinandergegangen wären*. Also muß ich doch einen anderen *Standpunkt* haben. Ich hatte gehört, daß Sie jahrelang mit Wolfgang Trampe gearbeitet haben, und ich denke, Sie sollten weiter auf *seinen Rat* hören.

Es wird sich schon wieder *lichten*.

26. Juli 1982

Lieber Hubertus, Dank für den ausführlichen Brief, für Fotos und Kataloge! Die Ausstellung in Leipzig wird sich hoffentlich gut angelassen haben! Ich beeile mich, ein paar Zeilen zu schreiben, ehe Sie auf den Zeltplatz fahren. Wir haben gearbeitet gearbeitet gearbeitet, wie Sie haben wir alles andere beiseitegedrängt. Mein Mann hat den *Laden* beendet, letzte Korrektur, Frau Zeltner schreibt die letzten hundertfünfzig Seiten ab, zum Geburtstag wird das Manuskript wohl in den Verlag gehen. Heute ist dorthin mein Gedichtband *Heliotrop* unterwegs, Professor Schildt (Mann von Frau Dr. Schildt, die Sie wohl bei Frau Dr. Diener ebenso wie ihn kennengelernt haben) gibt es im *Vorbeifahren* ab. Ja, hatten wir nicht zusammen bei *Dr. Hildchen* einen *Grillabend*, an dem Professor Schildt über *Rechtschreibreform* sprach und bei dem auch der

Großinquisitor Dr. S. auftauchte? Für Oktober habe ich dem Verlag meinen Essayband *Poesie* versprochen, an dem noch einiges zu tun ist. Pünktlich zum Geburtstag sollen meines Mannes *Wahre Geschichten aller Ard(t)* erscheinen, der *Katalog* ist schon heraus, wir finden ihn erfreulich, nach unseren Vorstellungen gemacht, ohne den siebzigsten Geburtstag zu erwähnen, ohne ein *rühmendes* Kollegen- oder Wissenschaftlerwort. Ob man Ihnen Belege geschickt hat? *Ihre* Sachen kommen so sehr gut darin! Nun arbeitet mein Mann schon für ein neues Buch, liest nebenbei Korrektur (Schreibfehler von Frau Z., die auch manchmal eine Zeile zu schreiben vergißt) im letzten Manuskript, die ersten fünf Mappen zu je hundert Seiten liegen schon hier mit Kopien. Frankes haben Urlaub (den letzten, sie gehen beide in Rente, und wir wissen absolut nicht, was danach werden soll), Jakob und mein Mann besorgen die Pferde. Matti ist bei der Armee seit Mai, aber krank, vor zehn Tagen von einer Ärztekommission ausgemustert, für untauglich erklärt wegen *Herzrhythmusstörungen*, Bluthochdruck, wegen Bein- und Wirbelsäulenschaden. Aber man sagte ihm: ob Sie *entlassen* werden, ist *Kommandeursbeschluß*, wenn er Sie *behalten* will, obwohl Sie untauglich sind vom medizinischen Standpunkt, ist es *seine* Sache ... Nun wissen wir nicht mal, wo er steckt, Hermann Kant hat gestern eine *Suchaktion* eingeleitet. Mein Mann ist höchst beunruhigt und empört. Matti ist wirklich *ernsthaft* krank, alle Ergebnisse, die jetzt zum Ärztebeschluß führten, lagen schon *bei der Musterung* vor, trotzdem hat man ihn genommen und als *Simulanten* behandelt. Mit der *Herzgeschichte* hat er schon lange zu tun, nun hat sie sich, durch eine *schwere Angina*, die er bei der Armee bekam, verstärkt ...

Wir haben, in dieser und in anderer Hinsicht, schlimme

Zeiten hinter uns. Aber auch Glück gehabt: auf der Rückfahrt von Weimar, am 12. Juli, ist uns auf der Hamburger Autobahn, bei Werder, mittags um eins, bei größter Hitze, der rechte Hinterreifen am Auto *zerplatzt*. Mein Mann fuhr – ganz gegen seine Gewohnheit (um sich munter zu halten) – sehr schnell, an hundert Stundenkilometer. Der Wagen schleuderte sich, auf einer Strecke von fünfzig Metern, um seine Achse, mein Mann konnte ihn von der fünf Meter hohen Böschung wegbringen und beim Kreiseln auf der Straße stoppen, wir kamen, in Gegenrichtung, auf dem Mittelstreifen zum Stehen. Es war *die* halbe Minute, in der kein Auto hinter uns war ... Merkwürdiges Erlebnis, es war das, was man nur aus dem *Fernsehen* kennt, und ich hatte, weder bei der Sache selbst noch hinterher, auch nur einen beschleunigten Puls. Nur so ein *gläsernes* Gefühl im Gehirn, den einen Gedanken: jetzt ist *es* passiert, jetzt ist es *aus* ... Jakob hat dann den Reifen montiert, wir sind, ziemlich langsam, nach Hause gefahren, mit dem triumphalen Gefühl zu *leben*. Hier in Schulzenhof stürzten natürlich wieder die verschiedensten Dinge über uns herein ... Nun steht, als riesige *Hürde*, der Geburtstag vor uns. Mein Mann hat deswegen *Depressionen*. Er fürchtet den Tag.

Wir würden uns freuen, Sie und Marlies hier zu haben, aber haben Sie Verständnis, wenn ich Sie bitte, dieses Mal ohne Caspar zu kommen, in Dresden jemanden zu seiner Betreuung zu finden. Auch Ilja bitte ich, Anne und Stefan zu Hause zu lassen, auch unsere anderen Freunde, bei denen kleinere Kinder da sind, die natürlich mitmöchten. Es wird einfach zu viel, zu anstrengend, zu aufregend für meinen Mann. Er zieht sich sowieso immer zurück, wenn Ilja – alle paar Monate – mit den Kindern für Stunden kommt. Sie sind zu *lebhaft*, das letzte Mal, im März, ist der dreijährige Stefan, mitsamt der schweren hölzernen

Aufsteckwand, vom Pferdewagen gestürzt, nachdem er die mächtigen Eisenriegel der Seitenklappe gelöst hatte (was kompliziert ist und für ihn eigentlich unmöglich hätte sein müssen). Er hätte tot oder schwer verletzt sein können … Bei uns auf dem Grundstück sind die *Verführungen* zu groß … Allein die Pferde … Es wird sicher ein *großer Betrieb*, hoffentlich auch ein großes *Fest*, bei dem wir unseren Spaß haben, und es wäre schön, wenn Sie dabeisein könnten!

26. Juli 1982

Lieber Burkhard Meier, gerade habe ich meinen neuen Gedichtband *Heliotrop* in den Verlag gegeben. Von einem Teil der Gedichte gibt es Kopien, ich schicke sie Ihnen. Vielleicht finden Sie *da* was, das Sie zum Vertonen anregt.

26. Juli 1982

Lieber Axel Gebhard, einverstanden – und: viel Erfolg für Ihr *Programm!*

27. Juli 1982

Liebe Frau Wolff, Dank für Ihren Brief! Und Dank noch für die zwei Spargelpakete, die dem ersten folgten! Alles kam gut an und war hervorragend! Ihre Ärztin aus der Nervenklinik hat mir inzwischen auch geschrieben und mich zu einer Lesung eingeladen, sie schrieb mir, daß sie meine Adresse von Ihnen bekommen hat.

Ich weiß nicht, wie sich die Beziehungen zu dieser Ärztin entwickelt haben? Zuerst fühlten Sie sich dort wohl schlecht und *freiheitsberaubt*, aber vielleicht haben Sie später zu der Frau Vertrauen gefaßt?

Ich kann Ihnen von fern nur schwer raten, was Ihre ganze Situation betrifft, weiß auch nicht, wie ich von hier aus eingreifen könnte. An den Bürgermeister schreiben? Ich denke, das Gesetz mit seinem Buchstaben müßte auf Ihrer Seite sein. Haben Sie sich da gründlich informiert? Ich glaube nicht, daß man Sie *zwingen* kann, Umbauten in Ihrem Haus vorzunehmen. Eine andere Sache ist, wie Sie mit den Leuten Ihrer Umgebung ohne Kompromisse zurechtkommen können. Auch wir müssen uns ständig den sich kraß verändernden Umständen anpassen. Bei unserem Nachbarn ist ein Sohn herangewachsen, der in die zehnte Klasse kommt. Er bewohnt ein Zimmer, dessen Fenster auf unseren Hof geht, und läßt Tag und Nacht in ungeheuerlicher Lautstärke die wüsteste, schändlichste Musik über den Hof, das Haus, das Tal dröhnen ... Wir machen keinen Versuch, einen *Krieg* deswegen zu beginnen. Wir wissen, daß wir ihn *juristisch*, aber *faktisch* niemals gewinnen könnten. Es gibt eben *verschiedene* Lebensauffassungen, und wenn sie zusammenstoßen, gewinnt immer der *robustere* Teil!

Freunde von uns, denen das Nachbarhaus an einen bis 1961 in Westberlin arbeitenden Autoschlosser verkauft wurde, der dann eine Gewerbegenehmigung bekam und auf dem Nachbargrundstück eine Werkstatt einrichtete, haben nach solchem *Krieg* ihr Haus am Rand von Berlin verkaufen müssen und sind nach Mecklenburg gezogen. Der *Gesetzgeber* hat ihnen mehrmals ihr *Recht* bescheinigt, aber die Nachbarn haben ihnen das Leben zur Hölle gemacht, nachdem sie sich einmal herausgefordert fühlten ... So denke ich es mir auch bei Ihnen. Ich glaube, daß Sie im Recht sind. Es müßte wohl Ihnen überlassen bleiben, was Sie mit Ihrem Haus machen ...

Die Freunde, von denen ich schrieb, haben übrigens das gleiche erlebt wie Sie mit dem Mietzins: Sie hatten das Haus verkauft, der Kauf war notariell bestätigt (sie hatten in dieses dreihundert Jahre alte Haus Unsummen hineingebaut), und dann hat der neue Besitzer geklagt gegen sie, und sie mußten die Hälfte des Geldes zurückzahlen ... Also: es ist alles schon *dagewesen*, und man kann sich, nach unserer Erfahrung, nur helfen, wenn man die Dinge gelassener nimmt, sich nicht *versteift*, wenn man sich sagt, es gibt anderes, was wichtiger ist, zum Beispiel die Gesundheit, daß man einigermaßen beschwerdefrei lebt ... Jeder macht die Erfahrung: wenn es ihm schlecht geht, kommt er zu der Erkenntnis, alles andere ist belanglos, wenn ich nur gesund bin, meinen Tag leben kann, mich freun kann am Licht ... So möchte ich Ihnen raten, liebe Frau Wolff, das Gespräch und den *Kompromiß* zu suchen. Vielleicht können Ihnen die jungen Leute sogar *behilflich* werden, wenn Sie sie im Haus behalten?!

23. August 1982

Liebe Dagmar, Dank für den Brief und die schönen Gedichte!

Wir haben turbulente Zeit hinter uns – mein Mann wurde vor einer Woche siebzig – ich stecke sehr in der Arbeit, will Ihnen aber mit Frühpost ein paar Zeilen und ein Buch schicken, das ich liebe.

Schlimm sind Sie dran, und ich hoffe nur, daß die Behandlungen Ihnen helfen! Und daß Sie zwischendrein Stunden des Glücks haben, in denen Ihnen Gedichte gelingen! Schreiben Sie mir, wenn Sie können, ich antworte bald ausführlicher.

5. November 1982

Lieber Reso! Bei *klassischer* Sonne sitze ich (wie ungewohnt im November), um endlich zu schreiben an Dich, an Euch, an andre.

Vorgestern haben wir Jakob in Berlin der Armee – ich finde kein Verb für den Vorgang. 6 Uhr 30 brachte ich ihn zur U-Bahn. Er ist bei Schwerin inzwischen, wir warten auf erste Post.

Inzwischen war Erwins Geburtstag, ein großes Fest, zweihundert Leute mindestens, im *Pony-Offenstall* beim neuen Haus war der Haupt-*Saal*, dann bauten wir ringsherum immer mehr Tische auf. Merkwürdigerweise hatte ich mir eingebildet, *Ihr* würdet kommen, irgendwas mit *Jena* würde sich finden lassen, daß Ihr dabei wäret – Erwin hat sich betrübt, daß Ihr ihm keine Zeile geschrieben habt, nur telegrafiert – sehr viele Menschen beider *Hemisphären* haben ihm sehr schöne Briefe geschrieben, natürlich viele, an die man nicht *hindachte*. Allen hat er zum Dank sein neues Buch geschickt, das zum Geburtstag fertig geworden war, aber bisher noch nicht im Handel ist. Eine neue Art *objektiver Schwierigkeiten* sucht uns heim: *Verlagerung des Buchtransportes auf die Bahn*. Monate liegen zwischen Fertigung des Buches und Verkauf … Nun habe ich für Nodar und Dich Bücher von ihm gebeten. Er hatte gerade eine Abschrift Deines schönen Textes zu meinen Gedichten gelesen, so erklärt sich die Widmung an Dich.

An seinem Geburtstag hat er dem Verlag das Manuskript des *Laden* übergeben, von dem alle, die ihn ganz oder in Teilen kennen, begeistert sind. 83 wird er bei *Aufbau-Verlag* und wahrscheinlich auch bei *Luchterhand* erscheinen, *Luchterhand* hat ein schönes Buch Geschichten zu Erwins Geburtstag gemacht: *Als ich noch ein Pferderäuber war*. Eigentlich ist *Fischer* sein Verlag, aber *Luchterhand* bemüht sich um ihn.

Unser Film *schmort* beim Fernsehen, seit Mai liegt er beim Intendanten, der ihn noch nicht angesehen hat, *heißt es*. Im Sommer sagte man mir, man würde ihn wohl im Herbst senden, „weil die Leute da mehr Zeit haben“, im Herbst, „man wird ihn wohl im Winter senden, weil so viel Schnee drin vorkommt …" Ernst Cantzler hatte ihn für das *Dokumentarfilm-Festival in Neubrandenburg*, das im Oktober war, gemeldet. Die Auswahlkommission hatte ihn mit *Begeisterung* (heißt es) angenommen, hervorragend *plaziert*, aber er mußte wieder raus aus dem Programm, weil er keine *Freigabe* hat vom *Fernsehen* … Zwei Jahre ist es her, daß wir bei Euch waren … Imma Besson hat mir ein wenig von ihrem Georgien-Besuch erzählt. Ich denke oft mit Sehnsucht und Wehmut *hinüber* – bei der Bearbeitung meiner *Film-Interview-Texte* wart Ihr mir gegenwärtig, und ich wünschte, ich wüßte, wann ich wieder zu Euch reisen kann … Ich schicke Dir hier eine Kopie des nun bearbeiteten *Kamera-Interviews*, das ich Dir so lange schon versprochen hatte.

Deine Briefe und Karten klangen nicht heiter. Auch wir haben Kümmernisse getragen und zu tragen: Krankheit und Tod – aber wir müssen *durch*, müssen versuchen, etwas zu machen, was *drüber* bleibt. Und ich denke, daß auch Du daran und darin bist, lieber Reso, daß Ihr alle es seid … *Kleinmütig* sind auch wir oft, abgehetzt, lebensunlustig, aber glücklicherweise richten wir uns in der Arbeit immer wieder auf.

Ich hoffe, Du wirst Euch mit Freude durch die *Wahren Geschichten* spazieren sehen und überhaupt einen Genuß daran haben.

6. November 1982

Lieber Nodar! Dank für *Literaturnaja Grusija* mit Surabs Porträt und seinen Gedichten! Warum haben wir nie gewußt, daß er Gedichte schreibt, ihn immer nur als Philosophen, als Wissenschaftler gesehen? Gibt es da mehr? Gibt es ein Buch?

Von Imma Besson hörten wir über Eure neue *Kachetinische Reise*, überhaupt von allerhand Unternehmungen.

Sie waren wohl drei Wochen bei Euch, eine ziemliche Zeit!

Wir haben inzwischen drei, nein, sogar vier Manuskripte in den Verlag gegeben: an Erwins Geburtstag den *Laden* (707 Seiten), an diesem Tag, oder sogar ein paar Tage davor, kamen die *Wahren Geschichten aller Ard(t)*, von denen ich Dir schon mehrmals schrieb. Im Handel sind sie immer noch nicht, aber Erwin hat schon seine Exemplare, und so kommt hier eines zu Dir. Ich hatte Ende Juni *Heliotrop*, mein Gedichtmanuskript, abgegeben. Es ist inzwischen, nach *Druckgenehmigung*, in Produktion, vorher hatte ich dem Reclamverlag für die Universalbibliothek die Auswahl *Beweis des Glücks* geliefert, vor drei Tagen nun, wiederum an Aufbau, die Essaysammlung *Poesie und andre Nebendinge*, das Buch wird einen Pirosmani, *Schöne von Ortatschal mit Fächer*, auf dem Umschlag haben. Das Bild hängt bei Euch im Museum. Ich habe einen Band mit sehr guten Reproduktionen, so daß wir es übernehmen können davon … Am selben Tag ist Jakob in aller Frühe von Berlin abgereist zum *Millitär*, wie es im *Schwejk* heißt, wir warten auf erste Nachricht von ihm. Er ist bei Schwerin, wo auch Matti wohnt, der im Mai einberufen worden war, aber Ende Juli ausgemustert wurde, wegen Herz- und Kreislaufstörungen. Wir haben mit all diesem, der vielen Arbeit, den Aufregungen und Kämpfen wegen Mattis *Entlassung* und dann noch Erwins *großem* Geburtstag, ein geradezu aberwitziges Jahr gehabt. Nun stehn neue Umschichtungen bevor: Frau Franke hört Ende November auf zu arbeiten, wird sechzig, geht in Rente (nach dreiundzwanzig Jahren bei uns), ihr Mann wird nächstes Jahr Juni fünfundsechzig, ebenfalls Rentner. Nun wird wohl Matti seinen Forstberuf aufgeben und nach Hause kommen. Erwin braucht unbedingt jemand, der ihm die technischen Arbeiten wie

Heizen, Autofahren, Autopflege, Einkauf etc. abnimmt. Ich bekomme glücklicherweise aus Dollgow eine Nachfolgerin für Frau Franke, eine Landfrau vom *alten Schlage*, die noch so die Hauswirtschaft führen kann wie Frau Franke. Nur ist sie jünger, sechs Jahre jünger als ich, das läßt mich hoffen, es könnte in Schulzenhof weitergehen wie bisher. Wir haben zwar allerhand Interessenten für die Stellung (sogar mein Bruder und seine Frau, bei denen Surab und Nathia in Leipzig gewohnt haben. Sie möchten aufs Land, wolln ihre Riesenwohnung und ihre sehr guten Stellungen aufgeben, aber das können wir nicht verantworten. Wer in der Großstadt gelebt hat, kriegt unbedingt Sehnsucht nach ihr, und dann haben wir Schuld, wenn sie nicht zurückkönnen) – wir müssen aufpassen, daß wir uns keine neuen Belastungen schaffen. Erwin hat *Lebensangst*, er möchte weiterkommen mit der Arbeit, den *Laden* fortsetzen mit der *Kleinstadt*, zwischendrein aber noch ein andres Buch schreiben, seine Kräfte werden auch reichen dazu, aber dann darf er kein Gefühl der Unsicherheit haben, daß die Verhältnisse sich nicht halten lassen, wie sie sind, daß er sich von den Pferden trennen muß und vielleicht gar von Schulzenhof ... Mit Matti würde er sich wieder sicher fühlen, und für mich wäre es genauso. Wenn Matti nicht kommt, kann ich kaum noch einen Tag wegfahren, Erwin will nicht mehr allein bleiben ...

Wir hatten ein wunderbares *Sommerjahr*, bis dieser Tage reichte es her. Gestern erst gab es das erste Mal Bodenfrost, heute noch stärker, aber schon seit dem frühen Morgen scheint wieder die Sonne, sie trifft mich beim Schreiben wie durch ein Brennglas. Meine Eckfenster hinterm Schreibtisch gehen *gen Morgen* ... In der Diele stehn noch die letzten Dahlien (Georginen), die sonst manchmal schon im August bei Nachtfrösten vergehen. Rosen blühn noch, der Nachtfrost verwandelt sie für Stunden in *Porzel-*

lan, aber sie sterben nicht dran, taun wieder auf und leben doch weiter ...

Es war eine furchtbare Dürre für die Bauern, aber ein einziger Sommer, aller Tage so Morgen wie Abend hat man nach Regen gesehn, aber die Sonne stand über uns fest ... Nun gehn wir, angestrengt wegen der Trennung von Jakob, die fürchterlich ist, in den Winter, hoffen uns mit der Arbeit zu halten, was Neues zu machen. Wenn das was helfen würde, könnten wir uns von der großen Resonanz auf die alten Dinge gestützt fühlen – *Luchterhand* hat einen Band Geschichten von Erwin gemacht, sehr schön, und wie gut die Geschichten aus *Ein Dienstag im September* nach sechzehn Jahren sind! Noch besser als damals! Die Zeit hat ihnen eine zusätzliche Schärfe gegeben! *Saubohnen* und *Schildläuse* etwa.

Ich bin sehr froh, das zu sehen, die frühe *Überzeugung* bestätigt zu finden, denn unsere *Öffentlichkeit* (die *Kritik*) hat Erwins Geschichten behandelt, als wären sie *nichts ... Fingerübungen*, Idioten.

Hoffentlich geht es Dir besser, lieber Nodar. Hast Du Dein Herz wieder stabilisieren können!

Schreib mal ein wenig mehr! – Ich schicke separat den Katalog zu Erwins Geburtstag und *Poesie* – den Titelessay meines Bandes, den andern, vom Film, habe ich Reso geschickt.

Sonntag, 7. November 1982

Mein lieber Jakob! Erst vier Tage ist es her, daß ich Dich zur Bahn brachte – und so fern, so räumlich und zeitlich fern bist Du nun ... Gestern kam Dein sehr erwarteter erster Brief, der wohl, nach dem „es ist schon spät, und wir sind noch immer beim Einräumen“ zu schließen, am Mittwochabend geschrieben, aber erst am 5. vormittags 11 Uhr gestempelt war. Er hat mich nicht beruhigt, wie sollte er auch, wenn überhaupt Hoffnung ist, daß Du Dich *einpassen* kannst, dann sicher nicht in den ersten Tagen. Matti ist gestern abend gekommen, er denkt immerzu an Dich, mit schlechtem Gewissen. Morgen fahren wir alle nach Berlin, den zweiten Wagen will Vater mit Matti holen. Ich werde all die Sachen besorgen, die Du noch brauchst. Matti will das Paket am Mittwoch bei Dir abgeben, hoffentlich gelingts ihm.

Jede Stunde denke ich, was Du wohl gerade tust? So jetzt, es ist halb zwölf, die Sonne scheint, es ist sehr frostig dabei und windig, in der Diele stehn noch die letzten Dahlien auf dem Tisch, aber draußen ist nun alles *geräumt.* Die Dahlienknollen liegen bei den Äpfeln im Stallkeller. Die letzten Rosen werden jede Nacht in Porzellan verwandelt, taun gegen Mittag wieder auf. Die Gänse sind wohl weg, und abends gehen ungeheure Sternenräume auf. Ich hab an den letzten Spätnachmittagen den Einfall des Abends und die Entstehung des Raums draußen beobachtet, ein großes *Schauspiel.* Ich hoffe, daß Du ein wenig Gelegenheit hast, *für Dich* zu sein, nach draußen und nach oben zu schaun und Dich zu erinnern an das, was in Deinen Heften steht, die schönen Dinge, die großen Gedanken, daß Du den Weg nach innen findest, den Halt in Dir. Vielleicht hast Du Glück und triffst gar Menschen von der Deinen ähnlichen Art …

Seit Du weg bist, habe ich wieder Herzschmerzen, ich fürchte, daß Deine Krankheit zurückgekommen sein könnte, Du gar kränker bist (warum verlangst Du sonst nach *Fibrex* und *Schnupfenmitteln?*).

Denk an das, was *Dr. Hildchen* gesagt hat!

Wir werden am 20. kommen, an dem *Vereidigungsschauspiel* brauchen wir ja nicht teilzunehmen, aber wir können Dich doch besuchen!

1983

23. Februar 1983

Liebe Julia! Gestern kam Dein Brief! Heut schreib ich zum erstenmal seit Wochen (oder Monaten) auf der Maschine. Ich war krank, wie Du weißt, und ich habe gar nichts geschrieben, nur die letzten Tage paar Worte auf Gedichtkopien aus *Heliotrop* gekritzelt, zum Dank für Geburtstagsgrüße.

Zuerst auch Dir Dank! Ich dachte mir schon, daß *Du* am Telefon bist, habe auch aus Leibeskräften *Hallo* geschrien, aber ich konnte nichts hören.

Mit Lydia war die Verständigung sehr gut, und sie hatte mir gesagt, daß Du auch anrufen würdest, und man hörte bei Deinen Anruf-Versuchen auch jedesmal die *Ferne*, den *Äther*, mit, aber mehr wurde es nicht, leider, doch kann keine Rede davon sein, daß ich es *leid* wurde, immer, wenn es klingelte, habe ich abgenommen und versucht, etwas zu hören … Ich hätte sehr gern mit Dir gesprochen, das weißt Du wohl! Du denkst Dir, scheints, allerhand zusammen! So haben Dir meine Gedichte in der *NDL* wohl auch so ein sonderbares Nachdenken gemacht? Du schriebst so was, so, als hättest Du solche Gedichte von mir nicht erwartet, als wären sie zu *radikal*. Der ganze Band *Heliotrop*, der sicher Mitte des Jahres erscheinen wird (*hoffentlich* vielmehr), wird was davon haben, wenn er auch, wie immer *gemischt* ist aus älteren und neueren

Gedichten. Am *markantesten* sind wohl doch die *Altersgedichte*. Übrigens hatten die in der NDL eine überraschend große und eindeutige Resonanz … Viele wollen sich dieser Altersbilanz, diesem Gedanken der befristeten Zeit, entziehen. Mein Gedicht *Einundfünfzig* … hat sie provoziert, sich zu *stellen*.

Schade, daß Du nicht geschrieben hast, was es bei Dir an Neuigkeiten gibt, außer dem Bluthochdruck, der natürlich auf allerhand Dinge im Hintergrund schließen läßt. Ich weiß von unseren Gesprächen von vor einem Jahr ein wenig Bescheid, was alles an Belastungen auf Dir liegt, hätte aber natürlich gern von den Entwicklungen der Dinge gehört …

Bei uns gibts auch allerhand Neuigkeiten: Ilja läßt sich scheiden … Alles noch ungewiß, was wird mit den Kindern? Er hat beantragt, daß er sie bekommt. Dort ist alles so verworren, daß man es erzählen müßte.

Dieses Jahr erscheint der *Laden*, Erwin hat aber schon hundertsiebzig Seiten von seinem sogenannten *Letzten Buch*, das *Zweite Kindheit* heißen wird, diktiert, macht jetzt das Umdiktat, dann will er erst die Fortsetzung vom *Laden, Die Kleinstadt*, schreiben … Arbeit für mehrere Jahre. Er will sie so intensiv wie möglich betreiben, fürchtet, daß es auch ihm *eines Tages* so gehen könnte wie Anna Seghers und Erich Arendt augenblicklich und wie früher Arnold Zweig, sie alle leiden unter Konzentrations- und Gedächtnisschwäche (Paustowski ging es zuletzt ähnlich). Ich bin der Meinung, das muß nicht sein, und wenn er an seinen Vater denkt, der bis ziemlich zuletzt bei geistigen und körperlichen Kräften war (und er wurde zweiundneunzig), dann muß er sich nicht fürchten. Trotzdem verstehe ich seine Arbeitsbesessenheit und bin unbedingt dafür, daß Matti kommt und ihn entlastet … Jakob ist seit dem 3. November bei der Armee, weit weg, hinter Schwerin, in Hagenow, dreißig Kilometer von Mattis Försterei entfernt. Wir waren einmal dort, am *Tage der Vereidigung*, 19. November. Es sind fast drei Stunden Fahrt mit dem Auto. Einmal war er schon in Urlaub, sechs Tage im Januar, nun vergeht wieder lange Zeit, ehe er freibekommt – Ende März noch einmal ein Wochenende, dann erst wieder im August sechs Tage. Ich hoffe, zu Erwins Geburtstag, wo wir wieder ein Sommerfest machen werden, letztes Jahr, zum *Siebzigsten*, war es so schön, daß ich gesagt habe, das machen wir jetzt jedes Jahr …

Ilja hat übrigens auch aufgehört bei der Forst und arbeitet als Hilfsarbeiter in Neubrandenburg in der Keramikwerkstatt des Verbandes Bildender Künstler. Er will als Töpfer seine Ausbildung machen.

Was Du von unserem armen Achim gelesen hast über die *Zimmermann-Uraufführung*, wird, wenn nicht ein Wunder geschieht, wohl seine letzte Arbeit gewesen sein … Es steht schlimm, er liegt seit Wochen in der Strahlenklinik der Charité, hat Höchstdosen Radium-Jod geschluckt, das Herz ist schon geschwächt, er hat Lungenbluten … Ich habe ihn zuletzt gesehen an einem wunderbar sommerlichen Septemberabend, als er für Peter und Renate Schreier und für mich ein großes *Essen* gab in seinem Haus in Köpenick. Damals sah er noch sehr gut aus, sommerbraun aus der Salzburg-Zeit mit Schreiers, er war mehrere Wochen bei ihnen zu Gast dort, und es gibt Farbfotos von Alpenwanderungen, wo er in *Lederhosen* und *Tracht* gesund, braungebrannt, jung aussehend, *verewigt* ist …

Am Abend vor meinem Geburtstag rief Renate Schreier an, um zu sagen, daß es sehr schlecht steht mit Achim, am Geburtstag selbst war es etwas besser, ich habe ihm inzwischen geschrieben (aus dem *Krankenbett*) – aber ich habe nichts gehört. Heute will ich seine Frau anrufen, was ich ungern tue, weil sie sich ganz *beherrscht*, fast gleichgültig gibt; aber ich bin so unruhig seinetwegen. Vor einem Jahr ist ein anderer guter Bekannter gestorben, der Dresdener Maler Rolf Krause, von dem bei uns in der Diele eine Menge Bilder hängen (Pilze und Holunder und Landschaftspastelle), bei beiden, Achim und ihm, tauchte die Krankheit zur selben Zeit auf. September 80 in Dresden warn wir alle zusammen, als wir dort lasen auf dem *Weißen Hirsch*. Nur Krause war älter, schon vierundsiebzig und Achim wird in drei Tagen siebenundvierzig … Im Oktober ist Erwins Cousine, die nur ein paar Jahre älter war als ich, binnen Wochen an Leberkrebs zugrunde gegangen. Sie lebte in der Nähe seines Heimatortes und taucht in der *Blauen Nachtigall* als lachlustiges Mädchen auf, das pfeifen kann wie ein Kanarienvogel. Zuletzt haben wir sie bei der Beerdigung von Erwins Vater im Sommer 81 gesehen, da hat sie die Gäste mit bewirtet …

Viele Krankheiten und viel Wirrnisse gibt es, so verrückte Dinge, daß es schon ein *Beruf* wäre, das alles aufzuschreiben, es geht einfach über das Fassungsvermögen des Briefes hinaus: zum Beispiel so was: unser Freund, der Maler Roehricht, hat samt Familie einen *Ausreiseantrag* gestellt nach Westdeutschland …

Übrigens läuft die Theateraufführung noch, die wir zusammen gesehen haben, seit über einem Jahr, im März sind es wohl dreiunddreißig Vorstellungen. Viele Leute haben mir begeistert dazu geschrieben. Ich war noch nicht wieder drin, Erwin auch noch nicht, überhaupt keiner von unserem Familien-*Clan*. Lauter *Biester*. Aber im März wolln wir mit Erwin rein.

Grüß Lydia und Inge, schreib ausführlich, vor allem aber wünsche ich, daß Du gesund wirst und von dem *hohen Blutdruck* wieder *runter* kommst!

23. Februar 1983

Lieber Hubertus, Dank für den Geburtstagsbrief und den *Modigliani*! Ich war zwar am Geburtstag nicht in Berlin, kam erst am Sonntag, 13., wieder dorthin, um abends noch eine Funkaufnahme für den 14. zu machen, die ich wegen *Stimmlosigkeit* den ganzen Januar vor mir hergeschoben hatte. Die Stimme war noch immer schlecht, die Aufnahme eine Anstrengung, aber inzwischen kamen eine Reihe schöner Reaktionen auf die Lesung aus dem Essay *Poesie*, so daß ich es doch zufrieden bin, die Schwäche überwunden und die Aufnahme gemacht zu haben ... Ich fand also Brief und Buch und habe mich über beides gefreut wie auch über die Fotos! Hoffentlich ist der schöne kleine Mensch Caspar inzwischen wieder gesund!

Modigliani hat mich tagelang beschäftigt, das heißt, die Bildreproduktionen, denn so ein Werkverzeichnis hatte ich noch nicht gesehen, kannte *Vita* und einzelne Bilder, aber was da zusammenkommt, ist gewaltig und wunderbar. In diesem *Poesie*-Essay habe ich ausführlich über mein Verhältnis zur Malerei gesprochen und über den *Gegenentwurf zur Welt*, den jedes große, in sich geschlossene Werk darstellt. Bei Modigliani ist das deutlich zu sehen. Auch die *Willkür*, der Entschluß, *Ich* zu sagen ... In den Essayband *Poesie und andre Nebendinge*, der dieses Jahr, neben dem Gedichtband *Heliotrop*, bei *Aufbau* erscheint, habe ich auch den *Hubertus Giebe* aufgenommen. Der Band versammelt einige Prosaarbeiten aus den letzten Jahren und den fünfundsiebzig-Seiten-Text *Poesie, Interview für einen Film*. Der Film liegt zwar seit einem Jahr fertig beim Fernsehen, wurde aber nicht gesendet. Nach einem Jahr *Schweigen* (und der *Abnahme* durch *Kulturmagazin* und *DEFA-Studio*), kam jetzt die Forderung, ich solle den Film ändern, vier Leserbriefe und vier Gedichte herausnehmen (*veröffentlichte* Gedichte). Mein Mann ist absolut dagegen. Ich will mir nächste Woche den Film noch mal ansehen, um zu entscheiden. Ich hab ihn ein Jahr nicht gesehen und bin mir nicht klar, welchen *Stellenwert* die Sachen für den fünfundfünfzig Minuten langen Film haben …

Gestern nachmittag habe ich besonders intensiv an Sie gedacht. Ich war nach Ludwigshorst gegangen (Sie wissen, das kleine Gutshaus in der Feldmark nach Menz zu, wo das *Ferienlager* ist). Vier Jahre war ich nicht mehr da, zuletzt im Februar 79, als ich die *Sechs Wintergedichte 1979* schrieb, bei hohem Schnee und zwanzig Grad Frost, eisigem Wind, es war eine große *Herausforderung* damals. Jetzt nun, nachdem ich wochenlang eingesperrt war wegen Grippe, habe ich wieder begonnen zu wandern (wir haben Sonne und reinen *Ozon* heute), seit vier Tagen gehe ich regelmäßig hinaus. Gestern also auf der Birkenallee an Ludwigshorst vorbei Richtung Rheinsberg – und da fand ich einen *Blickpunkt*, von dem aus die *Felderweite* vollkommen war, eine große Hügellinie, so wenig gewölbt wie eine Teichmuschel, das Schneeweiß der Felder gegen das Schneegrau des Himmels, und ich dachte, daß ich entgegen allen Theorien über Räumlichkeit, Vorder-Hintergrund, Bildbegrenzung durch Sicht-Punkte nichts als diese *nackte* Fläche, den *reinen* Raum, der aus kahlem Feld und kahlem Himmel bestand, gemalt sehen möchte, sowie man drauf schaute, lösten sich bei dem starken Licht *Leuchtpunkte*, Schnee- oder *Licht*-Atome, von der großen Fläche, *tanzten* im Vordergrund. Es war wie ein Kosmos, in den man sah, es *glimmerte*, ich wünschte, *Sie* wären vor der Landschaft gewesen, ich bin sicher, es hätte Sie überwältigt (ohne Rücksicht auf das, was Sie sonst jetzt malen), das ins Bild zu übertragen …

Regina Kempin schickte mir ein Faltblatt von einer Selbstbildnisausstellung der Galerie West *Ich sehe mich*, da war auch ein Auto-Porträt von *Smy* dabei, auch in der *Bildenden Kunst* hatte er ja vor kurzem einen Innentitel. Er hat mir auch zu Neujahr was geschickt, aber ich hab wohl noch nicht gedankt, ich freue mich, daß er gut bei der Arbeit ist. Auch von Regina Kempin hab ich eine Reproduktion gesehn. Das Bild, das sie auf der großen Kunstausstellung hat, war farbig in *Für Dich* reproduziert und hat mir sehr gefallen. Es ist schön, daß alle weitergehn auf ihrem Weg, der einzige, der ihn, für unser Verständnis, *abbricht*, ist Roehricht, der seinen Ausreiseantrag erneuert hat. Interessant, was Sie von dem jungen (ehemaligen) Freund aus Neustadt schrieben, den es nun durch die Welt treibt. Aber wir wissen ja: Querner saß sein Leben lang in seinem Dorf und konnte da Kunst machen … Ich denke, das mit der Hochschule sollten Sie nicht so ernst nehmen – die Arbeit schon, die Beziehung zu den Studenten ja, aber das *Drumherum* nicht …

Schrieb ich Ihnen, daß wir Ihr *Westfernseh-Interview* damals *natürlich* gesehen haben und uns freuten, Sie auf einem so bedeutenden Platz in der Sendung zu finden?

Im Sommer sinds *acht* Jahre, daß Sie nach Schulzenhof kamen, im April acht Jahre, daß wir uns zuerst sahen … Sie sind mit Konsequenz bei Ihrer Sache geblieben, und erinnern Sie sich an unser damaliges Gespräch über Ilja? Er hat jetzt die Scheidung beantragt …

Wirrnis, und der Versuch, sich doch noch zu *retten* …

2. März 1983

Lieber Genosse Hilbig! Vorgestern habe ich mir meinen Film noch einmal angesehen. Er *ist* nicht zu ändern; wenn er so nicht geht, geht er auch nicht nach Austausch der Dinge, von denen Du sprachst. Wenn Ihr ihn nicht senden könnt, muß er eben *liegen.*

10. März 1983

Leider weiß ich nicht mehr, welches Gedicht aus *Heliotrop* ich Ihnen schickte, so kann ich auch nicht entschlüsseln, was mit der *Bedrückung* gemeint sein könnte, die Sie aus dem Gedicht glauben herauslesen zu müssen. Wenn so etwas da ist, ist es im Gedicht auch wieder aufgehoben, ins Gleichgewicht gesetzt.

Außerdem stehen alle Gedichte des Bandes, der noch in diesem Jahr erscheinen wird, in einem Sinnzusammenhang und beeinflussen sich gegenseitig.

10. März 1983

Lieber Herr Müns, Sie haben mir Freude gemacht damit, daß Sie mir so *spontan* zu meiner Lesung vom Montagabend schrieben, noch dazu *nachts*, gleich im Anschluß an die Sendung! In den letzten Tagen haben mich schon mehrere Reaktionen erreicht, unter anderem auch von *Neue Deutsche Literatur* und *Wochenpost.* Beide Redaktionen bemühen sich um einen Vorabdruck aus dem langen *Poesie*-Essay (fünfundsiebzig Seiten). *NDL* wird wohl einen größeren Abschnitt aus der Arbeit veröffentlichen, *Wochenpost* naturgemäß sich auf eine Druckseite beschränken.

Es freut mich, daß Ihnen, was Sie hörten, den *Briefen aus Schulzenhof* nahezustehen scheint, und daß für Sie in diesem Essay die bisher *persönlichsten* Äußerungen enthalten sind.

Wie immer habe ich Zweifel und Skrupel, ob die Sache *wirklich* lohnt, ob ich recht daran tue, sie in das Buch aufzunehmen und zu veröffentlichen.

Eine kuriose Sache ist, daß der Film, aus dessen Vorarbeit der Essay stammt, bisher nicht gesendet wurde. Nun gibt es Aufregung, weil die Funkzeitung den Essay *groß* mit seinem Untertitel *Auskünfte für einen Film* angekündigt hatte. Aber man wagt nicht, den Film, so wie er ist, zu senden. Ich soll ihn ändern, werde mich aber nicht darauf einlassen.

Das Buch, das unter dem Titel *Poesie und andre Nebendinge* erscheinen soll, liegt gerade zur Druckgenehmigung im Ministerium für Kultur. Ich hoffe, daß es keine *Korrespondenz* zwischen den verschiedenen *Ämtern* gibt, so daß das Buch, unbeschadet von den Schwierigkeiten mit dem Film, erscheinen kann.

15. März 1983

Lieber Herwig Kipping! Es hat mich überrascht, nach so langer Zeit wieder von Ihnen zu hören. Sechs Jahre ist es her, daß wir uns zuletzt sahen, auf der Reise nach *Karl-Marx-Stadt*. Ich dachte, Sie wären ganz *verschwunden*, so wie Sie es andeuten mit dem Satz: *Ich gebe mir und der DDR noch fünf Jahre Zeit* ... Nun höre ich, daß Sie inzwischen Ihr Studium absolviert haben und beim Fernsehen Regieassistent sind!

Was die Gedichte angeht, die Sie dem *Poesiealbum* eingereicht haben, so will ich sie nicht lesen, *falls von dort eine Ablehnung kommt* ... Es hätte nur Sinn, wenn ich Aussicht hätte, Ihnen über die Situation hinwegzuhelfen und Ihre Arbeit irgendwoanders unterzubringen, aber ich bin in letzter Zeit mit allen Versuchen ähnlicher Art schmählich gescheitert. Wenn ich Leuten empfohlen hatte, sich an *denundden* Verlag zu wenden, so hat es immer Ablehnungen gegeben, schon deshalb, weil die Verlage ihre *Lyrik-Publikationen* mehr und mehr einschränken. Sie sind ganz auf *ökonomischen Effekt* eingestellt, und

Gedichte waren und sind ein Risiko für die Bilanzen der Verlage. Ich bedaure das, kann es aber nicht ändern. Vielleicht sollten Sie versuchen, etwas in Zeitschriften unterzubringen. Mag sein, Sie haben es schon getan, *Temperamente* lese ich nicht regelmäßig. So weiß ich nicht, ob Sie dort in der letzten Zeit nicht schon veröffentlicht haben.

Ihrem Brief entnahm ich, daß Sie andererseits die *Neue Deutsche Literatur* nicht lesen, denn sonst hätten Sie sicher gesehen, daß ich darin jedes Jahr Gedichte und Prosa hatte und daß in der *NDL* auch mein neuer Gedichtband *Heliotrop* für 1983 angekündigt war. In diesem Jahr erscheinen drei Bücher von mir, Ihre Vermutung mit der *Resignation* bestätigt sich nicht.

15. März 1983

Liebe Frau Müller, Dank für Ihren schönen Winterbrief aus dem Schwarzwald und besonderen Dank für die Mitteilung der Gedichte von Hilde Domin, die mir ebenso gefallen wie Ihnen! Da ist eine starke poetische Substanz. Mir sind schon gelegentlich Gedichte von ihr begegnet, aber erst jetzt durch die von Ihnen aufgeschriebenen hat sie mir tiefen Eindruck gemacht.

Wenn das Gedicht, das ich Ihnen zuletzt schickte, den Effekt hat, daß Sie aufgeben mir zu schreiben, würde ich bedauern, es Ihnen gesandt zu haben.

In einem Essayband, der dieses Jahr erscheint, steht ein Prosatext, der *Rundbrief* heißt. Geschrieben habe ich ihn im Januar 1978, und in ihm habe ich mich mit meinem Verhältnis zu Briefen, zur Korrespondenz mit den Lesern, geäußert, darin steht etwa: es hat nicht mein Verlangen aufgehört, von anderen Menschen zu hören, schon gar nicht zu hören, wie sie mit dem *umgehen*, was von mir *ausgeht*, aber ich will vor allem *hören*, das heißt auch aus Briefen *hören*, wie Menschen leben, sehen, fühlen, kann aber dabei nicht unablässig daran denken, daß ich ihnen in *Briefen* antworten muß. Meine *Antworten* kommen *eigentlich* mit neuen *Gedichten*.

Also, liebe Frau Müller, geben Sie es nicht auf, mir gelegentlich von Ihrem Leben, Ihren Reisen zu schreiben! All Ihre Briefe waren interessant, ließen mich teilnehmen an Eindrücken, die ich auf Grund meiner *eingeschränkten* Lebensweise nicht empfangen kann. Da ich mich selbst an meinen Schreibtisch *gebannt* habe, sehe ich manches in der Welt nicht, was ich sehen möchte. Schilderungen wie die Ihren erweitern meinen Gesichts- und Erfahrungskreis, und sie sind mir deshalb besonders lieb.

Schön muß es im Schwarzwald gewesen sein! Ich freue mich, daß Sie diese Winterwochen hatten, und wünsche, daß der Sommer Ihnen neue Reisezeiten bringen möge!

15. März 1983

Liebe Krienings, Dank für den Glückwunsch, der nun zur richtigen Zeit kam (auf diese Weise hatte ich zweimal Geburtstag), und für die schöne alte *Ansichtskarte*, die ich oft und lange beschaut habe. Sie traf mich in einer seltsamen *Zwischenwelt*, ich war grippekrank, konnte nicht arbeiten, nur gelegentlich etwas lesen, und ich ließ mich in so eine merkwürdige Krankheitsmuße hineinfallen. Dabei hatte ich Zeit, mich in die Stimmung hinabzulassen, die das Bild ausdrückt, das im übrigen rätselhaft ist: Ich versuchte mir auszudenken, was für eine Frauensperson beim Flügel sitzt. Ist es vielleicht das Hausmädchen, das in Abwesenheit der *Herrschaft* den Sonntag *genießt*?

Dank für die freundliche Erinnerung!

15. März 1983

Liebe Ilka Wilkening, Dank für den ausführlichen Brief, der mich besonders erfreute, weil er mir sagte, daß auch die Generation meiner Kinder meine Gedanken und Gedichte versteht und im Einverständnis ist mit meiner *Existenz*. Das ist nicht selbstverständlich, und viele meinen, daß es von einer Generation zur nächsten gar keine *Brücke* gibt und geben kann. Sie betonen den, glaube ich, wichtigsten Punkt in der Übereinstimmung: daß Sie drei Kinder haben. Und sicher haben Sie einen Beruf, wenn Sie auch von ihm nicht schreiben oder ihn vielleicht gerade jetzt nicht ausüben. Mir scheint aber, aus der ganzen Haltung Ihres Briefes lese ich das ab, daß Sie eine *geistige* Existenz führen, führen wollen und sich mühen, beides in Übereinstimmung zu bringen, Ihre Verpflichtung gegenüber den Kindern, der Familie und die gegenüber sich selbst, Ihrem Beruf. Sie sind so alt wie mein zweitältester Sohn und haben viel mehr *für* sich, als wir es zu *meiner Zeit* hatten. Heute sind schon viele Dinge Gewohnheit, und Denkweisen sind überwunden, die vor dreißig Jahren noch allgemein herrschend waren.

Ihre Generation kennt, glaube ich, das *schlechte Gewissen* nicht mehr, das mich und die Frauen meines Alters belastete, als wir unsere Familienpflichten in Übereinstimmung zu bringen versuchten mit unserer eigenen *Entwicklung*. All das ist reflektiert in meinen Gedichten und in den *Briefen aus Schulzenhof*, es beherrscht, zum Teil wenigstens, auch meinen neuen Gedichtband *Heliotrop*, der dieses Jahr erscheint, und auch den Prosaband *Poesie und andre Nebendinge*, der ebenso wie der Gedichtband 1983 vom *Aufbau-Verlag* herausgegeben wird.

Besonders freut mich, daß nicht nur ich in Ihnen eine Leserin gewonnen habe, sondern daß über den Umweg der *Briefe aus Schulzenhof* Sie *Anhängerin* von Erwin Strittmatter geworden sind, dem ich Entscheidendes verdanke.

15. März 1983

Liebe *Jeanne*, zwar haben Sie nur Ihren Vornamen auf den Absender geschrieben, aber ich versuche doch, Ihnen zu antworten, nehme einfach an, daß dieser *Josephshof* nur ein *Gehöft* ist, so wie Sie es andeuten in Ihrem Brief, und daß man Sie auf jeden Fall dort kennen und finden wird. Ich möchte mich doch bedanken für Ihren Brief, den ich in meiner Berliner Wohnung fand.

Sie leben also in einer ähnlichen Situation wie ich, wie wir hier draußen. Beruhigend ist mir zu denken, daß Sie die *Briefe aus Schulzenhof* erst jetzt entdeckt haben, daß Sie nicht etwa ihretwegen nach Mecklenburg auf dieses einsame Gehöft übersiedelt sind.

Mich würde natürlich interessieren, was Sie und Ihr Mann beruflich tun. Fast nehme ich an, Sie sind auch *freischaffende Künstlerin*, denn wer sonst kann auf so einem abgelegenen Bauernhof aushalten?

Wenn man in der Stadt arbeiten muß, ist es fast immer zu schwierig mit Entfernungen, Versorgung, Verbindung. Wenn Sie es aber bewältigen können, dort zu leben und zu bleiben, dann tun Sie es, auch wenn Ihre Freunde Sie inzwischen verlassen haben. Nach unserer Erfahrung und Beobachtung ist es schlecht, eine Sache, die man begonnen hat, zu schnell aufzugeben.

Auch wir hatten im Lauf von neunundzwanzig Jahren mancherlei Anfechtungen, was unser Leben in Schulzenhof betraf. Nach einer Weile waren wir immer froh, wenn wir Schwierigkeiten ignoriert oder überwunden hatten und hiergeblieben sind.

Ich würde mich freuen, wieder von Ihnen zu hören.

21. März 1983

Lieber Christian Löser, in den Annotationen für die NDL könntet Ihr vielleicht schreiben, daß es sich bei *Poesie und andre Nebendinge* um bearbeitete Tonbandaufzeichnungen für den Dokumentarfilm *Ich sehe was ich seh* handelt, den Ernst Cantzler und Holmar-Attila Mück 1980-82 mit mir gedreht haben.

6. April 1983

Lieber Doktor Hammer, Dank für die Einladung!

Wir nehmen den 9. Juli als Weimar-Lese-Termin an, würden aber schon am Freitag, 8. 7., eintreffen und bis 13. 7. bleiben. Wir hätten gern unser *Elephant*-Appartement vom Vorjahr, Zimmernummer 350, und das danebenliegende Einzelzimmer für Sohn Matthes, der uns nun schon *chauffieren* wird, so daß die Reise für meinen Mann leichter oder vielleicht gar zum Vergnügen werden soll.

6. April 1983

Lieber lieber Jakob, drei Briefe sind schon gekommen von Dir! Montag zwei, gestern, Dienstag, einer – natürlich ganz überraschend, und wie schön! Nun sind wir im *Rückstand*, nur meine Karte ist bei Dir, die im Paket. Matti rief gestern an, um zu sagen, daß er Montag bei Dir war und den *Osterhasen* überbracht hat ... Deine schöne *Festmorgenschilderung* hat alles heraufgerufen: die Stube, den Tisch, Dein Essenfach, Dein Getu und Hantieren in der Morgenstille, umschlafen von Schläfern, die das *Fest der Frühe* verschliefen ... In der Diele liegen noch dreiundzwanzig bunte Eier auf dem großen runden Apfel-Korb-Teller, unter blühenden Forsythien und grünenden Birken, aber es ist alles halb *vorgetäuscht*, weil Du nicht dran vorbeigehst und Dich freust ... In drei Stunden fahre ich wieder einmal nach Berlin (wie so oft), morgen ist Sitzung im ZK, Vorbereitung des *Kongresses*. Übermorgen früh will ich ins Regierungskrankenhaus, meine Bronchien und Stimmbänder werden nicht *besser*, ich muß sie untersuchen lassen, hoffentlich eine Medizin bekommen, die hilft (oder ich müßte Euer *Lebens-Regime* nachahmen, damit ich mich *abhärte*). Nun rauche ich gleich drei Monate nicht mehr, aber das hilft nicht ... Vorgestern war Wolfgang Kohlhaase bis spätabends da, interessante und schöne Gespräche hatten wir. Emöke Pösteny war nicht mit, sie saß in der Jury eines Choreographiewettbewerbs in der Komischen Oper, wo unser *kleiner* Erwin neulich war und sich begeistert hat an der Felsenstein-Inszenierung vom *Figaro* ...

Zwischendrein zu den Kohlhaase-Gesprächen rief G. S. an, ich mußte eine Stunde mit meiner *Nicht-Stimme* auf sie einreden (und gestern vormittag noch mal eine Stunde): wieder die große *Lebens-Katastrophe*, entweder sie bringt sich um oder er bringt sie um, und im Hintergrund war immer der Sohn, der zum Vater hält und der weinenden Mutter eine *Eiersand-Uhr* nebens Telefon stellte, als sie mit mir sprach ... Grauenhaft! Und so geht das nun schon dreiundzwanzig Jahre! (Du weißt, wie Günter Caspar einst sagte ...) Das Gezerre zwischen diesen ungleichen Menschen ... Und *das Haus* ist gleich fertig ...

Heut hatte Ilja seinen zweiten Scheidungstermin. Ostern hat er sich nicht gemeldet, aber nun wird er wohl bald auftauchen, hoffentlich nicht gerade, wenn ich in Berlin bin. Erwin Curth rief heut an, um mich für eine Lesung im *Eberswalder Forstinstitut* zu *gewinnen*, von wo man mir schon mehrmals geschrieben hatte, ich deutete ihm an, was bei Ilja ist, und er sagte: wenn er zurück will *in die Forst*, soll ers mir sagen, das hat mich gefreut, als eine *Sicherheit* ... Vorgestern lief ein Dokumentarfilm über Neubrandenburg im Fernsehen, da war unser Ilja an seinem Brennofen zu sehen …

Ich schreib das alles als *Hintergrund* Deiner *Harmonie*-Briefe. Die *Welt* ist so voller *Disharmonie*, die Menschen *produzieren* so viel Disharmonie, daß einer auffällt, der Harmonie *herstellt*, ausstrahlt, und wenn es zwei sind, die es gemeinsam tun, oder gar mehrere, so ist es schon wie ein Wunder …

Am stärksten fühlt man sie immer wieder in der Kunst. Vor meiner Rundfunk-Lesung Karfreitagabend spielte David Oistrach (und dirigierte) Beethovens A-Dur-Konzert, das war so schön, daß ich *Luftmangel* bekam … Meine Gedichte kamen mir sehr überflüssig vor, und noch dazu warn zwischen Musik und Lesung fünf Minuten Nachrichten, und der Nachrichtensprecher sagte auch gleich, mit einem dümmlichen Text, meinen *Auftritt* an. Aber zwischen den Gedichten hatten wir wieder *Chopin* … Natürlich habe ich an Dich gedacht, denn immer waren wir sonst beim *Zuhören* zusammen …

Nun wünsche ich nur, daß zum Sonnabend Frühling wird, daß das Schneetreiben aufhört, und daß Dich vor allem mein Brief noch erreicht, ehe Du ins *Lager* gehst, aber die Post wird Euch ja nachgebracht, wie Du sagtest.

Vater hat Dir einen *Messerschärfer* gekauft, den packe ich ins nächste Paket.

Und mit dem nächsten Brief schreibe ich Dir ausführlich zu Vaters Manuskript, Du hast natürlich recht mit dem, was Du über die *hypnotische* Erzählweise schriebst. Meine Vorschläge beziehen sich auf die *Form* des Ganzen.

Bleib gesund, ich wünschte, ich könnte schon sagen wie Vaters *kindersinniger* Sachsenhausener Freund Alfred: *Bald wieder!*

Noch habe ich Westberlin nicht zugesagt, wenn ich nicht

zu diesem *Friedensmeeting* gehe, könnten wir vor der Kur noch einmal zu Dir kommen …

13. April 1983

Mein lieber Jakob, morgen früh soll das Paket abgehen, das ich eben gepackt habe, und dieser Brief, der *extra* kommt, *vielleicht* ein wenig schneller, aber *kaum*. Er wird Dir wohl nicht nachgeschickt werden in die *relative Freiheit*, aus der heute Dein erster Bericht kam, nicht erwartet und um so mehr mit Freude gelesen und mit *Schriftstellerstolz*, weil Du Sprache findest für das, was Du lebst, bist, was Dich umgibt. So hast Du erst- und einmalig ins Bild umgesetzt, was die Kombination von *Maschinenmusik* und *Motorenlärm* ergibt: den *Mustang* … Daß Du die *Tradition* des *Sonntagbriefes* fortgesetzt hast, Dir sofort die Bewältigung der *Situation* abverlangt hast, zeigt immer deutlicher Deine *Schreiber-Haltung*. Übrigens ist nichts davon verloren, die Briefe werden Dir als ein anderes Tagebuch zur Verfügung stehen. Hier bei mir liegt schon ein *Berg* …

Ich denke aller Tage, ich will Dir viel erzählen, aber was ich Dir erzählen wollte, sind Winzigkeiten: vom täglich wachsenden *Veilchenfleck* an der ehemaligen *Tinko-Bank-Stelle*, das immer intensivere Blau … Von der *allerersten Elster*, die wir jemals in Schulzenhof gesehen haben … Sonntag vormittag flog sie bei den Hundenäpfen umher … Von den beiden Krähen, die schon fast zu Haustieren geworden sind bei den Aschtonnen … Von den abendlichen Vogelstimmen*räuschen*, die ich höre, wenn ich mit Äsop ins Wiesental gehe, Amseln im Hintergrund dieses Jahr, vorne die Drosseln, die großen Buntspechte mit ihrem Morsegeräusch, im *Schiffsbug*-Kiefernwinkel (wo es zu Iljas Brücke geht) Hunderte Stare, ein fliegender Habicht, die Finken, das tönt und tönt, und ganz weit nach Köpernitz zu rufen die Tauben …

Die Wiesen sind umgebrochen worden, das moorige Schwarz steht gegen das Grün der Böschungen, und gestern abend war ein Gewitter, und als es begann, roch das graue Gras, auf das der Regen fiel, stark nach Heu … Jeden Tag gehn wir an Assans Grab-*Owo* vorbei. Äsop muß immer dort *spüren*, und wir grüßen ihn von Dir, den *Owo*, Dein Werk, und den alten *Gefährten* … Galsan, der uns vom *Owo* erzählt hat, schickte vor zwei Tagen einen *Rundbrief* an die deutschen Freunde in kaum leserlicher Kopie (so blaß war das Farbband) und einen speziellen für uns: er fühlt sich so überfordert, arbeitet so über seine Kräfte, daß er immer fürchtet, *am Herzen* zu sterben … Er schreibt: ihr habt es gut, seid im richtigen Lande geboren … Ja, wenn ich dort wäre oder wenn ich den richtigen Vater gehabt hätte, der mir fünfzigtausend Mark hinterlassen hätte, so hätte ich ein großer Dichter werden können für mein Volk, aber so komme ich nicht aus der Abhängigkeit heraus: ich muß Geld verdienen für meine Kinder … Wie weit er sich selber Zwänge geschaffen hat, wissen wir nicht, ob er nicht doch eine Möglichkeit finden könnte, nur fürs *Schreiben* zu leben … Jedenfalls hat er wieder eine Erzählung beendet, nur findet er nicht die Zeit, sie auf der Maschine abzuschreiben. Wir müssen versuchen, ihn über den Verlag herzuholen, damit er einmal aufatmen kann. Aber mir scheint, er hat die *innere* Freiheit nicht oder nicht mehr, die ihn die äußere herstellen läßt. Er ist abhängig vom *Erfolgsstreben*, lebt zu nah an der *Macht* (er ist *einer der fünf politischen Kommentatoren des Landes*, schreibt er von sich und schreibt: „ich *schnitzlere* vor mich hin" …). Mich *bewegt* sein *Schicksal* seit vielen Jahren, nicht umsonst sind die Briefe an ihn in den *Briefen aus Schulzenhof* eine der wichtigsten *Linien*, auch im Zusammenhang mit dem, was ich Dir neulich schrieb: der *Disharmonie*, die überall zu beobachten ist – es gibt keine glücklichen Menschen! Sonnabend/Sonntag war Knut nun hier (lange geplant), auch er ein im tiefsten unglücklicher Mensch. Man hat ihm angeboten, an die Leipziger Universität zu gehen, bis 1984 Februar seine erste Promotion abzuschließen, und in fünf Jahren, wenn er mit der zweiten Promotion habilitiert ist, den Lehrstuhl für Schafzucht zu übernehmen. Der jetzige Lehrstuhlleiter geht in Pension (wird *emeritiert*). Nun wollte er wissen, was wir dazu meinen? Er übersiedelt mit der Familie am 1. August in das Lorbeersche Haus nach Piesteritz. Julia, die noch immer nicht liest, soll das Kulturhaus in Wittenberg als Leiterin übernehmen, mit seinen Mädchen hat er schon *Schwierigkeiten*, seine große Liebe ist sein Sohn John, der im Juli sechs wird und ihm vor Freude die Hände küßt, wenn er heimkommt ... Er ging hier wie im Rausch umher und sang *Wer hat mein Lied so zerstört* ... Er brachte vom Bach einen Hecht geschleppt und war vor Freude buchstäblich *atemlos*, man merkte: er verstand nicht, was ihm mit seinem Leben geschehen ist ... All die Zwänge und keine Bestätigung, trotz aller Bemühung, von der, auf die es ihm ankam. (*Wir leben nur noch nebeneinander her.*)

Nun warten wir, daß Ilja sich meldet oder kommt. Ich habe dauernd Visionen: von ihm in seinem Einödhaus, und von Dir hatte ich sie seit Sonntag im *Feldlager*. Nun ist es schon besser, ich bin ruhiger seit heute.

Matti hat angerufen, bei ihm ist noch immer alles beim alten. Und in sechzehn Tagen fliegen wir schon.

Für Westberlin habe ich abgesagt. Ich möchte, daß wir noch einmal zu Dir fahren, übernächsten Sonntag, am 24. Ob Du freikommen kannst?

12. April 1983

Sei nicht böse, lieber Bruder, daß ich nicht gedankt habe für das Paket, das Anfang des Jahres kam, mit guten Wünschen und Grüßen. Ich hab seit Monaten keine Briefe geschrieben, erstens wegen Krankheit, zweitens wegen Arbeit, die wegen Krankheit schlecht und schleppend ging ... Dieses Jahr erscheinen drei Bücher von mir, und ich habe bis vor kurzem immer noch, immer wieder, an der Zusammenstellung geändert, gebessert (hoffe ich), und ich war total *absorbiert* davon. Dann auch von familiären Dingen, mit meinen lieben Söhnen hatte und habe ich mancherlei zu tun. Jakob ist bei der Armee. Ich packe jede Woche Wäschepakete und andres, und ihm *muß* ich schreiben ... Vor allem wollte ich aber auch etwas finden, was ich Dir zum *Gegengruß* schicken könnte, und mir scheint, ich habe es mit dem *Berlin-Buch* gefunden, von dem ich auch für uns ein Exemplar genommen habe. Ein Lese- und *Ankukkebuch*, wie solche Bücher bei uns heißen ...

Heute will ich es nun auf die Reise bringen, zu Anfang einer Post-Woche, die ich wenigstens den wichtigsten Briefen noch geben muß, bevor wir am 28. April wie jedes Jahr nach Piešťany fliegen ... Dort wird *Ruhe* sein zum Arbeiten, neben der Kur, neben dem Spazieren. Ich will an einem Prosamanuskript weiterschreiben, das ich 1980 begonnen habe und das *Mai in Piešťany* heißt ... Erwin fährt dieses Jahr zum zehnten-, ich fahre zum neuntenmal. So haben wir bald ein Jahr unseres Lebens an diesem schönen kleinen Ort verbracht, und bis auf ein Mal (1981, September/Oktober) immer im Mai. Nun ist Piešťany uns Inbegriff des Frühlings ...

Wir haben in P. eine Menge geschrieben, Erwin vier Erzählungen, siebzig Seiten *Wundertäter*, ich eine Menge mir wichtiger Gedichte. Letztes Jahr habe ich an der Bearbeitung der Tonbandaufzeichnungen gesessen, die einem Dokumentarfilm zugrundeliegen.

So fahren wir gern nach Piešťany, aber die Vorbereitungszeit ist mir zuwider, in der tausend Dinge zu bedenken und zu arrangieren sind … Wir hatten gehofft, daß Matti inzwischen nach Schulzenhof übersiedelt, damit jemand im Hause ist, aber bis jetzt hat ihn *die Forst*, wie hier alle sagen, nicht freigegeben. Er ist noch in der dreijährigen *Absolventenzeit*, in der er *eigentlich* nicht kündigen kann. Auch Jakob will später nach Schulzenhof kommen, das Archiv aufbauen, aber erst soll er in Leipzig Germanistik studieren. Er war schon sich *vorstellen*, das war ein *Schock*, da will er nicht hin, auf keinen Fall, alles hat ihm mißfallen, die Stadt, die Universität, die Professoren, die Fragen, die man ihm aufzwang …

Ilja hat seinen Forstberuf aufgegeben, ist zum Kunsthandwerk übergewechselt und seit letzter Woche geschieden … Traurig, daß es so gekommen ist, aber recht gut war es von Anfang an nicht. Nun haust er allein in einem riesigen Bauernhaus hinter Neubrandenburg, das die beiden sich unbedingt (auf Christianes dauerndes Drängen und Drängeln hin und gegen unsere dauernden Warnungen und Einsprüche) auf *Kredit* kaufen mußten … Man muß sehen, ob er es aushält, dort zu bleiben.

Erwin junior spielt zur Zeit in Rudolstadt besessen Theater, setzt nebenher sein Gesangsstudium fort und muß im Sommer *schon wieder* für drei Monate *zur Armee* … So wird er keinen Urlaub machen können, aber dafür nur sechs Wochen der neuen Spielzeit verlieren. Wir dagegen haben dieses Jahr große Reisepläne, wollen die seit Jahren ausgesprochene Einladung des Sängers Peter Schreier nach Salzburg annehmen. (Er mietet jedes Jahr zu den Festspielen für zwei Monate ein Haus.) Im September wollen wir für zwei Wochen, auf Einladung der Regierung, nach Ungarn (man revanchiert sich für mein *Engagement* für die Malerin Marianne Gábor in der DDR). Vor zehn Jahren, Mai 73, waren wir zum ersten (und letzten) Mal *gemeinsam* in Ungarn, auf *Vorlesungstour* an allen Universitäten.

Damals war Ilja gerade von der Armee gekommen und blieb bei Matti und Jakob ... Nun hat er selbst schon zwei Kinder, an denen er sehr hängt. Er hat, erfolglos, versucht, sie *zugesprochen* zu bekommen ...

Hoffentlich geht bei Euch alles gut, seid Ihr gesund, hattet nicht so die Grippe wie wir beide (wir waren lange und schlimm krank), habt Freude an den Kindern und an Eurem Leben und schöne Sommerpläne!

Vielleicht kommt Ihr dieses Jahr wieder *herüber*? Und wir sehn uns?

12. April 1983

Liebe Dagmar, verzeihn Sie, daß ich erst jetzt auf die beiden schönen Briefe antworte, die vor einiger Zeit kamen und reich waren von Angeschautem und Anerlebtem aus Malerei und Literatur ... Daß ich nicht geschrieben habe, heißt nicht, ich hätte nicht an Sie gedacht, nicht von Ihnen gesprochen, nicht etwas für Sie zu tun versucht. Vor kurzem redete ich mit dem Sekretär des *Verbandes*, Henniger, und sagte ihm, ich hätte beschlossen, Ihretwegen an den Bürgermeister von Gotha zu schreiben, wenn der Verband nicht erreichen kann, daß man Ihnen Wohnung gibt ... Frau Bisky wird übrigens abgelöst, und Henniger hat mir versprochen, daß etwas *geschieht*. Auch mein Mann hat ihm gesagt, daß er es unerhört findet, wie man mit einem großen Talent wie dem Ihren umgeht ... All Ihr *wirres Zeug*, wie Sie die Briefe nennen, beweist Ihre Reife, geistige, seelische, künstlerische, Ihre Existenz ist überhaupt ein *Wunder*, und ich wünsche und wünsche nur, daß Sie sich gesundheitlich stabilisieren können, um in die *Welt* zu gehen. Warum haben Sie nie an Frau Lehmann in Dresden geschrieben, deren Adresse ich Ihnen schickte und die Sie erwartete und auch jetzt aufnehmen würde? (Falls sie nicht gerade kurze Zeit zur

Kur ist.) Da hätten Sie eine Frau neben sich, die, selber befähigte Dichterin, leidenschaftliche Kunstliebhaberin (Buchhändlerin von Beruf) und ein hingebender Mensch ist.

Sie hat schon Dinge von Ihnen gelesen, und sie fragt immer wieder nach Ihnen.

So wie ich Ihre Passion für El Greco teile und die so *konträre* Sympathie für Spitzweg, teile ich die Liebe zu Rembrandts *Verlorenem Sohn* in der *Ermitage*. (Es gibt drei Varianten des Bildes an anderen Orten in der Welt.) Ich war mehrmals in der Galerie, gehe hauptsächlich wegen dieses Bildes und wegen zweier kleiner Madonnen, eine von Raffael, eine von Leonardo, aber das Rembrandtsche Bild wirkt auf mich so erschütternd, daß ich mich abwenden, vor ihm *verbergen* muß. Es ist so *absolut* in seiner Menschlichkeit, daß ich weine ... Es ist eines der *Wunder* in der Kunst.

In der *Ermitage* hängen eine Reihe Matisses und andere Moderne, die mir auch nahestehen, mich inspiriert haben beim Schreiben, aber der *Verlorene Sohn* ist das, wovor man verstummt ... *Grünwald* ist wohl nicht so ganz ungekannt und ohne Einfluß auf die Kunst- und Geistesgeschichte, wie Sie meinen. Hindemith hat eine Oper *Mathis der Maler* geschrieben, die schon Ende der vierziger Jahre in Berlin aufgeführt wurde. Ich habe sie damals gesehen, ein großer Eindruck!

Ich freue mich immer, wie ähnlich wir empfinden! Auch was Bartók betrifft, ging es mir ähnlich. Ich habe ihn zum erstenmal bewußt gehört vor dreißig Jahren, in einer Mondnacht über einem anderen Wiesental als dem unseren, in Kolberg hinter Königs Wusterhausen, wo damals der lettische Schriftsteller Boris Djacenko (der aber deutsch schrieb und in der DDR lebte) ein Sommerhaus hatte ... Wir saßen auf der Terrasse, und aus dem geöffneten Fenster *rieselte* über uns eine *magische*, ganz fremde und ganz vertraute, Musik …

Auch was Peter Schreiers Liedgesänge angeht, stimmen wir überein, er ist ein Freund von uns, ich habe ihm, auf seine begeisterte Annahme und Bestätigung meines vor Jahren geschriebenen und in *Mondschnee liegt auf den Wiesen* gedruckten Gedichtes *Gesang* hin, dieses Gedicht jetzt gewidmet, da es in einem Auswahlband meiner Gedichte beim *Reclamverlag* erscheint (*Beweis des Glücks* heißt der Band in der Universalbibliothek). Wir werden, mein Mann und ich, dieses Jahr seiner Einladung nach Salzburg folgen, wo er jeden Sommer während der Festspiele ein Haus mietet. Seit mehreren Jahren lädt er uns ein, aber bisher gabs keine *Zeit* bei uns … Ich weiß nicht, ob ich Ihnen meinen Aufsatz über *Winterreise* und *Müllerin* (*Der Wanderer*) geschickt hatte? In der *NDL*? Er erscheint dieses Jahr, in erweiterter Fassung, in meinem Essayband *Poesie und andre Nebendinge*, nach dem Gedichtband *Heliotrop*, dessen Druckfahnen ich schon korrigiert habe und der im September fertig sein soll …

16. September 1983

Lieber Herr Meier, Peter Schreier ermunterte mich, Ihnen ein paar *Anmerkungen* zu schicken zu dem Buch, das Sie ihm *abverlangten* und zu dem ich Sie ebenso beglückwünsche wie ihn … Ich habe bisher nur die *Wiener Ausgabe*, aber ich denke, daß sie mit der vom *Union-Verlag* übereinstimmt in den Seitenzahlen.

Meine Notierungen beziehen sich im wesentlichen auf *termini technici* und auf *Jargonausdrücke*, die, meiner Meinung nach, *verfremdend* durch Anführungsstriche hervorgehoben werden sollten. Sie haben das gelegentlich gemacht, und es wirkt immer *überzeugend*.

Vor zwei Jahren hatte ich das Manuskript schon gelesen, damals hatte ich Achim Kynaß auf diese Sache aufmerksam gemacht. Es ist kein guter *Schreib-Stil*, wenn man die *Sprache vom Bau* unverfremdet benutzt (so auch andere *Spezialsprachen*, die der Jäger oder Sportler etwa). Das Buch ist so intelligent und interessant, hat ein so hohes *Niveau*, daß mich diese stilistische *Unbekümmertheit*, die *Saloppheit*, stört. Es ist ja eben doch keine *Rede* mehr, sondern ein geschriebener Text. Ganz wenige andere Dinge sind dabei, grammatikalische Unkorrektheiten – Sie werden immer erkennen, was ich meine. Die zu *verfremdenden* Sachen habe ich durch Anführungszeichen kenntlich gemacht. – Hoffentlich kommen meine Anmerkungen nicht zu spät. Ich wollte das Buch noch ein zweites Mal *durchgehen*.

23. September 1983

Lieber Erwin, vorgestern hat Matti ein Paket für Dich aufgegeben, in Rheinsberg, mit nur einem Gruß. Es sollte gleich ein Brief hinterdrein, nun sind doch zwei Tage vergangen, die ich in Berlin verbracht habe. Mittwoch nachmittag waren wir nach Neuruppin gefahren, um bei Großmutter *vorbeizuschauen*. Sie war aber nicht da. Matti brachte mich nach Berlin und fuhr gleich wieder zurück nach Schulzenhof. Ich hatte gestern Vorstandssitzung im Schriftsteller-Verband, noch im Verlag zu tun, eine *Nachbemerkung* für *Poesie und andre Nebendinge* abzuliefern und so weiter ... Eigentlich hätte ich noch eine Sitzung gehabt, im Berliner Verband, aber nach meiner *Buchhandlungstour* war ich zu *herzschwach* und müde und bin in die Wohnung, mich ausruhn. Ich wollte mich am liebsten gleich abholen lassen von Matti, habe es aber doch auf heute früh verschoben, weil ich *Ruthchen* Moßner einen Besuch versprochen hatte, um ihr ein Sonntag bei uns vergessenes Buch, das ich für ihre Krankenschwester signiert hatte, zu bringen …

Sonnabend/Sonntag war bei uns *Wahnsinn*. Sonnabend nachmittag *die Bergners* aus Berlin, die in Rheinsberg in Urlaub sind (ehemals Stellvertretender Chefredakteur der *Wochenpost*). Sonnabend abend rief Knut von Wittenberg an, ob sie am Sonntag vorbeikommen können? Sie bringen Schwiegermutter Elsa und Schwägerin Nanni in das neue Urlauberzentrum Rheinsberg, Richtung Zechliner Hütte, zur *VDN-Kur* … Wir hatten zu Mittag Ruthchen Gigi Moßner mit Freundin Gabi eingeladen und sagten: dann aber vormittag … So kamen sie zu fünft – Julia chauffierte, weil Knut wegen *Eikohol*, wie es im *Laden* heißt, seine Fahrerlaubnis bis Ende 84 verloren hat – mit sechsjährigem Sohn John – um zehn Uhr an. Neben dem Haus auf der Park-Wiese ging das Auto kaputt. Matti hats zwei Stunden repariert. Julia kam nach achtzehn Jahren zum erstenmal wieder nach Schulzenhof … Die Schwiegermutter war zum letztenmal da, sagt sie, als ich mit Jakob schwanger war, also vor einundzwanzig Jahren, die Schwägerin kam zum erstenmal, zur ersten *Besichte* … Mittag sind sie dann fort, eh die *Kunst-Mädchen* von Berlin kamen, um die neuesten Varianten ihrer *Liebes- und Lebensgeschichten* zu erzählen. Abends war ich wie krank. Ich fühl mich sowieso immer noch krank, kann mich nicht erholen von dem *Wiener Infekt*, so daß ich Angst vor der Frankreichreise habe, die in zehn Tagen beginnen soll …

Außerdem habe ich mein *Glück* verloren, meine *Talismannn-Kette* mit dem *blauen Stein*, die Opalkette mit dem Brillanten.

Zuletzt hatte ich sie in Schulzenhof umgebunden, als wir Sonntag mit Hildchen nach Berlin fuhren. Jetzt hab ich sie schon überall gesucht, kann aber sein, sie ist mir unterwegs irgendwo *entfallen*, denn das Schloß war verbogen und ging von allein manchmal auf. Gestern hab ich den Staubsauger auseinandergenommen und hab darin gesucht und dabei festgestellt, daß zwar der Karton vom neuen Staubsauger da ist, aber weder Kassenzettel noch Garantieschein noch Ersatztüten drin liegen. So konnte ich den Staubsauger nicht neu *beschicken*, muß erst Tüten kaufen gehn … Wo hast Du das alles gelassen?

Jetzt ist es neun Uhr. Matti wird bald kommen und dann werden wir in Pankow in der großen Halle einkaufen fahren und heimwärts nach Schulzenhof, wo es wunderbar schön ist. Wir hatten noch keinen Frost, es blüht und blüht, und ist, seit dem Mai, zum erstenmal wieder richtig grün. Die Rosen blühn und die Dahlien, Vaters Tulpenbäume, die Klematis, die kleinen blauen und violetten Astern, die Herbstzeitlosen … Und vor allem Deine südamerikanischen Wunderblumen, die sich *sehr* vermehrt haben. Schrieb ich Dir schon, daß ich den Wein von der Mauer geerntet habe? Ungefähr *zehn Pfund*. Ich *hüte* im Keller immer noch welchen, weil ich denke, Ihr, Du oder Jakob, werdet doch *mal* in Urlaub kommen …

Deinen schönen Brief vom vorletzten Sonnabend habe ich erhalten – jetzt hatte ich die Zeit schon durcheinandergebracht, was *Dir* bestimmt nicht passiert, also, vom vorvorletzten Sonnabend, morgen vor *vierzehn Tagen* schon geschrieben. Vielleicht ist, wenn ich nach Hause komme, der angekündigte Brief für Vater da, vielleicht hats Dich aber auch nach draußen *verschlagen*, wie Jakob diese Woche schon zum *drittenmal* in kurzer Zeit, und Du konntest weder lesen noch schreiben. Heute wären es also noch vierunddreißig Tage – ich hatte allerdings auf der Fahrt nach Berlin, mit Matti, weniger ausgerechnet, unter Annahme des 28. Oktober. Aber Ihr werdet es wohl besser wissen … Was mir nicht und nicht einleuchten will, ist, daß Du in dem Vierteljahr keinen Urlaub bekommen sollst! Jakob hat doch erzählt, daß *ihre* Reservisten dauernd draußen und auf Urlaub waren …

20. Oktober 1983

Lieber Herr Bühler, bis ich eben eine Notiz gefunden habe, daß ich Ihnen am 9. August einen Brief und den *Reclamband* schickte, war ich unsicher, ob ich mich nicht doch irre mit der Erinnerung, mich für Ihre *Pfingstgabe* bedankt zu haben?

So bleibt mir also der Dank für Ihren Septemberbrief mit seinen guten Gedanken und guten Nachrichten über die Familie und mit den Gedicht-Beigaben! Ich hätte Ihnen *Heliotrop* schon gern mitgesandt, aber ich habe immer noch (seit sieben Wochen) nur das *Signal-Exemplar*. Allerdings war das Buch in Berlin schon im Handel, sagte mir mein Sohn.

Inzwischen war ich in Salzburg, eine *schöne Woche Lebens* Ende August. Anfang Oktober wollte ich für zwei Wochen nach Frankreich und bin nicht gefahren wegen schlechter Gesundheit (hauptsächlich, weil mein Mann so unruhig war). Das tut mir *sehr* leid, ich hatte mich auf das Land gefreut – ich bin schon unsicher, was ich noch auf die *Zukunft* verhoffen soll? Zu leicht ist das *Verschobene* schon das *Aufgegebene* … Am besten ist, man lebt Tag für Tag und versucht, etwas Schönes zu tun (auch zu Haus).

21. Oktober 1983

Dank für den Brief, der Ihre Liebe zu Andreas verrät!

Lassen Sie ihn *ruhig* weiterschreiben, *bekümmern* Sie sich und ihn nicht mit der Frage nach dem *Talent* und ob es schon *geweckt* wurde oder nicht! Man muß Geduld haben mit sich, wenn man schreibt, und die anderen um einen herum brauchen diese Geduld erst recht! Meine Söhne, die in Andreas' Alter (oder älter) sind, schreiben auch (zwei von ihnen), ich hüte mich, etwas dazu zu sagen, sie zu *beraten*, das geht schon alles von allein, wenn die Kraft, die sich äußern will, stark genug ist.

Ich hoffe, daß Sie ein schönes gemeinsames Leben haben, reich an Gedanken, reich an Erfahrungen, daß Sie sich nicht vom *Alltag* überwältigen lassen, so daß der Trieb zum Schreiben Andreas erhalten bleibt!

21. Oktober 1983

Lieber Herr Voigtmann, mein Brief wird Sie wohl nicht erreichen, ehe Matthes zu Ihnen kommt – es will und will mir nicht gelingen, in Ihre *Gegend* zu reisen, aber da der Sohn nun dort *unten* ist, möchte ich doch nicht länger auf *meine* Bilder verzichten, die mir so *deutlich* sind – ich hoffe aber, sehr hoffe ich es, daß es im nächsten Jahr möglich wird, nach Karl-Marx-Stadt zu fahren und Ihre *neuen* Bilder zu sehen ...

Dank für das schöne Plakat-Faltblatt von der Cottbuser Galerie. Die Sachen sind alle ganz stark!

Eben, beim Wiederlesen Ihres Briefes, entdecke ich, daß Sie jetzt Telefon haben, also werde ich versuchen, Sie anzurufen und nicht, Ihnen zu telegrafieren, wie ich vorhatte. Den Brief schicke ich dennoch ab, mit einem Reclamband zum Gruß – meine neuen Bücher (Gedichte, Essays) lassen noch warten.

21. Oktober 1983

Dank für Ihren Brief vom Juni, lieber Herr Schumann, und für die Kopien, die Fotos der Fotos! Ich hoffe, daß Ihnen von den folgenden Ausstellungen wieder Freude geworden ist, daß Ihr *Unternehmen* sich weiter bestätigt! Ich bedaure, daß es mir nicht möglich war, nach Dahme zu reisen (obwohl es nicht weit ist von hier) – was ich den Bildern, bei dem kleinen Format, *ablesen* konnte, hat mir gefallen, und ich freue mich über die *Kühnheit*, mit der Sie den Gedichten (auch schon neuen aus *Heliotrop*, wie ich sehe) Fotos *zugeordnet* haben. So haben wir ein *Zwiegespräch*, ohne uns zu kennen, und die Besucher Ihrer Ausstellung haben es mit uns …

Ich wünsche Ihnen weiter Freude bei Ihrer Haupt- und Nebenarbeit und hoffe, daß ich einmal dazu komme, mir eine Ihrer Ausstellungen anzusehen!

21. Oktober 1983

Ihr letzter Brief, liebe Frau Kiwull, hat mich aufgeschreckt aus einer *Dumpfheit*, in die ich durch eigene dauernde Kränklichkeit gefallen war.

Ihr Gedicht und das Buch Ihrer Schwester waren wie Ihr, wiederum interessanter, Brief (der über die *Konzerttour* nach Israel) richtig bei mir angekommen, ich hatte alles gelesen, fand in den *abgezogenen* Gedichten mehr *Ursprung* als in den gedruckten, begriff, daß Ihnen Schreiben ebenso wichtig ist wie die Musik (die ich, wenn ich die Wahl hätte, vorziehen würde!) – und ich kann nur hoffen, daß Ihnen das Schreiben in dieser für Sie schweren Zeit als Hilfe erhalten bleibt. Denn es gibt ja auch das: daß man stumm wird. So denke ich zu Ihnen hinüber, daß alles gut gehen möge, daß es doch nichts *Schlimmeres* ist, was sich bei den neuen Untersuchungen zeigt, daß Sie sich erholen mögen zum Winter hin und Ihnen und Ihrer Familie nicht nur Gewißheit, sondern Gesundheit und Ruhe beschieden werden mögen!

21. Oktober 1983

Verzeihen Sie, geehrter Herr Wiedemann, wenn ich Ihnen und Ralf Pothmann Ungelegenheiten gemacht haben sollte! Ich wollte versuchen, in der Arbeit zu lesen, hatte aber bisher nicht die Kraft dazu (mich *mir* gegenüberzustellen, oder meinem *Bild*, das Ralf Pothmann sich aus meinen Gedichten gemacht hat). Ich hätte die Arbeit gern behalten, denke aber, daß Sie das Manuskript dort brauchen, da Sie noch einmal nachgefragt hatten, ob es eingetroffen wäre. Ich war lang nicht bei guter Gesundheit und bin es auch jetzt noch nicht, so sende ich die so gründliche Arbeit (was ich beim bloßen *Überblättern* aus dem Umfang des Textes und der Anzahl der Zitate schließe) zurück. Ich bitte Ralf Pothmann, mir nicht gram zu sein wegen meiner Unfähigkeit!

21. Oktober 1983

Dank für ihr Vertrauen, lieber Herr Preuße! Ich weiß nur nicht, wie ich es rechtfertigen soll: Sie erwarten ein *Urteil*, ich will aber keins geben, weil ich weiß, daß es lang braucht, eh man sich, schreibend, *findet* ... So kann ich Ihnen nur Freude wünschen, weiter zu schreiben, wenn es Sie dazu drängt.

22. Oktober 1983

Dank für den *John-Donne-Band*, liebe Ruth, den ich allerdings schon hatte! Ich hatte auch gelesen, daß Maik Hamburger ihn übersetzt hat und mir war, daß er Dein Sohn ist, ich glaube, Du hast es mir vor Jahren mal gesagt, als er am *Deutschen Theater* war und mit Adolf Dresen arbeitete. Seine *O'Casey*-Übersetzung von *Juno und der Pfau* ist mir unvergeßlich! Sie war hervorragend! Eine so *sinnliche* deutsche Sprache zu finden für den Iren! Er *kann* also nicht nur Shakespeare! Und John Donne, denn das ist, durch ihn, wirklich *deutsche* lesbare Dichtung! Du kannst froh über ihn sein und gewiß, daß sein Weg von der Physik weg (so war es doch wohl) richtig war. Er wird schon alles gut machen! Jedenfalls hat er etwas gefunden, was er *selbst* machen kann, er ist nicht auf das Theater angewiesen (oder den Film) wie unser Sohn Erwin, der in Rudolstadt *Kunst* zu machen versucht, mit dem Stolz, nicht aufzugeben, auch wenn man ihm beim Film und Fernsehen nichts zu spielen gibt (in Deinem *Sonjas Rapport* war seine letzte Rolle, nach den guten Kritiken, die er da bekam, hätte man erwarten können, daß man ihn wieder was spielen läßt ...)

Ich hab Dich auf dem Kongreß vermißt und war beunruhigt: ob Du krank bist? Deshalb hats mich besonders gefreut, ein Zeichen von Dir zu sehen! Zum Dank und Gegengruß ebenfalls ein *Reclamband*, in zwei Exemplaren, eins für den Sohn. – Seid gesund, gute Herbsttage, gutes Hinüberkommen über Finsternis und Ungewißheit!

22. Oktober 1983

Lange habe ich nicht geschrieben, liebe Ellen, ich bin in Ihrer Schuld! All Ihre Briefe sind so *reich*, so voll Leben und Interesse an der *Welt*, daß ich mich immer ermuntert von ihnen fühle. Ich entsinne mich deutlich unserer letzten *Begegnung* im Rathaus Köpenick nach meiner Lesung und des kurzen Gesprächs, wie verändert und erwachsen Sie schon waren! In Ihr Leben habe ich *Zuversicht* (die *kleine* Flötistin des Abends flößte mir auch so eine Zuversicht ein) – Sie werden auf Ihrem Weg weitergehen, ihn nicht *abbrechen* eines Tages!

Wahrscheinlich ist bald wieder *Prüfung*, ich wünsche Ihnen genügend Zeit zur Vorbereitung und dann die Gelassenheit, gut zu bestehen!

Mein Mann und ich machen am 24. November *Buchpremiere* im *Internationalen Buch*, Spandauer Straße, er mit dem *Laden*, ich mit *Heliotrop*, aus dessen Manuskript ich voriges Jahr im Köpenicker Rathaus las. Vielleicht sehn wir uns?

22. Oktober 1983

Liebe *Kinder* in Budapest, Mityu kann unbesorgt sein: wir können Mariannes *Krixkrix* lesen, manchmal mit zweimal hinschaun, aber *rauskriegen* tun wirs immer!

Nach Frankreich bin ich nicht gefahren, am Morgen der Abreise (2. 10.) habe ich *aufgegeben*. Erwin war so niedergeschlagen, ich fühlte mich schon wochenlang krank, und er hatte Angst, wie es mir unterwegs gehen würde?

Nun bin ich noch immer nicht gesund, und vielleicht wärs unterwegs besser gewesen als zu Hause? Das kann niemand wissen. Ich habe immerzu Beschwerden von der Leber (die *Werte* sind schlecht, die Ursache weiß man nicht, aber ich versteh jetzt das Wort von der *Laus auf der Leber*) – nachdem ich erst meine Bronchitis absolviert hatte. Vielleicht geh ich im November ins Krankenhaus zur *Klärung*. – Also, liebe Marianne, Du hast umsonst *neidvoll* an meine Reise gedacht, sie ging nur in Schulzenhof und mehrmals beim Arzt in Berlin und ein paar Tage zusätzlich in Berlin, weil ich *Puschkin-Nachdichtungen* machen wollte, und dazu brauche ich mehr Ruhe, als ich in Schulzenhof habe … Ich wünschte sehr, daß meine Gesundheit gut wird, dann wär schon gleich, wo ich bin – so gern ich auch reisen möchte, und eigentlich will ich Ende November nach Westdeutschland zum Lesen. Dieses Jahr soll auch noch der *Essayband* mit *Ankunft der Prinzessin* herauskommen.

Neulich (heut vor einer Woche) waren Erwin und ich zur Premiere in *Veras Theater*, sie hat Shakespeares *Lu-*

stige Weiber inszeniert, schön, mit guten Schauspielern. Wir saßen bis nachts bei der Premierenfeier zusammen. Schon bei der Hinfahrt von der Frankfurter Allee zum *Palast*, auf dem Alexanderplatz, vor dem *Hotel Stadt Berlin* wurde der *glorreichen Zeiten* gedacht, als wir da oben im vierundzwanzigsten Stock zusammensaßen und *schmausten*, und überhaupt wurde an Euch gedacht und von Euch gesprochen, und vielleicht können wir doch noch einmal so schöne Zeiten zusammen verleben? Wenn sich Mityus Bein *stabilisiert*, werdet Ihr doch spätestens zum Frühjahr reisen können, und so könnt Ihr jetzt Pläne machen, der Frühling ist ja *gleich um die Ecke*! Versuch, nicht *trüb* zu sein, liebe Marianne, wir versuchens hier auch, auch uns fällts schwer. Erwin hat gerade einen Infekt *verdrängt*, arbeitet jeden Morgen von fünf bis sieben an der Fortsetzung vom *Laden*, der *Kleinstadt* – das ist so ziemlich das einzige, was ihn *hält*, denn eh der helle Winter nicht kommt mit Schnee und Frost, sind auch *seine* Stimmung und seine Gesundheit nicht zum besten … Der *schöne* Herbst ging ja lange dieses Jahr, die Blumen sind erst vor kurzem erfroren, ein paar Herbstastern und Rosen blühn noch, und in mein Fenster leuchtet das rote Laub des Essigbaums herein, das lodert!

Gleich wird unser *armer Achim* ein halbes Jahr tot sein! Und ich sehe ihn immer so sitzen, wie er mir bei seinem letzten Besuch in der Berliner Wohnung am Küchentisch gegenübersaß: mit blauem Blazer, weißem Hemd, kirschrotem Sweater und kirschrotem Seiden-Halstuch. Und ich sah auf ihn und wußte, daß er unmöglich noch lange leben konnte, und konnte, wie immer, das *Mysterium* des Lebens nicht begreifen: er war doch *absolut* da, er selbst, voll *beim Leben*, Denken, Fühlen, Sprechen, und das sollte plötzlich alles, wovon? angehalten werden und nicht mehr sein? In Salzburg haben wir viel von ihm gesprochen, ein ganzes *Foto-Buch* gesehen, das seine *Wirtsleute* in den Sommern 81 und 82 gemacht haben: *Sommer mit Joachim* – all das war *gefühlsverwirrend*, denn gedankenverwirrend ists nicht, weil man *denken* darüber gar nicht kann. All diese Lebensverwicklungen, in die Menschen geraten …

Wir wolln nicht *depressiv* sein, solange wir *da* sind und nur die läßlichen Krankheiten haben, die uns beim Leben lassen!

Ich bin gewiß, Ihr lebt *märchenhaft* wie immer und malt und schreibt was Schönes! Seid gegrüßt und umarmt!

22. Oktober 1983

Sie überschätzen die Möglichkeit zur *Hilfe*! (Sie beklagen sich über den Zirkelleiter.) Und Sie überschätzen auch die *Technik* des Schreibens. Natürlich muß man das kennen (Verslehre), vor allem muß man die Weltpoesie unablässig in sich aufnehmen. Aber das Wichtigste ist der starke Schreibimpuls, der Zwang zur *persönlichsten* Mitteilung, die ganz eigene Weltsicht und Bildsprache … Ich sehe das an Ihren Gedichten nicht, liebe Frau T. Es tut mir leid, und ich weiß nicht, wo ich ansetzen sollte mit Vorschlägen, etwas *anders* zu machen, oder wo ich sagen könnte: hier ist das Besondere der *Poesie*. Das ist nur in Zeilen gesetzt und gereimt.

Natürlich kann ich mich irren!

22. Oktober 1983

Dank für die Gedichte von Rose Ausländer, liebes Fräulein Hanke-Nilsson! Allerdings kannte ich sie (aus Anthologien), und ich hatte mir gerade aus Salzburg das Taschenbuch mitgebracht, das Sie mir schickten (natürlich ein anderes Exemplar!) – so habe ich meines einem meiner Söhne geschenkt, der sich sofort von den Gedichten ergriffen fühlte. Eine große Dichterin, ich bin froh, sie zu kennen!

Mein Leben hat einen *Knoten* seit einiger Zeit, der muß sich entwirren (so hoffe ich, er wird es). Arbeit und Leben gehn nicht so, wie sie sollten, mag sein, ich muß ins Krankenhaus. Jüngst habe ich Nachdichtungen von *Puschkin-Gedichten* für eine neue sechsbändige Werk-Ausgabe gemacht. Nun versuche ich wieder einmal, ein wenig von dem Postberg herunterzukommen, mein ewig schlechtes Gewissen, dann aber schreibe ich ein Prosabuch weiter (Mai in Piešťany) –. Mit guten Wünschen für Ihren schwedischen *Herbst-Winter*!

22. Oktober 1983

Liebe Dagmar, morgen ist es einen Monat her, daß Sie schrieben, inzwischen haben Sie schon wieder so vieles überstehen müssen, und ich kann nur hoffen, daß mein Brief Sie in einer nicht allzu schlimmen Situation trifft! Ich schäme mich, daß ich Ihnen von meinen anhaltenden Kränkeleien schrieb, die mich unlustig machen, mir zwar lästig, aber doch wohl ohne ernstere Ursache sind. Wie sieht Ihr Leben dagegen aus! Schrecklich ist es, so dem *Schicksal* ausgeliefert zu sein! Wie ist denn nun Ihre Lage mit Beruf, Krankenstand, Geld? Schreiben Sie mir darüber! Um *Bewerbung fürs Leipziger Literaturinstitut oder nicht* sollten Sie sich jetzt nicht kümmern. Wenn Sie nur über diese schlimme Phase der Krankheit hinwegkommen, wird sich alles andere schon finden! Gut, daß Ihnen das Lesen und Anschaun und Aufnehmen bleibt!

Ich hatte gehofft, Ihnen dieser Tage meinen neuen Gedichtband schicken zu können, aber mehr als das Signalexemplar habe ich noch nicht. So schicke ich ihnen heute den neuen Roman meines Mannes, in den Sie sicher *eintauchen* werden wie schon viele andere, die sich willig dem *Sog* der Erzählung überließen ... In meinem Essayband *Poesie und andre Nebendinge*, der dieses Jahr noch erscheinen soll, ist ein Aufsatz über Bella Chagall enthalten, den ich vor Jahren für den Rundfunk schrieb. (Sie teilten mit, daß Sie Bella Chagall lesen.) – Liebe Dagmar, ich grüße Sie mit festen Wünschen für die Besserung Ihrer Gesundheit!

22. Oktober 1983 (Freitag abend)

Liebes *Söhnchen*, da war ich aber traurig eben, als ich aus der Wiese heimkam und Vater mir sagte, Du hättest *doch* angerufen und dann ganz schnell aufhören müssen: *Alarm*! Wann Du wohl wiederkommst und wieder anrufst? Zwar, ich habe ein *trauriges* Gedicht heimgebracht aus der Wiese (und wenig hab ich geschrieben dieses Jahr, ich schrieb und sagte Dir schon, gegen *wen* ich *Klage erheben* müßte wegen *Zerstörung der Poesie*) – aber ich wünschte doch, ich wäre an meinem Schreibtisch geblieben, wo ich den ganzen Tag Briefe *gehämmert* hatte (auch Briefe habe ich fast keine geschrieben, nur an Dich und in den drei letzten Monaten an Erwin) – ich versuche, Deinem Beispiel zu folgen und mich *zusammenzunehmen* ... Hunderte Briefe liegen in meinen Körben herum. Eine Schande ist es. Manches ist so dringlich gewesen, als die Schreiber es schrieben, Gedichte sind eine Menge dabei, deren *Sender* natürlich bang auf Antwort warten ...

Beim Schreiben hab ich gestern und heut immer die *Güttler-Platte* gehört, die wir letztes Weihnachten, auch in den Nachweihnachtstagen Anfang Januar, als Du da warst, immer gespielt haben ... Ich spüre, wenn ich sie höre, Deine *trockene* harte Hand in der meinen, denn wir saßen im Dunkeln mit *Papa* in der Diele auf dem Sofa und hörten zusammen die Musik und hielten uns bei den Händen ... So haben wir auch bei Deinem Urlaub (Hand in

Hand) von Zeit zu Zeit die *Winterreise* gehört. Ich habe bereut, daß ich sie Dich *letztes Mal* nicht anhören ließ, aber ich war so krank und kümmerlich, daß ich mich fürchtete vor dem *Gefühlssturz*, den es jedesmal wieder gibt ...

Der *Papa* wirtschaftet über mir herum, er will unter die Dusche gehn, wir wolln erst um sieben essen, jetzt ist es Viertel nach sechs, die *Katers* warten schon mit Äsop in der Küche, sie sind mit mir hereingekommen und haben mich schon um Futter angewütet, als ich mir einen Tee eingoß. Der *Graue*, der hinkt, weil der *Blonde* ihn dauernd angreift und ihn wohl gebissen hat vor zwei Tagen, war mit mir in der Wiese, an Assans *Owo* vorbei, wo ich vor ein paar Tagen den Knochen wieder auf die Stange gesteckt habe. Es warn wieder *Störer* unterwegs ... *Papa* hat bis eben auf die Rheinshagener Jungs gewartet, die Dussja holen sollten. Nachmittags brachten Leute Dussja zu uns, sie dachten, daß sie bei uns ausgerissen wäre. Nun hat Vater gerade im Heim angerufen, die Jungs hatten sich *verirrt* ?, sind zurückgegangen und kommen erst morgen früh. Aber angerufen haben sie Vater nicht, um ihm Bescheid zu sagen. Natürlich war er böse darüber ... Er sitzt hier (vom Spazieren verschwitzt, noch immer nicht gesund nach seiner Magen-Darm-Grippe), und dort kümmert man sich nicht drum, fragt nicht mal, ob das Pferd über Nacht hierbleiben kann ... Wenn *Mattuche* da wär, wärs was anderes, aber so macht ja Herbert die Pferdearbeit, und er ist natürlich längst nach Hause gegangen ...

Matti ist seit gestern im Vogtland, vorgestern abgefahren zu seinem Freund und Kollegen Ingolf Schöne nach Mertensmühle, gestern früh *hinunter*. Dienstag will er zurückkommen, und er soll mir auf dem Rückweg meine beiden Bilder von Lutz Voigtmann aus Karl-Marx-Stadt mitbringen, die ich vor Jahren gekauft habe. (Aber das schrieb ich Dir sicher schon ...)

Morgen vormittag kommt Herr Paner (der *Verbrecher*, wie Du ihn einmal *Pferdebrennens* wegen nanntest, als Du klein warst). Montag kommt der neue Verlagsleiter von *Aufbau*, Elmar Faber, mit Frau Glatzer, die Du auch kennst (die Anführerin der *Dreierbande*, die voriges Jahr zur Besprechung über den *Laden* da war, mit *Handtaschen*), Dienstag kommt Erika Büttner von der *Sybille* mit dem Fotografen Werner Mahler, Bilder von Hubertus fotografieren für die Nummer 1/84, in der sie zwanzig Manuskriptseiten unveröffentlichte Briefe von mir (1978) abdrucken wollen, Auszug aus einem Text, den ich für eine Anthologie in den Mitteldeutschen Verlag gegeben habe … Vielleicht fahr ich mit ihnen nach Berlin, von Frau Zellner Vaters und von Frau Splettstößer meine Manuskripte abholen und Tonbänder hinbringen. Matti wird bis Freitag hierbleiben müssen, früh noch Gas holen von Gransee. Vater hatte ein paar Mal gesagt, er sollte noch welches ranschaffen, hats aber nicht, und gestern ists im alten Haus alle geworden und wir mußten von Frankes welches borgen, weil wir einen Wecktopf mit Apfelmus aufgestellt hatten … Das war unschön. Glas hatte er endlich noch bekommen, nach vielen Bemühungen, in Rheinsberg, und hat die Tür beim alten Bad neu verglast und das Laubenfenster. Laube und Pferdewagen sind auch fertig gestrichen. Wenn er seinen Urlaub vorbei hat, wird er Tannengrün fahren müssen und aufräumen – das ist noch immer das Ärgernis: seine Stube im alten Haus und die Remise sehn wieder wüst aus. Das Ordnungsprinzip, das Dir wohl *eingeboren* ist, kann er sich nicht aneignen. Oder vielleicht doch noch? Oder er kommt einfach nach mir und Du nach Vater?

Ich habe schon Angst, wenn Du wieder *entschwindest* für acht Tage! Ich dachte, das wäre vorbei? Und nun im November! (Wie voriges Jahr!)

6. Dezember 1983

Lieber Hubertus, es ist noch zu gratulieren zu dem *Moskauer Preis* (wir haben Sie auch in der *FW, Freie Welt*, gesehen *mit Krawatte*, in Moskau, aus dem Artikel zum Bild ging hervor, daß die Ausstellung, deren Preisträger Sie sind, auf jenen gemeinsamen *Mal-Winter* zurückgeht, von dem Sie seinerzeit schrieben), dann ist auch Glück zu wünschen zu Ihrer Wahl in den Verbandsvorstand. Ich bin überzeugt, Sie werden Gutes daraus machen. Mein Zutrauen zu Ihnen ist, nach wie vor, *grenzenlos …*

Ich hatte einen schönen, *ergreifenden*, Nachmittag mit den Leuten von der *Sybille*, die zu meinen unveröffentlichten Briefen Reproduktionen Ihrer Sachen stellen wollen. Sie haben eine der letzten farbigen Varianten der *Wladimirka* genommen, die Sie damals machten, als das *Poesiealbum* kommen sollte. Dann den schönen *Dresdener Baum*, aber auch noch eine Zeichnung aus unserer Landschaft. Sie wollten es in Berlin fotografieren, obwohl der Fotograf Werner Mahler mit hier war, haben wir uns doch so entschieden, weil die technischen Bedingungen in seinem Atelier besser sind. Demnächst lasse ich mir die Arbeiten zurückgeben. Das *ergreifend* bezog sich auf die *Fülle*, die sich hier ausbreitete, es ist unglaublich, was da an *Leben* zum Vorschein kam. Ich war sehr glücklich an dem Nachmittag und bin es noch immer, über diesen *Besitz …* Einen anderen *Besitz* habe ich seit Oktober: ich habe drei Bilder von *Querner* gekauft. Es war eine Ausstellung in Berlin am Strausberger Platz. Frau Querner war zur Eröffnung da. Eines der Bilder, *Karsdorf im Grünen*, haben wir Peter Schreier geschenkt, die beiden anderen: *Bildnis Bronja* und *Mädchen mit blauer Schürze* gehören *mir*. Wunderbare Bilder! Ich habe mit Frau Querner vereinbart, daß ich sie *unbedingt* besuchen werde. Ich muß aus den verschiedensten Gründen nach Dresden! Vorläufig aber noch nicht. Ich bin gerade aus dem Krankenhaus gekommen, habe monatelang laboriert mit diffusen Leber-Galle-Magen-Beschwerden. Nun ist es der Magen. Ich bin noch längere Zeit krank geschrieben, schlucke Tabletten und habe vor allem absolute Ruhe-Verordnung. So habe ich nicht nur die Frankreichreise Anfang Oktober, sondern auch die große Westdeutschland-Lese-Tour, die von Kiel bis München und wieder hinauf nach Bonn gehen sollte (vierzehn Lesungen in vierzehn Tagen) abgesagt, und zwar *endgültig*. Ich kann vielleicht mal was *einzelnes* machen, aber keine solchen *Gewalt-Sachen*. Die Magengeschichte (*multiple Erosionen* am Magenausgang, aber da gibt es schon alte Narben von Geschwüren) kommt unter Spannungen und Belastungen immer wieder …

Heut will ich Ihnen vor allem *Heliotrop* senden, *Poesie und andre Nebendinge* steht noch aus. Meine lieben Freunde, die Jugoslawen, haben kein Papier geliefert, wie sie vertraglich versprochen hatten, heißt es, *Poesie,* heißt es, *hängt* mit andren Dingen *über* ins nächste Jahr. Allerdings hab ich erfahren, daß Elmar Faber, der neue Verlagsleiter von *Aufbau*, sich in der Druckerei mit *Krach* um mein Buch gekümmert haben soll … Am 24. November hatten wir wieder einmal *Buchpremiere* im *Internationalen Buch* – mit *Laden* und *Heliotrop*, es war rührend und erschütternd, die Zuneigung und Begeisterung der Leute zu erleben, die sich vier und fünf Stunden im eisigen Wind auf der Außentreppe zum ersten Stock des Ladens *hinarbeiteten*. Wir haben bis gegen acht Uhr abends und bis zum letzten Buch signiert, und dann standen noch Hunderte da und mußten (weinend die einen, wütend die andren) heimgehen …

Lieber Hubertus, liebe Marlies, lieber Caspar – ich denke

an die kleine Familie mit so guten Wünschen! Viel schöne *Dunkelstunden* in der Vorweihnachtszeit – wir haben sie auch, in der Diele, zu dritt (oder zu sechst mit Katern und Hund!)

6. Dezember 1983

Lieber Nodar, Reso, der *Reisende*, hat hoffentlich von unseren Begegnungen erzählt, hat sicher auch erzählt, daß *Heliotrop* erschienen ist – verzeih, daß ich es jetzt erst schicke, außerdem einen *Reclam-Prospekt*, in dem ein Ausschnitt aus Deiner *Laudatio* vom Oktober 80 abgedruckt ist, mit dem man, wie ich finde, schön auf meinen Auswahlband *Beweis des Glücks* hingewiesen hat. Und ich weiß nicht mal, ob Du den Band schon hast? So schicke ich ihn ebenfalls mit. Ich werde alles einschreiben lassen, damit es auch *wirklich* bei Dir ankommt. Ich erinnere mich, daß *Ich schwing mich auf die Schaukel* und die *Sybille* mit den Fotos und Holmars Artikel mehrmals verlorengingen. (Der Film liegt noch immer, fast zwei Jahre, ich ändere ihn nicht!)

Was meine Krankheit angeht: es ist der Magen, nachdem es erst die Leber war. Nun versuche ich, *temperiert* zu leben, mich nicht aufzuregen, froh zu sein, daß ich nichts *anderes* habe (wie die Leute hier für *Krebs* sagen) – hier bei uns im Dorf, in Dollgow, haben wir gerade so schreckliche Tode gehabt wie den vor zwei Jahren, fast zwei Jahren, von Surab, binnen Wochen, Schulkameraden, dreiundvierzig Jahre alt, ein Mann, eine Frau. Das ganze Dorf hat mit Entsetzen *zugesehen*, eher *gelauscht* auf die *kosmischen* Strahlungen oder Ratschlüsse, die da wirkten. Als ich nun ins Krankenhaus mußte, dachten alle: das ist die nächste.

Erwins *Laden* ist das Buch, das mit der größten Liebe von den Lesern aufgenommen wird. Wir sind ja *allerhand* gewöhnt, aber so einen *Sturm* von Sympathiekundgebungen hatte er doch noch nie zu bestehen (das heißt, zu beantworten).

Inzwischen hat Erwin sich weit in die Fortsetzung vom *Laden*, in die *Kleinstadt*, hineingeschrieben. Er hat schon für seine traditionelle Rundfunklesung am Heiligabend eine Aufnahme gemacht – er schreibt wieder mit großem Vergnügen, der Anschluß an den *Laden* scheint mühelos gelungen zu sein …

Ich habe in diesem Jahr siebzehn Gedichte geschrieben, Puschkin-Nachdichtungen für die neue sechsbändige Ausgabe des Aufbau-Verlages gemacht (das heißt, es ist eine Nachauflage, für die man nur, aus rechtlichen Gründen, einige Dinge neu hat nachdichten lassen), habe *Mai in Piešťany* fortgesetzt, mein Prosabuch, das ich über Winter zu beenden hoffe, habe so gut wie keine Briefe geschrieben, sitze deshalb mit Hunderten zu beantwortender Briefe da, hab nur immer meinem lieben Jakob zur Armee geschrieben und dem Erwin junior, als er auch ein Vierteljahr *dabei* war, und hab Pakete für die *Soldaten* gepackt, ihre Wäsche gewaschen und sie mit allem Nötigen (oder Unnötigen, sondern *Erwärmenden*, wie Büchern und so weiter) versorgt, habe Gäste bewirtet, bin herumgereist – aber jetzt denke ich, daß ich ernsthaft was arbeiten werde …

Mein Essayband ist etwas verspätet, kann sein, er kommt erst nächstes Jahr heraus … Dir habe ich noch zu danken für Dein russisches Buch, das Du – leider ohne eine Begleitzeile – geschickt hast! Wir sind überhaupt, seit Deinem Besuch im Juni, ohne einen Brief von Dir! Hoffentlich geht bei Euch alles leidlich, macht Dir Dein Herz nicht wieder zu schaffen und Du kannst den Winter gut überstehen – übergehen! – Seid alle, die ganze große Familie und der Freundeskreis, herzlich gegrüßt (auch die Wohnung!)

1984

11. Januar 1984

Wieder einmal habe ich in Deinen Sachen *gelebt*, Galsan, habe noch einmal das *Verspätete Jagdglück*, *Berichte von Steppe, Stroh und anderem*, *Das andre Dasein* und *Die Gobi wird ihr Meer wieder haben* gelesen (den Ausschnitt aus der Zeitung *Der Morgen*, den uns *Dr. Hildchens* Sekretärin Frau Thomas, die immer uns interessierende Texte ausschneidet, sandte). Da gleich eines: Die Geschichte ist unter *Tschinagijn Galsan* veröffentlicht, das ist nicht gut, Deinen Namen, so wie er hier durch Dein Buch und die *Tüdew*-Übersetzung eingeführt wurde, zu ändern! Auch wenn er bei *Euch so* korrekt ist, dann hättest Du den anderen, Galsan Tschinag, hier erst gar nicht benutzen sollen! Überleg das, bitte, und leg Dich auf einen fest! Dein Buch ist nun, so scheint es, aus den Buchhandlungen verschwunden. Ich habe es seit einiger Zeit nicht mehr gesehen … Viele hatten uns dazu geschrieben, und ich habe ihnen immer Deine Adresse mitgeteilt, damit sie Dir selber ein paar Zeilen senden …

Also: ich finde nicht, daß Du mit *Das andere Dasein* eine *schlechte Geschichte* geschrieben hast. Im Gegenteil. Das ist nur eine Sache des *Stils*, der sprachlichen Bearbeitung, die Geschichte ist nicht genügend *geschliffen*, gerade hier kommt es auf Milligramme des *Ausdrucks* an. Das ist ja überhaupt der Vorzug Deiner Geschichten, daß die Stoffe immer *groß* sind, daß es sich immer um *schicksalhafte* Verstrickungen handelt, wie ganz außerordentlich auch im *Verspäteten Jagdglück*. (So auch in der *Tuwinischen Geschichte*.) Was ich vom sprachlichen *Feinschliff* sagte, schließt nicht aus, daß Dir schon jetzt wunderbar *stimmende*, von Dir *erfundene*, Sprachbilder gelungen sind. Alles in allem, denke ich, ist das Material für ein zweites Buch *erschrieben*. Bei uns müssen noch mehr Geschichten lagern, auch die herrliche *Wintergeschichte* mit Tuja.

Unser dreißigstes Weihnachten und Silvester in Schulzenhof war das schlimmste, das wir je hatten (vielleicht trügt mich auch die Erinnerung und mein alterndes, kümmerndes Herz, das *empfindlicher* wird) – also sei nur gegrüßt zum Neuen Jahr, das Du hoffentlich besser begonnen hast als wir! Sei glücklich mit Deinen Kindern und mit Nordshmaa und bei Deiner *Schreibarbeit* (Stanislaus Büdner: *Dichtereiarbeiter*!).

Wie sieht es nun wirklich aus? Bist Du aus der Redaktion raus? Oder im *Freien Vertrag?* Es geht Dir wie uns: da der Postberg so wächst, schreibt man schon überhaupt keine Briefe mehr.

Frankes sind in Pension gegangen. Wir haben eine jüngere Frau aus dem Dorf, für ein paar Stunden täglich, wie Frau Franke, und Matti ist seit Mai letzten Jahres da. Aber mit uns allen steht es nicht glücklich. Zwar: Erwin hat ein Buch herausgebracht, das ihm nur Liebe einträgt, den *Laden*, er hat ihn Dir inzwischen geschickt. Er steckt schon mitten in der Fortsetzung, der *Kleinstadt*, aber er ist meistens depressiv, *verdüstert*.

Ich habe 1983 einen Reclam-Auswahlband meiner Gedichte und eine neue Sammlung veröffentlicht, demnächst kommt mein Essayband *Poesie und andre Nebendinge* – aber was ist das alles, wenn das Leben sich *auflöst* ... und so ein Gefühl habe ich jetzt. Zwar, wir hatten im Sommer eine glückliche Woche in Salzburg, und vorher einen *Mai in Pieštany* (ich schreibe an so einem Prosabuch) ...

Erwin junior hat intensiv zu schreiben begonnen, neben der Schauspielerei, Ilja ist geschieden, von der Forst zur Keramik übergegangen, Jakob ist noch bis Ende April bei der Armee, zur Zeit gerade auf Urlaub für eine lange, kurze Woche, sitzt in seinem Keller, hört Musik und liest ...

Wir haben einen scheußlichen scheußlichen Winterherbst, die ganze Zeit unnatürliche Milde, Finsternis, Regen. Kein Schnee, keine Sonne. Wenns kommt mit dem Winter, wirds vielleicht alles wieder besser ... Ich schick Dir meine Bücher, und sei Du glücklich beim Schreiben neuer Geschichten!

20. Januar 1984

Liebe Ute, daß Sie erst achtzehn sein solln und in die zwölfte Klasse gehn, will mir nicht in den Kopf. *Sie* wollen diese reifen Gedichte geschrieben haben? So frage ich, dabei weiß ich, daß die Dichter früherer Jahrhunderte schon mit fünfzehn, sechzehn so weit waren, so tief dachten und herausfordernd sprachen ...

Ich halte Sie für *begabt.* Aber wohin mit Ihnen? Schreiben Sie an die Nachwuchsabteilung des Schriftstellerverbandes der DDR, 1080 Berlin, Friedrichstr. 169/170. Vielleicht kann man Sie mit Leuten Ihres Alters zusammenbringen, so daß Sie sich gegenseitig stützen und nützen können ...

Ich hab keine Lust, was *Einzelnes* zu sagen zu Ihren Gedichten, das ist nicht meine Sache, ich bin nicht Verleger oder Redakteur. Ich kann nur sagen: ich seh Talent oder ich sehe keins. Ich wünsche Ihnen Mut und Zuversicht!

21. Januar 1984

Es ist zwar schon ein Weilchen her, daß Sie mir schrieben, lieber Thomas Bach, aber Sie werden hoffentlich meine Antwort noch annehmen. Ihre Texte, Ihr Brief, Ihre Adresse, alles läßt mir einen *edlen* jungen Mann vor Augen treten, jemanden, der Ideale hat und sie *leben* will. Das freut mich, steht es doch dem landläufigen verallgemeinerten Bild von *unserer Jugend* entgegen.

Was nun das Schreiben angeht: natürlich kann es so sein, daß es Sie nur gelegentlich *drängt*, etwas aufzuzeichnen, wie Sie andeuteten und wie es auch aus der Datierung Ihrer Arbeiten hervorgeht. Auch das kann gut für Sie sein, Ihr Leben erleichtern, verschönen. Aber wenn es sich ernsthaft um *Schreiben* handeln soll, muß es ein innerer *Dauerzustand* sein, der Sie zum Ausdruck und zur Aufnahme von Literatur treibt. Nie hat es einen *wirklichen* Schriftsteller gegeben, der ohne Kenntnis der Weltliteratur gewesen wäre, der zeitgenössischen und der vergangenen aller Epochen, die noch (durch Übersetzung vor allem) für uns erreichbar sind. Man muß lesen, lesen, lesen. Dann muß man auch die Sprache (technisch, orthographisch, grammatikalisch) zu bemeistern versuchen. Es gibt ja den Duden und Sprachlehren. Sie brauchen sich da nicht zu genieren, das ist Schuld der *Deutsch-Methodik*, weil man die Sachen in den ersten Jahren nicht lange und gründlich genug eingeprägt hat. Meine Söhne haben auch erst, aus eigenem Antrieb, spät begonnen, das zu ordnen. Ich glaube, Sie sollten mit Aufzeichnungen aus Ihrer jetzigen Umwelt (sicher arbeiten Sie doch mit den Tieren auf dem *Touristikstützpunkt*) fortfahren. Nichts ist zu klein, wenn es genau beobachtet wird, so wie die Geschichte von der Wespe. Sie erinnerte mich an eine ähnliche Szene, die Erwin Strittmatter erlebt, aber bisher nur im Tagebuch aufgezeichnet hat: er hat in seinem Taubenschlag eine junge Taube gesucht, sie war aus irgendeinem Grund in dem dämmerigen Schlag *verschleppt* worden. Und er hat sie *zermalmt*. Tagelang wurde er das Grauen nicht los und das *Beingefühl*, die Pein im Fuß, der das Tier zertrat. So wie Sie das Knirschen schildern, hat er immer das Brechen der Knöchlein gehört. Er war verstört von dem *Mord*. Natürlich sind auch Sie ein *Neurotiker*, bei all Ihren Idealen gesunder Lebensführung. Denn ein *Normalmensch* würde sich aus dem Tod einer Wespe nichts machen. Aber die *Neurotiker* sind da, um das *Weltgewissen* wachzuhalten.

Nun also, lieber Thomas, es ist nur die Frage, ob Sie die *Kraft* haben, sich Zeit zu *verschaffen*, zu rauben, sich Nachtstunden abzuringen für Ihre *Bildung*. Bibliotheken gibt es überall ... Sie sind in einer ähnlichen Lage wie Erwin Strittmatter vor fünfzig, vierzig Jahren, damals zog er als junger Stallbursche und Tierpfleger durch die Lande, immer studierend und schreibend ...

21. Januar 1984

Hoffentlich ist alles gut gegangen, als Sie im Krankenhaus waren, liebe Frau Ehlert! Die Nachschrift Ihres langen Briefes stammte vom April, aus dem Krankenhaus.

Es hat mich gefreut, daß Sie ausführlich von sich erzählten. Und ich will Ihnen, ungebeten, einen Rat geben: Wenn das Schreiben zur *Pflichtübung* wird, weil Sie im *Zirkel* was *vorlegen* müssen, verlassen Sie den *Zirkel*, leben Ihr tägliches Leben und schreiben, wann und wie es Sie drängt! Ohnehin habe ich den Eindruck bei Ihnen wie bei anderen, die in *Schreib-Zirkeln* sind, daß da immer die berühmte *Tendenz eingebaut* werden muß. In Ihren *Sommernachtsträumen* hätte der Satz: „Keine metallisch glänzenden Panzer schützen uns vor den Gefahren des Alls, sondern nur eine luftige Hülle" genügt, um das Besondere der Situation, das Ausnahme-Gefühl zu schildern und zu zeigen, daß Sie *nicht auf den Kopf gefallen sind* und sehr wohl wissen, in was für einer Welt Sie leben. Die ganze Geschichte ist übrigens unten auf der Seite zu Ende, alles andre ist überflüssig.

Also: wenn Sie schreiben *müssen*, schreiben Sie für *sich* und setzen sich nicht, neben den Belastungen mit Beruf und Familie, noch diesem Druck aus, daß Sie was *liefern* müssen. Ich würde *so* überhaupt nichts schreiben ... Ich schreibe nur bei *Gunst*.

21. Januar 1984

Liebe Christl, lieber Günter, für drei schöne Briefe ist wohl noch zu danken, der letzte vom Jahresanfang erzählte von Euren Silvesterfreuden, von dem guten Besuch, den Ihr hattet.

Bei uns gings nicht so gut an, wir hatten alle die Virusgrippe. Erwin lag seit dem 28. Dezember und war am schlimmsten krank, mit Rückfall, seit einer Woche ist er wieder auf und arbeitet, das heißt, er hatte schon im Bett Briefe auf Band diktiert, die er dann, nach dem Aufstehen, in die Maschine schrieb, drei Tage lang, um *schuldenfrei* zu sein, *postrein*, wie er sagt. Nun sitzt er wieder an der Korrektur, der zweiten, des ersten Teiles der *Kleinstadt*, über hundert Seiten sind schon geschrieben von der Fortsetzung des *Ladens*, und Erwin hat Heiligabend eine Stunde bei Radio DDR II gelesen, wie jedes Jahr, den Anfang des neuen Buches. Aus Deinem Brief, liebe Christl, sah ich, daß Du es nicht wußtest und die Vorlesung versäumt hast.

Ich hätte schon geschrieben, wenn ich nicht immer auf mein Bücherpaket mit den bestellten *Heliotrop* gewartet hätte, um Euch das versprochene *persönliche* Exemplar zu schicken. Aber das Paket ist noch nicht da, zwar, wie ich vom Verlag erfuhr, *über EDV schon abgebucht*, aber es kommt und kommt nicht. Nun habe ich mir eine Liste gemacht, wem alles ich eins schicken will, da steht Ihr obenan, und so schicke ich den Brief nun doch voraus, um Euch zu allem, was Ihr dieses Jahr plant, glückliche Verwirklichung zu wünschen. Freuden über Freuden! Seid gesund, das vor allem, und auch Euch Dank für den guten Tag, den wir hier zusammen hatten, für den Blick in die Poesie Eurer Entwürfe!

21. Januar 1984

Eine Leserin aus München schickte mir einen Zeitungsartikel über Dich, dabei ein Foto: Friederike Roth mit Lokken, daraus sah ich, daß Du 83 alle wichtigen Preise gekriegt hast, und ich gratuliere Dir dazu. Ich variiere die Widmung, die Du mir in *Schieres Glück* schriebst: *Schön, daß es solche Friederikes gibt!*

Sowieso wollte, mußte ich Dir schreiben, um dir mein neues Buch zu schicken, in dem Du vorkommst (ich brauchte Dich da unbedingt, obwohl die Szene *gemogelt* ist in *Sendschreiben an vier Freunde in zwei Ländern*, wie Du wohl sehen wirst. Du warst unter jenem *Skopjer Ahorn* nicht dabei, liefst irgendwas einkaufen, aber die *innere* Wahrheit ist es ja doch.)

Deiner *gedacht* habe ich *aller Tag*, seit jenem Herbst 81, möcht ich schreiben, auch das wär die *innere Wahrheit*, wenns auch nicht jeden Tag war. Wer weiß, wo es Dich inzwischen überall umhergewirbelt hat, aber mich nicht, ich bin nur treulich dreimal inzwischen zu meiner üblichen Kur nach Piešťany in die Slowakei gefahren (gleich nach Struga, mit jenem Infekt, den der Werner da schon hatte und der unvergeßliche Amerikaner Max Schwarz), dann war ich noch vier Tage in Heidelberg zum

Lesen (Juni 83) und August 83 acht Tage, mit meinem Mann, in Salzburg. Sonst bin ich, wie immer, häuslich-seßhaft gewesen, als *Zentrum* der Familie, im Zwiespalt mit mir. Ich hatte damals versprochen, Dir die *Briefe aus Schulzenhof* zu senden –, alles hab ich verschlampt, nicht mal dem Werner Dürrson geantwortet, der mir zu Weihnachten 81 schrieb. Vielleicht seid Ihr beide schon umgezogen, aber ich wags jetzt, in einem Anfall von Wehmut und Ordnungssinn, an Euch zu schreiben und zu sagen: das warn schöne Tage mit Euch, unvergeßlich der erste Abend in Belgrad, wie wir einander gegenübersaßen und Du aufsprangst und mich als meine Leserin grüßtest … Und all die guten Gespräche, die wir hatten, und weißt Du, was ich besonders stark als schön erinnre: den kleinen Gang durch *Struga*, als wir zu viert warn, um Werners Tasche reparieren zu lassen. Als Ausbruch aus dem *Fest-Reglement* der *Poesietage* und *Einbruch* ins *wirkliche* Leben …

Ich hoffe, liebe Friederike, es geht Dir gut beim Leben, vielleicht schickst Du mir mal was von Deinen Büchern. Ich hab jetzt grad wieder, mit tiefer Freude, in *Schieres Glück* gelesen (ich erinnre mich, wie Du Dich über die Puppe auf dem Umschlag ärgertest). Ich habe inzwischen meinen seinerzeit beiseitegelegten Titel *Beweis des Glücks* für einen Reclam-Auswahlband verwendet, so daß die Zeile in meinem *Sendschreiben* nicht *in der Luft hängt*. Sei glücklich, Friederike!

22. Januar 1984

Lieber Werner, eben habe ich für Friederike ein Buch und einen Brief eingepackt. Ein Buch, das ich ihr wie Dir unbedingt schulde, weil Ihr beide darin vorkommt. So will ich gleich meine Bitte um Verzeihung an Dich senden, dafür, daß ich mich zwei Jahre nicht *abgedankt* habe für

Deinen Brief zum Jahresende 81, über den ich mich doch so sehr gefreut hatte! Und Du entschuldigtest Dich damals bei mir, daß Du wegen Deiner Nachdichtungen so lang keine Zeit gehabt hättest …

Nun bin ich damit gestraft, daß ich nicht weiß, ob Du in Kattenhorn geblieben oder doch weggezogen bist, wie Du vorhattest. Damals sprachst Du vom Schwarzwald …

Ich weiß nicht, welchen Wert die Erinnerung an die Struga-Ohrid-Zweti Naum-Prilep- und Skopje-Tage in Deiner Erinnerung haben. Für mich stehn sie da, als wärs meine letzte glückliche Zeit gewesen, ganz unsinnig, ganz gegen alle *Beweise* meines Lebens. Aber richtig heiter hab ich mich nur in diesen Tagen gefühlt (trotz des grotesken Endes mit dem überbuchten Flug an jenem Morgen in Skopje und der rasenden Busfahrt auf der berüchtigten Straße nach Belgrad. Wenn mans richtig nimmt, gehörte das Ende *so* wohl dazu …)

Hoffentlich ist es Dir immer gut ergangen inzwischen, lieber Werner? Hast Du schöne Arbeit getan und gutes Leben gehabt? Bist Du gesund und nach Deinem Sinn? Ich würde mich *innig* freuen, von Dir zu hören, zu lesen!

3. Februar 1984

Früh um neun schreibe ich Euch, von Berlin aus, einen Brief, den ersten zum Neuen Jahr (falls Erwin nicht schon einen geschickt hat). Ich telefoniere nicht, weil meine Stimme wieder *schlecht* ist und geschont werden soll. (*Auf der Zunge* habe ich eine Panthenol-Tablette, Vitamin B.)

Liebe Marianne, lieber Mityu, ich sitze hier in Berlin, weil der Erwin seit Montag im Regierungskrankenhaus liegt (das war der 30. 1., heut ist Freitag). Wir haben das Jahr mit einer schlimmen Virus-Grippe begonnen und das vergangene schon beendet. Am 25., also am ersten Weihnachtstag, warn wir beide noch nach Berlin zur *Palästrina*-Premiere gefahren, zu der uns Peter Schreier, der die Partie des Palästrina sang und überhaupt durchgesetzt hatte, daß dieses *klerikale* Stück mit den ungeheuerlich vielen Bischöfen und Kardinälen auf die Bühne kam, eingeladen hatte. Wir waren noch lustig bis nachts um zwei bei der Premierefeier, fuhren am 26. nach Schulzenhof zurück, und am 28. hatte Erwin schon achtunddreißig Grad Fieber und – was seit Jahren nicht mehr war – einen *überwältigenden* Schnupfen. Er hat sich offensichtlich in der *Oper* infiziert, dann Matti und mich angesteckt, schließlich Frau Dr. Diener, die mehrmals nach draußen kam, um nach ihm zu sehen. Auch sie lag vierzehn Tage sehr krank da.

Erwin stand zu früh auf, am 1. Januar, weil eine junge Malerin unbedingt, gegen meine dringenden Bitten, Silvester bei uns *verbringen* wollte (voriges Jahr machte sie Schlagzeilen in der *West-Weltpresse*, weil sie mit Klaus Bölling, dem *Ständigen Vertreter der Bundesrepublik in der DDR* nach Bonn gegangen war, sie kam nach neun Wochen zurück, hat aber noch ein Westvisum und geht immer *hinüber* nach Westberlin. Vor der *Bölling-Episode* hatte sie Erwins *Zirkus Wind* illustriert, zu seinem 70. Geburtstag, er hat Euch das Buch sicher geschickt?). Erwin bekam einen Rückfall, sehr schwer, und seit Anfang des Jahres *Depressionen*. Nachdem er vorher ausgesprochen *hochgestimmt* war, wollte er *nicht mehr leben* ... Während der Grippe, als die Ärzte mit bereitem Bett auf *Abruf* warteten, ist er nicht ins Krankenhaus gegangen. Ich habe ihn, treppauf, treppab (selber mit achtunddreißig Fieber und Virusinfekt) gepflegt, aber nun hat er sich doch entschlossen. Die Woche ist vergangen mit den üblichen gründlichen Untersuchungen. Organisch ist er wieder *völlig* gesund, nur ein Schilddrüsentest steht noch aus, zu dem heut früh die Blutentnahme gemacht werden sollte. Er sagt: *Ich brauche nur eine neue Seele!* Gestern war nun endlich der Neurologe bei ihm, hat sich erzählen lassen und eine Therapie angeordnet: Tabletten, Spritzen, *Tropf.* Heut vormittag geht er für drei Stunden an *den Tropf.* Man hat ihm prophezeit, daß er in den ersten Tagen sehr müde sein wird, daß es dann aber *aufwärts gehen würde.*

Du, liebe Marianne, bist ja eine Leidensschwester in *Drepressionen* und wirst ihm nachfühlen können. Der *Anfall* überkam ihn auf dem Höhepunkt der *Woge* von Liebe und Begeisterung (auch öffentlicher), die ihm für den *Laden* wurde. Von der Fortsetzung, der *Kleinstadt*, hat er schon hundertfünfzig Seiten in der dritten Korrektur abgeschlossen. Natürlich ist er völlig überarbeitet, aber das ist es nicht allein: es ist doch eine *genetische* Disposition, glaube ich. Denn ich kann zwar rebellieren gegen Lebens*umstände*, auch oder nur literarisch (in Gedichten), aber niemals gegen das *Leben*, ich kann das *Leben* niemals *verwerfen.* Es fasziniert mich so, ich finde es als *Möglichkeit* und in seinen *sinnlichen* Erscheinungen so großartig, daß es mir nie *über* werden könnte. Jetzt allerdings packt mich Angst, daß Erwins Anlage, die zweiunddreißig Jahre lang unser Leben schwer belastet hat, sich zur Krankheit *verfestigen* könnte, daß man ihn nur vorübergehend *herausholen* kann, und da setzt bei mir der *Fluchttrieb* ein. Ich denke an *Rettung* meines Lebens, an Trennung ... Dieser Januar war der schlimmste meines Lebens (so scheint es mir jedenfalls), den Erwin nur sitzen und vor sich hinstarren zu sehen (wenn er nicht arbeitet, was er aber die ganze Zeit getan hat, das heißt in den üblichen Stunden), unansprechbar, ohne Interesse für die Kinder, für irgendwas, bei jeder kleinen Rührung, Erinnerung, Erschütterung weinend – wenn das eine Krankheit *ist*, ist es eine furchtbare Krankheit. Und wenn man daneben auf Dauer leben sollte, müßte und würde man angesteckt werden ... Bisher ist es mir immer gelungen, ihn mit Zureden und *Zurechtschütteln* herauszuholen aus solchen *Krisen*, aber jetzt habe ich das Gefühl: ich erreiche ihn nicht mehr ... Was ich Euch geschrieben habe, ist aber sicher nur der *überwassrige* Teil eines *Eisberges*.

Alles was bei uns *sicher* war (jetzt weiß man also: nur schien) ist ungewiß geworden. Gleichzeitig zu seinen Todeswünschen verabredet Erwin aber, mit mir im April nach Buxtehude (bei Hamburg) zu fahren und im Mai nach Piešťany. –

24. Februar 1984

Der Brief blieb *drei* Wochen angefangen liegen. Ich mußte jeden Tag, zur Unterstützung der Therapie, zu Erwin in die Klinik. Dann bekam ich einen Gripperückfall, lag über meinen Geburtstag krank hier in der Berliner Wohnung. Am fünften Tag ging ich schon wieder zu Erwin, noch nicht kuriert. Die ganze Zeit kämpfte ich mit dem Fieber, dazwischen hatte ich eine Lesung im Verlag zu absolvieren und am 18. eine Reise nach Leipzig, wo wir bei meinem Bruder den achtzigsten Geburtstag meiner Mutter feierten. An dem Wochenende hatte der Erwin das erste Mal Urlaub aus dem Krankenhaus. Ich ließ ihn mit schweren Skrupeln allein, das heißt, unter der Betreuung von Frau Dr. Diener, blieb auch nur einen knappen Tag weg. Heut wird er nun entlassen (nach vier Krankenhauswochen, in denen er siebzehnmal *am Tropf* war mit einem ungarischen Hirndurchblutungsmittel, Cavinton, und zusätzlichen Anti-Depressiva), und wir kehren nach Schulzenhof zurück. Inzwischen ist er ein *anderer Mensch*. Der, den wir am 30. Januar verabschiedet haben, ist verschwunden, er ist zu geistiger Klarheit zurückgekehrt und freut sich, sein *schönes Leben* wieder aufnehmen zu können ...

Matti brachte mir von Schulzenhof die Post. Hier liegen noch sechzig ungeöffnete Briefe. Ich hatte keine Kraft, Briefe zu lesen, über Wochen. Von Euch war einer dabei mit besorgten Fragen, den habe ich gestern aufgemacht, heut will ich diesen erklärenden Brief und meinen Gedichtband senden, der Essayband mit dem Marianne-Gábor-Porträt ist immer noch nicht da, *hängt über* von 83, wegen Papiermangel, kann aber jeden Tag ankommen im Verlag.

Wir hoffen, daß sich nun alles wieder zum Guten wenden wird, aber Erwin muß ein neues *Regime* einführen. Er darf sich nicht wieder so überarbeiten, wie er es in den letzten Jahren, in denen er ein Buch nach dem anderen veröffentlichte, getan hat.

15. März 1984

Lieber Herbert Otto, Irmgard Abe-Speitel schrieb mir, daß sie sich um die Aufnahme in den Schriftstellerverband bewerben wollte und fragte mich, ob ich ihren Antrag unterstützen würde. Das tue ich mit Vergnügen, da ich seit Jahren ihre literarische Arbeit nicht nur mit Interesse, sondern mit *Wohlwollen* verfolge und ihr lange, ehe ihr erstes Buch erschien, geraten habe, sich um die Veröffentlichung ihrer Geschichten in Büchern zu bemühen. Die Genauigkeit der Beobachtung, die stilistische Sicherheit, mit der sie schreibt, hoben ihre Arbeit über das meiste, was im *Eulenspiegel* erscheint (so hoch das *Niveau* auch allgemein ist), hinaus, es waren immer in sich geschlossene *Geschichten*. Der Erfolg ihres ersten Buches bestätigte meine Auffassung, und ich bin überzeugt, daß weitere Bücher sie nur noch mehr ins Recht setzen werden.

15. März 1984

Dank für die *Pfeffermühle*, liebe Irmgard! Sie ist schön!

Eben habe ich den Brief an Herbert Otto geschrieben, verzeih, wenns noch gedauert hat. Erwin war im Krankenhaus täglich drei Stunden am *Tropf*, erholte sich dort ganz gut, *klarte* sich auf, aber sein *Allgemeinzustand* ist nun, da er zu Hause ist, schlecht. Vielleicht liegts an einem Psychopharmakon, das er immer noch kriegt und, nach unserer Meinung, längst nicht mehr braucht: er ist zum erstenmal schreibunfähig und ihm *zittern* die Hände ...

Also: nicht heiter siehts bei uns aus, obwohl die Sonne so frühlinglich scheint ...

Hoffentlich gehts Dir inzwischen leidlicher – ach, auch bei uns müßte alles und alles renoviert werden: auch unser *Riesenzaun* ist zusammengefallen und soll demnächst erneuert werden. Das Schlimme ist nur: ich bin dessen *überdrüssig*. Dreißig Jahre hab ich all das geschleppt und *organisiert* – ich hab keine Lust mehr dazu. Die Bauleute solln dieses Jahr kommen (*wenn* sie kommen!) – mich machts schon nervös, nur dran zu denken. Ich möchte zwei Bücher, Prosa, beenden, aber ich kann mich nicht konzentrieren wegen all dieser Wirtschaftsgeschichten ... Na, schließlich werd ich mich doch *ermannen*, und es wird gehen. Hauptsache: der Erwin findet seine *Hochform* wieder, die er unmittelbar vor der Krankheit noch hatte, was die Roman-Arbeit angeht.

Ich freu mich jedesmal, wenn ich eine neue Geschichte von Dir in der *Eule* sehe! Wie immer: sehr gut! Sei gegrüßt, liebe Irmgard!

15. März 1984

Lieber Nodar, wir sind in *Panik* wegen Deines *Jubiläums!* Vom 14. Februar datiert, ging ein Brief bei uns ein, da stellten wir fest, daß wir Dein Geburtsdatum nicht wissen. Ich besaß wohl einmal eine Notiz für die Einladungen, die ich Euch schickte, vor Jahren, aber wo ist sie geblieben? So rief ich Ernst Cantzler an, seine Frau fand das Datum: Januar 24! Das kann doch aber wohl nicht stimmen? Dann hätten wir doch vorher eine Nachricht bekommen? Du schriebst zum Jahreswechsel, wofür ich Dir herzlich danke: Dein Einverständnis mit der Widmung und dem Abdruck Deines Textes aus der *Laudatio* hat mich gefreut und erleichtert – Du schriebst auch wegen des *Ladens*, aber den hatte Dir Erwin davor schon geschickt, wofür bisher keine Bestätigung eintraf …

Heiligabend hat er schon daraus im Rundfunk gelesen, am 9. Januar wollte er bei Vera im *Theater im Palast* ein anderes Kapitel *vorspielen* (wie er es immer macht, *lesen* kann mans nicht nennen) – das mußte abgesagt werden, wurde verlegt auf 23. Februar und wurde, da er immer noch so krank ist, ausgesetzt, vielleicht bis zum Herbst. Nun hoffen wir nur, daß er sich bis Anfang Mai so weit erholt, daß wir, wie geplant, vom 6. Mai bis 3. Juni nach Piešťany fahren können. Er wünscht es sich so sehr, und es ist ihm auch immer sehr gut bekommen … Am 26. April wird Jakob von der Armee *entlassen*, deshalb haben wir unsere Abreise ein paar Tage verschoben, weil wir erst noch ein wenig mit ihm zusammen sein wollen … Auch Matti und ich hatten diesen Virusinfekt, haben uns die Monate damit herumgeschleppt. Hier sind viele Leute schlimm krank gewesen (auch Vera lag deswegen im Krankenhaus) – die Ärzte sagen, es sei der *aggressivste Virusstamm seit Jahrzehnten* – hoffentlich ist er nicht bis zu Euch in den Kaukasus gekommen? Geht es Euch besser als uns?

Mein Film war im Februar zwei Jahre fertig und *liegt noch immer* ungesendet beim Fernsehen. Am 8. März war ich zum *Frauentagsempfang* ins ZK geladen (da ist, unterm *Vorsitz von Erich Honecker*, immer *Diner* und *Estrade*), ich saß mit Gitta Nickel zusammen, einer Dokumentarfilmregisseurin, die mehrere Jahre Präsidentin des *Dokumentarfilmfestivals* in Neubrandenburg war. Sie kennt den Film und findet ihn *hervorragend*, hat für ihn *gekämpft*, um ihn in N. zeigen zu dürfen. Vergeblich, sie sagt, alle bei der *DEFA* kennen den Film ... Ich will mich noch wieder für ihn *engagieren*, wollte aber das Erscheinen meines Essaybandes *Poesie und andre Nebendinge* abwarten, der die bearbeiteten Interview-Protokolle und eine Annotation über den Film und seine *Schöpfer* Ernst und Attila enthält – aber das Buch, das im Herbst fertig sein sollte, hat jetzt Termin für 26. *Juni* 84! Zum Verrücktwerden!

Ernst sagte mir, als ich bei ihm anrief: „... eigentlich wohne ich nicht mehr hier ... Das ist eine lange Geschichte ... ich muß sie Ihnen erzählen, wenn wir uns sehn ..." Anscheinend hat er sich von der Familie getrennt ...

Lieber Nodar, dies nur als Gruß und Zwischennachricht. Heut fahrn wir noch nach Berlin, das heißt, lassen uns fahren, Erwin ist noch zu schwach zum Chauffieren, morgen hat er einen *Arzttermin*. Wir wolln sehn, ob wir eine Änderung bei den Medikamenten erreichen.

Wir wolln uns bemühn, in den nächsten Tagen etwas *Schönes* für Dich zu schreiben und hinterher zu senden. Denn eh wir *Aufklärung* bekommen von Dir wegen des Datums, werden Wochen vergehn ... Sei gegrüßt und grüß Familie und Freunde, seid gesund und *zuversichtlich!* (So schreibt Jakob immer an *uns* von der Armee)

9. April 1984

Lieber Genosse Doktor Hahn, wie verabredet im Vorjahr, zeigen wir Ihnen an, daß wir am 6. Mai in Bratislava eintreffen werden. Leider gibt es erst vom 17. 5. an einen Direktflug, so müssen wir über Prag fliegen, von dort mit der Maschine um 16 Uhr 30 nach Bratislava. Ankunft müßte wohl nach 50 Minuten sein, wenn ich mich recht erinnere? Der Flug hat, scheint es, die Nummer 102. Die Durchschrift im Flugschein ist so schlecht, daß es nur zu ahnen ist …

Hoffentlich steht bei Ihnen alles gut, in Bratislava und bei den *Kindern* zu Haus!

9. April 1984

Lieber Genosse Pokiser, Dank für Deinen herzlichen Brief vom 1. Februar! Ich habe an Genossen Dr. Hahn schon geschrieben, daß wir über Prag fliegen müssen, da die Direktflüge erst am 17. Mai begonnen werden. Das ist uns unlieb und unbequem, aber nicht zu ändern … Es geht vor allem darum, daß Erwin nichts tragen oder heben darf, und das muß man eben, wenn man die Koffer vom Band nimmt und durch den Zoll schleppt. Träger oder Wagen gibts ja erst draußen.

Ich weiß nicht, ob jemand von der Botschaft mit seinem Diplomatenpaß einen Gepäckträger hereinbringen könnte? Ich will die Ursel Ragwitz noch bitten, wenn sie von ihrer Kur aus Karlovy Vary zurückkommt, mit den Genossen in Prag zu telefonieren. Aber vielleicht könntest Du auch von Bratislava aus unseren Wunsch unterstützen? Wir kommen mit der Maschine, die um 14 Uhr 10 aus Berlin abfliegt. Wie es scheint, soll die Eintragung auf dem Flugbillett *Linie 211* heißen. Bitte, finde meine Anfrage nicht vermessen oder lächerlich! Mich läßt der Erwin die Koffer nicht tragen, und ich habe es schon erlebt, daß er wegen dieser *einen* unerlaubten Belastung die halbe Kur und länger brauchte, um den *Defekt* im Kreuz und in der Hüfte, in der er besonders schwere Arthrose hat, wieder zu beruhigen. Das könnte er gerade dieses Mal, da soviel an seiner allgemeinen Erholung liegt, schlecht gebrauchen …

Hoffentlich seid Ihr von der Grippe verschont geblieben, die hier bei uns viele ganz schrecklich gepackt hatte!

Ich sende meine beiden Bücher mit, die nach dem letzten Mai erschienen sind, ein andres hat *Pech* mit dem *Papierplan* gehabt und muß noch bis Juni *überhängen* (wies in der Verlagssprache heißt). Mit Grüßen, auch von Erwin, und mit guten Wünschen für Deine Frau und für Dich, lieber Genosse *General*!

27. September 1984

Liebe Lolf, Dank für Brief und *Leihbrief*, der hier zurückkommt, zusammen mit der *Buddha-Karte* mit dem schönen Laotse-Text, die noch bei mir war, aber wohl doch zu Ihnen gehört, Ihnen bestimmt war …

Nehmen Sie den Titel *Poesie …* nicht so ernst, es ist natürlich, wenn auch kein *schwarzer Humor*, ein wenig *Unterkühlung* darin, übrigens ist er auf kuriose Weise zustandegekommen – eigentlich müßte es heißen *Poesie und Nebendinge* – im ersten *Stück* ist erklärt, was ich unter *Nebendinge* verstehe – der zweite Teil, der Filmtext, hieß mal *Poesie*, das kam mir dann aber zu anmaßend vor, zu *generell*, da hab ich die Nebendinge drangehängt und, mit *Augenzwinkern*, das *andre* zwischengesetzt, weil ja der ganze Text davon handelt, daß Poesie eine *Lebenshauptsache* für mich ist, und ich mir wünsche, daß sie es auch vielen andren sein soll …

Übrigens habe ich den *positivsten* Effekt damit erlebt, den je ein Text von mir hatte: Das Weimarer *Stadtparlament* hat beschlossen (nachdem der gesamte *Weimar-Teil* zitiert worden war) zu den *Weimartagen der Jugend* das von mir vorgeschlagene *Poesiefest* auf den Ilmwiesen vorm Gartenhaus zu veranstalten … Vor ein paar Tagen rief mich unser alter Freund, der Stadtrat für Kultur, der demnächst als unser Kulturattaché nach Bonn gehen soll, deswegen an … Bei Kulturattaché fällt mir ein, daß wir vorige Woche eine *mißglückte* Ungarn-Reise gemacht haben, von der wir eigentlich erst heute zurückkommen wollten. Wir blieben nur zwei Tage, meinem Mann war die Stimmung verdorben durch seltsames Verhalten der Ungarn, die uns als *persönliche Gäste des Ministers* eingeladen hatten – aber, deshalb der Sprung, wir trafen auf einen jungen Kulturattaché, der so liebenswürdig war, daß wir die Bekanntschaft mit ihm (und mit dem geschäftsführenden Botschafter) als Gewinn verbuchten … Und den Besuch in Szentendre, wo wir das Museum besuchten, das man der großen Keramikerin Kovacz Margit gebaut hat, eine *Plastikerin*, die an Barlach heranreicht. Ende November fahre ich zu den *DDR-Kulturtagen* wieder nach Budapest hinüber und muß unbedingt in dieses Museum, mir scheint, da *steckt* was für mich … Am 9. Oktober fliege ich nach Moskau, von dort entweder nach Kasachstan oder nach Estland, ebenfalls *Tage der DDR-Kultur*, zwar ist meine Gesundheit wieder schlecht, wie im vorigen Herbst, als ich Frankreich und BRD abgesagt habe, aber dieses Jahr will ichs *erzwingen* … Am 1. Oktober nehmen wir am Eröffnungskonzert im Schinkelschen Schauspielhaus teil, wir waren auch bei der ersten Akustikprobe, es war ein großer Augenblick, als Peter Schreier den Raum *ansang* und das Sinfonieorchester Berlin ihn *anspielte*, der herrliche Raum hat dreizehnhundert Plätze. Man hat ihn größer gemacht, als der ehemalige Theater-Zuschauerraum war. Am 5. Oktober bekommt Erwin Strittmatter seinen *fünften Nationalpreis*, und es wird in Berlin Gäste zu bewirten geben … Vom 1. bis 3. September waren wir in Dresden, haben zweimal an den Aufnahmen zur *Matthäus-Passion* teilgenommen, die Peter Schreier (als Dirigent und Evangelist) zwei Wochen lang in der Lukas-Kirche machte. Wir waren bei unserem jungen Freund Hubertus Giebe im Atelier in der Kunsthochschule, auch noch bei zwei anderen jüngeren Malern, denen er dort benachbart ist, und wir hatten gute und spaßige Stunden mit Schreiers, dem Bruder und der Schwägerin von Frau Schreier (er Arzt, sie Lehrerin) und einem Chor-Bruder von Peter Schreier aus der Kreuzchorzeit, der, als Bariton, im Leipziger Rundfunkchor singt, mit dem Schreier die Aufnahme machte.

Wir alle waren voriges Jahr in Salzburg zusammen, dieses Jahr saßen wir in der warmen *südlichen* Nacht zum 2. September in Schreiers Garten am Weißen Hirsch, *gedachten* des Vorjahrs und freuten uns, wieder beieinander zu sein, obwohl wir in trüber Stimmung hingereist waren, vor allem mein Mann, wegen Jakob, der erwachsen geworden ist, eine Freundin hat und erst gegen Morgen nach Hause gekommen war, bevor wir reisten, obwohl er meinem Mann versprochen hatte, am Abend zurückzukommen, weil ich Gäste hatte: die Tochter meiner georgischen Nachdichterin Medea Kachidse, die ebenso alt wie Jakob ist, aber schon im dritten Jahr Germanistik studiert. Sie spricht sehr gut Deutsch, und sie hatte sich 1980, als wir die Aufnahmen für den Film machten, (der keine Sendeerlaubnis hat, kurz, verboten ist), sehr herzlich um mich gekümmert. Mit ihr kam der Szenarist des Filmes, Holmar-Attila Mück, der ein Halb-Ungar ist ... Jakob war nicht gekommen, weil seiner Freundin an dem Tage der Vater gestorben war ... aber mein Mann war so traurig über das nichterfüllte Versprechen, daß er mit Jakob nicht mehr sprach und sich noch im Zug kaum *fassen* konnte. Inzwischen haben sie sich *versöhnt*, Jakob ist am 17. September, am Tag, als wir nach Budapest flogen, zum Studium nach Leipzig abgereist. Jetzt ist er allerdings in Waren, in den *Kartoffeln*. Er studiert Germanistik, wie ich einst. Noch mehr *Lebenskreise*, die im *Poesie*-Buch gezeichnet sind, haben sich erweitert: Wir haben in Budapest zwei Abende bei Marianne Gábor und Mihály Rónai verbracht (die beiden Abende, die wir hatten), haben neue Skizzen die Fülle gesehen, am Abend, als wir abreisten, wollte sie mit großen Bildern *herausrücken*, das will sie nämlich nie, man soll sie auf Ausstellungen sehen, wo sie richtig *hängen*. Im April kommenden Jahres wird sie wieder eine große Ausstellung in Budapest haben, und ich werde bestimmt *hinüberfliegen* ... Noch ein *Lebenskreis*: Ende August ist eine Freundin mit ihrer Tochter zu Marc Chagall gereist, auf seine Einladung hin. Sie hat einen Bild-Tonband-Vortrag über ihn gemacht, mit dem sie schon voriges Jahr bei ihm war. Der Film beginnt mit meinem *Chagall-Gedicht*, das ich ihr gesprochen habe. Das Gedicht hat Chagall voriges Jahr gehört und sich als Manuskript von ihr erbeten. Dieses Jahr nun hat sie ihm meine Bücher, auch *Poesie* mit dem *Bella-Chagall*-Aufsatz, mitgenommen ... Auch neue Puschkin-Kreise haben sich gezogen ...

Noch eine musikalische *Lebenslinie*: Bei den Aufnahmen in der Lukas-Kirche kamen Sänger und Musiker zu mir, um mir für das Gedicht *Gesang* zu danken, und mit Peter Schreier, dem ich es, seit der *Reclam-Ausgabe*, gewidmet habe, mache ich nächstes Jahr am 7. und 8. Februar zwei Abende im *Theater im Palast*. Am 15. Februar aber fahren wir nach Dresden, wo er zum ersten Mal die *Winterreise* singen wird, und es spielt Swjatoslaw Richter ...

27. September 1984

Beinah wage ich nicht, Ihnen auf der Maschine zu schreiben, lieber Herr Lenz, weil Sie es gelernt haben, ich aber nicht, ebensowenig wie Stenographie. Meins sieht danach aus, vor allem, wenn ich, wie jetzt, lange nicht Maschine geschrieben habe. Aber meinen Ellenbogen ist das Hand-Schreiben jetzt schwerer als das *Gehämmer* auf der Maschine …

Nehmen Sie es also nicht als *Verkältung* meines Dankes für Ihre Briefe, die ich bewegt und erstaunt lese: bewegt durch das Vertrauen, mir Ihr Leben *mitzuteilen*, erstaunt über die Ähnlichkeit der *Generationserfahrung*, aber auch über die Andersartigkeit, die *Weiträumigkeit* Ihres Lebens, gehalten gegen das meine: ich war schon ganz zeitig *festgesetzt*: mit zwanzig zum erstenmal geheiratet, mit einundzwanzig der erste Sohn, mit zweiundzwanzig geschieden. Kurz nach meinem zweiundzwanzigsten Geburtstag lernte ich Erwin Strittmatter kennen, der damals neununddreißig war, sein erster Roman, *Ochsenkutscher,* war ein Jahr vorher, nein, ein halbes Jahr vorher, erschienen, ich hatte von dem Buch an der Universität gehört, als ich schon beim Schriftsteller-Verband arbeitete, besuchte ich noch ein *Oberseminar* bei Kantorowicz, der mich mit Hans Kaufmann und Inge Diersen als Assistentin haben wollte, aber ich hatte mich schon für die *Praxis* entschieden. Kantorowicz war der erste, begeisterte, Rezensent Strittmatters. In der *Täglichen Rundschau* stand sein, einen ganzen *Keller* füllender Aufsatz: *Ein neuer Erzähler*, der Strittmatter vor den *Provinz-Löwen Brandenburgs* rettete, die ihn *zerreißen* wollten: sie hatten ihn schon im *Maul* … 1953 der zweite Sohn, Erwin, 1954 im Juni nach Schulzenhof, da waren wir im Sommer *dreißig Jahre*. Auch in unserer Berliner Wohnung in der Frankfurter Allee sind wir im November seit dreißig Jahren ... Noch zwei Söhne, 1958 und 1963, und immer der Alltag an diesem Platz. Alle die Bücher, die hier entstanden, die vielen Menschen, die kamen, *gestohlene* Reisen nach hier und da (sehr spät erst), und das wunderbare Leben mit den Kindern, das nun für immer vergangen ist: die Söhne sind Männer.

Ihr Superintendent Neumann war – ist ein Weiser ... Ich habe gefunden, daß die großen Philosophen über das Leben nicht mehr rauskriegen als die *einfachen* Landleute (und der *weise* Neumann): „Das war er, jetzt ist er tot, was nun?" – Es gibt, zu allem, eigentlich *gar nichts zu sagen* ... Mich bestürzt oft, wie ähnlich wir alle einander in entsprechenden Lebensphasen sind. Aber *bestürzen* ist schon ein zu starker Ausdruck, eigentlich weiß ich es längst, es erstaunt mich nicht mehr, es bestätigt sich nur eine Erfahrung. Für mich, als Schreibende, gilt nur, die Sprache, bei aller *Bewegung*, so dauerhaft zu machen, daß eine Lebenserscheinung *stehn* bleibt. Daß sie ihr *Gesetz* verrät durch Sprache.

Ähnliche *Versuche* wie Sie mit Ihrer Lebenserzählung mache ich mit *Mai in Pieštany,* einem Prosastück, in dem ich weiter gehe (in mich hinein und aus mir heraus) als in all meinen früheren Arbeiten.

5. November 1984

Es scheint, Sie sind durch allerhand Schwierigkeiten gegangen, liebe Karin Langer, Brief und Gedichte sagen es. Die *strengen* gefallen mir am besten, die *radikalen.* Aber was bedeutet schon, wenn sie *mir* gefallen? Wenn Sie ein Buch machen wollen, müssen Sie an Zeitschriften und Verlage heran, den *Pilgerweg* gehn, den wir alle gehn mußten ... Meiner war Jahre lang. Ehe sich einer entschloß, ein Buch zu wagen und dafür aus zwei Sammlungen eine machte (sie durcheinanderwürfelte und alles Kritische oder Philosophische rausschmiß), vergingen fünf Jahre Bemühen. Die *weggeschmissenen* Sachen habe ich dann alle in meine späteren Bücher aufgenommen ...

Also, ich kann Ihnen nichts abnehmen, bin ganz ohne Einfluß.

Nach Greifswald will ich schon mal wieder kommen, aber vorläufig kann ich nichts *planieren*, wie unsere russischen Freunde sagen, ich muß erst was arbeiten.

5. November 1984

Vor kurzem war Alain Lance zum *Internationalen Übersetzerseminar* in Berlin, bei dem mein Mann und ich lasen, und Lance erzählte mir von Ihnen, liebe Véronique Donnat!

Ich bin sehr in Ihrer Schuld, daß ich Ihnen erst jetzt schreibe und für Ihre schönen Nachdichtungen danke. Ich lese Französisch, und sie scheinen mir von Sinn und Musikalität *meine* Gedichte zu sein.

Mit Erschrecken hörte ich, daß Sie mir böse seien, weil ich Ihre Texte voriges Jahr, als ich im Herbst nach Frankreich reisen sollte zu einer großen Vorlesungstour, aus der Hand gegeben hatte. Das war aber nur als *private* Information gedacht, für Leute, die meine deutschen Texte nicht kannten oder nicht lesen konnten und meine Reise vorbereiten sollten. Daß daraus eine gewisse *Publizität* entstehen könnte, hatte ich nicht erwartet und nicht gewollt. Da ich wußte, daß Sie zu jener Zeit in Amerika sein würden, hatte ich mich nicht bei Ihnen gemeldet. Die Reise mußte ich dann übrigens wegen Krankheit absagen, nun gibt es ein neues Projekt für Paris, März 85.

Ich möchte Ihnen also endlich danken für die Neigung zu meinen Gedichten, die Sie durch die Nachdichtungen bewiesen haben. Da ich vorher nichts davon wußte, kamen die Blätter als eines der seltenen *Lebenswunder* zu mir (zurück), und ich habe mich sehr gefreut, vor allem, weil mir die Gedichte auf französisch (das ich liebe) wirklich *schön* erschienen ...

Ich sende Ihnen einige meiner neueren Bücher; da Sie nur Gedichte aus *Lied aus Stille* übersetzt haben, nehme ich an, daß andere nicht zu Ihnen gekommen sind.

Grüßen Sie, wenn möglich, Lance, auch Dobzynski, den ich ebenfalls aus Berlin und Struga/Makedonien kenne, und Guillevic, den ich zum erstenmal 1956 in Berlin, dann mehrmals in Jugoslawien, traf. Lance sagte mir, daß Sie jetzt in einem kleinen Verlag arbeiten. Ich wünsche Ihnen für diese Arbeit Freude und Erfolg!

6. November 1984

Liebe Nadia, vom Verlag habe ich vier Exemplare Ihres/unseres Gedichtbandes bekommen, von Ihnen leider seit langem kein Zeichen, daß Sie *gesund beim Leben* sind (so schreibt einer unserer *Korrespondenten* aus Tscheljabinsk), auch keine Bestätigung, daß mein letzter Gedichtband *Heliotrop* bei Ihnen angekommen ist. Ich hoffe es aber, und ich denke, es ist bei Ihnen wie bei mir: Sie geraten mit Ihrer Post so in Verzug, daß es ein Durcheinander gibt, aus dem man nicht mehr herausfindet. Ich mache gerade wieder einmal schwache Versuche *aufzuarbeiten*, was liegengeblieben ist, werde aber bald *resignieren*.

Mir schien bei unseren Gesprächen damals, Sie hätten alle Tugenden, die mir fehlen: Fähigkeit, sich auf Ihre Arbeit zu konzentrieren, Ihre eigenen Wege, ohne allzuviel Rücksicht auf die Familie, zu gehen, kurz, das zu tun, was Ihnen als *Dichter* notwendig ist. Bei mir ändert sichs immer nicht, daß alle Zeit und *Eigenbewegung* gestohlen ist, das Haus, das Sie kennenlernten, das ganze *Lebenssy-*

stem, das sich um Existenz und Arbeit Erwin Strittmatters dreht, sind geblieben, wie sie waren, und die Diskrepanz zwischen meiner Existenz als *Dichter* und der als *Hausfrau* wird immer größer. Wäre es nicht so, hätte ich längst eine Gelegenheit gefunden, Sie in Bulgarien zu besuchen. Immer hoffe ich, daß es doch einmal möglich sein wird! Oder Sie kommen wieder zu uns!

Inzwischen wäre ich froh zu hören, wie es Ihnen geht! Ich bin stolz auf das *bulgarische Buch*! Wie umfangreich es ist, in welch einer respektablen Reihe erschienen, mit den guten *Dichtern der Welt*, und wie schön es aussieht! Haben Sie noch einmal Dank, liebe Nadia, für all Ihre Mühen, für Ihre Neigung, es zu tun, dafür, daß Sie *von sich* soviel hergegeben haben!

6. November 1984

Liebe Marianne, lieber Mityu, eben kommt mein Mann ins Zimmer, sieht, daß ich Briefe schreibe (gerade an eine bulgarische Dichterin, die mehrere Jahre an einem umfangreichen Band meiner Gedichte gearbeitet und ihn dieses Jahr herausgebracht hat), und sofort fragt er: schreibst du an die *Ungarischen* auch? Das hatte ich nämlich versprochen, als Euer Brief kam ... Nun vertraue ich zwar darauf, daß wir uns in drei Wochen sehen und alles noch einmal *durchreden* werden, aber einen Gruß will ich doch senden und welche von den Büchern, wie versprochen. Hier geht *Poesie* so gut (die Verleger sagten: der *Renner*), daß es Anfang 85 schon wieder aufgelegt wird. Die Erstauflage war während des Druckes, wegen der großen Nachfrage, von fünfzehn- auf fünfundzwanzigtausend erhöht worden ... Ich hoffe, daß ich wirklich am 26. November nach Budapest fliege: am 9. Oktober früh, als ich nach Moskau wollte, mußte ich wegen Grippe absagen. Am 4. hatte ich mich gegen Grippe impfen lassen und habe sie gleich ganz schwer gekriegt. Ich lag eine Woche neben meinen gepackten, unausgepackten Koffern in Berlin, eh ich mich wenigstens von Matti nach Schulzenhof holen lassen konnte … Wir haben inzwischen viel gearbeitet. Eine neue Erzählung von Erwin für den Druck redigiert, sie lag, so gut wie fertig, seit 83 im Archiv, Erwin hatte nach dem *Laden* begonnen, an seinem sogenannten *Letzten Buch* zu arbeiten, er wollte sich eine *Basis* schaffen, um nach der *Kleinstadt*, die er jetzt schreibt, ohne Schwierigkeiten weiterarbeiten zu können (falls seine Kräfte und *Geisteskräfte* vermindert sein sollten) – ich hielt das für eine seiner *Manien*, war es auch, aber jedenfalls steckte in dem Text eine in sich geschlossene Erzählung aus der Serie der *Nachtigallgeschichten*, von denen er im Lauf der Jahre schon sieben geschrieben hatte, dieses ist die achte, und er wird noch mehr schreiben. Die *diesige* wird *Grüner Juni* heißen und nächstes Jahr erscheinen. Sie spielt 1945 in Thüringen.

Nun ist er wieder *munter* beim Roman, allerdings geht es ihm nicht so gut, er kämpft mit seinem oder gegen *seinen* Zucker. Hat zuviel Obst, zuviel, von unserer Frau Baehr gekochtes, Pflaumenmus gegessen. Zwar ist das Mus mit Süßstoff gemacht, aber der konzentrierte (oder kondensierte) Fruchtzucker hat ihm geschadet. Er hat, wie immer bei solchen *Schüben*, abgenommen und fühlt sich unruhig. Noch obendrauf haben wir Unruhe und Sorgen wegen Jakob, dem Jüngsten, der beim Studium in Leipzig nicht *Fuß fassen* kann …

Es ist doch seltsam: je älter man wird und je steiler die eine Kurve (die des Werkes, des Erfolges, der Anerkennung) nach oben geht, desto *gegenläufiger* ist die *private*; Kraft und Lust vermindern sich, Krankheiten nisten sich auf Dauer ein, die Menschen, die einem die *nächsten* sind, lasten auf einem mit ihren Dramen und Unzulänglichkeiten ... Na, nicht zu ändern: *das ist eben Leben, wie Leben ist, und wie es gegeben wird, wird es genommen* (Selbstzitat ...).

Zu unserer Budapester *September-Katastrophe* schreibe ich nichts weiter, wir werden uns hoffentlich sehen ... Jetzt, denke ich, seid Ihr in Italien, obwohl es mir unwahrscheinlich vorkommen will, daß Mityu mit dem Auto gefahren sein soll, nach seiner langen *Stuben-Zeit*, bei *seiner Schwäche*! – Seid gegrüßt, Ihr Lieben, auf Wiedersehen!

6. November 1984

Auf so viele Briefe, über so lange Zeit, bin ich Ihnen Dank und Antwort schuldig, liebe Jelisaweta, und ich kann Sie nur bitten zu verzeihen, daß ich gegen Sie (und gegen andre) geschwiegen habe!

Ich weiß nicht, woran es liegt: ob die Arbeit sich vermehrt oder die Kräfte sich vermindern?

Vor kurzem bat mich der Direktor der Puschkin-Gedenkstätten in Michajlowskoje, ihm meine Arbeiten zu schicken. Er schrieb mir jetzt einen herzlichen Brief und lud mich schon zum *Duell-Gedenktag 1987* ein ... Ich hoffe, daß mein Puschkin-Buch ganz *Poesie* sein wird ... Darum lasse ich mir auch soviel Zeit, mein Leben geht mit ein in das Buch ...

6. November 1984

Liebe Janet Stevenson, Sie werden sicher denken, daß Ihr Brief mich nicht erreicht, daß der Verlag ihn mir nicht geschickt hat, aber das hat er pünktlich getan, nur *ich* habe es versäumt, Ihnen gleich meine Freude über Ihren Brief mitzuteilen und Ihnen zu sagen, daß ich selbstverständlich gerne gestatte, die Gedichte ins Englische zu bringen und, wenn möglich, zu veröffentlichen. Ich vertraue auf

Ihre Neigung, die Sie so freundlich ausgesprochen haben. Da Sie nur vom *Lied aus Stille* schrieben, sende ich Ihnen noch einige andere Bücher und hoffe, daß sie bei ihnen ankommen. Ich wünsche Ihnen glückliche Tage und gute Arbeit!

13. Dezember 1984

Liebe Sol Hanke-Nilsson, Dank für einen Novemberbrief und für den *Weihnachtsbrief mit Kerzen*, deren zwei angebrochen waren, und die so gut nach Honig duften, daß man überlegt, ob sie nicht doch lieber gegessen werden sollten? (Keine Angst, sie werden nicht gegessen!)

Mit dem November-Brief kamen Gedichte von Emily Dickinson, die ich gerade in den *Gärten der Finzi-Contini* von Bassani erwähnt gefunden hatte, Nicól promoviert über sie … Ich kannte keine Gedichte von ihr, die hier *rufen mich nicht an*, wie die anderer englischer Dichter. Ich stecke gerade tief, tief in denen der englischen Romantiker, Wordsworth liebe ich sehr, Coleridges schaurig-merkwürdiges Poem vom *old mariner* und dem Hochzeitsgast ergreift mich, obwohl ich sonst alles, was mit Meer und Schiffahrt zu tun hat, *umgehe* (außer Thomas Manns *Meerfahrt mit Don Quichote* und einiges von Joseph Conrad), ich liebe Byrons „Fare thee well, and if for ever, still for ever fare thee well …“, ach, es gibt viele, so viele wunderbare englische Gedichte … Mit den seltsamen *Kreisen*, die durch Lektüre oder Briefe entstehen: ich las endlich *Die Bekenntnisse eines englischen Opiumessers* von de Quincey zu Ende, die ich vor längerem begonnen hatte, und da tauchen Wordsworth und Coleridge und andere wieder auf, de Quincey hat Jahrzehnte in Wordsworths ehemaligem Haus gewohnt …

Sie haben mir so *beschwörend* Wünsche zu Weihnachten und Neujahr geschickt, daß ich, *rückwirkend*, den Eindruck habe, ich muß Ihnen *sehr traurige* Briefe geschrieben haben. Das tut mir leid, und ich bitte Sie: machen Sie sich keine Sorgen meinetwegen! Jedenfalls nicht, was meine *moralische* Situation betrifft, meinen Glauben an *das Leben*, der ist *unwandelbar*. Ich denke, er ist auch aus *Poesie* herauszulesen, einem Buch, das mir Freude macht, da es sich hier viele Freunde gemacht hat. Ich wünsche Ihnen gute *schwedische Weihnachtstage* und ein kummerloses Neues Jahr!

1985

25. Januar 1985

Dank für den *Ukrainischen Tanz*, liebe Irmgard Kuhlee! Dank für den Gruß, den Sie mir zu Neujahr sandten! So weiß ich, daß Sie noch immer an Ihrem alten Platz sind, daß Sie *tapfer* aushalten dort! Und ich kann mir ein wenig vorstellen, wie schwer das ist! Denn ich empfinde es schon als unüberwindliche *Aufgabe* (im Doppelsinn), mit meinem Mann allein in Schulzenhof zu leben. Welt und Menschen fehlen mir, wir schränken uns immer mehr ein, verarmen an Beziehungen. Ich sehe keine *Zukunft*, und das ist tödlich für die *Poesie*. Das heißt, ich stelle mir immer so etwas her, eine *Utopie*, die Schreiben ermöglicht. Aber allmählich werde ich *mürbe*. Zwei Jahre sah es so aus, als könnte hier neues *Leben* aufkommen, durch unseren zweitjüngsten Sohn, Matti, aber er will nun fort. Ich versuche mich an den Gedanken der völligen Einsamkeit zu gewöhnen (jeder von uns sitzt ja in seiner eignen, beim Schreiben), versuche mir vorzustellen, woraus *Glück* kommen könnte, bis jetzt weiß ich es nicht und denke immer an *Flucht*. Denn wenn Matti geht, müssen Pferde, Tauben, Kaninchen weg – alles wird leer sein um uns. Und ich fürchte, aus der *Leere* wird kein Impuls zum Schreiben kommen. Beim Malen denke ich mir das anders: man läßt sich von dem reizen, was man *vor Augen* hat. Das Schreiben kommt aus anderen, *inneren Schich-*

ten. Vielleicht irre ich mich auch, und das Malen kommt auch erst von innen, ehe man *sieht*. – Ich wünsche Ihnen weiter guten Mut und gute Gesundheit!

25. Januar 1985

Dank für die Hesse-Bücher, liebe Ruth Glatzer! Erst dachte ich, es wäre eine Verwechslung, als die *Jugend bis 1900* kam, aber nun, vor zwei Tagen, steckte das *Leben als Dialog* im Postkasten. Beinah hätts eine Katastrophe damit gegeben, es hat einen ganzen Tag bei Schnee und Nässe im Kasten gesteckt, war aber so gut verpackt worden im Verlag, daß das Buch nicht beschädigt war, nur die Pappen vollgesogen. Nämlich war Matti früh auf der Post, und die Postfrau hatte ihm Briefe und Zeitungen mitgegeben, aber wohl übersehen, daß noch ein Päckchen da war, das hat sie dann mittags, ohne Bescheid zu sagen, in den Kasten gesteckt. Wir aber haben nicht mehr, wie sonst, nach Post geschaut, weil wir sie ja schon hatten oder alles zu haben glaubten.

Nun, ich bin Dir, Euch sehr dankbar für das Buch, aber auch für die beiden Brief-Bände der *Hesse-Jugend*, inzwischen habe ich die *Ninon* schon gelesen, hervorragende Arbeit hat die Autorin gemacht. Den ersten Band der *Briefe* habe ich auch schon aus, alles ist mir, bei meiner augenblicklichen eigenen Arbeit *(Mai in Piešťany)* wichtig.

Wichtigste Frage: was kosten die Bücher? *Wie* kann ich sie bezahlen? Das möchte ich *unbedingt*. Dagegen werde ich wohl nicht, wie Elmar Faber es wünschte/fragte, noch etwas fürs *Verlagsjubiläum* schreiben können, er meinte, für *Wochenpost*, ich versteh es auch nicht ganz, wo ihr doch eine Menge Texte zum Vorabdrucken habt, die für den *Almanach* geschrieben wurden.

Du siehst an meinem miserablen, unkonzentrierten Geschreibe, daß ich keine gute Zeit habe. Wir haben hier draußen eine solche *Konfusion*, daß einem das Gehirn *platzen* könnte ... Es ist nur auf ein *Wunder* zu hoffen.

25. Januar 1985

Liebe Cornelia Schulz, Dank für den schönen Wiesenmond, der noch so heiter hereinschien – aber dann kamen die beiden Briefe, die Trauriges meldeten, und es gibt keinen Trost, den man sagen könnte als: die *Zeit*. Und Ihr Mädchen hat *Sie* und Ihre herzliche Familie, die so zusammenhält, welch ein Glück! Bei uns dagegen strebts auseinander, vereinzelt sich immer mehr, keine Fähigkeit, miteinander glücklich zu leben, kaum miteinander zu reden, das ist wie ein *Bazillus*. Und ich weiß nicht, von *wannen* er kam. Oder wenn ich wollte, wüßte ichs doch. Jetzt ruht hier alles auf unserem zweitjüngsten Sohn Matti, aber Vater und Sohn kommen nicht miteinander aus, der Sohn will fort, so wird alles zusammenbrechen. Wir können nicht allein hier leben, das wäre wie ein abgerissener Erdfleck, der ins *Ozeanische* driftet – das riesige Grundstück, drei Häuser drauf, wir allein, ohne Pferde, Tauben, Kaninchen (was jetzt alles noch da ist) – nur mit Hund, zwei Katzen, zehntausend Büchern, fünfzigtausend Briefen, mit Manuskripten und Bildern ...

Ich hatte gehofft, der Sohn würde sein Mädchen herbringen, es würde eine neue Familie geben, Kinder würden wieder in der Dämmerung am Sandhügel spielen, ein neues Leben würde entstehen ... Aber es war schon immer so, in dreiunddreißig Jahren Leben mit Erwin Strittmatter, immer wurde die *schwierigste* Variante gewählt, die *un-heiterste*, die *zerreißendste*. Warum soll es sich jetzt noch ändern? Aber: was macht die *Poesie*?

Zuspruch. Mir

Mit kleinen Schritten, gemessen, gemessen,
Die Strecke Weges, die schwierig ist, gehn.
Das Schöne erinnern. Das Schlechte vergessen
Und schweigend die Zeichen der Hoffnung verstehn.
Denn ohnedem ists nicht: die Graugänse schreien.
Im Finsteren Tausende auf ihrem Zug
Verliern das Gesetz nicht, sich schützend zu reihen,
Und führen die Hoffnung mit sich im Flug.

November 84

Das auch für Ihre liebe *kleine* Tochter mit dem großen Kummer. Und Ihnen allen weiter diese Liebe des Zusammenhalts!

25. Januar 1985

Dank für Bücher und Brief, lieber Hans! Besonders lieb ist mir natürlich der *Kaplan*. Was den *Pen* oder *PEN* angeht, so hatte ich keine Ahnung davon, hab auch jetzt keine. Erwin hatte es in der Zeitung gelesen und mir erzählt (ich war in Berlin, da lese ich keine Zeitung, weil wir sie in Schulzenhof abonniert haben. Ich lese sie immer nach, wenn ich rauskomme) – weiß also nicht, wem ich *eingefallen* bin.

Nützt ja auch nichts fürs Schreiben, das hängt von anderen Dingen ab, zum Beispiel von *Laune*, und die ist bei uns auf *Null*, alles ist ins *Schwimmen* gekommen. Erwin hat erste Schritte getan, die Pferde wegzugeben, ganz schlimm für ihn, lebens- und arbeitsbedrohlich. Ich weiß auch keinen Rat. Kein Mensch weit und breit würde es, für noch so gutes Geld, übernehmen – alle wolln Freiheit, Freizeit lieber. Unsere Lebensform war immer und ist nun erst recht *anachronistisch*.

Nun, vielleicht geschieht ein *Wunder*.

Sonst war Erwin gut in der *Kleinstadt*, Fortsetzung vom *Laden*.

Ich wünsch Euch guten Mut zum Beginn auf Rügen! Und kommt leidlich über den Leipziger Winter! Unser Jakob, der seit Herbst in Eurer Stadt ist, sagt: Leipzig ist viel schlimmer als Berlin! – Mit Grüßen für Barbara und Suse, auch von Erwin!

4. März 1985

Eben erst las ich Deinen Brief mit dem eingelegten Umschlag, liebe Christl, er war hier liegengeblieben. Ich aber war wochenlang zu Behandlungen mit Ultraschall in Berlin (Hüftgelenk), da geriet manches durcheinander, andere Dinge, Aufregungen kamen dazu. Nach Dresden, wovon Du schriebst, wollten wir fahren, Karten, Hotel, alles war bereit, Fahrkarten auch – da erfuhren wir einen Tag vorher zufällig (am Abend wollten wir in Berlin zu einer Staatsopern-Premiere, die Peter Schreier dirigierte), daß unser Jakob nicht mehr in Leipzig war. Nun, er hat sich dann in Berlin *gefunden*, will aufhören zu studieren und als Hilfsarbeiter in einer Bibliothek anfangen. Wir waren sehr aufgeregt, sind nicht nach Dresden gefahren, haben all das *Schöne* versäumt.

Erwin hat schon sechshundert Seiten von der *Kleinstadt* geschrieben. Nun jedoch soll erst die Erzählung *Grüner Juni* erscheinen, die er 1982/83 geschrieben hat. Sie spielt 1945 in Saalfeld, aber es gibt *wieder* Ärger, keine *Druckgenehmigung* bisher. Am 9. soll Erwin in Leipzig daraus lesen im *Alten Rathaus*, zur Buchmesse.

Die Behandlung hat viel Zeit genommen mit Hin- und Herfahren, Freitag/Sonntag habe ich hier gewaschen, gekocht, etc ... Das Schlimme ist, sowie ich nach Schulzenhof komme, kriege ich furchtbares Rheuma im ganzen

Körper. In Berlin gehts weg. Es ist unser feuchtes Wiesenklima, all der Nebel, der mein Rheuma bringt. – Also, ich bin nicht lustig, wir sind nicht lustig, nehmen uns zwar zusammen (noch dazu ist unser Herr Franke seit 1. Dezember sehr krank, soll jetzt operiert werden, angeblich die Galle, er war in Lebensgefahr, und er wird nie mehr arbeiten, Matti nicht mehr vertreten können wie bisher, darum will Matti weg) ... Das ist eben wie *im Leben*.

Hoffentlich ist Günter inzwischen wieder zu Hause, ist seine Wunde endlich geheilt! Da habt Ihr eine noch schlimmere Zeit als wir in diesem langen langen Winter! Aber vorgestern hat der Grünspecht laut gerufen, und Kraniche und Gänse sind auch da.

4. März 1985

Liebe Dagmar, Sie haben mir mehrmals geschrieben aus dem Krankenhaus, wir hatten unser Telefon-Gespräch (die Gespräche in Berlin *brachen zusammen*) – und immer noch habe ich keine Zeile zustandegebracht, sie Ihnen zu schicken. Ich bin die ganze Zeit so *ungesund*, und unser Leben ist so vom *Chaos bedroht*, daß es mir schwerfällt, etwas *Ermutigendes* zu schreiben. Ich versuche nur immer, in Gedichten eine *Überwindung* zustandezubringen. Zum Beispiel am Jahresanfang:

Chinesisch

Der erste Tag im Neuen Jahr
Ist finster wie der letzte war
Im alten Jahr und alles bleibt
So wie es war. Die Hoffnung treibt
Ein kümmerliches blindes Blatt,
Das Gruftluft vorgeatmet hat
Und ohne Farbe ist. Ungrün.
Wie soll die Hoffnung daraus blühn?

Der zweite Tag im Neuen Jahr
Ist schneelicht und ist sonnenklar.
Und auf der Buche Kupferlaub
Gefüllt mit Schnee, glitzt Güldenstaub.
Und Meislein flirren durchs Geäst,
Das silbern Schneestaub rieseln läßt,
Gestäupt vom Vogel Züzüzün.
Heut ist das Hoffnungsblatt schon grün.

Daß man Sie nach Hause gelassen hat, deute ich als gutes Zeichen. Auch daß Sie schreiben: Sie wissen nicht, zu wem Sie zum Reden *gehen* sollten. Das heißt doch aber, Sie fühlen sich so, daß Sie wohin *gehen könnten*. Wird es also doch besser mit Ihrem Befinden?

Wie sehr bedaure ich, daß ich nicht Auto fahre (eine Fahrerlaubnis habe ich seit 1956). Wie lange will ich schon nach Thüringen, Meiningen und Gotha und anderswo, überall hab ich hinzukommen versprochen, möchte die Orte auch gern sehn, aber wer fährt mit mir? Nehme ich die Bahn, bin ich zu lange von zu Hause weg ... Vielleicht sollte, werde ich mein Leben ändern? Nur noch tun, was ich will? Ich bin in großen Zweifeln und habe vom vielen *Denken* wieder Magenkrämpfe (Gastritis) und Rheuma überall und Fieber. Ich wollte Sie nur grüßen und sagen: ja, das *Gedicht von der Rose* ist schön, aber, wenn ich mich richtig erinnere, kenne ich es und habe Ihnen schon früher gesagt, daß es schön ist! – Ich wünsche Ihnen leidliche Tage!

5. März 1985

Die Gedichte von Fred Willitzkat rühren mich an wie die Gedanken und Gefühle aller jungen Menschen in Gedichten. Eines aber ist unmöglich: etwas daraus abzuleiten, das die Zukunft betrifft! Es kann sein, daß das Schreiben für Fred immer wichtiger wird, aber dazu braucht er nicht Germanistik zu studieren. Unser jüngster Sohn, der ebenfalls von der Literatur besessen ist (war), gibt gerade mitten im ersten Studienjahr die Germanistik auf und wird Hilfsarbeiter in einer Bibliothek, weil er das Gefühl hat, das Studium habe mit der Literatur, wie er sie liebt, nichts zu tun …

Nach meiner Erfahrung kommt im Leben junger Leute nach der Armee ein *Entwicklungssprung*, der alles verändert. Kann sein, andere Dinge werden wichtiger als Schreiben.

Andererseits: wenn ein starkes Talent da ist, wird es sich immer wieder bemerkbar machen, wird den Fred hierhin und dahin treiben, fast alle Leute, die schreiben, sind krause Wege gegangen. Also, ich meine, er soll sich für das Fach bewerben, das ihn mehr anzieht, unabhängig vom Schreiben, das geht seine eigenen Wege, hängt nicht vom Studium, sondern von den elementaren Lebensvorgängen ab.

Grüßen Sie Fred W. von mir, er soll sich sein reines Herz, seine *Seele* erhalten! Die Welt ist immer so, wie man sie ansieht! Man muß sich nicht den *niedrigen* Gesinnungen anderer unterwerfen, er hat recht: es lebe die *Poesie*!

Liebe Frau Krone! Ich überweise Ihnen die hundert Mark, die Sie mir schickten. Ich habe doch kein Geschäftsunternehmen zur Beurteilung von Literatur! Hunderte junger Leute haben mir im Lauf der Jahre ihre Sachen geschickt. Wenn ich Zeit habe, lese ich sie und schreibe ihnen dann. Eigentlich steht aber alles schon in meinen Büchern. Denn es gibt eben doch Erfahrungen, die sich verallgemeinern lassen. Zum Beispiel die wichtigste, daß jeder *sich selber*, in dauerndem Kontakt mit der Weltpoesie, *seinen* Weg suchen muß, daß kein anderer ihm etwas abnehmen kann, nicht die kleinste Last. Sein Sie mit guten Wünschen gegrüßt, das gilt von ganzem Herzen für den *Soldaten*!

5. März 1985

Liebe Heike Schulze, mehr, als ich bisher veröffentlicht habe über Puschkin: in *Poesie und andre Nebendinge*, *Briefe aus Schulzenhof*, *Poesiefest in M.* (veröffentlicht in der *NDL*) und in Gedichten, kann und will ich zur Zeit nicht sagen. Ich schreibe weiter an *Poesiefest in M.*, was ein eigenes Buch geben wird, aber augenblicklich arbeite ich an einer anderen Sache.

Sie haben mir so *spezielle* Fragen gestellt, daß ich viel Zeit aufwenden müßte, sie zu beantworten, aber die *habe* ich einfach nicht. Wenn Sie die vorhandenen Texte benutzen, werden Sie schon eine Menge erfahren von meinem Verhältnis zu Puschkin (was sich auch zitieren läßt).

Sein Sie mir nicht gram, aber ich kann mich nicht einmal auf Diplomarbeiten einlassen, die mit meinen *eigenen* Gedichten zu tun haben.

5. März 1985

Verzeihn Sie, daß ich erst nach einem Monat auf Ihren Brief antworte, nach einem Monat, der Ihnen in Ihrem Schmerz, Ihrer Trauer lang gewesen sein muß ...

In letzter Zeit haben mich mehrmals solche Nachrichten erreicht: junge Mädchen, junge Frauen haben, durch Unfälle, die Freunde, die Männer verloren. Aus den Gedichten Ihres Freundes lese ich heraus, daß er selber *gegangen* ist, die Einsamkeit, das Verlangen nach Erlösung, nach Verwandlung in einen anderen Menschen, in Sie, all das spricht für einen seelischen Zustand, den man wohl krank nennt, bei aller Klarheit, die aus den Gedichten spricht ... So denke ichs mir, aber vielleicht denke ich auch falsch, und er hatte eine schlimme *organische* Krankheit?

Liebe Waltraud, ich habe mit fünfzehn Jahren einen ähnlichen Schmerz erlebt. Mein erster Freund starb, siebzehnjährig, im März 45. Er war ein hochbegabter Junge, schrieb, komponierte, sang, spielte. Jetzt erst, nach vierzig Jahren, habe ich in einem Prosabuch *Mai in Piešťany* über ihn geschrieben, außer ein paar Andeutungen in früheren Gedichten. Es ist so unausdenkbar, wenn so ein Tod geschieht, daß der Mensch, den man liebte, vergangen sein soll, daß er sich nicht *erfüllt.* Ich glaube, daß Sie die Gedichte hüten sollen als ein Andenken, als eine Spur, ich weiß nicht, was man anderes tun könnte, kenne ja auch nur diese wenigen letzten Texte. Wie soll man eine Veröffentlichung zustande bringen? Ich kann es Ihnen ebensowenig sagen, wie ich Ihnen sagen kann, daß die Gedichte *einmalig* sind. Sie haben die Fragen, die Klagen, die Ängste, die Trauer anderer junger Dichter in sich. Ach, nur für Menschen einer *einfacheren* seelischen Veranlagung ist die Jugend eine heitere, leichte Zeit. Für die *Empfindsamen* ist sie schwer.

Sie müssen nun mit diesem Verlust, dieser Erfahrung leben. Hüten Sie die Erinnerung an den Jungen, bewahren Sie seine Gedichte für immer, das können Sie für ihn tun.

10. April 1985

Lieber Genosse Pokiser, ermutigt durch Deine Freundlichkeit, wollen wir Euch melden, daß wir am Donnerstag, 2. Mai, wieder in Bratislava eintreffen werden. Wir kommen mit der direkten Maschine aus Berlin, IF 282, die hier um 13 Uhr 15 abgeht.

Wenn keine Möglichkeit ist, daß uns einer von den *Euren* (den *Unseren*) abholt, könntet Ihr uns vielleicht ein Taxi zum Flughafen bestellen?

Seid bedankt und von Erwin gegrüßt (der heut auf *Tour*

in der Niederlausitz ist, um Recherchen für die *Kleinstadt*, die Fortsetzung vom *Laden*, zu machen.)

Wir freun uns wie jedes Jahr auf Piešťany und auch darauf, Euch freundliche Menschen wiederzusehen.

15. April 1985

Liebe Eva Zeller, da waren wir beide auf der Buchmesse, hätten uns also gut treffen können, hätten wir nur voneinander gewußt! Das heißt, ich wußte schon von Ihnen, hatte im Winter Ihre *Unveränderlichen Kennzeichen* gekauft, gelesen, gedacht: welch eine starke, entschlossene Frau!

1983 im Juni war ich drei Tage in Heidelberg, las dort in der Stadtbücherei, wo eine *DDR-Buch-Export-Ausstellung* war. Das war ein schöner Abend, viele Menschen, gutes Gespräch. Am nächsten Nachmittag las ich im *weimaranischen* Garten der *Buchhandlung Kollektiv* ... Die übrige Zeit verbrachte ich damit, mir Heidelberg allein zu erwandern. Den Schweizerweg hinauf, hoch oben durch den Park, bei Eichendorff sitzend, lange Stunden in heißester Sonne, den Philosophenweg abwärts, ich staunte, wie *südlich* Heidelberg ist. Es *mutete* mich sehr *an*, ich liebte es, nur kannte ich keinen Menschen. Es waren für mich *Freiheits-Tage* (ich war allein, niemand machte Anspruch an mich wie sonst, da ich *Familienmensch* bin und immer in Pflichten gespannt) – und ich liebe solche Freiheits-Tage, so unlustig ich auch immer bin, wenn ich sie vorbereite und abreisen soll. Da bin ich übel gelaunt, weil so vieles zu bedenken und bereitzumachen ist für meine Abwesenheit. Und ich bleibe immer nur die knappste Zeit weg. In Heidelberg hätte ich noch einen Tag länger bleiben können, aber ich hatte meinem Mann versprochen, so schnell wie möglich zurückzukommen ... Nun, ich hatte aber das Gefühl: ich werde wieder nach Heidelberg fahren.

Es freut mich, Sie in der Stadt zu denken. Auch Hilde Domin lebt ja da … Und andere Schriftstellerinnen. Aus der Frauenbuchhandlung habe ich übrigens ein ganzes Paket Frauen-Bücher nach Hause geschleppt. Unter anderem Erzählungen von Claire Goll, die mir überraschend waren. Ich hatte ihr autobiographisches Buch mit Mißfallen gelesen, und nun fand ich eine ganz menschliche, teilnehmende und sehr gute Erzählerin. Und immer, in allen Fernsehinterviews und Berichten über sie, war nur von Ivan Goll und seinem Werk die Rede …

Daß Sie Gefallen an der *Einen Rose* hatten, gefällt mir natürlich. Es ist mein vierter Gedichtband, inzwischen sind es sechs, dazu noch zwei Auswahl-Ausgaben, einmal in Reclams Universalbibliothek, dann ein *Poesiealbum*, das in der *BRD* als *Kürbiskern-Zeitgedichte*-Ausgabe erschienen ist. Ein illustrierter Band (*Ich schwing mich auf die Schaukel*) ist beim *Van Loeper Verlag (Karlsruhe) voriges Jahr herausgekommen.*

Ich schicke Ihnen hier meinen letzten Gedichtband, aus dessen Manuskript ich in Heidelberg las. Elisabeth Alexander sagte, daß sie entsetzt sei über meinen Egoismus: ich schreibe immer nur *von mir selbst.* Vielleicht sehen Sie es anders? Ich hoffe es! Außer *Heliotrop* möchte ich Ihnen zwei Prosabücher senden. Es wäre mir angenehm, wenn Sie ein wenig mehr von mir erführen. Natürlich kann ich Ihnen all meine Bücher schicken, wenn Sie Lust haben (wenn es Ihnen Ihre Zeit wert ist), etwas über meine Sachen zu schreiben. Den Namen Christine Lavants kenne ich und vielleicht auch einige Gedichte, die in einer *österreichischen Poesie-Anthologie* stehen müssen, die ich besitze, ein Buch von ihr habe ich nicht. Die Verse, die Sie mir aufschrieben, sind schön.

Dank für Ihre Gedichte, die neuen, die Sie mir mitteilten! Auch meine *Sprachlosigkeit* wächst, und das *Abgerungene* zählt mehr als das Frühere, Leichtere. Ich habe es gerade stark empfunden, weil ich ein *Programm* vorbereite. Am 22. und 23. April mache ich im *Theater im Palast* (*Palast der Republik* in Berlin) gemeinsam mit Peter Schreier, *unserem* Tenor, zwei Abende *Frühling*. Er singt Schumann, Schubert, Mozart, Beethoven, Brahms, Mendelssohn zu dem *Thema*: ich hab aus fünf Büchern *erblättert*, was dazu paßt. Vieles war mir ganz vergangen und ganz neu.

Ja, die *Rose* hat wohl die fünfte Auflage erreicht, andre Bücher die sechste und siebente. Insgesamt sind die Gedichtbände in der *DDR* in fünfhunderttausend Exemplaren erschienen. Wieso das *möglich* ist, weiß ich nicht. Warum die Menschen den Gedichten so anhängen. Mein erstes Buch wurde 1973 mit fünfzehnhundert Exemplaren geplant, dann auf fünftausend erhöht, und zwanzigtausend Bestellungen gab es beim Buchhandel. Ich hatte da seit sieben Jahren schon Gedichte in Zeitschriften (Neue Deutsche Literatur) veröffentlicht, so daß man auf den ersten Band wartete, der es schwer hatte herauszukommen, weil man in den Verlagen sagte: erstens gibt es *kein Publikum für Lyrik*, und zweitens sind die Gedichte *unmodern*. Inzwischen sind sie in sechzehn Sprachen übersetzt. Vor zehn Jahren erschien die erste ausländische Ausgabe, zweisprachig, in Schweden. Aber meine Entscheidung für die *gebundene* Form wird von den meisten meiner *Mit-Dichter* immer noch als *stupid* (im englischen Sinn) angesehen ...

Leider ist mir Ihr autobiographischer Roman noch nicht im Buchhandel begegnet. Ich werde ihn weiter suchen, denn die autobiographischen Geschichten in *Unveränderliche Kennzeichen* gefallen mir besonders.

Ich bewundere die *Bewußtseinsschärfe* und die *Sinnlichkeit* Ihrer frühen Erinnerung. Das *Amalgam* von Intelligenz und *Harmlosigkeit*. Mir scheint, es gibt mehr Ähnliches zwischen uns, als daß wir beide vier Kinder haben. (Ich vier Söhne von dreiunddreißig bis einundzwanzig.)

Ich habe lange keine Briefe geschrieben, denn ich bin schlecht gestimmt wegen Lebensverwicklungen, die es bei uns gibt. Wir leben auf dem Land, ganz *anachronistisch*, mit Pferden, einem großen *Betrieb*, und nun löst sich alles auf, muß sich auflösen, weil niemand das besorgen will. Ich hänge an Berlin, würde lieber wieder in der Stadt leben, aber für meinen Mann ist es schwer, ihm scheint es unmöglich, alles aufzugeben. Er wird dreiundsiebzig in diesem Sommer, ist aber noch ganz konzentriert bei seiner Roman-Arbeit, und er ist überzeugt, daß er nur hier die Bedingungen hat, um noch lange schreiben zu können. Er leidet bei dem Gedanken, daß er sich von seinen drei arabischen Reitpferden trennen soll, die er großgezogen, beziehungsweise *gezüchtet* hat – nun, ich schreibe das, weil ich Ihnen viel geschrieben habe, nach der Schreib-Abstinenz eine *Geschwätzigkeit*. Aber es ist die Freude über Ihren freundlichen Brief, der mir natürlich deshalb wert war, weil mir Ihr Buch wert ist. Das steht mir nah, und so grüße ich Sie herzlich!

17. April 1985

Bürgschaft: Holmar-Attila Mück, der sich um die Kandidatur für den Schriftstellerverband bewerben will, ist mir seit mehreren Jahren, vor allem aus gemeinsamer Arbeit, bekannt. Ich schätze ihn als zuverlässigen, gründlich arbeitenden Dokumentarfilm-Szenaristen, literarischen Publizisten und Hörspielautor.

Er hat zahlreiche Arbeiten veröffentlicht, mehrere seiner Filme und Hörspiele wurden mit Preisen ausgezeichnet, eines vor wenigen Wochen.

Ich bin der Überzeugung, daß Herr Mück für den Bezirksverband ein Gewinn sein wird.

13. Juni 1985

Lieber Detlef Brumme! Dank für Ihre Briefe, die wir hier fanden, als wir aus Piešťany zurückkamen (ich hatte Ihnen gesagt, daß wir, wie jedes Jahr, den ganzen Mai dort verbringen würden). Inzwischen kam nun der letzte *Eislebener* Brief, der Ihren Umzug nach *Elend* ankündigt, so schreibe ich dorthin.

Bei uns haben sich die Dinge inzwischen so *verlagert*, daß zwei unserer Söhne sich die Arbeit in Schulzenhof teilen werden. Das ist ein neuer Versuch, jedem zu Recht und Freiheit zu verhelfen, denn die Söhne wollen, ebenso wie Sie, auch noch etwas anderes machen, nicht nur sich um *die Wirtschaft* kümmern.

Ihre Briefe sprechen von dem Drängen, der Unruhe, die in Ihnen ist, und Schulzenhof wäre für Sie ganz gewiß nicht der richtige Ort. Hier würden Sie Ihre Bewegungsfreiheit verlieren, die Freiheit, eine Vielzahl von Orten, Menschen, Berufen kennenzulernen, eben *Erfahrungen* zu machen. Sie sehen die Dinge hier *idealistisch*, sie sind nicht so, wie sie sich in der *Literatur* ausmachen. Die Realität, der die Literatur *abgerungen* wird, ist immer was *ganz* anderes. Wir haben so viele *Lebensprobleme*, daß wir uns in die Ihren nicht noch verwickeln können – ich hab Ihnen von unseren Söhnen erzählt. Jakob, der Jüngste, der nächste Woche zweiundzwanzig wird und dem ich von Ihnen erzählte, sagte mir, ich sollte Ihnen raten, etwas zu versuchen wie er: als Hilfskraft in einer Bibliothek anfangen. Da sind Sie den Menschen und den Büchern nahe und können sich durch Ihre Arbeit ein unabhängiges Leben schaffen.

Fassen Sie Zuversicht! Alles, was Sie anfangen, wird für Sie zum *Material* werden, wenn das Schreiben Ihre Sache ist! Und es ist immer schwer, wenn man beginnt, die Beweise für sich und andere zu liefern, sich die Zeit abzuringen, zur Konzentration zu kommen und *tatsächlich* zu schreiben!

Da Sie einiges von Erwin Strittmatter wissen, wissen Sie sicher auch, daß er fast vierzig war, als er *freier* Schriftsteller wurde und immer *voll*, mit der Sorge für eine Familie, arbeiten mußte. Von mir zu reden: eigentlich bin ich immer nur *schreibende Hausfrau*, alles ist unter *Druck* entstanden.

Gewiß werden Sie enttäuscht sein, aber lieber das, als Sie und uns ins Ungewisse ziehen.

Ich wünsche Ihnen Freude für den Sommer, Wanderungen mit Freunden, schönes Leben!

14. Juni 1985

Dank für den vielen, vielen Spargel, liebe Frau Wolff, und für die wenigen Zeilen, in denen Sie mein kleines Gedicht *Spur* zitierten, um das *Morgenglück* in *Ihrer* Spargelzeit auszudrücken! Ich bin froh, daß Sie froh dabei sind, aber bin nun doch beunruhigt über die Unkosten, die Sie hatten mit dem Transport. Wollen Sie mir nicht, *bitte*, schreiben, wie teuer das alles, der Berg Spargel und die Fahrt, zu stehen kommt? Da können wir uns mit Büchern ja gar nicht mehr *abfinden*, wie es bei meinem Mann zu Hause heißt. Lassen Sie es uns doch bezahlen? Schließlich ist der Spargel für Ihren Lebensunterhalt angelegt!

Bücher schicken wir Ihnen selbstverständlich gern wieder nach Wunsch!

Wir waren gerade von unserer jährlichen Kur in Piešťany zurück, als Ihr Nachbar kam (so habe ich unseren Sohn verstanden). Wir warn aber gleich wieder nach Berlin *geflohen*, weil hier noch die Maler waren. Unser neues Haus im Garten wurde im Erdgeschoß innen und ganz von außen *renoviert*. Vor allem das viele Balkenwerk mußte getränkt und gestrichen werden, zum vierten Mal in dreizehn Jahren, die Wände wurden mit *Latex* geweißt. Auch im alten Haus (das schon *sehr* brüchig ist) wird gemalert, und es herrscht das *Chaos*. Nun sind die Maler immer noch nicht fertig, und wir sind doch aufs Land zurückgekehrt von Berlin, wo wir in der vorigen Woche noch Freunde aus dem Kaukasus, Professoren aus Georgien, zu Gast hatten, die wir im Oktober 85 seit zwanzig Jahren kennen. Sie lehren in Tbilissi an der Universität deutsche Literatur. Viele der *Briefe aus Schulzenhof* sind an sie gerichtet.

Ich weiß nicht, ob ich Ihnen *Poesie und andre Nebendinge* schon schickte? Hier sende ich eines mit. Es kann ja, falls Sie es schon haben, zum *Weitergeben* sein.

Bei uns geht es immer hin und her mit Überlegen: Pferde und Wirtschaft abschaffen, ja oder nein? Noch haben wir den Araberhengst, der achtzehn Jahre alt ist, und zwei Töchter von ihm, dann zwei Norwegerstuten, die von dem Araberhengst regelmäßig Fohlen gebracht haben, die hoch bewertet werden bei Leistungsschauen. Dieses Jahr haben wir ein Araber- und ein Mischlingsfohlen. Mein Mann möchte sich von den Pferden nicht trennen, oder jedenfalls nicht von allen, hier ist außerdem so viel zu tun, und Sohn Matti kann nicht mehr alles bewältigen, so wollen wir jetzt auch den ältesten Sohn *anstellen*. Beide sind Förster, ihrer Ausbildung nach, aber der Älteste hat inzwischen seinen *Keramikfacharbeiter* gemacht und steuert auf den *Meister* zu. Er arbeitet in Neubrandenburg in der *Werkstatt Bildender Künstler*, hat dort in der Nähe ein Haus und will sich einmal *selbständig* machen. Nun haben wir ausgedacht, daß die Söhne sich alle zehn Tage in Schulzenhof abwechseln sollen, so daß sie immer zehn Tage frei haben, hier aber *rund um die Uhr* jemand ist, denn es ist so viel zu tun mit dem Gehöft, mit Einkaufen, Post, Heizen und vielem anderen, daß mein Mann unbedingt jemand braucht, der es ihm abnimmt, selbst, wenn wir keine Pferde mehr hätten ... Er schreibt nach wie vor intensiv an seinem Roman. Jeden Morgen von fünf bis sieben spricht er auf Tonband ...

Hoffentlich ist die Lösung, die wir uns ausgedacht haben, so, daß Ruhe einzieht im Haus, denn zur Zeit ist es sehr unruhig bei uns.

14. Juni 1985

Haben Sie Dank, lieber Herr Lenz, für Ihre Briefe, die lange nicht beantwortet sind!

Wie jedes Jahr war ich mit meinem Mann den ganzen Mai in Piešťany. Nur reagiere ich leider zunehmend allergisch auf Schwefel und Sonne (mittlerweile aber auch auf vieles andere, und so ist auch jetzt, durch allerhand Aufregungen, die schon abgeklungene, dort mit Medikamenten energisch bekämpfte, Allergie wieder aufge*flammt*). Durch die Medikamente war ich recht herabgemindert und konnte mein Prosabuch *Mai in Piešťany*, an dem ich seit Jahren schreibe, zwar um einiges erweitern, aber noch nicht *ganz* beenden, was ich hoffte oder vorhatte. Die *Anti-Allergica* machen ja vor allem müde, so beruhigen sie die *Nerven*. Indessen habe ich *überplanmäßig* einige Gedichte geschrieben. Eines lege ich Ihnen bei, weil eine Stimmung in Ihrem Brief, der von der Fahrt in Ihre heimatliche Altmark berichtet, der meinen ähnlich ist. Dieses traurige Verwundern über das Kindheitsglück ... Wie schön ist übrigens Ihr christliches Wort *heimgegangen* ...

Eigentlich könnte ich glücklich sein über viel freundliche Zuneigung, die mir zurückkommt für das, was ich veröffentlicht habe, aber seit langem lebe ich in einem *friedlosen* Haus, in einer *Dauerkrise*, die aus den verschiedenen Interessen und Charakteren entstanden ist, die hier bei uns *versammelt* sind.

Ich schrieb Ihnen vielleicht, daß Matti bei uns ist. Ich lebe im *Spannungsfeld* zwischen ihm und meinem Mann. Nun soll der älteste Sohn, der vierunddreißig wird, dazukommen. Die beiden sollen *alternieren* im Amt des *Wirtschafters*, im übrigen ihre Wohnsitze und Familien in Mecklenburg haben. Ich fürchte, daß die Komplikationen noch wachsen werden. Dabei stammt der Vorschlag von mir: damit mein Mann seine Pferde behalten kann und Schulzenhof als Wohnsitz überhaupt möglich bleibt, habe ich ihn gemacht. Ich weiß aber, daß alles von *mir* abhängt, und ich möchte mich dem gern entziehen ...

Nun, ich hoffe, daß alles sich zum Guten wenden soll, daß *Freude* wieder möglich wird, und damit auch das Schreiben. Mein Mann hat bewundernswerterweise immer die Fähigkeit, an seinem *Werk* zu bleiben. Übrigens soll diese Verschiedenheit im Verhalten gegenüber dem *Objektiven*, das heißt, der *Arbeit*, charakteristisch sein für Männer und Frauen. Vor einigen Jahren hat eine Astrophysikerin, die in Moskau ein Institut leitet, darüber geschrieben, daß und warum sie lieber mit Männern arbeitet als mit Frauen: weil Frauen sich von ihren *privaten* Kümmernissen ganz stark beeinflussen oder gar von der Arbeit abhalten lassen, Männer aber können die *Lebens-Sphären* trennen. Ich *zumal*, als *Lyrikerin*, lebe vom *Subjektiven* und *schlage* es um in *Poesie*. Ist es mir aber zu erbärmlich und schändlich, wie ich mich verhalte oder wie es mir ergeht, so falle ich lieber ins Schweigen. (Das bezieht sich auch auf Briefe. Meine alte Brieflust ist, ich hoffe, nur vorübergehend, geschwunden). Aber Sie sehen, ich *ergebe* mich nicht ganz. Mit der Zeit hat sich doch einiges *summiert*, und es wird wieder ein Buch *Gedichte* entstehen.

Es ist mir ein *Trost*, daß auch Sie, trotz Ihres Glaubens-Vorteils, Trübnisse, Ängste vor Vergeblichkeit und Verlusten kennen.

15. Juni 1985

Sehr geehrter Herr Laabs, hier kommt Ihr Album zurück. Wir fanden es, als wir Anfang Juni aus Piešťany kamen, wo wir seit zwölf Jahren den Mai bei einer Rheumakur verbringen. So erklärt sich, daß Sie fast einen Monat Ihre Arbeit nicht wiedersahen und jetzt erst Dank und Gegengruß empfangen.

Daß wir beide weniger von der Zerlegung und Montage unserer Texte eingenommen sind als Sie, soll Sie nicht stören. Das Album ist ja nicht für uns gemacht, sondern für Ihre *Serie*.

Hier gibt es eine andere Erinnerung an Sie: Lavendel, der jetzt im Freien steht und zum Herbst wieder ins Haus wandert.

Hoffentlich können Sie den Juni, trotz Krankheit und Behinderung, genießen. Er ist für uns der *eigentliche* Sommermonat, voller Versprechen, noch *unangegriffen*.

15. Juni 1985

Sie wundern sich gewiß über die späte Antwort, liebe Astrid! Ich lese jetzt erst die aufgelaufene Post und will nun gleich ein paar Zeilen schreiben für Ihre Verbandsangelegenheit. Hoffentlich gelingts dieses Mal, den Antrag durchzubringen.

Ich fühle mich nicht munter, weiß nicht: neurotisch oder organisch. In den nächsten Tagen soll es allerhand Untersuchungen geben in Berlin. Vielleicht findet man was und was, was mir hilft, munter zu werden. (Ich bin immer müde, schlafe aber ganz schlecht.) Ich möchte gern munter sein, mein *selbstanalytisches* Prosabuch *Mai in Piešťany* beenden, das nur noch ein weniges braucht. Reisepläne gibts für Frankreich und England, Oktober und Dezember, aber ich fürchte, zum Schluß fahre ich, wie nun schon oft, wieder nicht …

Wie gern würde ich nach Ohrid und Struga reisen, vielleicht gelingt es uns beiden doch einmal, zusammen zu fahren? Ich wünsche Ihnen einen schönen Sommer im Freien und daß mit den Arbeiten, von denen Sie schrieben, alles gelingt!

15. Juni 1985

Die Übersetzerin und Nachdichterin Astrid Philippsen hat mich gebeten, ihren Aufnahmeantrag für den Schriftstellerverband zu unterstützen. Das tue ich gern.

Seit Jahren kenne ich ihre Arbeit, schätze ihre Nachdichtungen, von denen sie, neben Prosatexten, nun schon eine große Anzahl veröffentlicht hat, und ich bin überzeugt, daß sie mit einem kontinuierlichen Schaffen die Verbandsmitgliedschaft rechtfertigen wird.

15. Juli 1985

Ihr Studienjahr ist zu Ende, liebe Frau Sadjij, und ich schreibe Ihnen jetzt erst auf Ihren Brief vom November, der ja im Interesse des *laufenden* Studienjahres geschrieben war.

Ja, selbstverständlich kann sich Ihre Studentin/Diplomandin an mich wenden. Ich werde ihre Fragen beantworten, so weit möglich oder so bald wie möglich. Das *so weit* bezieht sich auf Zeit und Kräfte, die manchmal nicht ganz ausreichen.

Ich schicke Ihnen die *Briefe aus Schulzenhof* und *Poesie*

und andre Nebendinge, zwei Prosabücher, aus denen sowohl über mich als auch über Erwin Strittmatter eine Menge zu erfahren ist. Aber vielleicht haben Sie sie schon?

Dank für das Buch von *Miriama Ba*. Ich besaß es schon und hatte es schon gelesen, denn es ist in der DDR, beim Aufbau-Verlag in der *Edition Neue Texte*, erschienen.

Übrigens dachte ich, Sie hätten damals die Antwort, die ich auf Ihren ersten Brief oder Ihre ersten Briefe schrieb, nicht bekommen, weil ich nichts mehr von Ihnen hörte. Ich habe Ihrer aber *gedacht* in dem Essay *Poesie und andre Nebendinge*.

Inzwischen ist bei uns, zweisprachig, ein Gedichtband Ihres Präsidenten Leopold Senghor erschienen, der 1974 den *Goldenen Lorbeer von Struga* (Makedonien) erhielt, ein Jahr, in dem ich an den *Poesietagen*, die dort in jedem August stattfinden und auf die ich mich in meinen Arbeiten des öfteren beziehe, teilnahm. – Ich hoffe, daß Sie einen guten Sommer haben im Senegal, gesund sind und schön leben!

17. Juli 1985

Sie müssen mich für sehr unhöflich und undankbar halten, liebe Janet Stevenson, weil ich Ihnen nicht antwortete auf Ihren Brief vom Februar 83 – ich hatte es getan, im Herbst 84, hatte Ihnen auch Bücher geschickt, aber ich hatte sie so schlecht verpackt, daß das Paket beschädigt zurückkam. Nun habe ich es wohl schon zehnmal zwischen dem Dorf und Berlin hin- und hergeführt, immer dachte ich: ich will es in Berlin neu verpacken, einen kleinen Brief dazu schreiben und die Sache erklären – aber niemals wurde etwas daraus. Päckchen- und Paketpacken ist ein Schrecken für mich. Mein Mann, der das sehr gut kann und sorgfältig tut, lacht mich immer aus deswegen.

Da sehen Sie schon, mit wem Sie es zu tun haben, und daß das Gedichtschreiben sicher die *Kompensation* vieler *Unfähigkeiten* ist …

Nun also: ich setze das Paket noch einmal in Gang, in der naiven Hoffnung, daß Sie noch dort wohnen, wo Sie wohnten und daß die Bücher deshalb bei Ihnen ankommen werden.

Vielleicht lernen wir uns dieses Jahr gar kennen? Ich soll im Dezember vierzehn Tage nach London und anderen Orten fahren. Es gibt einen *Plan*, an der Londoner Universität ein Seminar über *Dichter aus der DDR* oder über die *Poesie der DDR* zu machen. Drei Dichter und ein Wissenschaftler sollen? wollen? fahren. Eben hat man mich angerufen, daß ich Paßbilder für das Visum brauche. Im Oktober soll ich nach Paris, da brauche ich sieben, aber für England nur zwei, das lobe ich mir.

Ich hoffe, daß Sie bei guter Gesundheit sind, daß es Ihnen auch mit Ihrer Arbeit gut geht, das heißt, daß Sie mit dem Übersetzen Erfolg haben – und daß wir uns vielleicht kennenlernen im Winter!

17. Juli 1985

Lieber Burkhard Meier, gern gebe ich meine Einwilligung zur Rundfunk-Übertragung der Lieder. Ich wundere mich, daß das noch *speziell* nötig sein soll, ich habe Ihnen doch *generell* meine Zustimmung zu den Kompositionen gegeben.

17. Juli 1985

Lieber Herr Mück, Dank für Ihren Brief! Nein, ich bin nicht einverstanden damit, die Band-Aufzeichnungen unserer Gespräche zu kopieren und weiterzugeben. Ich glaube nicht, daß wir das tun dürfen, rechtlich, und ich bin auch nicht damit einverstanden, daß das *Ungefähre* der Gespräche unter die Leute kommt. Wir hatten das doch als *Arbeitsgrundlage* gemacht, im Film sind die entsprechenden Schnitte, und für die Buchausgabe habe ich immerhin sieben Monate investiert, um eine Fassung herzustellen, die ich für lesbar und gleichzeitig dem Spontanen des Gesprächs nahe genug halte. – Mit guten Wünschen für eine produktive Sommerzeit und herzlichen Grüßen!

17. Juli 1985

Verzeihung bitte, liebe Frau Kandt-Horn, daß ich erst jetzt für den Brief und endlich auch für das schöne Blatt danke, daß Sie meinem Mann für mich übergeben hatten, als ich hier mit Infekt und *ohne Stimme* zu Bette lag ... Das hat sich inzwischen gebessert, wenn auch noch nicht ganz behoben, was viel schlimmer ist: ich bin ohne die *eigentliche* Stimme, die des Dichters. (So will es mir jedenfalls scheinen, oder sie meldet sich zu selten, als daß ich in *Harmonie* mit *mir* sein könnte, oder weil ich nicht in Harmonie mit mir bin, schweigt sie.)

Das Leben in unserem Haus ist so schwierig geworden ... Mein Mann kann ohne Schulzenhof und ohne Pferde nicht sein, sagt er. Mir ist das alles zu aufwendig. Ich fasse schon einen Haß gegen den Ort, den ich doch einmal produktiv geliebt habe. Ich habe keine Lust mehr, hinauszugehen in die Wiesen und Wälder, ich fühle mich jetzt am wohlsten in der Stadt, in Berlin, wo mich nicht dauernd etwas *anruft* um *Lösung*.

In Piešťany, im Mai, habe ich verschiedenes geschrieben. Auch das Gedicht *Leben*:

Gib, Gib!
Sprache, du Sphinx, spei die Worte aus!
Rätselnd und dunkel, Dämonenworte.

Spiegelnd und glatt. Eisgischtend kraus
Aus felsiger Quelle. Laß stürzen, laß brennen!
Wenn Worte wollen, brennt auch das Eis.
Laß mich in Worten die Wahrheit erkennen,
Die meine Seele lange schon weiß:
Das Leben ist diese Alte in Sorgen,
Die einsam am Platz in der Sonne saß.
Den Kopf in die Hände gestützt, das Antlitz
verborgen.
Ob sie erinnerte oder vergaß –
Es war eine Trauer, war herzzerreißend.
Die Sonne begleißte ihr steinweißes Haar.
Und um sie lustvolle Kindelein kreisend,
Berauscht vom Tag, der schon Abend war.
Fremde Kinder, die die einsame Alte nicht sahen.
Und sie sah die leuchtenden Kinder nicht.
Beginn und Vergehn, die geschieden geschahen.
Und waren doch eins im glorreichen Licht.

Hier sende ich Ihnen eine Zeitschrift vom vorigen Jahr, in der andre Gedichte vor-veröffentlicht sind. Ich weiß nicht, ob Sie sie schon kennen? Mit herzlichen Wünschen für Ihren Sommer!

17. Juli 1985

Liebe Lolf, Dank für die Grüße und das Konfekt!

Für die Rosen auch, die getrocknet kamen, aber wieder *auflebten* unterm Beschaun!

Auch von den unseren Rosen haben sich welche erholt. Es sah erst so aus, als wären alle erfroren. Nun blüht es doch ums Haus herum, das nach wie vor friedlos ist, in dem so etwas wie *tektonische Verwerfungen* stattfinden – unentwegt suche ich nach *Lösungen*, habe schon *Läuse im Gehirn* davon.

Schrieb ich, daß ich im Oktober nach Frankreich, im Dezember nach England will/soll. Zum Schluß werde ich wieder nicht fahren, weil in Schulzenhof, wie immer, *Panik* ist.

Hier kommt der gelbe Prospekt zurück. Gut, daß das Buch geschrieben ist, gut, daß Sie in Verbindung mit Ihrem Egon Larson geblieben sind! Hoffentlich wird das Buch auch bei uns erscheinen! – Ich wünsche Ihnen schöne Sommertage mit Ihren schönen Kindern und Enkelkindern in Haus und Garten an der See!

V

Nun da mir alles sprachlos wird.
Die Welt mit mir nur stumm verkehrt.
Der hohe Himmel unversehrt.
Nur dann und wann von Licht durchflirrt,
Durchschnitten von zwei Möwenschwingen,
Von denen Licht spritzt wie von Klingen:
Zum V gebogenes Skalpell.
Der hohe Morgen ist so hell!
Mein stummer Tierblick saugt ihn ein.
Wiegengefühl. Anfang von Sein.

Mai 85 Piešťany

17. Juli 1985

Sein Sie gegrüßt in Ihrem schönen Garten, lieber Herr Lenz!

Ich schau durchs geöffnete Fenster in einen vor dreizehn Jahren gepflanzten Essigbaum, der mit großen Blütendolden besteckt ist, groß wie Kastanienkerzen, gelb und nach Gebäck duftend. Bloß nach welchem? Gebäck, das es nicht gibt.

Um mich herum ist, wie bei Ihnen, so viel Schönheit, daß man, wenn man Augen hätte, *innere* Augen, wie man sie einmal hatte, weinen müßte vor Dankbarkeit, daß man all das sehen kann, einatmen, einhören ... All diesen Juli und Sommer. Aber, mir geht es wie Ihnen, und die *menschliche Existenz* wird mir immer rätselhafter. Ihre Verflechtungen, die Stricke, die uns binden. Man muß sich beherzt machen und sich selber verlachen, weil man kleinmütig ist und es immer leichter haben will, als das Leben zu haben ist. Glücklich, wenn es einem gelingt, für Stunden nicht traurig zu sein und etwas *Positives* zu tun. Früher konnte ich mich doch immer *aufraffen* und Briefe schreiben, das tu ich, als *Überwindung*, schon lange nicht mehr. Gerade habe ich einen ganzen Koffer Briefe zusammensortiert, die ich nicht beantworten werde, die mir in Berlin jemand alphabetisiert abheften soll ... Dabei schäme ich mich, denn natürlich warten die Briefschreiber auf Antwort. Aber Ihnen, lieber Herr Lenz, wollte ich doch, von Garten zu Garten, zurufen: sein Sie gegrüßt bei Ihren Rosen! Ich werde gleich ums Haus zu den meinen gehn, von denen doch einige über den Winter gekommen sind. Einmal hatte ich *Neunundsiebzig Rosensträucher* ... wie das Gedicht *Sabah* aus *Zwiegespräch* beginnt. Ich schrieb es an dem Tag, als mich die Laune ankam, die Rosen zu zählen. Wären es achtzig und nicht neunundsiebzig gewesen, wäre das Gedicht sicher nicht entstanden. Die neunundsiebzig war die poetische Zahl. – Ihnen und Ihrer Familie noch schöne Sommertage!

17. Juli 1985

Sein Sie unbesorgt, liebe Astrid, daß ich *kurz* geschrieben habe für den Schriftstellerverband! Wenn es anders keine Gegenstimmen von den Übersetzern gibt, gilt mein Text schon etwas, das glaube ich sagen zu dürfen. Ich arbeite schon dreiunddreißig Jahre im Verband mit, habe allerhand Kritisches und Essayistisches geschrieben und lange als Lektorin gearbeitet (auch als *wissenschaftliche Mitarbeiterin* im Verband und als *Redakteurin* der *NDL*) – ich schreibe immer kurz, das weiß man im Sekretariat.

Ach, liebe Astrid, ich kenne diese *Stimmungen* so gut! Wenn sie bei mir auch andere Ursachen haben ... Bei Puschkin gibts die Zeile: *Pora, moj drug, pora* (ich hab es nachgedichtet: *Frau, Freundin, es ist Zeit ...*) und da steht dann: *Glück gibts nicht auf der Welt, doch Freiheit gibts und Frieden ...* Und grade das vermissen wir. (Natürlich hätte ich lieber *Glück*, das besinnungslos macht, aber da man das nicht erwarten kann in meinem Alter, hätte ich gern *Freiheit* und *Frieden.*)

Es liegt nicht daran, mit *wem* man lebt, wie verschieden die Berufe sind und so weiter. Die *geheime Trauer* hat andere Ursachen. Weil man von einem bestimmten Alter an versteht, daß das Leben *Verlust* ist. Wie sehr *verwandeln* wir uns, einerseits, und andererseits: wie *bleiben* wir uns *gleich*, bleiben wir *trostsüchtiges Kind*. Aber wir müssen da durch, müssen dem *Widerspruch* einen *Glanz* abgewinnen. Lassen Sie sich nur nicht entmutigen bei Ihrer Arbeit!

17. Juli 1985

Bitte, entschuldigen Sie, liebe Monika Lennartz, daß ich erst nach einem Monat für Ihren Brief und das *erstattete Geld* danke! So hat sich also erklärt, warum Frau Kaiser an jenem Tag nicht bei Ernst Cantzler vorbeikam. Er rief mich nämlich, unmittelbar nachdem sie von uns fortgegangen war, an. Ich sagte ihm, lauft nach Hause, gleich kommt jemand zu Besuch ... Damit, daß es *kein Taxi geben würde*, hatte ich nicht gerechnet.

Ich hoffe, daß Sie einer schönen Ferienzeit entgegengehen oder sie schon begonnen haben?

Gern erinnere ich mich an den letzten Besuch bei *meinem*

Abend im Gorki-Theater und daran, wie Sie meine Gedichte sprachen, insonderheit *Die Schwäne*. Ich danke Ihnen für die *Freudigkeit*, die davon ausging.

17. Juli 1985

Verzeihn Sie, lieber Herr Professor Morbitzer, natürlich habe ich Ihre Schallplatte mit Freude angenommen, und ich hatte auch die Bücher, um sie Ihnen zu schicken, und ich wollte es immer tun …

Meine Zeit ist gar nicht so kostbar, wird jedenfalls nicht kostbar verbraucht, sondern ziemlich trivial mit *Organisieren* und *Wirtschaften* hier und da …

Was *Karolinenhof* angeht, so bin ich über Ihre Andeutung natürlich erstaunt. Frau Quermann hatte sich bei ihrer Einladung auf *Sie* berufen: „Professor Morbitzer hat gesagt, da müßten wir eigentlich versuchen, die Eva Strittmatter selbst herzubekommen. Wenn es Ihnen gelingt, spielen wir *ohne Honorar …*" Ich lachte darüber, sagte aber sofort zu – eben, weil sie von Ihnen sprach. Ich war dann erstaunt, Sie dort nicht zu treffen, Frau Q. sagte mir, Sie seien verhindert, hätten leider einen anderen Termin.

Das *ohne Honorar* bezog sich dann auf mich, man hat mich – was mir noch nie geschehn ist – nicht einmal danach gefragt. Meistens verzichte ich (wenn es sich nicht um Abende wie im *Theater im Palast* handelt), aber gefragt werde ich schon ganz gern, da es immerhin eine *Honorarordnung* des *Schriftsteller-Verbandes* für Lesungen gibt.

Ich freue mich immer, wenn ich von Ihrer Arbeit, Ihren Reisen in der Zeitung lese, dann denke ich: es geht Ihnen gut! Mit herzlichen Wünschen für den Sommer!

17. Juli 1985

Lieber Hubertus, heute habe ich einen *moralischen Aufschwung* und schon ein paar der wichtigsten (zum Teil durch Überziehen der *schicklichen* Antwortzeiten schon grotesken) Briefe geschrieben und Päckchen gepackt, die seit Monaten vorbereitet waren – im April ein Brief an die Heidelberger Schriftstellerin Eva Zeller, die mir nach der Frühjahrsmesse Leipzig, wo sie die *Eine Rose* bekommen hatte, spontan, über den Aufbau-Verlag, einen wunderbaren Brief gesandt hatte und die *drüben* was über meine Sachen schreiben will ...

Am 23. Oktober soll ich im Kulturzentrum Paris lesen. Geplant ist wohl, daß ich am 21. um Mitternacht mit dem Zug abfahre, 22. mittags? in Paris bin, am 23. über Tage Paris, abends lesen, den 24. gibt man mir für Paris dazu, dann zurück ... Mir ist das natürlich zu wenig, habe gebeten, mir ein längeres Visum zu beschaffen und will versuchen, *irgendwie* zu Geld zu kommen, damit ich noch etwas dableiben kann, falls ich will, falls ich Leute finde, die sich um mich kümmern. Man sagte mir, das Hotel kostet etwa dreihundert Francs (hundert DM) pro Nacht ... Aber all das wird wahrscheinlich, wie immer, die kleinere Schwierigkeit sein, wenn ich nur fahre! Bei uns wütet das *Chaos*. Ich weiß nicht, ob ich irgendwann schrieb, daß Matti wieder weg will, vielleicht schrieb es mein Mann. Er will einen *Einödhof* nahe der Küste hinter Pasewalk, Grenzgebiet zu Polen, kaufen und mit seiner Freundin dort *farmern*. Nun, zum 1. Oktober, soll Ilja kommen. Er soll mit einem jungen Mann *alternieren*, eine Woche Arbeit, eine Woche frei. Er will sich auf die Meisterprüfung vorbereiten und hat sich eine Zeit von etwa acht Jahren gesetzt, um als freier Keramiker selbständig zu werden. Der andre junge Mann ist Ökonom in Berlin, ists aber nicht gern, er hat seine Kindheits-Sommer in Köpernitz verbracht. Ursprünglich wollte er Offizier werden, ist nach dreieinhalb Jahren aber *ausgeschert*, dann mußte er seine *Dienstzeit* ableisten, da hat ihn Dannys Freund Caston kennengelernt und dann Danny und deren Freundin Christin, mit der dieser Holger seit der Armeezeit zusammenlebt. Sie hat ihr erstes Studienjahr Medizin hinter sich ... Das sind unsere *Aussichten*.

Natürlich gab es unentwegt Spannungen, Verzweiflungen, Mißstimmungen, ich hatte immer einen *Fluchttrieb*, war oft in Berlin, und so habe ich auch, glücklicherweise! kurz vor Schluß Ihre *Ausstellung* Unter den Linden gesehen! Und zwar war *Hans Marquardt von Reclams* bei uns, er sagte: Giebe hat eine Ausstellung in Berlin, es ist plakatiert. Ich fuhr nach Berlin, suchte überall, fand aber keine Plakate, dann kam ein junger Mann zu mir, der bis vor kurzem Inspizient am Theater Halberstadt war, jetzt aber Schriftsteller werden will und deshalb unbedingt zu uns nach Schulzenhof wollte (er sagte: ich habe keine Freundin, kein Kind, ich rauche nicht, ich brauche hundertfünfzig Mark im Monat, ich bin vom Lande, aus Elend im Harz, Lehrersohn, vier Geschwister, bin ans Dorfleben und das gewöhnt. Ich mache jede Arbeit. Lassen Sie mich bei sich leben und arbeiten. Das ist mein *Traum* ...). Aber ich weiß, daß er falsch träumt, und daß er, wenn er Schriftsteller werden will, nicht *neben Schriftstellern* leben, sondern sich in der *Welt* umtun soll ... Und *Sie* wissen, was in dieser Zeit *die Stadt* bedeutet, wissen, daß man einen Ort wie Schulzenhof nur zum *Einatmen* aufsuchen soll ...

Also dieser junge Mann hatte Ihre Ausstellung gesehen (da er *Poesie und andre Nebendinge* gelesen hatte), und er sagte mir, wo sie ist und daß der nächste Tag der letzte sein würde ... So bin ich hin, bin lange dringeblieben. Ein paar Tage später, als ich jenen Orden (für ich weiß nicht was) bekam, zu dem Sie mir gratulierten, sprach mich der Zeichner Harald Kretzschmar an und sagte: Sie warn in der *Giebe-Ausstellung*, und Sie haben doch über ihn ganz früh geschrieben ... Er war sehr beeindruckt von Ihren Sachen. Und ich natürlich auch! Zufrieden war ich, daß Sie das *Porträt Marlies* nicht verkaufen wollen. Ich hoffe, daß *der Chilene* und *die Mutter* ebenfalls bei Ihnen geblieben sind? Das *Doppelporträt Christoph und Linda* war gewaltig, so wie es da hing, mit der großen Distanz, vom Eingang her sichtbar, großartig auch das *Porträt Maja*? von 85. Wunderbar kamen die graphischen Sachen.

Nun, Sie können sich denken, daß ich *wahnsinnig* stolz auf Sie war. Ich bin und gehe absolut mit Ihnen, ohne Einschränkung. Sie haben in allem recht. Ich habe auch die Nachrichten in der Presse gelesen über die Auslandsausstellungen und Ihre Erfolge dabei.

Lieber Hubertus, vor zehn Jahren war unser *Schulzenhofer Sommer!* Wieviel Leben inzwischen, welche Distanz, wieviel Gewinn und wieviel Verlust! Roehricht sitzt in Niederbayern und lebt von Sozialhilfe. Jemand, eine Leserin aus Frankfurt am Main, schickte mir eine Fotokopie eines Artikels über ihn in der *FAZ*. Er sagte, es war richtig zu gehn. *Der Erfolg eines Malerpoeten war in Wirklichkeit der Leidensweg einer Familie ...* Er hat keinen Arbeitsraum, aber an Frau Dr. Diener hat er jetzt eine *muntere* Karte geschrieben, Frau Dr. D. hat sich furchtbar geärgert, weil in der Zeitung steht, daß man ihn *in die Psychiatrie gesperrt und mit Medikamenten vollgestopft hat, so daß sich die epileptischen! Anfälle häuften ...* Das *Katholische Krankenhaus Weißensee* und Chefarzt Dr. Spinner, der sich jahrelang privat um R. bemüht hat, Bilder bei ihm kaufte, Tag und Nacht für ihn da war ... Dieser *Dank* muß dem Doktor bitter sein.

Mein Mann schreibt *heroisch* an der *Kleinstadt*, ist aber furchtbar mitgenommen von dem Auf und Ab im Haus, von der Unsicherheit der künftigen Existenz ... Vielleicht fügt sichs doch noch alles zum Guten ... Ich habe *Mai in Piešťany* beendet, das Prosabuch, an dem ich seit einigen Jahren schrieb. Ein neuer Gedichtband wäre auch da.

Wie gern erinnern wir uns an die Septembertage in Dresden und speziell mit Ihnen und bei Ihnen in der Hochschule! Es scheint schon *sehr fern*, ist aber doch erst ein Dreivierteljahr her, und ich denke, es sollte bald wieder einmal werden, daß wir uns sehen. Vielleicht kommen Sie nach Schulzenhof? Schließlich fährt Marlies Auto!

Zu meines Mannes Geburtstag werden wir wohl in Leipzig sein. Marquardt wird am 12. August fünfundsechzig, es gibt ein großes Fest über Tag. Wir sollen am 13. im *Gohliser Schlößchen* lesen, dann in den Geburtstag bei meinem Bruder *hineinfeiern* ...

Jakob arbeitet als Bibliothekshelfer in der Pappelallee, Prenzlauer Berg, rennt jeden Abend ins Theater, an Wochenenden in Ausstellungen und sagt, er ist der *Freieste und Glücklichste* in der Familie ... Wie lang ers bleibt? Noch wohnt er in unserer Wohnung Frankfurter Allee, aber wir hoffen, daß er bald eine eigene bekommt. – Nun, nach diesem langen Brief grüße ich Sie alle herzlich. Natürlich wäre viel mehr zu erzählen, als zu schreiben geht!

7. August 1985

Sie nehmen es, glaube ich, zu genau mit dem Urheberrecht, sehr geehrter Herr Professor Schaps! Wer wollte sich Ihrem Bemühen, diesen unglücklichen Menschen zu dienen, wohl entgegenstellen? Natürlich bin ich mit Freuden einverstanden, wenn Sie Ihre technischen Mittel nutzen wollen, um Bücher zu vervielfältigen! Wenn Sie aber die Möglichkeit haben, über Band den Patienten Texte zu vermitteln, wäre ich gern bereit, nach Dresden zu kommen und das ganze Buch oder ein anderes aufzunehmen oder direkt für Ihre Patienten zu lesen. Selbstverständlich ohne Honorar die ganze Unternehmung, Reise, Hotel, auf meine Kosten.

Ich wünsche Ihnen, Ihrer Familie, Ihren Mitarbeitern und Ihren Patienten schöne Sommertage, und ich grüße Sie herzlich (Dank für den Gruß von Professor Kulawik)!

16. Oktober 1985

Kassette und Briefe sind angekommen. Entschuldigen Sie, daß ich nicht gleich reagiert habe, lieber Burkhard Meier, ich lag zweimal im Krankenhaus, in den Tagen, als jene Sendungen im Rundfunk liefen, mit hohem Fieber, so daß ich nicht zuhören konnte. Inzwischen habe ich das *Band* abgespielt und mich in die Lieder eingehört. Ich werde sie noch öfter anhören.

Überrascht war ich von der großen Orchestermusik, darauf war ich nicht *vorbereitet*. Ich hatte mir eine kleine Besetzung *eingebildet*.

Es ist, soviel ich weiß, die erste Liedversion meiner Gedichte, die in diese Richtung geht.

Noch einmal Dank, lieber Herr Meier, für Ihre Hinwendung zu den Gedichten und für die Übersendung der Kassette.

16. Oktober 1985

Du hattest mir so freundlich geschrieben nach dem *Aufbau-Verlags-Fest*, eh ich wieder ins Krankenhaus ging, es hat mich sehr gerührt, hab Dank dafür, lieber Alfred!

Dieser Tage las ich in *Briefkopien* von 1976/77, weil Armin Müller für den *Greifenverlag-Almanach* (oder ähnlich) unveröffentlichte Texte haben will und ich nichts weiter geben kann als *Briefe*; da fand ich einen an unsere Moskauer Freundin Julia Nekrassowa, die 1967 im September vier Wochen mit uns im *Jaltaer Schriftstellerheim* war. 1977 schrieb ich ihr: *es scheint, als wären die guten Zeiten für immer vorbei, und so etwas wird nie wiederkommen* … Damals glaubte ich allerdings noch nicht an den Satz, aber jetzt sieht es tatsächlich so aus, als hangele man sich nur noch von einer Katastrophe zur nächsten …

Als ich am Freitag, 4. Oktober, abends aus dem Krankenhaus nach Schulzenhof kam, erfuhr ich, daß meine Mutter am Morgen dieses Tages mit einer *akuten Hirndurchblutungsstörung* ins Neuruppiner Krankenhaus gebracht worden war. Seitdem liegt sie dort, hat sich durch Infusionen ganz gut erholt (sie wird zweiundachtzig), und ich bin mit Ilja oder Matti jeden Nachmittag hinübergefahren …

In ein paar Tagen will ich nach Paris, um dort im *Kulturzentrum* zu lesen. Heut muß ich zur Vorbereitung der Reise nach Berlin. Ich bin nicht richtig gesund, obwohl mein Fieber *endlich* weg ist.

Hier bei uns ist eine *scheußliche Stimmung*. Matti geht zum Wochenende weg, Ilja soll die Wirtschaft, alternierend mit einem jungen Mann aus Berlin, übernehmen. Der junge Mann beginnt nächsten Mittwoch, war schon zur Probe da. Erwin braucht für alles *Ablösung*, er hat so schweren Ischias, daß er nichts mehr tragen, heben, sich nicht mehr bücken darf. Schon seit Wochen leidet er furchtbar an dieser Sache. So sind wir also auf die *Reihum-Besetzung* gekommen, doch neue Probleme deuten sich schon an: vor allem, daß nie beide jungen Männer zugleich da sind, also aneinander Halt und Unterhaltung haben, so wie in diesen Wochen Matti und Ilja, der sich *einarbeitet*. Nachher werden sie der großen *Einsamkeit* standhalten müssen, *allein im alten Haus*. Allerdings haben sie immer acht Tage frei nach der Arbeitswoche. Ilja hat in Neubrandenburg seine neue Familie (eine junge Musiklehrerin mit drei kleinen Kindern, das älteste sieben, dazu kommen seine beiden, die neun und sieben sind und die er alle vier Wochen oder vierzehn Tage zu sich holt ...). Der junge Mann aus Berlin wohnt bei seiner Freundin, beide, Ilja und Holger, möchten natürlich gern ihre *Familien* an den Wochenenden nach Schulzenhof bringen, auf Besuch, aber, Du weißt, das konnte Erwin *schon nie vertragen* ... Nun, ich habe in der nächsten Zeit verschiedene Reisen vor. Wir werden sehen, ob es geht, wie es geht, am besten ginge es natürlich, wenn ich nicht reisen, überhaupt die Literatur aufgeben und immer in Schulzenhof bleiben würde ...

Erwin ist *eingetrübt*, empfindet das alles, Abhängigkeit und Alter, sehr bitter. Wir waren natürlich zwanzig Jahre lang, mit Frankes, gut dran, alles lief präzise, nach Plan. Der *Zusammenbruch* kam, als Frankes in Rente gingen. Die Söhne sind junge Leute und wollen ihr Leben leben. Trotzdem arbeitet Erwin, wie immer, konzentriert, an der Fortsetzung vom *Laden*, deren Niederschrift er beendet hat (am 11. August). Früher sollte sie *Die Kleinstadt* heißen, jetzt *Der Laden*, zweiter Teil. Ich bin ganz *labil*, was die Arbeit, das Schreiben betrifft. Bei *Disharmonie* kann ich nur *Disharmonie* bezeugen.

Hoffentlich hast *Du* diesen Herbst einen *Anker* oder eine *Planke*, auf der Du stehn kannst. Ich wünsche Dir *sehr*, daß Du mit *Morisco* zu Ende kommst, um *frei* zu werden!

16. Oktober 1985

Zu dem Gedicht *Sanft*, das Sie der NDL 9/84 entnahmen, erteile ich die Abdruckgenehmigung, sehr geehrter Herr

Wirsing, ebenso für die Texte aus meinen Büchern. Wie immer tue ich es gern, da mein Mann sich an Ihrem Kalender *Sächsische Gebirgsheimat* erfreut und ihn *ausliest.*

Für das *NDL-Gedicht*, bitte, aber folgenden, von mir bei der Korrektur seinerzeit übersehenen, Abschreibfehler zu tilgen (durch Umstellen der Pflanzennamen in Zeile drei): Von Disteln umwuchert, von Nesseln besetzt. – Mit Grüßen in die Oberlausitz!

11. November 1985

Lieber Hubertus, mein Mann will sich gleich als *Päckchenpacker* betätigen. Ich will ein paar Zeilen zur Begleitung für den Pullover schreiben, den ich vor ein paar Tagen in der *Berliner Rathauspassage* für Sie ausgesucht habe. Wir wollten Ihnen gern etwas zum Geburtstag schikken und dachten, ein warmer Pullover, den man immer tragen kann, stellt eine *tägliche Verbindung* zwischen uns her. Tragen Sie ihn zur Gesundheit und in hoffentlich nur guten Tagen! Sein Sie mit Marlies und Caspar gegrüßt und beglückwünscht! Nun auch Sie schon *zweiunddreißig*! Aber Sie haben ja mit zweiunddreißig schon ein *Werk* geschaffen!

Inzwischen war ich, *nach Plan*, in Paris, aber doch nur ein paar Tage. Ich habe die Adresse, die Sie an meinen Mann schrieben, gar nicht mitgenommen. Es fehlte mir in Paris an *Betreuung*, obwohl *unsere Leute vom Kulturzentrum* und der *Universität* sich um mich kümmerten, wenn sie Zeit hatten, sie hatten aber nicht viel Zeit. Meine französische Nachdichterin wurde krank, so bin ich viel allein spaziert. Ich wohnte sehr günstig, an der *Place de l'Odéon*, eine halbe Minute vom *Jardin du Luxembourg*. Ich konnte zu Fuß die *Seine-Insel, Louvre, Notre-Dame, Quartier Latin* erwandern. Bin aber in keines der Museen *hineingegangen*, außer durch die untere Etage des *Centre*

Pompidou. Ich habe lieber auf die Leute und die Stadt gesehen. Zweimal war ich auch auf dem *Montmartre*, bei den *tragischen* Kitschmalern auf der *Place du Tertre* und so weiter. Auch in *Fontainebleau* war ich, in *Boulogne*.

Für die paar Tage wars eine ganze Menge, und es war Sommerwetter bis achtundzwanzig Grad. Und meine Lesestunde (gemeinsam mit der Nachdichterin) war gut. Ich wollte auch schnell zurück, weil ich nach Budapest zu der *Kulturkonferenz* zu fahren versprochen hatte. Aber ich wurde, wieder mal, krank nach Paris, in Paris angesteckt mit Grippe, erkältet auf der Bahnreise. So bin ich nicht nach Budapest geflogen, werde aber heute in einer Woche nach Hannover, Kassel, Göttingen, Heidelberg zum Lesen fahren – wenn nichts dazwischenkommt.

Die Unruhe bei uns im Haus hat nicht aufgehört. Matti ist seit dem 1. November fort, Ilja hat am 1. Oktober angefangen, aber es ist nicht sicher, daß er bleibt. Er hat sich wieder eine Frau gefunden (Musiklehrerin mit drei Kindern), die über seine Zeit *verfügt*, so daß er nun gegen unsre Absprache opponiert und sagt: er sei nicht *Vaters Leibeigener*. Heut kommt er wieder. Montag mittag soll immer der Wechsel stattfinden. Sein alternierender Kollege ist dagegen *begeistert* von der Arbeit …

Wir hatten mit Ilja besprochen, daß er in der Freizeit den Meister machen und bei Kollegen mitarbeiten würde, um sich ins Drehen an der Töpferscheibe hineinzufinden, das er bisher wenig betrieben hat. Aber jetzt heißt es nur: Wir wolln uns unser *kleines Familienleben* erhalten …

Mein Mann und ich sagten heut früh: wieder die Situation wie vor zehn Jahren im Sommer, als Hubertus hier war und Christiane Ilja hinderte, am Wochenende zum Malen zu kommen.

1986

19. April 1986

Es bleibt mir nichts, als an Ihre Großmut zu rühren, lieber Herr Müns! Verzeihn Sie, daß ich erst jetzt für Ihr so schönes Geschenk zum Geburtstag danke, das meine Freude war, nicht nur an jenem Tag, sondern noch über eine ganze Zeit danach! Die *Hyazinthe* war gut angekommen, erwartete mich hier, als ich kurz vor meinem Geburtstag von Berlin kam, daß es eine lebende Pflanze, eine *blühende*, sein würde, hatte ich nicht gedacht!

Ich bin bei allen so in Schuld wie bei Ihnen. Mit meiner Gesundheit ists in letzter Zeit (die schon ziemlich lange geht), so trübe, daß ich gar nicht schreiben mag, es auch gar nicht kann, meistens. Ich warte sehr darauf, daß es mir wieder besser geht, hoffentlich wird diese Erwartung nicht getäuscht. Ich bin auf dem *Punkt*, wo man nur noch *gesund sein will*. Ich spüre, daß ich jetzt erst *ernst machen könnte* mit dem Schreiben, und ich möchte es gern tun!

Hoffentlich sind bei Ihnen in der Familie alle gesund und Sie sind mit Freuden bei Ihrer Gartenarbeit und im Beruf!

19. April 1986

Sein Sie mir nicht gram, liebe Frau Hinkelmann, daß ich jetzt erst die Bilder zurücksende und Ihnen auch mein *Beileid* zum Tod Ihres Mannes erst jetzt schreibe … Bei uns gab es die ganze Zeit Krankheit, Unglück, Wirrnis, so blieb mir alle Post liegen. Nun, nachdem Ihr zweiter Brief kam, habe ich endlich den ersten herausgesucht und sende Ihnen heute Ihre Fotos zurück, die ich mir damals, als sie kamen, und auch heute wieder lange angeschaut habe. Das ganze Leben ist darin beschlossen, scheint mir! Wie Sie da als junge Frau so freudig und das Leben herausfordernd sitzen – und dann, in den späten Porträts all die Erfahrung, die Sie gemacht haben, machen mußten – und sicher das Gefühl: wie schnell es ging und verging! Auch ich empfinde es schon so, obwohl ich noch jünger bin, aber auch bei mir sind schon *Lebens-Epochen* abgeschlossen! Das wäre aber alles zu überwinden (und schreibend umzusetzen), nur bin ich in den letzten Jahren viel krank, und auch mein Mann hat oft im Krankenhaus gelegen, Anfang 1984 mit Hirndurchblutungsstörungen und Depressionen, letztes Jahr November plötzlich mit einer Gallenoperation, am 1. Februar hat er sich den linken Arm ausgekugelt, und er hat noch immer starke Schmerzen ... Zwischendrein, im Oktober, war meine Mutter, die nur acht Jahre älter ist als mein Mann, ihrerseits mit einer Hirndurchblutungsstörung, bei der sie völlig verwirrt war, ins Krankenhaus gekommen. Zwei Wochen ließ ich mich jeden Tag zu ihr fahren (ich fahre leider nicht selbst Auto), um mit ihr zu sprechen, sie zurückzuholen *ins Leben*. Sie hat es geschafft, inzwischen geht es ihr wieder gut, sie fährt Rad, arbeitet in ihrem Garten, war schon zu Weihnachten nach Leipzig und Kassel gereist, um meine Brüder zu besuchen ...

Meine vier Söhne sind *verstreut*, alle leben schwierig, auf keinen glatten Wegen – so geht das Leben von Tag zu Tag. Am Ende wundere ich mich immer, daß doch etwas Geschriebenes *drüber bleibt*.

Ich wünsche Ihnen schönen Frühling in Ihrem schon so viel südlicheren Arnstadt!

19. April 1986

Da ich Sie an jenem schönen Sommertag kennengelernt habe, als Sie mir das *rote Tuch* und die Margeriten brachten, weiß ich, daß Sie wirklich freundlich und gütig sind, liebe Frau Betzold, und so werden Sie mir verzeihen, daß ich für Ihre Grüße und Geschenke zu Weihnachten und zum Geburtstag erst jetzt danke!

Bei uns war immerzu Krankheit und *Chaos*. Hin und Her zwischen Berlin und Schulzenhof, so daß ich gar keine Briefe, kein Kärtlein, kein Wörtlein an irgendeinen Menschen geschrieben habe.

Nun will ich mich aber doch wenigstens, bevor wir am 4. Mai nach Piešťany fahren, bei denen bedanken, die mich mit ihren Geschenken erfreuten. Also sei herzlich gedankt, liebe Frau Betzold.

19. April 1986

Lieber Herr Groissmeier, Dank für Ihren Brief, den ich zwar im Gedächtnis habe, aber jetzt, wo ich ihn endlich beantworten wollte, nicht finden kann. Nach langem Suchen in meinen Post-Bergen habe ich resigniert und meinen Mann um Ihre Anschrift gebeten ... Bei uns war immerzu Krankheit (sicher hat Ihnen mein Mann davon geschrieben). Ich ziehe mich (als Abstinenzlerin, die ich seit mindestens zehn Jahren bin, nachdem ich früher gelegentlich ein Glas *mitgetrunken* hatte, wenn Freunde da waren) mit einer *Lebergeschichte* herum. Sie mindert nicht nur die Lebenslust, auch die Arbeitsfähigkeit ist verringert.

Nun also: die Adresse des Schriftstellerverbandes ist: 1080 Berlin, Friedrichstraße 169/170. Heinz Piontek könnte aber auch über Aufbau-Verlag, 1980 Berlin, Französische Str. 32, zu den Autoren kommen, die ihn interessieren.

Ich sende einen Auswahlband meiner Gedichte mit, der bei *Reclam* erschienen ist, in dem, meiner Meinung nach, eine ganze Reihe Gedichte enthalten ist, die zu Pionteks Thema *Park* passen.

Eine Bitte: Würden Sie wohl die Herausgeberin oder vielmehr Redakteurin des *Groh-Foto-Kalenders* grüßen, die mir *damals* einen so sehr liebenswürdigen persönlichen Brief geschrieben hat, als sie um die Abdruckerlaubnis bat. Ich habe ihr, schändlicherweise, nicht geantwortet. Inzwischen habe ich längst den schönen Kalender bekommen, an dem ich Freude habe. Sie hatte geschrieben, daß sie eine Idee wegen einer Lesung in München hätte. Wenn es mit meiner Gesundheit besser wird, würde ich gern kommen. Ich war nur einmal mit meinem Mann in München, vor fast dreißig Jahren!

Lieber Herr Groissmeier, ich weiß, daß Sie viel schlimmer krank waren, mit Operation, und ich kann nur hoffen, daß mein Brief Sie bei gebesserter Gesundheit erreicht. Hoffentlich haben Sie so auch eine der Poesie günstige Zeit! Ihre Gedichte stehn mir nahe, sind so *einfach*, so *unposiert*, wie ich es liebe.

22. April 1986

Dank für die Einladung, lieber Jens Lorenz! Leider kann ich nicht kommen (Ihr so persönlicher, freundlicher Brief würde mich dazu ermuntern), weil ich im Mai nicht im Lande bin.

Grüßen Sie Jürgen Golle und die Mitglieder des Chores! Ich wünsche Ihnen zur Freude an der Arbeit die des Erfolges der Uraufführung und möglichst vieler folgender Konzerte dazu! Vielleicht habe ich später einmal Gelegenheit, die Lieder zu hören!

25. April 1986

Schon wieder sind vier Wochen vergangen, seit Deine Karte mit der Nachfrage wegen Erwins Gesundheit/Krankheit kam, lieber Reso, aber da es sich bei uns immer von einer Krankheit zur nächsten geschleppt hat und schleppt, ist keine Kraft gewesen, Briefe zu schreiben. Nun will ich mich aber *ermannen* und Dir ein wenig erzählen, wie es aussah und aussieht.

Daß Erwin am 19. November die Gallenoperation hatte, weißt Du wohl, die kam über Nacht, aus *heiterem Himmel.* Ich wollte an diesem Tag für eine Woche in die Bundesrepublik zum Lesen, hab natürlich abgesagt, auch vierzehn Tage England für Dezember (da kam Erwin gerade aus der Klinik). Einen Monat vorher war ich aber in Paris, für eine Woche, hatte dort einen Vorleseabend in unserem Kulturzentrum.

Also: ich war das ganze letzte Jahr nicht richtig gesund, zweimal im Krankenhaus, nach einem Ohnmachtsanfall bei einer Magen-Darmgrippe, da war ich sehr krank. Es ist schon ganz widerlich, wenn ich mir *mein* Jahr rekonstruiere, könnte ich *speien.* Die *Basis* für die dauernden Infekte und Schwankungen ist wahrscheinlich diese *Leberstörung*, an der ich nun schon seit Jahren (zur Strafe für meinen *Anti-Alkoholismus*) laboriere ...

Erwin hatte sich nach zehn Wochen von seiner Gallenoperation erholt, da stürzte er am 1. Februar nachmittags, als er einem seiner beiden neuen Assistenten das Pferdelongieren beibringen wollte. Es war verharschter Schnee, er hatte Filzstiefel an, und er wollte die Leine nicht loslassen, obwohl das Pferd (die Norwegerstute Inka) *ausbrach* – denn er wollte dem jungen Mann *zeigen*, wie man es machen muß. Dabei hat er sich den linken Arm ausgekugelt. Er hatte wahnsinnige Schmerzen. Es dauerte sechs

Stunden, bis wir in Berlin waren und man ihm den Arm wieder *einrenkte*. Vier Wochen hat er im Krankenhaus gelegen, um, nachdem man ihm den Brust- und Schulterverband abgenommen hatte, Übungen zu machen. Nun, nach drei Monaten, hat er immer noch, manchmal sehr starke, Schmerzen, die Beweglichkeit ist noch längst nicht, wie sie war, auch *Muskelschwund* gibt es. Alle Hoffnung richtet sich auf die Kur ...

Matti und Ilja sind weg (Ilja war von Oktober bis Dezember da, Matti ist seit 1. November auf einer *LPG im Norden*, hat dort einen *Einödhof* gekauft, hinter Pasewalk, nahe der polnischen Grenze und dem Haff, wo seine Freundin zu Haus ist. Seit er weg ist, haben wir ihn zwei- oder dreimal gesehen ...).

Erwin hat jetzt zwei junge Männer aus Berlin angestellt, die von Montag zu Montag wechseln, also nur zwei Wochen im Monat arbeiten. Er ist sehr zufrieden mit seiner neuen Existenzform. Ist auch, trotz *Behinderung*, gut bei der Überarbeitung des zweiten Bandes vom *Laden*, der nächstes Jahr erscheinen soll.

Ich habe *Mai in Pieštany* abgegeben (Prosa, von der ich Dir wohl erzählte). Jetzt stelle ich einen neuen Gedichtband *Atem* zusammen, aus dem ich zweimal in der *NDL* veröffentlicht habe. Ich schicke Dir die beiden Hefte mit, vor allem, weil in dem einen das Gedicht *Der Adler* steht, das sich auf unseren *Kazbegi-Besuch* 1980 bezieht. – Vor einiger Zeit bekam ich über den Aufbau-Verlag eine Anfrage aus Tbilissi um Abdruckgenehmigung für Gedichte und Auszüge aus den *Briefen*, die man in einer Sammlung *Georgien in der deutschen Literatur* veröffentlichen will.

Ich denke so oft zu Euch hinüber, immer in *Trübnissen* taucht mir Georgien als ein *Licht* auf und als *Wunder*, daß ich bei Euch war ... Ich hoffe so sehr, wieder zu Euch zu reisen. Wenn es sich irgend mit meiner Gesundheit bessert, werde ich es tun ...

Hoffentlich sieht es bei Euch wieder günstiger aus, geht es mit Deinem Vater aufwärts! Auch bei uns hatten, von der Virusgrippe, viele Leute die Lungenentzündung, auch Frau Dr. Diener, die seit Weihnachten den ganzen Januar hindurch krank war ... Ja, lieber Reso, alle, die nun älter werden, haben mit Krankheiten zu tun, mit ihren eigenen und mit denen der Eltern und Verwandten, auch hier, in unserem Kreis, ist es ganz schlimm. Und wir alle glauben, daß wir da doch wieder herauskommen müssen, daß nicht *wahr* sein kann, daß wir so eingeschränkt werden ... Auch Hermann, der, abgesehen von der Geschichte mit seinem Arm, immer so *eisern* war, ist in den letzten Jahren viel krank, von einem *Infekt* zum anderen, von einem *Herz-Kreislaufanfall* zum nächsten – er war oft im Krankenhaus, fühlt sich schlecht und hat immer Angst, es könnte gleich zu Ende sein ... Und dabei hat er die vierjährige Tochter Deborah und die ganz junge Frau Marion. Am 14. Juni wird er sechzig. Zwischen seinem fünfzigsten und seinem sechzigsten Geburtstag haben sich *Dinge* abgespielt! Alles hat sich gerade umgedreht: *er* ist ins *ZK* gewählt worden, *Konny N.* nicht mehr ...

Jakob ist noch in seiner Bibliothek in der Pappelallee. Heut, Freitagabend, kommt er übers Wochenende nach Haus. Erwin junior schreibt, hat ein paar, wie ich finde, gute Erzählungen geschrieben und spielt in Neustrelitz Theater. Ilja beginnt am 1. November mit seinem *Gewerbe* als Keramiker, baut jetzt Werkstatt und Brennofen. Matti ist *Brigadier* dort oben, ist aber noch nicht sicher, ob er nicht doch wieder zur *Forst* zurückgehen wird ...

Was machen Nino und Otar? Und Nana und Frau Etheri? Überhaupt wäre es gut, von allem und allen wieder etwas zu erfahren! Wir hatten einen ganz schrecklichen, langen, zuwideren Winter. Jetzt erst, Ende April, gibt es die ersten Spuren von Frühling! Vor zwei Wochen aber hatten wir noch *Schneeverwehungen* und *Stromausfall* wegen *Winterkatastrophe*!

Nun aber singt die Amsel. Wir haben dieses Jahr eine ganz begeisterte im Garten, sie singt früh und abends und den ganzen Tag … Und die Veilchen blühn auf der *Tinko*-Ecke, das ist der Winkel zwischen Scheune und langem Stall, wo auch Wein wächst. Da, auf der Bank, habe ich einen Sommer lang jeden Abend Matti und Jakob *Tinko* vorgelesen. Seitdem heißt die Stelle so.

1. Mai 1986

Lieber Herr Lenz, lassen Sie mich herzlich um Verzeihung bitten, daß ich so spät für Ihre stetige Nachfrage, für Ihre vielen freundlichen und schönen Briefe danke!

Monate sind wohl vergangen, seit ich Ihnen zuletzt schrieb. Es war wirklich so, wie Sie vermuten. Krankheit war die Ursache … Ich habe aber mein Prosabuch *Mai in Piešťany* dem Verlag übergeben. Es soll noch dieses Jahr erscheinen. Jetzt nehme ich mein altes Puschkin-Manuskript *Poesiefest in M.* mit nach Piešťany. Vielleicht habe ich gute Zeit und kann es weiterführen. Vielleicht gibt es auch Gedichte …

Ich wünsche Ihnen, lieber Herr Lenz, Gesundheit und Glück in diesen vollen Frühlingstagen, die uns nach dem so langen, und noch vor drei Wochen schneewehenden, Winter überfallen haben mit Wärme und Glanz und Veilchenduft am Mittag!

1. Mai 1986

Nicht, weil ich *Wassermann* bin, liebe Elisabeth Müller – ich verstehe gar nichts von diesen Sachen, weiß nur, daß vor ein paar Jahren die Leute auch anfingen, mit *chinesi-*

schen Tierkreis- und Jahreszeichen zu rechnen, und dabei kam heraus, daß Erwin Strittmatter und ich *niemals, unter keinen Umständen*, hätten zusammenkommen dürfen, weil er im August geboren ist –, nicht, weil ich *Wassermann* bin wie Sie, sondern weil mich Ihr *hartnäckiger Glaube* anrührt, Ihr Vertrauen, schreibe ich Ihnen. Im Oktober war ich eine Woche in Paris. Am 20. Oktober bin ich durch *Ihr* Saarlouis gefahren …

Sie scheinen ein glückliches Gemüt zu haben, sich im Gleichmaß zu befinden, das Leben zu genießen – das ist schön, und ich wünsche Ihnen, daß Sie so bleiben sollen! Ich bin (*obwohl Wassermann*) ganz anders: aber das hängt sicher mit dem Schreiben zusammen. Die innere Unruhe, die Selbstzweifel sind der Preis, den ich fürs Schreiben zahle. Das geht nicht allen so. Es gibt Menschen mit glücklichem Selbstbewußtsein, die von dem, was sie schrieben, gleich sagen können: das ist mir gelungen, ist besser als was andere machen … Nun, ich kann mich nicht ändern.

Wie es bei *Ihnen* mit dem Schreiben weitergehen soll oder wird, kann ich nicht wissen, nicht sagen. Das muß die Zeit erweisen. Das heißt, das, was man schreibt in der Zeit. *Veröffentlichen* ist immer schwierig und dauert.

Liebe Frau Müller, ich werde Ihnen nicht oft schreiben können, habe nicht mehr die Kraft, neben der literarischen Arbeit so viele Briefe zu schreiben, wie ich es früher tat. Ich bin sechsundfünfzig und denke immer: jetzt müßte ich bald anfangen, *Ernst zu machen* mit der Literatur! Im Herbst erscheint ein neues Prosabuch *Mai in Piešťany*, da schreibe ich über alles, was mich angeht.

1. Mai 1986

Lieber Herr Kratsch, vom Februar in den Mai – so lange schon gehen der Gedanke zu schreiben und der Dank mit mir um für Ihren Brief und für den schönen *Maskenknaben* mit seinem kindlichen Denker-Gesicht! Wie innig und rein und *vor allem Leben* ist er wieder! Etwas in Ihnen muß diese *Dauer-Sehnsucht* haben, dieses *Zurück-in-die-Knaben-Welt* vor der *Schuld* – wie gut ich es verstehe, bei mir wird diese *Sehn-Sucht* immer stärker, gleichzeitig die Verstrickung ins Lästige, Alltägliche, Pflicht-Schuldige immer dichter, ich möchts *durchhauen* und *rein* leben, nur aus mir heraus, nur nach meiner Verantwortung, meiner Lust!

Ja, der Winter war schlimm, kalt, lang, finster ... Ich denke nicht so gern an die Augusttage in und um Leipzig, weil ich da auch krank war. Seit einem Jahr habe ich eigentlich *dauernd was*. Mir gings in Hohnstein sehr schlecht, ich hätte die ganze Leipzig-Reise gern gelassen, wenns möglich gewesen wäre. Trotzdem lebt auch in mir der große Sonnentag, leben all die freudigen Menschen, und unser *Wandelgang* in *Göschens Garten* und unser Aufenthalt in der niedrigen grünen Laube sind im Gedächtnis ...

Hoffentlich klären sich bei Ihnen die Dinge bald, daß das Leben leichter wird für Sie! Gerade las ich eine Statistik über die unaufhörlich steigenden Scheidungen. 1985 waren, wenn ichs richtig erinnere, hundertneunzehntausend Eheschließungen und siebenundvierzigtausend Scheidungen. Auch in unsrer Bekanntschaft gehts weiter. Der Bruder von Frau S., der mit seiner Frau in Hohnstein dabei war – wir saßen zuletzt im Hofwinkel zusammen am runden Tisch – ist nach dreiundzwanzig Jahren (oder länger) auch gerade geschieden. Aber da war er es, der sich *verlagert* hat, in der *typischen* Weise: eine halb so alte Frau (die Sekretärin). Im August werden es drei Jahre, daß wir alle zusammen eine wunderbare Woche im Süden verlebten. Wie heiter warn diese Sommertage und -nächte. Alle schienen im Glück, und alles schien auf *Dauer* zu sein!

Ja, es wäre schön, sich bald einmal zu sehen! Wann wir nach Leipzig kommen, ist ungewiß, aber vielleicht fahren Sie einmal nach Norden?

2. Mai 1986

Für die große Freude, die ich von *Ihrem* Buch mit *meinen* Gedichten hatte, liebe Dolores Rothe, will ich endlich danken: mir hat es außerordentlich gefallen, es war so überraschend, viele Gedichte wurden für mich ganz *neu*. Auch meinem Mann gefiel es, und er sagte: so ein Buch müßte der Verlag machen ... Meine Söhne waren merkwürdigerweise dagegen, sie sagten, sie wollten sich nicht *suggerieren* lassen, wie der Text zu lesen sei, das besorgten sie schon selbst: *Raum und Pausen im Gedicht* ... Dann war ich im Verlag, da zeigte man mir auch ein Exemplar Ihres Buches, das wohl über eine Ihrer Freundinnen, die bei *Aufbau* Typographin ist, dorthin gekommen war. Die Lektorinnen wiederum waren beeindruckt von Ihrer Arbeit, fanden auch, man sollte was *Besonderes* versuchen mit der *Typographie* – aber *das* ginge natürlich nicht, weil man es nie *durchkriegen* würde: *Papierverschwendung* ...

Ich finde jedenfalls, Sie haben etwas Schönes geleistet. Mich hat es ermutigt, in meinen Gedichten auch *optisch* zu sehen, was es für mich *akustisch* immer ist: ein im Raum befindlicher Klang.

Hoffentlich haben Sie nach dem Diplom gute Möglichkeiten zur Arbeit, und hoffentlich sind Sie durch den Abschluß und durch den Erfolg in Ihrer Seele erheitert zum

Leben und Tätigsein! Ich weiß, daß das nicht *stabil* ist, ich selber *schwanke* auch immer *herum*, versuche dann etwas zu *fassen*, es fest zu packen und etwas daraus zu machen.

Ende des Jahres erscheint mein Prosabuch *Mai in Pieštany*, in dem ich mich und meine seltsame Existenz unter anderen seltsamen Existenzen an diesem seltsamen Ort reflektiert habe. Ein Buch vom *Menschlichen*. Ich hoffe, es wird Sie eines Tages erreichen.

2. Mai 1986

Liebe Véronique Donnat, daß Sie im Frühling in Berlin waren und sich nicht bei mir gemeldet haben, will ich nicht hoffen! Ich hatte immer auf ein Zeichen von Ihnen gewartet, daß Sie eintreffen würden, aber bisher ist es nicht gekommen …

Natürlich hätte ich längst für Ihren Brief vom November danken sollen, aber bei uns gabs Verwirrungen mit Operationen und Krankheiten. Es ist ein Wunder, daß es mir gelungen war, nach Paris zu kommen. Aber von dort brachte ich den *Grippe-Infekt* mit, an dem Sie und die Mitarbeiter des Kulturzentrums erkrankt waren. So konnte ich auch nicht zu der *Kulturkonferenz* (Helsinkikonferenz) nach Budapest fahren, zu der ich eingeladen war … Paris war merkwürdig, und ich habe es verlassen mit dem Gefühl des Verlustes, aber auch mit dem eines Glückes, das nur in *Poesie* zu sagen ist. Ich habs begonnen, vor Monaten, aber noch nicht beendet, es heißt *Die Verweigerung von Paris* …

Sehr habe ich mich gefreut, Sie kennenzulernen, und ich hatte mich am *allermeisten* auf *unseren* Tag, den Freitag, vorgefreut, an dem wir beide verabredet waren und an dem Sie nicht kamen … Sie waren krank, wie ich dann erfuhr. Ich bin viele Stunden allein umhergewandert, wie mit einer *Tarnkappe* aus dem Märchen …

Liebe Véronique, ich überlasse natürlich Ihnen, was Sie übersetzen wollen und können. Ich wundere und freue mich, wenn es überhaupt geschieht, wenn Sie Ihr liebes Mädchenwesen an diese meine manchmal recht krassen oder düsteren Verse wenden wollen. Suchen Sie aus, was Ihnen schön erscheint und was Sie lieben können.

Hoffentlich haben Sie Ihren Besuch für etwas weiter in den Sommer hinein geplant, so daß ich Sie sehen kann (ich bin im Mai nicht im Land). Sie können übrigens, wenn Sie es zeitlich und technisch arrangieren können, sich hier einrichten, umherfahren und so weiter, im unbegrenzten Vertrauen auf das Geld, das mir meine Bücher in der *DDR* verdienen.

Grüßen Sie François Mathieu, wenn Sie ihn sehen, auch meine deutschen Bekannten vom Kulturzentrum und der Universität.

Sein Sie gesund und lieben Sie doch Paris! Sicher gewöhnen Sie sich so langsam wie ich als Siebzehnjährige, als ich aus der *Provinz* nach Berlin zum Studium kam. Jetzt ist Berlin seit langem *meine* Stadt.

2. Mai 1986

Ja, unsere Telefonnummer hat sich geändert, lieber Leo, so hast Du uns nicht erreicht. Ich muß Dich geradezu *flehentlich* bitten, mir zu verzeihen für diese unerhörte Unhöflichkeit, Lieblosigkeit, mich nicht zu rühren auf all Deine Anfragen hin. Damit, daß ich immerzu krank war und daß meine Mutter und Erwin mit Operationen und Unfällen für dauernde Krisen und Paniken sorgten, will ich mich nicht entschuldigen. Ich hätte trotzdem schreiben müssen, weil mir wichtig war, worum es ging. Sowohl der Matewosjan als auch der Sidonis *gehn mich an*, und das Puschkingedicht habe ich schon lange *gemacht*, es wurde in der *Puschkin-Sondernummer* der *NDL* vor Jahren veröffentlicht. Ich hatte es Charlotte für die neue Aufbau-Ausgabe gegeben, in die wurde es aber nicht aufgenommen. Hier lege ich es noch einmal bei für den Fall, daß es noch gebraucht werden kann.

Großen Dank Dir für den *Okudshawa-Band*! Das ist wirklich eine *Sensation*! Mittlerweile liebe ich auch seine Prosa. Ich hasse sonst historische Romane. Aber *er* hat was Großartiges gemacht, hat die *Prosa* in eine Art *poetische Raserei* versetzt, die aber nie *sinnlos* wird. Was er an Bildern zaubert (und was glücklicherweise auch im Deutschen *zündet*), ist großartig. Na, und als Dichter hat er genau das, was mir als Poesie vorschwebt – der Pflasterstein nach dem Regen, auf dem die Sonne glänzt.

Sei mit Charlotte gegrüßt und laß mich wissen, ob ich für Eure Verlagsprojekte noch was tun kann, oder ob Ihr schon *solidere Leute* habt. – Seid gesund!

1987

17. Mai 1987

Lolf, Ruth Werner, auf die Sie mich verweisen, hat mich vor Wochen *spontan* angerufen, um mir zu sagen, wie begeistert sie von *Mai in Piešťany* ist. Sie lag gemeinsam mit Len, ihrem Mann, im Regierungskrankenhaus und las ihm, der fast blind ist, das Buch vor. Vor vierzehn Tagen schrieb mir Ruths Bruder, Jürgen Kuczynski, einen Brief und bekannte, daß er neu und tiefer sein Verhältnis zu Marguerite, seiner Frau, durchdacht hätte, die auch wissenschaftlich arbeitet. Dr. Erika Hinkel, fünfundzwanzig Jahre lang Kurt Hagers persönliche Referentin, schrieb mir, daß *Mai in Piešťany* für sie zu einem *existenziellen* Buch geworden sei, dem sie, aus ihrem Leben, ihrer Erfahrung, in jedem Satz zustimmen könne.

Mitpatienten aus Piešťany, die in dem Buch vorkommen, haben sich in Briefen oder mit Besuchen bei mir bedankt. Viele schreiben: Sie haben mir den Ort entdeckt, oder aber: so sehe und liebe ich ihn auch. Anrufe aus Wien und weiterhin kamen von *Piešťanyern,* die mir dankten. Das Buch wird in Bratislava übersetzt. Hier liegen Hunderte Briefe von Kollegen, Verlagsleitern, Intendanten, Studenten, die mich einladen, von Ärzten, Professoren, Lehrern, Bäuerinnen, Apothekern (einer schreibt: „Sie sind schuld an meiner heutigen Müdigkeit, ich habe die Nacht hindurch, zweimal hintereinander, Ihr Buch gelesen, bin ohne eine Minute Schlaf in meine Apotheke gegangen …"). Es gibt *positive Rezensionen* zu dem Buch, aus der *Tribüne*, der *Berliner Zeitung*, dem Rundfunk oder den *Weimarer Beiträgen.* Allen *Briefen* gemeinsam ist ihr hohes geistiges Niveau. Alle stellen sich Existenzfragen, Sinnfragen; Tod und Leben, die Frage: auf welchem Punkt meiner Lebensbahn befinde ich mich, welche Möglichkeiten habe ich noch, was kann und muß ich mir abverlangen? Nicht *einer* suchte oder sah *Skandal* in dem Buch.

Weh, daß Sie den faschistischen Schmähbegriff *Infames Machwerk* hinschrieben, daß Sie es über sich brachten!

Weh, daß Sie sich auf *Denunzianten* beriefen! („Von mir gut Bekannten, die im gleichen Arbeitszirkel seinerzeit gewesen sind, erfuhr ich …" – „Ein an bedeutender Stelle Befindlicher sagte mir …").

Was Erwin Strittmatter angeht, so hat er das Manuskript in einem Zuge gelesen – er kannte es im Entstehen und hat mich getrieben, es weiterzuführen – und dann gesagt: „Ich wünsche mir zu meinem fünfundsiebzigsten Geburtstag nichts weiter als dieses Buch. Alle anderen werden etwas zusammenlügen. Aber das ist die *Wahrheit.* So schwer ist das Leben für Menschen, die schreiben. Die Leser sollen es ruhig erfahren."

In den nächsten Tagen schicke ich Ihnen die Tagebücher der Anais Nin zurück, die Sie mir *vermachten*, um die ich Sie allerdings nicht gebeten hatte. Die Bücher sind in Berlin, deshalb dauert es noch ein wenig. Nein, ich hoffe, daß ich von ihr *nichts* gelernt habe. Bei der Lektüre habe ich mich verachtet, weil ich dem gleichen Geschlecht angehöre. Dagegen schätze ich außerordentlich Simone de Beauvoir, deren großes Werk *Das Alter* Unmengen Beweismaterial zu dem enthält, was ich über das

Drama des Geschlechts geschrieben habe, das bis zum Tode anhält. Ich bin in allem *synchron* mit ihr (und der medizinischen Wissenschaft). Dem einzelnen oder der einzelnen sei doch unbenommen, mit fünfundsiebzig oder achtzig zu jauchzen: „Huch, wie bin ich jung!" Ich bin *illusionslos* und halte mich an die Tatsachen. Simone de Beauvoir ihrerseits hat es immer getan, auch in den Bänden ihrer Autobiographie, die zu Sartres Lebzeiten erschienen. Und wie hat sie über ihn und über ihr Verhältnis zueinander in *Die Zeremonie des Abschieds* geschrieben!

Ich schäme mich, jemals mit Ihnen korrespondiert zu haben. Wären Sie so aufrichtig zu mir, wie Sie es in Ihrem vorletzten Brief beteuern, so hätten Sie mir wohl früher schreiben müssen: „Wie Eva Braun es verstand, Erwin Strittmatter davon zu überzeugen, sie sei es, die als seine Frau ihm zur Seite stehen müsse. Na ja, sie hat es ja auch geschafft, die Eva Braun." (Wie *Hitler* seine!)

1988

26. Januar 1988

Dank für die *kleine Mondsehnsucht* und für den Katalog, liebe Cornelia Schulz! Wieder und wieder habe ich ihn angesehen, seh ich ihn an. Mir gefällt, daß er diese Atelierstimmungen und Aufnahmen aus Garten und Landschaft enthält, Plastiken dort hineinstellt oder vielmehr die dort stehenden aufnimmt, auch das Familienbild und die große Landschaft mit Haus machen, daß man nicht Plastik, das *Werk*, abgelöst sieht, sondern ein Bildhauerleben (zwei Bildhauerleben, die eines sind, soweit das möglich ist. Es ist ja eigentlich nicht möglich: jeder ist er selbst, das Werk ist seins).

Ich schreibe ganz chaotisch, alle Buchstaben geraten mir durcheinander. Ich habe so lange nicht Maschine geschrieben, aber auch von Hand nicht oder kaum geschrieben, keine Briefe jedenfalls, aber auch sonst wenig, wenig – ich bin immer mißgestimmt, und ich will die Mißstimmung nicht aufs Papier lassen, finde es kleinmütig, unwürdig. Ich war lange krank, das mag manches erklären, aber der stärkere Grund ist, daß ich das Gefühl habe, in einer falschen Alternative zu leben, Schulzenhof und Frankfurter Allee Berlin. *Ihre* Art zu leben, mit der Familie, scheint mir die richtige, das schrieb ich Ihnen schon öfter. Wir, mein Mann und ich, leben auf diesem riesigen Grundstück mit den verstreuten Gebäuden (nicht *geschlossen* wie bei Ihnen) allein, mit zwei jungen Männern, die mein Mann angestellt hat, damit sie Pferde und Hauswesen versorgen, heizen etc. Sie alternieren von Montag zu Montag, eine Woche Arbeit, eine Woche frei. Ihre Freizeit verbringen sie in Berlin, sie sind Berliner. Ich leide unter dem Leben mit den *Fremden*. Fühle mich allem entfremdet. Und ich muß sehen, was ich daraus mache. Ich habe schreckliche Sehnsucht nach dem Leben mit Kindern, und ich bekomme gar keine zu sehen!

Hier schicke ich Ihnen mein letztes Buch *Mai in Piešťany*. Dieses Jahr erscheint der Gedichtband *Atem*, und eben ist beim Kinderbuchverlag ein von Barbara Schumann illustrierter Sammelband meiner Kindergeschichten herausgekommen, das heißt, vor ein paar Tagen habe ich mir das *Signalexemplar* aus dem Verlag geholt. Wenn ich meine Belege habe, werde ich es für Ihre Kinder (auch die Enkel sind ja Ihre Kinder) schicken. Jetzt werde ich, fällt mir ein, ein paar der Einzelausgaben meiner Geschichten mitsenden. Und ich will Ihnen noch, als Erwiderung auf die *Kleine Mondsehnsucht*, ein Gedicht aufschreiben, das in dem neuen Buch steht.

Mitternachtssee

Eine wiegt die andre Woge,
Und ein Herbes bindet beide
Und durchweht die Uferweide
Überm dunklen Wurzelsoge.

Ach wie silbern es da säuselt,
Ach es ist ein Mondeswehen
In dem Wasser, das sich kräuselt –
Aber keiner hats gesehen.

26. Januar 1988

Mein Geltungsbedürfnis ist nicht groß, liebe Frau Zelnicak, und es ist längst befriedigt. Meine Gedichte sind in der *DDR* in einer halben Million Auflage erschienen, in siebzehn Sprachen übersetzt, von vielen, vielen Komponisten vertont worden und so weiter. Sie haben mein Buch mißverstanden, es handelt davon, was einer leisten muß, der es gewagt hat, sich *produzierend* der Kunst zu nähern. Wie absolut er es tun muß, welche Grenzen er sich setzen oder setzen lassen darf, aus Rücksicht auf dies oder das. Sie empfehlen mir eine *alte* Haltung. Es gibt ein großartiges Buch von Simone de Beauvoir, der Gefährtin Sartres, *Das andere Geschlecht*. In diesem Buch hat sie ebenso gründliche Studien veröffentlicht wie in ihrem anderen wahrheitsfanatischen Buch *Das Alter*. Sowohl die tatsächlichen Beziehungen der Geschlechter wie auch das *Alter* werden mit so viel Lügen drapiert, kaum einer sagt die Wahrheit. Nirgends herrscht so die Konvention wie hier. Nun, Beauvoir hat *die Wahrheit* gesagt, und mein Konflikt, über den ich in *Mai in Pieštany* schrieb, ist ein uralter und ganz typischer, nur wurde er früher eben *verschleiert*. Meine Generation und noch mehr die folgende Generation spricht ihn aus. Die vielen Briefe, die mir Verständnis und Einverständnis bezeugen, geben mir recht, was die Veröffentlichung des Buches angeht, die ich zwei Jahre verzögert hatte, der mein Mann aber *zugestimmt* hat.

26. Januar 1988

Sie haben mir einen so schönen Brief geschrieben, liebe Frau Schödl, ganz zu meinem Trost. Haben Sie Dank dafür!

Mai in Pieštany ist in mancherlei Hinsicht mißverstanden worden. Wenn es so scheint, als käme es mir auf *Anerkennung* an, so ist etwas falsch in meinem Text. Die Anerkennung, die Sie meinen, die Sie mir *prophezeien*, habe ich längst und schon sehr früh bekommen. Worum es mir geht, ist mein eigenes *Gefühl*, mein *Eichmaß* für das, was in der Kunst geleistet werden kann, geleistet werden muß, wenn man es wagt, sich ihr als *Produzierender* zu nähern. Es braucht, neben oder vor dem immer mit aller Kraft zu bildenden Geist, eine Reinheit der Seele, eine Freiheit des Herzens, eine Lust am Leben, die unter bestimmten Einschränkungen schwer zu erhalten ist. Gedichteschreiben ist keine Fähigkeit, die man erwirbt und die einem zur Verfügung steht, wenn man will, wenn man *seinen Willen dressiert und fleißig ist*. Ach, nein, wenn es so wäre, ginge es mir gut. Gerade darüber habe ich in *Mai* zu schreiben versucht: daß Dichtung ein *Seismograph* für das *tatsächliche Befinden* des Schreibenden ist, *nicht* für das, was er anstrebt, das ihm *moralisch erwünscht* ist. All die trefflichen Beispiele, die Sie mir nennen, die ich ja auch kenne, bewahre ich bewundernd in meinem Gedächtnis, aber sie helfen mir nicht, einverständige, überwindende, *siegreiche* Gedichte zu schreiben. Ich habe ganz andere Dinge geschrieben, und mein Gedichtband *Atem*, der dieses Jahr erscheint, wird manche Leser sicher ebenso erschrecken wie *Mai in Piešťany* – zu meinem Glück, zu meiner Freude haben mir aber die meisten Leser Verständnis und Einverständnis gezeigt. Dieses Einverständnis spüre ich auch aus Ihrem Brief, der mir Ihre Lebenshaltung als eine tapfere, vorbildliche, schöne verrät.

Ich schicke Ihnen einen Gedichtband und mein Buch *Poesie und andre Nebendinge* mit, aus dem Sie mehr über meine Auffassung von den strengen Gesetzen der Kunst erfahren können, wenn Sie mögen.

6. Februar 1988

Dank für Ihren langen Brief, liebe Frau Blessin, der mir so viel von Ihnen erzählt hat, nur eines nicht: was arbeiten Sie *heute*? Sind Sie noch Ingenieurin? Fast zweifle ich daran, weil Sie von Ihrem *Praktikum* schrieben: „es war die *einzige Anlage*, die ich gebaut habe …" Was ist Ihr Mann? Denn daß Sie dort auf dem Dorf nicht beschäftigt sind, scheint mir sicher, da Sie, wie Sie schrieben, ein *schwieriges Verhältnis haben* mit den Bauern. Von den Pferden und vom Reitsport können Sie ja nicht leben. Pferde kosten eher Geld, als daß sie welches einbringen … Betreiben Sie ein Handwerk? Machen Sie *Kunst*? Ich bin so altmodisch *materialistisch*, daß ich immer zuerst frage: was arbeitet er? Wovon lebt er?

Aus Büchern lesen die verschiedenen Leser sehr Verschiedenes heraus. Einige glauben, gleich Ihnen, mich ermuntern oder trösten zu müssen, andere lesen *Mai in Piešťany* ganz anders, lesen es *positiv*, als *Zwischensumme*, und fühlen sich angeregt, ihrerseits ihr Leben zu *bilanzieren*.

Von dieser meiner, in *Mai* bekannten, Lebenshaltung kann mich nichts abbringen. Ich bin überzeugt, daß man sich alles abverlangen muß, was als Leistungsmöglichkeit in einem angelegt ist, und ich will mir keine Ausreden erlauben. Das ist ein Spannungsfeld, in dem ich lebe. Ich muß die Spannung aushalten und versuchen, meinen Teil in dem, was mir gegeben oder aufgegeben ist, zu leisten, mit Schreiben, mit dem Wort.

Was die Existenz in Schulzenhof angeht, so ist sie Werk und Wille meines Mannes, ich bin mit ihm 1954 hierher gegangen. Eigentlich sollte nur ein *Schreib-Haus* sein, was wir damals kauften, aber es wurde sofort, da mein Mann bei der *Übernahme* vom Vorgänger eine Ziege und eine Glucke mit Küken kaufte (entgegen allen Plänen), zum *Hauptwohnsitz.*

Mit einmal war es das Leben ...

Am 15. Juni werden es vierunddreißig Jahre. Und wieder ist alles gefährdet, da einer der beiden jungen Männer, die mein Mann angestellt hat für Pferde und Hauswirtschaft, gerade gekündigt hat. Mein Mann wird sechsundsiebzig und kann, außer Schreiben, absolut nichts mehr machen von dem, was mit den Tieren und dem riesigen Anwesen zu tun ist. „Guter Rat ist teuer wie weiße Maulwurfsfelle“, steht irgendwo in einem seiner Bücher.

Liebe Frau Blessin, haben Sie Dank für die freundliche Gesinnung. Ich wünsche Ihnen, daß Sie heiter, im Einverständnis mit Mensch und Tier, leben können!

16. März 1988

Liebe Christa Panzner, Dank für den Brief, den Katalog und die Durchschrift des *Querner-Briefes*! Nein, es hat mir keine *Mühe* gemacht, ihn zu lesen, es war ein Vergnügen, wenn Vergnügen das richtige Wort ist für das Fasziniertsein durchs Menschliche und Künstlerische, das Ihr Brief verrät und in das man beim Lesen hineingerissen wird. Ja, ich habe die zwei Querner-Porträts *Bildnis Bronja* und *Mädchen mit blauer Schürze.* Eine *Landschaft bei Karsdorf* haben wir an Peter Schreier verschenkt. Übrigens habe ich nach der Ausstellung bedauert, daß ich nicht das *harte* Selbstbildnis gekauft habe, das damals zu verkaufen war. Ich hatte *Angst*, ihm nicht *standzuhalten.*

Daß Sie eine so schöne Ausstellung hatten zusammen mit Ihrem Mann, freut mich sehr, schade nur (wie Sie es schreiben), daß in dem Katalog nicht wenigstens ein paar Sachen in Farbe reproduziert sind. Aber das ist überall so:

mit Anwachsen der technischen Möglichkeiten werden die *Mittel* karger, und man muß sich schon wundern und freuen, wenn überhaupt so ein Katalog mit ausführlichem Text und Fotos gemacht wird.

Ich staune immer darüber, daß bei Ihnen alles anscheinend ganz glatt und leicht geht, daß Sie trotz Haus, Garten, Familie, Umzug stetig bei der Arbeit bleiben, Ihr Werk aufbauen. Was für ein *Lebensregime* Sie wohl haben? Vielleicht variabler, freier, als wir es hatten und haben? Bei uns gibt es für alles *fixe* Zeiten, *Punkt* wird gegessen und so weiter, man kann da nicht sagen: ach, jetzt bin ich so gut *eingesponnen* in Gedanken/Bilder/Worte, jetzt kann – will ich nicht raus, will das Netz nicht zerreißen – es heißt (innerlich): „In die Küche, Besen, Besen" ... In meinem neuen Gedichtband *Atem*, der dieses Jahr noch (ziemlich verspätet) erscheinen wird, habe ich mich in einem Gedicht (*Nisami*) darüber lustig gemacht.

Ich überlege grade einen zweiten Band *Briefe aus Schulzenhof*, habe es dem Verlag eigentlich versprochen. Das *Material* (die Kopien) habe ich sortiert. 1981 habe ich zu meinem Erstaunen zweihundertfünfzig Seiten Briefe geschrieben, dann allmählich *abnehmend* immer weniger. 1987 gar keine, aber das stimmt nicht ganz, ich habe in den letzten Jahren fast nur *per Hand* geschrieben, weil mich das Geräusch der Schreibmaschine stört. Das *verschwiegene* Schreiben, die *Stille überm Papier* liebe ich mehr. Es ist mehr ein *Eins-Sein* mit dem Wort, als wenn ich *laut* schreibe.

Am 28. März wollen wir nach Ungarn, Marianne Gábor, die siebzig geworden ist, hat eine große Ausstellung in der alten Synagoge von Szólnok – die Flugkarten sind schon gekauft. Zur Eröffnung am 20. März können wir nicht fahren, weil ich am 22. im *Theater im Palast* mit Peter Schreier zusammen ein *Konzert* habe. Er singt Schumann-Eichendorff, *Liederkreis op. 39*, den ich sehr liebe. Ich soll gegen Eichendorff *anlesen*. Vor drei Jahren haben wir schon einmal, zwei Abende hintereinander, so etwas gemacht. Damals war das Programm *Frühling*.

Inzwischen muß ich auch noch eine Funkaufnahme machen für Ostersonntagabend, wo ich bei *Radio DDR II*, wie nun bald zwanzig Jahre, eine Stunde lese, dieses Mal unter dem Titel *Zehn Jahre zurück*, Briefe von Anfang 1978.

Die ganze Zeit bin ich *ungesund*. Es geht mir seit zwei Jahren nicht gut, und ich denke, wenn ich Ihre und Ihres Mannes Geburtsdaten lese: wie anders ist es, wenn man *jung* ist und die *Anfechtungen* gehen schnell vorüber! Wäre ich besser dran, würde ich mich bei Ihnen einladen, Ihre Bilder ansehen, *einspeichern*, aber da ich nicht Auto fahre, sind all solche Besuche *Unternehmungen* und unterbleiben.

Liebe Frau Panzner, sein Sie mit der ganzen Familie gegrüßt, mit guten Wünschen fürs Leben, das *Werk* ist im neuen Haus!

13. Oktober 1988

Sehr geehrter Herr Doktor Kerny, von Professor Jähnichen erfuhr ich gestern, daß Sie *Mai in Piešťany* übersetzt haben und daß die Absicht/Aussicht besteht, das Buch in einer neuen Zeitschrift vorabzudrucken. Ich freue mich natürlich darüber und bedanke mich für die freundliche Gesinnung und für die Arbeit, die Sie an die Sache gewendet haben. Herr Jähnichen sagte mir, daß Sie gern die Gedichte zur *Einstimmung* übersetzen lassen würden, von denen ich, gegen Schluß des Buches, spreche, ich nehme an, die sich direkt auf Piešťany beziehen. Eines ist in *Heliotrop*, erschienen 1983, das andere in dem gerade herausgekommenen Band *Atem* enthalten. Ich sende

Ihnen beide Bücher, markiere die Texte. Auch ein Photo, das Sie wohl ebenfalls wollten, lege ich bei. Die bio-bibliographischen Angaben wollte Frau Dannemann, die Sie in der kommenden Woche in Gera trifft, beisteuern.

Mit einer Buchausgabe hätte es noch Schwierigkeiten, sagte mir Herr Jähnichen. Ich weiß zwar nicht, weswegen, fürchte aber, das Mißfallen, das mein Buch im *Thermia-Palace* bei einigen erregt hat, könnte der Grund sein, sie haben es laut und überallhin geäußert und mir bestellen lassen, ich sollte mich nicht wieder nach Piešťany *wagen*. Zu meinem Erstaunen ist die Frau, über die ich mit besonderer Liebe und Hochachtung geschrieben habe („von der eine starke Ausstrahlung sittlicher Reinheit ausgeht ..."), eine Gegnerin des Buches und hat im Verein mit westdeutschen Lesern und mit dem ehemaligen Direktor unseres *Urheberrechtsbüros*, Doktor Anselm Glücksmann, beim Verlag gegen das Buch protestiert und verlangt, daß es nicht wieder aufgelegt werden solle (es ist inzwischen neu aufgelegt), Dr. Glücksmann schrieb, daß „der Generaldirektor der *Slowakischen Bäderverwaltung* sich das Buch hat kommen lassen und *Maßnahmen gegen Eva Strittmatter* ergreifen wird ..." Überwiegend ist das Buch aber mit Freundlichkeit aufgenommen worden, auch von Piešťanyer Mitpatienten. Ich habe schöne Briefe bekommen zu dem Buch, das eigentlich ein Buch von mir und meinen *Lebensfragen* ist. Übrigens hat jemand in Frankreich mit der Übersetzung begonnen.

Wir waren 1986 zum letztenmal in P. Es schmerzt uns zu denken, daß wir nicht wieder dort sein sollen, wir lieben den Ort, die Menschen, wie auch Bratislava und Ihr ganzes schönes Land, das uns vom ersten Tag an *heimatlich angemutet* hat. Unvergessen ist uns auch die Lesung, die wir in Bratislava an jenem heißen Maitag hatten, auch unser kurzer Besuch im Schriftsteller-Klub. Nun, ich hoffe zuversichtlich, eines Tages wenigstens wieder nach Bratislava zu kommen, und wenn nicht nach Piešťany, dann nach Trenčianske Teplice. Noch einmal Dank für Ihre Bemühungen und Grüße!

1989

18. Januar 1989

Das Manuskript ist *angekommen*, liebe Vera Matz, Sie hatten mir aber geschrieben, „es sei nicht eilig“ – trotzdem hätte ich es zügig gelesen, wenn ich die Zeit dazu gehabt hätte. Ich war aber so belastet mit Haushalt- und anderen Dingen (mußte auch zu einem *Termin* was schreiben für einen *Ausstellungskatalog*), daß ich die Lektüre erst in den letzten Tagen fortsetzen und beenden konnte, nachdem ich, als das Manuskript kam, die ersten fünfzig Seiten gleich gelesen hatte.

Mein Eindruck: es ist noch im *Materialzustand*, ungleichmäßig in der Art der *Aufbereitung*, manche Dinge werden ausführlich, andere nur summarisch mitgeteilt, zum Beispiel die Reisen innerhalb der Sowjetunion. Die *Vorbereitung* auf die *Odessafahrt* wird lang und breit geschildert, von der *Fahrt* selbst erfährt man nur, daß alles *geklappt* hat. Mir war die Lektüre interessant wegen der Fakten von der *Trasse* und als *Psychogramm* Ihrer Heldin K. Sie ist merkwürdig unberührt von Menschen, die meisten, fast alle, bleiben nur *Namen*, werden nicht sichtbar, fühlbar, erkennbar. Da steckt ein *Mehr an Möglichkeiten*, denn vieles ist gut skizziert, etwa *zu Hause meine schreibenden und meine nichtschreibenden Freunde*, auch die nüchterne Notierung der *Trassenatmosphäre*, oder besser der *Trassen-Fakten*, denn um zur *Atmosphäre* zu werden, bedürfte es dichterer Schilderung, vielleicht oder wahrscheinlich auch einer Konzentration auf einige Gestalten. Sie schreiben so, als wendeten Sie sich an Leser, die das alles kennen, denen Sie das ewige *BMC* und *WBK* und die *Maschinennamen* nur zuzuwerfen brauchen und schon entsteht ihnen, aus eigener Anschauung, das *Bild* dazu.

Vor allem aber hat K. zu wenig Geschichte, Vorgeschichte, ist sie *psychisch zu arm*, ob die Beziehung zu ihrem Mann, zu den Liebhabern/Freunden auf dem *Bau*, es wird alles zu wenig *verarbeitet*, geht nicht in die Tiefe. Dabei gibt es Ansätze, auch für eine geistige Dimension, die die wichtigste ist: wie jemand sich unter solchen Umständen *festhält*, sich nicht verliert, sondern behauptet auf ein Lebensziel hin: Auf Seite 153 der zweite Absatz: „Seit der Trennung von ihrem Mann ..." ist sehr gut, auf Seite 244: „Gesund bleiben ..." bis „stelle ich selbst" hat auch diese *Tiefendimension*.

Ich meine, daß in dem Manuskript etwas steckt, das *Authentische*, das nur jemand haben kann, der *dabei* war, die Überlegenheit gegenüber Schriftstellern, die nur *zu Besuch* waren. Daß vielen Leuten nicht passen wird, was Sie gesehen haben und sagen, wollen wir nicht berücksichtigen, aber was Sie schildern, müßte so *dicht und deutlich wie möglich* werden.

Was ich Ihnen schreibe, ist nur mein Eindruck, und es käme natürlich darauf an, einen Versuch mit einem Verlag zu machen, die Zusammenarbeit mit einem Lektor wäre sicher das beste. Ich weiß nicht, ob Sie bisher nur für sich, *vor sich hin* geschrieben haben, oder ob Sie noch im *Literatur-Zirkel* und auch in Kontakt zu einem Verlag sind. Jedenfalls ist es schön, daß Sie sich konzentriert und das alles aufgeschrieben haben. Ein weiterer *Arbeitsgang* wäre nichts Besonderes, das kennen alle Prosaschreiber, manchmal hat man zuerst nur einen *Heftfaden*, manchmal ein *Skelett*, man muß schon an so einem Punkt einen Schritt zurücktreten und mit Distanz auf den Text zu schauen versuchen, sich fragen: was vermittelt er *wirklich*, und was weiß man selber zusätzlich, das man aber nicht notiert hat und das deshalb auch im Leser nicht wirken kann. – Ich hoffe, Sie mit meinen Eindrücken nicht zu bestürzen!

11. Mai 1989

Gestern lief nun meine Paustowski-Sendung: ohne Ankündigung, daß später die vollständige Fassung nachgeholt werden würde.

Liebe Frau Richter, so etwas Trauriges ist mir noch nie passiert, noch nie hat jemand gewagt, ohne mein Einverständnis meine Texte zu kürzen.

Ich hatte mich seinerzeit sehr gefreut, als Sie mir ungefragt sagten, ich brauchte mich um die Zeit nicht zu sorgen – Sie sagten: „Wir senden das eben zu einem Feiertag, *außerhalb* der Reihe". Keine Rede war davon, daß Sie erst eine verschnittene Fassung innerhalb des normalen Programmes senden wollten. Wenn Sie mir damals nicht den Vorschlag gemacht hätten, so hätte ich mich in meinem Text und bei der Paustowski-Auswahl auf fünfzehn Minuten eingestellt. So, in der gekürzten Fassung, sind sowohl mein Text als auch die Erzählung *Schnee* unlogisch. Wenn in der Erzählung die heimliche Lektüre des Briefes an den Vater wegfällt und die daraus entstehende Realisierung der Wünsche des Sohnes, das Warten auf ihn, hat die Begegnung zwischen den beiden *fremden Menschen* kein *Fundament*. Wenn man das kürzen könnte, müßte es überhaupt überflüssig sein. Man kann von einer Erzählung den Anfang lesen und dann andeuten: so und so geht es weiter, aber man darf den Text nicht *verstümmeln*. Bei einer Gedichtsammlung ist es doch etwas anderes – wenn man fünf Gedichte wegläßt, können die zehn übrigbleibenden immer noch für sich wirken.

Ich bedaure, daß ich die Sache gemacht habe, tröste mich nur damit, daß ich an anderer Stelle über meinen Text verfügen werde. Hätte ich das, was Sie gesendet haben, mit diesen Brüchen, geschrieben, müßte ich *nicht bei Trost sein.*

11. Mai 1989

Sehr geehrter Herr Frielinghaus, Dank für die Übersendung des Signalexemplars der *Heimlichen Freiheit der Einsamkeit*, das Buch sieht schön aus und gefällt mir!

Gelegentlich hörte ich, daß es in *Ihrem* Verlagswesen üblich wäre, nicht die ganze Auflage gleich zu drucken, deshalb erlaube ich mir, darauf hinzuweisen, daß ein unangenehmer Satzfehler, den ich in den Druckfahnen entdeckt und Frau Still zum Übertragen in ihre Korrektur gemeldet hatte, nun doch im Buch steht. Auf Seite 102 fehlen am Ende drei Zeilen, sie stehen auf der gegenüberliegenden Seite 103, sind dem Gedicht dort *angehängt* worden, was natürlich keinen Sinn ergibt. Sonst habe ich noch auf Seite 134, 4. Zeile von unten, gefunden, daß anstatt *schneit scheint* unterlaufen ist, und Seite 153, letzte Zeile, heißt bei mir nicht *Frieden* mit *n*, sondern *Friede*.

Ich schicke diese Anmerkungen direkt an Luchterhand, das heißt zu Ihnen in den Verlag, vielleicht besteht eine Möglichkeit der Korrektur, wenn nicht, dann nicht. – Mit Grüßen und guten Wünschen für die Pfingstfesttage!

11. Mai 1989

Vor ein paar Tagen ist nun endlich das Paket gekommen, das Sie in Ihrem Brief angekündigt hatten, liebe Frau Mahlke, und dem ich mit etwas *Panik* entgegensah: würde die Flasche nicht *zerscherbt* sein? Das ist uns schon manchmal geschehen. Irgendein freundlicher Mensch hat was eingepackt, glaubte, ganz sicher, mit Papier und Schaumstoff-Flocken herum, aber dann waren es doch Trümmer, und nur Kognak- oder Weingeruch waren geblieben. Ihres konnte ja aber gar nicht kaputtgehen in dieser *Spezialpackung*! Noch ist nichts probiert von den Sachen, ich habs nur aufgemacht, angeschaut, alles wieder hineingetan und den Karton in meinen Schrank gestellt, in dem die seltsamsten Sachen versammelt sind: ein Teil *Archiv*, ein Meißener Kaffeegeschirr, das mein Mann von unserem Kinderbuchverlag zum sechzigsten Geburtstag bekam, alle Kaffee-, Tee-, Gebäck-, Konfekt-, Getränkevorräte, Tagebücher-Sammlungen, Fotos, Ton-Kassetten, ein großes Pfefferkuchenherz, das mir mein jüngster Sohn, als er vierzehn oder fünfzehn war, aus dem Erzgebirge mitbrachte und auf dem steht *Ich liebe dich* – eigentlich hatte er es für die Freundin gekauft, aber sie hatten sich auf der Reise gezankt, und da bekam ich es. Ich bin ein *tottmischuggener* Erinnerungs-Sammler, von einer *Passionsblüte*, die ich beim alten Kloster oberhalb von Ohrid am See (Makedonien) pflückte, ist nur noch der Stil übrig, niemand außer mir kann mit meinen *Reliquien* etwas anfangen … Das Wort *tottmischugge* stammt von einem schon längst verstorbenen jüdischen Schriftsteller-Freund aus Moskau, mit dem wir wunderbare Gastmähler und Gespräche hatten hier oder da.

Ihre Schilderung der *Vegetation* um Brunntal hat mich bezaubert: ich sah die Höhen um Piešťany vor mir, diese wunderbaren Hohlwege mit Schlehen, Heckenrosen, Holunder … Was ich aus dem Paket schon genommen und studiert habe, ist die Karte, ich habe Brunntal gesucht, nachdem ich gelesen habe, was Ihr Mann wo ist, habe ich mir Ihr Leben zwischen Würzburg und Brunntal vorzustellen versucht.

Inzwischen ist schon der 23. Mai, ich mußte zwischendrein nach Berlin, bekam den Brief nicht fertig, nahm ihn mit, um ihn in B. zu beenden, aber das wurde nichts – dort mußte ich zur Hautärztin, ich neige seit Jahren (seit Älterwerden) zu Allergien, dann habe ich mit meiner Lektorin die Auswahl für einen Gedicht-Band besprochen, den der *Aufbau-Verlag* zu meinem *sechzigsten* Geburtstag herausgeben will, mit Reproduktionen von Farbskizzen, die meine sehr liebe Freundin und große Malerin Marianne Gábor aus Budapest zu ihren Bildern gemacht hat. In *Poesie*, dem Prosaband, den ich Ihnen schickte, steht etwas über M. G. Jetzt will ich noch ein paar Nach-Sätze zu meinem Buch schreiben, dreißig Farb-Reproduktionen sollen in ihm enthalten sein. Wie immer waren Auswahl und Titel eine Sache, die unverhältnismäßig viel Überlegung erzwingt, eigentlich, denkt man, müßte es ziemlich gleichgültig sein, welche Gedichte wie zusammengestellt sind, jedes muß ja doch für sich wirken können, ebenso der Titel, wenn der Inhalt was taugt, was macht schon der Titel? Aber nein, immerzu grübelt man darüber. Jetzt stehen die Zeichen für *Licht*. In Erwägung waren *Beichte*, *Ich*, *Trauer nach Süden* (dafür ist meine Lektorin), mein Mann ist für *Unterm wechselnden Monde*, ich überlege noch *Unterm wechselnden Licht* und *Die Nachtigallen von Szigliget*. Inzwischen muß aber das Buch schon in die Produktion …

Kommendes Wochenende soll ich nach Westberlin zu einem Schriftsteller-Treffen. Es findet am Wannsee statt, der für uns nah und fern zugleich ist. Zwar habe ich ein *Dauervisum*, aber ich war erst zweimal, voriges Jahr, mit einer Bekannten in Westberlin, Freunde von ihr besuchen, die im *Gropiushaus* am Tiergarten wohnen. Wir saßen dort auf dem Balkon, umrankt von Knöterich, und sahn in die Baumkronen hinab. Das war schön.

Die Schilderung Ihrer Freude hat mich erfreut, die Kindheitsanklänge darin, auch ich erinnere mich mit Wehmut daran, wie ich mich freute als Kind. Was waren die Sommer! Das Schwimmen im See! Die langen langen Tage am Wasser! Das Grün!

23. Mai 1989

Sie haben mir so schön geschrieben, liebe Daniela, daß ich Ihnen unbedingt antworten muß, obwohl ich im Augenblick eigentlich gar keine Briefe schreibe, weil ich nämlich (so paradox geht es manchmal zu), meine ganze Zeit in die Bearbeitung des *Materials* für einen zweiten Band *Briefe aus Schulzenhof* stecke, der nächstes Jahr erscheinen und deshalb jetzt bald in den Verlag soll. Aber schon als ich die ersten Zeilen Ihres ersten Briefes las, dachte ich: Du mußt ihr sofort schreiben, ich war so überrascht und entzückt über einen Satz, der da stand, ein Wort, das Sie erfunden haben: „... aus reiner *Gedankenfreudigkeit ...*", das war so schön, so frisch, so liebenswert, daß ich Ihr ganzes liebes Mädchenwesen zu fühlen meinte, wie gut es Ihre Eltern haben mit solchen Töchtern im Haus!

Daß Ihr *Meister* gestorben ist, habe ich in der Zeitung gelesen, seinen Namen kannte ich von meinem Sohn, in der *Illustrierten* hatte ich einen Bildbericht über ihn gesehen. Ilja hat leider nicht bei ihm gearbeitet, ob er ihn persönlich kannte, weiß ich nicht, es kann sein, aber dann nur flüchtig. Er kommt ja auf ganz anderem Wege als Sie zur Töpferei, ist Forstingenieur, hat sechs Jahre in seinem Beruf gearbeitet (in Usadel bei Neubrandenburg), dann 1981 im Zentrum Bildende Kunst Neubrandenburg in der Keramikwerkstatt angefangen, den Facharbeiter gemacht, dort hat er aber nur am Ofen gearbeitet, er mußte sich sozusagen alles *stehlen*, was er gelernt hat, nun versucht er, den Meister zu machen, seit April 87 lebt er von der Töpferei (seit November 86 hatte er das Gewerbe, dann hat er erst Ofen gebaut und so weiter), die *theoretischen Prüfungen* hat er schon Anfang 87 gemacht, aber das *Drehen hoher Gefäße* beherrscht er noch nicht, wie er mir sagt, er kann es auch nicht genügend üben, weil er zum Verkauf produziert – er steckt tief *in Familie*, mit vier Kindern, ist streng eingespannt in dieses *System* und braucht viel Kraft, um sich auf die *Sache* zu konzentrieren. Halten Sie sich nur so, daß Sie frei sind für Ihre Arbeit! Wie gut es ist, daß Sie unter so günstigen Bedingungen, in der Werkstatt Ihrer Schwester, anfangen konnten und so viel Zeit für sich haben, daß Sie die Abendschule besuchen, so viel lesen und geistig *umherschweifen* können!

Sie fragten, wie es mir geht – ich war im Krankenhaus, man hat dort allerhand *Abscheulichkeiten* festgestellt, unter anderem *Grünen Star*, der mir zu schaffen macht, weil ich, seit ich die Augen mit Tropfen behandeln muß, *ganz* vermindert sehe, so, als hätte ich Spinnweben auf den Augen, von einem Blutdruckmittel ist mir, als hätte ich Leim im Gehirn und Zement in den Beinen, meine alte Bronchitis, mein altes Rheuma traktieren mich – aber ich habe beschlossen, unter allen Umständen zu leben und zu arbeiten.

Sonntag, 28. Mai, habe ich was Fragwürdiges vor, auf das ich mich einließ, als ich nichts über Ausmaß und Charakter der Veranstaltung wußte: Die Eröffnungslesung zu einer viertägigen Zusammenkunft von Schriftstellern aus der BRD, Österreich, Schweiz, DDR im *Literarischen Colloquium*, Westberlin. Ich soll zusammen mit Ulla Hahn aus der BRD lesen. Mit *Diskussion*. Ich hab keine Lust zu Diskussionen. Ich hab keine Lust, die Worte *Glasnost* und *Perestroika* zu hören. Mich verlangt nur nach den Worten *Leben* und *Poesie*. – Grüßen Sie Ihre

Eltern, Geschwister, alle *Ihren*, wer immer dazu gehört. Und ich komme doch eines Tages!

23. Mai 1989

Genau vier Wochen nach Ihrem Briefdatum antworte ich, lieber Hubertus. Ich habe Sie heftig beneidet, als ich den Brief zum erstenmal las, jetzt eben zum zweitenmal: was Sie wieder und was Sie schon alles gesehen haben! Wie könnte ich darüber lachen, Sie „für einen touristischen Narren halten"! Kann ein Künstler jemals *Tourist* sein? Seiner ganzen Veranlagung nach kann er es nicht sein, selbst wenn er nur, im *Eiltempo, vorübergezogen* wird an den Erscheinungen, werden sie in ihn *hineinfallen*, wird er sie für immer bewahren … Ich bin so froh, daß Sie das alles haben und können in Ihren jungen Jahren, erweitern Sie Ihren *Fundus* nur nach Kräften! Ich bin ja wenig gereist, das wissen Sie, aber von dem, was ich gesehen und erlebt habe in anderen Ländern, geprägt worden, für immer verändert. Wie würde ich sein, hätte ich nach überallhin gehen können, wohin ich wollte? Ich bin eigentlich ein *Paustowskischer Reisemensch* und sitze dabei hier fest und immer fester … Nicht nur, daß mein Mann nicht weg will, daß unsere Lage immer ungewiß, abhängig bleibt mit dem Schulzenhofer *Betrieb*, inzwischen ist meine Gesundheit so schlecht, daß ich mir gar keine großen Reisen zutraue. Früher war ich ein *Sonnenmensch*, liebte die Hitze, inzwischen vertrage ich sie überhaupt nicht, reagiere mit Allergien. Das alles soll nur gesagt sein, um Sie zu ermuntern: man muß alles in der Jugend tun, was möglich ist!

Vor ein paar Tagen habe ich dem Verlag eine Gedichtauswahl übergeben, die nächstes Jahr erscheinen soll mit dreißig Farbreproduktionen nach Skizzen von Marianne Gábor – schrieb ich es schon? Sagen Sie mir doch, welcher

Titel Ihnen besser gefallen würde: *Unterm wechselnden Licht* oder *Trauer nach Süden*? Den letzten wollte ich vor Jahren schon verwenden, mein Mann hat ihn damals heftig bekämpft, bekämpft ihn auch heute, ich ging dann, seinerzeit, auf *Die heimliche Freiheit der Einsamkeit* über, der wurde von den Gutachterinnen des Verlages aus politischen Gründen verworfen, das Buch hieß dann *Zwiegespräch. Die heimliche Freiheit* habe ich jetzt bei Luchterhand verwendet. Der Band ist Anfang Mai (in der *Sammlung Luchterhand*) erschienen.

Diese *Verlagsgeschichten* sind *gangsterhaft*. Auf Nachfragen erfuhr ich, daß ich von Luchterhand zehn Belegexemplare bekommen soll von der *Erstauflage*, bekommen habe ich aber nur fünf, bei neuerlicher Erkundigung bekam ich zur Antwort: das ist immer so, ein Exemplar kriegt die Verlagsleitung, eines das Lektorat, drei die Deutsche Bücherei in Leipzig, vom *Quasi-Honorar* des Autors, das sowieso *lachhaft* ist ...

Aus der *NBI* habe ich den Bericht über die *Solothurn*-Ausstellung samt Gruppenfoto ausgeschnitten, ich habe ja ein eigenes *Giebe-Archiv* mit Artikeln, Fotos und so weiter, von Katalogen abgesehen und den vielen frühen Zeichnungen ... Dank für die neuen Fotos vom und aus dem Haus! Und für den Hodler *Genfersee von Caux aus*, sehr schön! Auf den drei großen Bildern auf Ihrem Atelier-Foto versuche ich immer Gestalten und Bedeutung zu erkennen (Sinn), aber es ist zu fern, zu klein, um ganz einzudringen.

Schön, der Bericht von den Bäumen, vom Garten! Natürlich ist es schwer, Geduld zu üben, bis diese Sache mit den *Untermietern* vorbei ist. Aber es wird schon werden – wir haben, fällt mir ein, als wir Schulzenhof vor nun fast fünfunddreißig Jahren übernahmen (15. Mai 54) auch Untermieter im Haus gehabt. Eine *asoziale Familie* mit

Säugling. Der Mann war Polizist, Wachmann in der Munitionsfabrik Wolfsruh, die Frau völlig unwillig und unfähig zu Haushalt und Kinderpflege, obwohl sie nur zu Haus saß, ein paar Kinder waren in Heimen, sie füllte die Flasche für das halbjährige Kind an der Pumpe mit kaltem Wasser, für sich *focht* sie bei uns und den Nachbarn um Essen und machte Strittmattern *Anträge* oder *Angebote*, wie mans nimmt ... Dann konnten wir erst zum Winter *renovieren*, im November wars, und Ilja und Erwin hatten *Keuchhusten* ...

Etwas Trauriges ist geschehen. Unser Freund Reso Karalaschwili, den wir 1965 in Tbilissi kennenlernten, damals gerade Absolvent-Assistent am Germanistischen Lehrstuhl, zuletzt dort Professor, ist am 6. April in Weimar am *Herzinfarkt* gestorben. Zehn Jahre jünger als ich. Er war für ein Vierteljahr *Stipendiat* der *Forschungs- und Gedenkstätten*, wohnte im *Nietzsche-Haus*, ging früh um sieben durch den Park zur *Stadt*, fiel um, Rettung gelang nicht ... Er war immer unter *Hochspannung*, arbeitete gerade an deutschen Ausgaben von zweien seiner Bücher, hatte Termindruck, vielleicht hatte er auch am Vorabend mit *Tbilissi* telefoniert und von den Unruhen gehört und um seinen Sohn, seine Tochter gefürchtet, ich weiß es noch nicht ... Erschwerend kam bei ihm hinzu, daß er sich überall in *Beziehungen* verstrickte ... Vielleicht haben Sie ihn bei uns kennengelernt? Er ist ein Haupt-Adressat der *Briefe aus Schulzenhof.*

12. Juni 1989

Leider ist Ihnen nicht aufgefallen, sehr geehrter Herr Mende, daß nach der Ankündigung meiner Teilnahme an der Ungarn-Reise bei der Berichterstattung über die *Kulturtage* mein Name nicht erwähnt wurde. Ich mußte nämlich die Reise absagen, war den ganzen April hindurch im

Krankenhaus. Daß ich die lange geplante Veranstaltung in Westberlin machen konnte (ich hatte die Eröffnungslesung), an deren *Realisierung* auch dem Kulturministerium lag, war nur möglich, weil man mich mit dem Auto zum Wannsee und von dort zurück fuhr. Meine *Gesundheit* ist nach wie vor schlecht.

Ich habe Ihre Karte so verstanden, wie sie gemeint war: *unfreundlich.* – Mit Grüßen nach Dippoldiswalde!

12. Juni 1989

Da haben Sie aber einen schönen Garten, in dem man wirklich *wandeln* kann! Und ein schönes Haus, alles zusammen wirkt so ruhig beruhigend, die Laube zumal, die schönen Bäume, die Abgeschlossenheit – ich stelle mir nun vor, lieber Herr Lenz, wie Sie da arbeiten und manchmal auch ein wenig umhergehen, nur zu Ihrer Freude. Auch bei uns ist es wunderbar schön, die schottischen Zaunrosen blühen, *rosa rugosa* und *rosa rubiginosa* sind in der Hecke *versetzt* gepflanzt, ich schaue von meinem Küchenfenster aus drauf, wenn ich dort Gemüse putze oder Kartoffeln schäle, oft auch mit einer Lektüre oder einem Manuskript sitze. Manchmal spaziere ich auch in unserem Garten, er ist sehr groß, ein Grasgarten mit alten Obstbäumen, er hat nur einen Fehler: er ist nach allen Seiten offen, man geht auf ihm wie auf einer *Bühnenszene* umher, niemals sicher, daß nicht von irgendwoher Leute hineinschaun mit Fotoapparat oder Fernglas oder auch einfach so, und ich wünsche mir die ganzen Jahre meines *bewußten Lebens* gerade so einen Garten, wie Sie ihn haben, ummauert, verwunschen, verborgen. Ich bin ein geselliger Mensch, bin gern in gutem Gespräch mit anderen zusammen, aber ich brauche die Abgeschiedenheit und Verborgenheit, wenn ich mich in mich *hineinfallen* lasse, wenn meine *besseren Kräfte* wirken sollen. Ich bestaune immer Menschen, die grade das tun und bekommen, was sie wollen und wünschen, bei mir ist alles im Zufall entstanden, ich würde mein ganzes Leben anders einrichten, wenn ich dazu fähig wäre, die Kraft dazu hätte. Nun, da ich es nicht kann, zu schwach dazu bin, versuche ich den Tagen, diesen gesegneten Junitagen, abzusehen und abzunehmen, was sie mir bringen, das große Licht, die Blumen, die Vogelstimmen. Das fürchte ich jedes Jahr am meisten: daß die Vögel verstummen.

Ende Mai habe ich vier Tage am Wannsee auf einer *literarischen Konferenz* verbracht, unter herrlichen alten Bäumen hoch überm See, in voller Sommerstimmung, bei großer Sonne den Schatten genießend, im Gespräch mit alten und neuen Freunden. Ich war froh, daß ich es gut bestehen konnte, ich hatte erst Angst vor der *Über-Anstrengung* (täglich hin in der Frühe, des Nachts zurück), es hat mich belebt. Heute fahre ich wieder für einige Tage nach Berlin, vorher wollte ich Ihnen aber einen Gruß von Garten zu Garten, von Haus zu Haus senden. Leben Sie gut, in Sommerfreuden!

10. August 1989

Längst wollte ich bei Ihnen anfragen, lieber Jürgen Schmidt, ob das *Projekt* noch existiert? Ich weiß wohl, daß ich vorigen Herbst nicht, wie von Ihnen vorgeschlagen, mich mit einem Plan für die Schallplatte gemeldet habe.

Ich würde es gern machen, nur Lesung plus etwas *eingespielte* Musik vielleicht, eigentlich wünschte ich mir die *Goldberg-Variationen*, gespielt von *Glenn Gould*, ich habe das Ende vorigen Jahres im Funk gemacht, Interview plus Gedichte, dazwischen gesetzt eben dieser *Bach*.

Die *Uschi-Brüning – Manfred-Schmitz-Lieder* sollte man separat produzieren. Ich möchte den Texten die *Herr-*

schaft lassen, da es um eine *Schallplatte* geht. Bei einem *Vortragsabend* ist es etwas anderes. Natürlich würde ich mich freuen, wenn sich für Uschi Brüning diese Möglichkeit ergeben würde. Ich schätze sie außerordentlich und freue mich, daß sie mit Manfred Schmitz und Ludwig Petrowski diese Lieder gemacht hat.

10. August 1989

Am 13. Juni schrieben Sie mir wegen des Theaterabends im *Gorki*-Theater, sehr geehrte Frau Mebus! Die Aufführung läuft aber schon seit 28. Januar 1982, und das Theater hat seither regelmäßig abgerechnet, spezielle Informationen über den *Spielplan* habe ich nicht bekommen, nur immer der Zeitung entnommen, wann Vorstellungen waren, so auch gesehen, daß die Absicht bestand oder besteht, den Abend in die neue, in die nun neunte, Spielzeit hinüberzunehmen. – Besten Dank jedenfalls für die Freundlichkeit, daß Sie mich, für den *Aufbau-Verlag*, nun unterrichten wollten.

Zu dem neuen *Vertrag*: der *Titel* stimmt nicht mehr (meine Schuld, ich habe die schlechte Gewohnheit, immer wieder die Buchtitel zu ändern), der Gedichtband heißt jetzt: *Unterm wechselnden Licht*.

10. August 1989

Hoffentlich werden Sie verzeihen, daß ich so lange nicht gedankt habe für das Spargelpaket und nun auch noch wieder Zeit vergehen ließ, ehe ich auf Ihren Brief antworte, liebe Frau Wolff!

Als das Paket kam, war ich nicht in Schulzenhof für eine Weile, und ich hatte mir eingebildet, mein Mann hätte Ihnen den Eingang bestätigt. Als ich ihn dann fragte, stellte sich heraus, daß er es doch nicht getan hatte, sondern der Meinung war, es gehöre in meinen *Zuständig-*

keitsbereich als Hausfrau – obwohl ich weder Paket noch Spargel zu sehen bekommen hatte, welcher war gegessen, andrer war eingefroren worden …

Hier gab es viel Unruhe und Umschichtungen (immerzu Neueinstellungen von Leuten und deren Fortgang oder *Flucht* nach kurzer Zeit).

Vorgestern sind die letzte Araberstute, die Norwegerstute, der Norwegerwallach, ein Mischlingsfohlen Isländer-Norweger (der Isländer hatte die Norwegerstute kurz vorm *Kastrieren* unbemerkt gedeckt) nach Hengstdepot/Gestüt Neustadt/Dosse gegangen. Letzten Sonnabend die einzige Shetland-Schimmelstute, deren Mutter wir einmal als Fohlen von Boldewitz auf Rügen holten, 1958. Nun hat mein Mann noch eine Isländerstute, die vor knapp drei Wochen ein mausfarbenes Fohlen brachte, und den Isländerwallach. Die will er reiten und fahren. Das alles ist traurig und mußte nicht sein. Jetzt will mein Mann, alternierend mit einem jungen Mann, der das vierte Jahr bei uns ist, die Wirtschaft allein besorgen. Das heißt, eine Woche er, eine Woche der Henry. Ich halte es für eine *Illusion*, aber mein Mann sagt: nimm mir nicht die Hoffnung auf die Zukunft.

Sie haben also die *Spargel-Saison* unter solchen Schwierigkeiten, mit solchen Schmerzen bewältigt! *Thrombose* kenne ich, es sind ja fürchterliche Schmerzen zu Zeiten dabei!

Daß die Gedichte aus *Atem* bei Ihnen *leben*, freut mich. Ich schicke hier noch wieder ein paar Bücher zum *Verteilen*. – Sein Sie herzlich gegrüßt, liebe Frau Wolff!

22. August 1989

Dank für den Brief, die Prospekte, den Katalog, liebe Frau Näther! Sie haben sich so bemüht, und ich habe den

Quevedo-Katalog längst! Mein junger (alter) Freund Hubertus Giebe hat ihn mir gleich geschickt, er versorgt mich mit allem, was in Dresden *vorkommt*, läßt mich teilhaben an dem, was bei Ihnen *Schönes* geschieht, wenigstens über Kataloge und Schriften, da ich so wenig reisen kann ... Was sollen wir nun tun? Soll ich den Katalog zurückschicken, wollen Sie ihn an jemanden vergeben, oder darf ich es, ich wüßte schon an wen.

Grüßen Sie Birgit Rosenlöcher! Als das erste Buch von Thomas Rosenlöcher herauskam, habe ich allen davon gesprochen, auch meinen Freunden im *Aufbau-Verlag*: „Das *ist* ein Dichter!“ – da hörte ich, daß das Manuskript zum *Garten bei Klein-Zschachwitz* auch im *Aufbau-Verlag* herumgereist und von den Lektoratsleitern abgelehnt worden war ... *Schande*!

Gute Wünsche zum Sommerausgang, Freude an Ihrer so schönen Arbeit an so schönen Stätten in der so schönen Stadt! Ich war zuletzt Anfang September 87 in Dresden, da sang Peter Schreier im *großen Haus* der *Semperoper* (die ich da zum ersten, einzigen Mal sah) die Uraufführung eines *Liederzyklus*, den der österreichische Komponist Helmut Eder aus Gedichten von mir gemacht hat ... Bis jetzt bin ich immer nur zu *Gelegenheiten* nach Dresden gereist, ich wünschte, ich würde es *einmal im Leben* schaffen, *nur so* nach Dresden zu fahren!

28. August 1989

Dank für zwei Briefe, liebe Frau Mahlke! Und die Bitte um Entschuldigung für das *Ärgernis* mit dem Foto auf dem *Luchterhand-Band*! Ich war davon genauso überrascht wie Sie, man hatte mich nicht gefragt, im Katalog des Verlages hatte ich eine Vor-Ankündigung des Bandes gesehen, da gab es nur Schrift auf dem Titel, das hat mir gefallen, also habe ich nicht nachgefragt, hielt es für endgültig – bis ich das Paket mit den *Belegen* bekam ... Nein, eine *Fotografier-Frau* bin ich nicht, wie sollte ich auch? (Mich irritiert etwas, daß Sie den Begriff ohne Anführungsstriche benutzen, er Ihnen also so *angemessen* scheint wie andere Begriffe der Art, *Karrierefrau* zum Beispiel, Begriffe, die ich noch nie benutzt habe, weder gesprochen noch geschrieben, weil sie mir *so widerlich* sind, so widerstehen, sie gehören zu den *Slogans* der *Medien* ...) Das Foto übrigens hat einer der besten (auch *international renommierten*) Fotografen der *DDR* gemacht, Roger Melis, einer aus der jüngeren Generation. Aber ich wußte auch nichts vom *Foto-Machen.* Er hat mich bei einer Lesung fotografiert, als ich jemandem zuhörte, der mich was fragte. Ich weiß aber, wo es war und wie alt das Foto ist, es war Oktober 79 in Schwedt an der Oder im *Petrolchemischen Kombinat.* Mein Verlag, der *Aufbau-Verlag Berlin*, hat dorthin Beziehungen, jedes Jahr im Oktober gibt es im Werk einen *Verlagstag*, Autoren lesen in verschiedenen Abteilungen, ich war zweimal dort, das letzte Mal eben 79, dieses Jahr, zum zwanzigsten Jubiläum, will ich wieder mitfahren. Das ist immer ein bißchen *Schulausflug-Stimmung*, wir Schriftsteller sehen uns manchmal Jahre nicht, dann aber trifft man den oder jenen, und Leser trifft man allemal ... Sie sehen also, wie froh ich sein muß, daß ein so altes Bild auf den Umschlag geriet, daß es *keines von 89* war ...

Sie schildern mir immer wieder Ihr Leben so schön, Ihren Tag, Ihre Landschaft, daß Neid mich anschleicht auf Ihre Existenz, obwohl ich eigentlich von *dieser* Krankheit, *Neid*, sonst ziemlich *verschont* bin ... – Heute, an *Goethens Geburtstag*, ist es bei uns den ganzen Tag herbstgrau und regnet aus allen Himmeln ... Sein Sie gegrüßt!

28. August 1989

Vor Jahren (1977) hatte ich schon einmal ein Buch gemacht, das *Briefe aus Schulzenhof* heißt. Jetzt habe ich das Manuskript eines daran anschließenden Bandes dem Verlag übergeben. In diesem noch stärker als in dem vorigen ist zu sehen, wie ich versuche, zur *Überwindung* der Anfechtungen zu kommen, etwas gegen Lebensängste und Zweifel zu setzen.

Nun weiß ich natürlich nicht, wie weit sich unsere Veranlagung und unsere Verhältnisse ähneln, liebe Christine. Bei Ihnen scheint mir die *Depression* direkt mit der Schwangerschaft, mit dem Gebären, dem Kinderhaben zusammenzuhängen. Sie schildern, daß es Sie bei beiden Geburten, davor oder danach, plötzlich *überfallen* hat. Haben Sie denn jemals mit einem Arzt darüber gesprochen? So etwas hat es bei mir nicht gegeben, im Gegenteil, jedes Kind war für mich ein solches *Glück*, eine solche *Inspiration zur Liebe*, zur Lebenslust, daß mich da gar nichts anfechten konnte. Übrigens sind ja die Dinge, die ich aufgeschrieben habe, meistens *Alterserscheinungen* (obwohl es auch frühe Versuchungen zu *Melancholie* gab) – also, mein *allgemeines Lebensgefühl* ist *stabil*, mit *Einsprengseln* von *Überdruß*. Das hängt aber sicher mit meinen Lebensumständen zusammen, die ich nicht *bejahe*. Sie sind nicht nach meinem *Willen*. Dadurch brauche ich viel Kraft zur *Kompensation*.

Was soll ich Ihnen raten? Ich kann Ihnen gar nicht raten, weil ich Sie nicht kenne. Wenn ich so einen wunderbaren kleinen Sohn hätte, der Jonas heißt, würde ich ihn sehr lieben, mich sehr um ihn kümmern und um meine und seine *natürliche* Umwelt, im übrigen würde ich meinem *Geist* so viel Nahrung zuführen wie möglich: Lesen, lesen, lesen! Lernen, bis zur Kraftgrenze gehen – aber mich vielleicht doch mit einem vernünftigen Arzt beraten, wenn ich mich nicht *ermannen* könnte zu sagen: das Leben ist *trotz* Vergänglichkeit schön!

28. August 1989

Neuentempel, ist das identisch mit *Monplaisir*, oder hat Ihre Familie dort noch irgendwo einen *Nebensitz*? Weil Sie schreiben, Sie seien allein da? Schön, wie Sie leben, liebe Daniela – aber etwas deutet sich an von Lebens-Trübung, sicher *Liebe*? Selbst, wenn Sie leiden, freuen Sie sich an *intensivem Gefühl*!

Ich habe inzwischen, vor zehn Tagen, mein Manuskript *Briefe* dem Verlag übergeben, habe eine *Zäsur* gemacht in den fast oder ganz *Zweitausend-Seiten-Komplex* der Briefe 1976–88, die ich ursprünglich in einen Band von der Stärke des ersten Briefbuches *zusammenpressen* wollte (vierhundertdreizehn Seiten, glaube ich) – es ging nicht, Verlust wäre es gewesen, ich fand keinen *technischen* Weg. Nun habe ich die Hälfte des *Materials* auf vierhundertfünfzehn Seiten *zusammenredigiert*, das sind aber nur fünf Jahre (76–80), immer schwebte mir vor, ich wollte, wie beim ersten Band 1965–75, 1976–1986 nehmen, wegen der *schönen runden Zahl*, die ja täuscht, es sind nicht zehn, sondern elf Jahre. Lange war ich ganz schwach vor Angst. Dann *erleuchtete ich mich* selbst und fand, ich hätte mich von einer Idee *hypnotisieren* lassen, sei einer Auto-Suggestion verfallen, nicht die schöne glatte Zahl sei wichtig, sondern die Substanz der Sache, und die schien mir da zu sein. Ich werde einen *dritten Band* machen, der das *Ende des Briefeschreibens* bedeutet. Denn ich schreibe ja, in Wahrheit, fast keine Briefe mehr ... Sie sehen selbst, wie dieser Brief aussieht: ich fühle mich, gerade heute, schlecht, so, daß ich nicht mal die Buchstaben treffe beim Schreiben. –

Daß ich von *Glasnost* und *Perestroika* nichts hören will, heißt nicht, ich sei gegen Politik oder uninteressiert an ihr, ich habe nur die Sache, die mit den *Schlagworten G und P* benannt wird, von Anfang an zu genau verfolgt, um eine Hoffnung darauf zu setzen: der von allen vergötzte *Michail S. G.* hat kein *Programm*, mit dem sich in diesem Riesen*reich* etwas Vernünftiges anfangen ließe, er ist nur *Rhetoriker*. Und das zu sehen und dazu die *Besoffenheit* der Intellektuellen, die nach einem neuen *Idol* gieren, ob Pfarrer oder Atheisten, der sterbende Erich Fried und alle alle (die *Welt* ist verändert durch *ihn*, das *gemeinsame Haus Europa*, das *neue Denken* in der *Welt* – als wäre sie auf einmal *ungeteilt* – und nun staunen alle, was da passiert), ich habe keine Lust mehr, an den allgemeinen Euphorien teilzunehmen, an den *Hysterien*, zu denen wir alle neigen aus *Angst vorm Weltuntergang*, denn *SDI* geht weiter, der *Stealth-Bomber* ist schon *funktionsfähig*, die *Minuteman-Raketen* längst vorhanden. Für mich gilt nur, wie etwa für Wieland Förster, dessen Werk ich mit Bewunderung wachsen sehe: seinen Stein zu klopfen, egal, was ist, ob arm, ob reich, ob verzweifelt oder nicht – gerade habe ich sein *Labyrinth* gelesen und *durchstudiert*, so wie schon seine früheren Bücher, vor allem die *Sieben Tage in Kuks*, ich verneige mich vor seinem Mut zur Traurigkeit, zur Verzweiflung und vor dem *Immer-wieder-Heben* des Armes, der Bewegung der Hand. Seine Plastik, sein graphisches Werk, sein Schreiben geben ein großes Beispiel, daß man in all dieser Ungeheuerlichkeit schaffen kann, es *muß*, ohne Rücksicht auf die mögliche Vernichtung und ohne den *Schutz durch Illusionen*. Das, was wir alle Tage hören in Rundfunk und Fernsehen, ist für mich allein faszinierend durch die Verwebung von Lüge und Wahrheit. Die Lüge ist gigantisch! Und leider scheint sie zur Zeit allmächtig siegreich zu sein. Triumphal grinst sie einen tagtäglich an und rät: sieh ein, die *Aufklärung* ist gescheitert, die *Ideale* sind hinüber, *Karl Marx ist tot!* – So also ist zu verstehen, daß ich sagte, ich will die Worte *Leben* und *Poesie*. – Übrigens traf ich auf jener Konferenz, an der ich Ende Mai teilnahm, jemanden, der sich als Freund Ihrer Familie vorstellte: Wolfgang Herzberg. – Sein Sie mit allen Ihren gegrüßt an Goethes verregnetem Geburtstag! Ich hoffe *doch* auf Oktober (am 20. will ich mit dem Aufbau-Verlag nach Schwedt)!

10. September 1989

Dank für die Übersendung der Lieder, sehr geehrter Herr Ochs! Ich wünsche Ihnen Glück damit, Erfolg! Und ich hoffe, daß ich sie eines Tages hören kann, denn was ich mir auf dem Klavier *zusammenstümpere*, ist nichts – für ein paar Tage, ein Wochenende, bin ich in Schulzenhof und fand jetzt erst Ihren Brief mit der *Einverständniserklärung*, so will ich Ihnen gleich die Unterschrift senden. Die meisten Komponisten haben gar nicht bei mir angefragt, ich seh es nur aus den *AWA-Meldungen*, wenn jemand was gemacht hat. Nach der ersten Meldung verwandeln sich die Lieder dann in *Computerzahlen*.

Dank für ihre guten Worte zu den Gedichten! Sie wissen wie ich: jeder von uns ist froh über eine Bestätigung seiner Existenz.

10. September 1989

Endlich will ich mich fassen und Dir schreiben, meine liebe Nana, fünf Monate und vier Tage nach Resos Tod.

Kürzlich, beim Sortieren von Briefen, die in die Ablage sollten, geriet mir *sein letzter Brief*, ein paar Zeilen aus Weimar, in die Hand. Ich konnte ihn natürlich nicht von mir lassen, habe ihn jetzt in meinem *Andenkenkorb* neben mir ... Die ganze Zeit war ich mit Euch verbunden durch die Arbeit an einem zweiten Band *Briefe aus Schulzenhof*, der von 1976 bis 1980 reicht, also auch noch meine letzte Reise zu Euch, bei Euch reflektiert. Das war vom 23. September 1980 bis 5. Oktober … Vor zehn Jahren wart Ihr mit Otar bei uns …

Nana, es war ein so furchtbarer Schlag! Reso und ich hatten dauernd versucht, miteinander zu telefonieren, immer war die Verständigung schlecht, wenn Reso von Weimar aus anrief. Wir hatten alle wichtigen Dinge *vertagt*, bis er kommen würde, er wollte ja in der ersten Maihälfte in Schulzenhof sein. Bei unserem letzten Gespräch, am Wochenende vor seinem Tod, war er beunruhigt, ob der Besuch auch möglich sein würde, weil ich ihm sagte, daß ich am 3. April, Montag, ins Krankenhaus müßte. Ich sagte ihm, daß ich Anfang Mai bestimmt wieder zu Hause wäre, ich sollte nur kurze Zeit zu Untersuchungen hinein. In diesen Tagen ergab sich aber bei mir so vieles: ein ganz *außer Kontrolle geratener* Blutdruck, Diabetes, Glaukom … Am Freitag bekam ich Wochenendurlaub, fuhr nach Schulzenhof, und Sonnabend abend rief mich unser Freund Gerhard Hendel, der Stadtrat für Kultur, von Weimar aus an und sagte: Ich muß dir etwas ganz Trauriges erzählen, was ich selbst eben erst erfahren habe (er war krank, nicht im Dienst), Reso ist Donnerstag früh am Herzinfarkt gestorben … Ich schickte Dir dann Sonntag das Telegramm, aber als ich es abgeschickt hatte, bekam ich einen furchtbaren Schrecken, weil ich plötzlich dachte: vielleicht hat die Nachricht Nana noch gar nicht erreicht? Besonders durch die *Unruhen*, die in jenen Tagen bei Euch in Tbilissi waren, schien mir das möglich. Ich erkundigte mich noch einmal in Weimar, man meinte, daß die Universität Jena oder die Forschungsstätten Weimar noch am Donnerstag die Universität Tbilissi benachrichtigt hätten. Nodar, den ich Ende Mai in Westberlin traf, sagte mir auch,

Du hättest es nicht durch dieses Telegramm erfahren. Aber vielleicht sagte er es auch nur, um mich zu beruhigen …

Ich war so traurig, und die ganze Zeit sah ich den armen Reso einsam in einem Raum liegen, und dabei hörte ich seine Stimme, und immer wieder fühlte ich: Es ist unmöglich, es kann nicht sein, es darf nicht sein … Inzwischen haben wir, vor drei Wochen erst, wieder so einen Tod erlebt. Der *Cheflektor* unsres *Aufbau-Verlages*, Hanns Kristian Schlosser, der erst seit einem Jahr *im Amt* war, ist mit vierundvierzig Jahren so am *Infarkt* verstorben wie Reso. Wir waren voriges Jahr im Oktober zusammen auf der *Frankfurter Buchmesse*, auch mit *Lowa* Kopelew und Tochter Lena. Ich habe hier eine ganze Serie Fotos, auf denen wir alle zusammen sind … Mit Reso, Nodar, Ernst und Immas Schwager habe ich vorigen Sommer ein paar Stunden in unserer Berliner Wohnung verbracht, als sie von Jena kamen, damals waren sie so knapp mit der Zeit, daß sie nur zu mir zum Essen kommen konnten …

In dem neuen *Brief-Band* sind so viele Briefe an Reso, an Euch, mein wunderbarer letzter Besuch bei Euch, wie auch der zwei Jahre davor, ist mir so unvergeßlich, ein solcher *Erinnerungs-Besitz*, all die vielen Jahre Leben, die wir auch über die Ferne hin miteinander geteilt haben! Inzwischen hat mich das Leben gelehrt, daß nicht *ein* Mensch, den wir verlieren, durch einen anderen ersetzt werden kann. So auch Reso durch *niemanden* … Ich konnte Dir bisher einfach nicht schreiben, ich war wie versteinert, und dann ein paar Wochen später Rajas Tod – nur, daß man ihn voraus zu *fürchten geübt* hatte. Aber Reso, so jung! Und selbstverständlich würde er uns, Erwin und mich, überleben! Erwin empfindet jeden Tod eines jüngeren Menschen als *Vorwurf*, weil *er* noch lebt!

Liebe Nana, schreib mir, wie Ihr lebt, wie es Euch geht,

wie Ihr Euch gegenseitig haltet und helft! Schreib mir, ob ich Dir, Euch, Einladungspapiere schicken soll? Ob Ihr herkommen wollt? Seid mit Frau Etheri, Otar und Nino von Herzen gegrüßt – immer steht mir vor Augen, wie wir Euch kennenlernten, Oktober 65 im Theater (an jenem Abend, als wir Shushuna in der *Dreigroschenoper* sahen). So jung, so schön, so lieb! Und Otar sahen wir, als Ihr in der kleinen Wohnung das große Essen für uns gabt!

Meine liebe Nana, sicher schreibst Du lieber Englisch, dann tu es, ich lese es gut.

10. September 1989

Von Attila, der mich vor einiger Zeit anrief, habe ich mir Eure neue Adresse geben lassen, ich hatte versäumt, als wir uns sahen, Dich darum zu bitten, lieber Nodar, ich weiß, daß Du in den letzten Jahren wenig schreibst, mir geht es ebenso. *Unlust*, Niedergeschlagenheit, die schlechte Gesundheit sind daran schuld – jetzt aber will ich Dir doch einmal wieder schreiben. Ich habe Wochen und Monate im Kontakt mit Euch allen gelebt, weil ich die Schlußredaktion für einen zweiten Band *Briefe aus Schulzenhof* gemacht habe. Er geht von 1976 bis 1980, das sind gerade die Jahre, in denen ich die beiden letzten Male bei Euch war, 1978 Ende Oktober zu den *Tagen der Literatur*, 1980 mit Attila, Ernst, Tommy Plenert und all den anderen Filmleuten. Und es sind die Jahre, in denen Ihr meine Gedichte, mein Buch herausbrachtet. Viele Briefe des neuen Bandes gehen an Dich, wichtige Briefe, sowohl was das *Biographische* als auch das *Literarische* angeht, und ich empfand die ganze Zeit, wie sträflich es ist, sich gegenseitig zu verlieren, zu verlassen, auch durch Nachlässigkeit, durch seelische Trägheit. Wenn ein solcher *endgültiger Verlust* kommt wie der von Surab, nun der von Reso, wird einem mit einem Mal schreckhaft bewußt, daß dieses

Nimmermehr uns von Jahr zu Jahr stärker bedroht ... Was für gute Tage hatten wir doch alle miteinander, wieviel haben wir einander zu danken, wieviel Festliches und Schönes, was dem Leben Glanz gab, eine Freude, *da* zu sein und voneinander zu wissen ... Ich wollte Dir die ganze Zeit schon schreiben, um Dir zu sagen, daß ich so empfunden habe, als wir uns Ende Mai am Wannsee sahen, die Stunden, in denen wir mit Christoph Heubner und dem merkwürdigen jungen deutsch-russischen Paar zusammen saßen, habe ich als Glück empfunden, wenn auch unsere Gespräche um Resos traurigen Tod kreisten und wenn ich auch wußte, wie sehr Du mit Deinen *Depressionen* zu ringen hattest. Besonders froh war ich darüber, daß Du mit Ernst an *diesem einen Tag*, den Du in der *DDR* nur hattest, nach Schulzenhof gekommen bist. Erwin war die ganze Zeit, soviel ich verstanden habe, gekränkt, weil Du ihm wohl entweder zum *Wundertäter* oder zum *Laden* nicht geschrieben hattest, er erwartet von seinen Freunden immer, daß sie auf seine Bücher *reagieren*, er hält für den wichtigsten Freundschaftsbeweis, die Arbeit zur Kenntnis zu nehmen ... Also war ich zufrieden, Euch wieder beieinander und in so gutem Verständnis zu sehen, nach drei Jahren, so lange war es wohl her, daß Ihr Euch zuletzt saht.

Bei uns hat das Leben wieder eine *Metamorphose* erfahren: Am 8. August sind vier Pferde vom Hof gegangen, darunter Erwins letzte Araberstute, sein Reitpferd über viele Jahre. Jetzt hat er nur noch zwei Islandponys und ein Fohlen dazu. Matti ist wieder fort, er war nur ein paar Sommermonate in Schulzenhof, nun will Erwin, alternierend mit Henry, den Ihr hier wohl gesehen habt, die Arbeit selbst machen. Eine Woche Henry, eine Woche Erwin. Ich bin überzeugt, daß es nicht geht. Er hat seit vielen Jahren nichts in der Wirtschaft besorgt, hat es überhaupt nie gern und schon gar nicht kontinuierlich getan. Bald beginnt das Heizen, und außer den Pferden, Kaninchen, Tauben, ist vieles andere zu besorgen, zur Post fahren, Einkaufen – alles ist von Schulzenhof aus eine *Aktion*. Er rechnet mit dem *Idealfall*, daß er gesund ist. Bis jetzt hat er nur einmal fünf Tage die Wirtschaft besorgt, da bekam er gleich (vom Karreschieben) furchtbare Schmerzen in den Hüftgelenken und Knien. Sonst ist bisher immer Jakob gekommen und hat die Arbeit übernommen. Er studiert aber und kann es nun nur noch am Wochenende, in den Ferien hat er die ganze Wochenarbeit übernommen. Matti hatte vorgeschlagen, daß er in einem Wechselrhythmus mit Henry arbeiten wollte: zehn Tage für Henry, fünf Tage für ihn. Das hätte ihm die Möglichkeit gegeben, sich in seinem Haus bei Schwerin auch wieder Tiere zu halten. Marina, seine Freundin, hätte dort fünf Tage die Tiere allein betreuen können, während denen Matti in Schulzenhof sein wollte. Damit war Henry nicht einverstanden. Hat nun mit Erwin vereinbart, daß er über Winter, anstatt wie sonst nur vier, fünf Tage in der Woche arbeiten wird. Das aber erst ab November. Ich halte alles für ganz *unsicher*. Vor allem heißt das auch, daß ich meine Pläne darauf einstellen muß, *wann Henry hier ist*. Bis jetzt war Erwin noch keinen Tag allein. In der kommenden Woche müßte es aber sein, ich muß noch zwei Tage mit der Lektorin an der Schlußredaktion der *Briefe* arbeiten in Berlin. Und nächste Woche muß ich wieder ins Krankenhaus, weil es bis jetzt nicht gelungen ist, meinen Blutdruck durch Medikamente auszugleichen. Man will etwas Neues probieren. Nun ist, neben unseren *persönlichen* Schwierigkeiten in Schulzenhof, die *allgemeine Lage* so belastend, daß der Blutdruck leicht hin und her springen kann …

Lieber Nodar, ich würde mich so sehr freuen, wenn Du mir, ein paar Zeilen wenigstens oder noch viel lieber einen Brief, schreiben könntest, wie es bei Euch geht? Wie und wo Du den Sommer verbracht hast? Wie es Shushuna und Nino geht? Übrigens war Jakob mit seiner Freundin Anette Anfang August in Tbilissi, auf einer *Touristenreise*, vier Tage waren sie in Georgien, außer Tbilissi in Telawi.

11. September 1989

Sie haben, als Sie sich mir zuwandten, an eine etwas *chaotische Person* geschrieben, lieber Herr Lohner (das sage ich in relativ kurzen *Phasen der Selbsterkenntnis*), es zeigt sich nämlich, daß ich Ihren Brief nicht finden kann. Da ich glücklicherweise die Verpackung aufgehoben habe, verfüge ich über Ihre Adresse und kann so wenigstens bestätigen, daß Ihre Sendung bei mir angekommen ist. Bestimmt begegnet mir in nächster Zeit unter den vielen Briefen oder in meinen Manuskriptmappen irgendwo Ihr Schreiben – ich erinnere mich nur, daß ein befreundeter Priester Sie auf meine Gedichte wies, so verdanke ich auch dieser Beziehung die Bekanntschaft mit den Gedichten von Eugen Bollin, die mir wirklich *nahekommen*, obwohl sie einer so ganz anderen, der meinen (vielleicht auch nur scheinbar) entgegengesetzten Existenz *abgerungen* sind. Ich danke Ihnen für die Vermittlung.

Weiter erinnere ich mich, daß Sie Lehrer sind, daß Sie Kinder haben und mich wohl nach Büchern für Kinder fragten, ob ich welche geschrieben hätte? Ich sende Ihnen hier eines – was Sie von meinen Büchern sonst besitzen, hoffe ich dem zu findenden Brief zu entnehmen. Und wenn ich eine gute Zeit habe, was Gesundheit, Willen, Kräfte betrifft, werde ich Ihren Bestand ergänzen.

Ich freue mich, daß Sie mir schrieben, ich kenne Ihr Österreich wenig, kaum, war 1983 eine Woche, knapp, in Salzburg, auf Einladung von Peter Schreier, der damals noch den ganzen Sommer ein Haus in Salzburg mietete und mich und meinen Mann schon mehrere Jahre dorthin eingeladen hatte. 1983 fanden wir endlich Zeit zu fahren, im folgenden Sommer stellte sich heraus, daß es das letzte Jahr war dafür, denn 1984 verkaufte der Besitzer Dr. Lundwall das am Stadtrand ganz dörflich liegende schöne Haus. Wir sind ein wenig im Salzburgischen umhergefahren, haben von der Autostraße aus auf den *Mondsee* geschaut, waren bis *Seewalchen*(?) am *Attersee*, wo mein Mann einmal ein Vierteljahr gelebt hatte, am *Großglockner* und schließlich, auf der Rückreise, vorm Abflug, hat uns unser Botschafter fünf Stunden durch Wien gefahren.

Ich hatte mehrmals Einladungen nach Österreich, 1980 Dezember vom Kunstverein Wien, aber nie konnte ich fahren, immer kam mir etwas *dazwischen*. Des öfteren schreiben mir Leser aus Österreich, und immer freue ich mich besonders darüber, das Land liebe ich von fern und aus geringer Kenntnis, ich liebe den Klang der Sprache, die Literatur, sehr vieles an der Kunst überhaupt. Ohne Österreich ist die Welt nicht zu denken! – Also: ich suche weiter den Brief und grüße Sie und die Ihren inzwischen, auch den *Vermittler* meiner Gedichte, mit Dank!

11. September 1989

Sehr habe ich mich gefreut über Ihren Brief, lieber Lothar Deus! Wie kann von *aufdringlich* die Rede sein, nein, es war wirklich reine Freude, denn ich habe diese Tage am Wannsee in so guter Erinnerung, es waren für mich die schönsten des Jahres, und ich erinnere mich besonders an Ihre Freundlichkeit, Ihre stille Herzlichkeit, auch erinnert mich immer das *persische* Buch an Sie, das ich noch nicht weit weggelegt habe (ich habe es mit Gewinn gelesen).

Ich bin wohl seit einigen Jahren in einer *Lebenskrise*,

die ist sicher in *Atem* manifestiert, natürlich hoffe ich, daß die Äußerungen dieser Krise künstlerisch gerechtfertigt, zu Poesie geworden sind. Jeder hat sein persönliches Schicksal, zu dem die unselige Zeit mehr als die *Folie*, den Hintergrund, abgibt. Sie ist mehr, ist *Spielpartner*, wirkt dauernd in das persönliche Leben hinein. Natürlich weiß ich, daß es *eigentlich* nie eine *gute Zeit* gegeben hat, daß Kunst immer unter Drang und Zwang entstanden ist, aber in diesem Deutschland unserer Zeit steht Literatur in extremem Maß unter dem politischen Druck des *Entweder-Oder*. Wenn wir uns auch auflehnen dagegen, wir müssen es doch ertragen. Ich schicke Ihnen hier ein Buch mit, das parallel zu dem wohl größeren Teil der *Atem*-Gedichte entstand (eine ganze Reihe Gedichte ist viel älter), in ihm habe ich die *Lebenskrise* auf andere Weise reflektiert.

Heute vor einer Woche traf ich im Schriftstellerverband in Berlin mit den maltesischen Schriftstellern, die zur Zeit Gäste der *Neuen Gesellschaft für Literatur* sind, auch Olaf Münzberg und Rajvonder Singh. Ich bin nur nach Berlin gefahren, weil ich wußte, daß die beiden kommen würden, einfach aus Anhänglichkeit und Freude, sie wiederzusehen. Wenn es mit meiner Gesundheit gut geht, will ich bei ihnen/Ihnen Besuch machen. Auch Münzberg und Singh wollen mich besuchen. So hoffe ich zuversichtlich, auch Sie wiederzusehen, lieber Herr Deus. (Erst muß ich noch ins Krankenhaus, dann muß ich mein Visum erwarten, das am 1. September abgelaufen war). – Dank für die Fotos, die unerbittlich sind wie das Leben!

11. September 1989

Lieber Marko Martin, da Ihr Brief vom Juni und die Karte vom Juli war, bin ich etwas in Zweifel, ob die Adresse noch stimmt (es war eine Gasthof-Adresse), aber ich hoffe, falls Sie umgezogen sind, daß man Ihnen Post nachsendet. Jedenfalls wird es doch wohl in *Singen* sein, weil Sie da schon zur Schule gingen, als Sie im Juni schrieben. Hoffentlich haben Sie sich mit Ihren Mitschülern schon anfreunden und vor allem schon nachholen können, was Ihnen fehlt, die vier Jahre Französisch etwa. Da das Französische so schön ist, wird es Ihnen sicher Freude machen, sie fesseln, auch über die Poesie, die, nach meiner Erfahrung, ein ausgezeichnetes Mittel ist, sich Vokabeln einzuprägen, man lernt auf einmal ganze Konstruktionen, die einem für immer haften bleiben durch Klang, Rhythmus, Reim.

Nein, ich war noch nicht auf *Seiferts Spuren* in Prag, habe es auf den nächsten Frühling verschoben. Prag im Frühling ist so besonders schön, es blüht so sehr allenthalben! 1986 Anfang Mai waren wir einen Tag (auf dem Hinflug nach Piešťany hatten wir den ganzen Tag *Pause*) in Prag. Das war wunderbar.

Wenn ich weiß, ob Ihre Adresse noch stimmt, werde ich versuchen, den *Bienenstock* für Sie zu beschaffen, meine eigenen Exemplare möchte ich nicht weggeben, ich sammle sie. Ich wünsche Ihnen, daß Sie mit Vergnügen, im vollen Genuß der *Freiheit*, leben!

11. September 1989

Meine lieben *Kinder*, liebe Marianne, lieber Mityu, zweimal habe ich versucht, Euch unter der auf Mariannes *Geburtstagszettel* angegebenen Klinik-Nummer anzurufen, als ich in Berlin war, dort, bei der Zentrale, sprach man nur Ungarisch (im andern Krankenhaus nicht Deutsch, aber Englisch), trotzdem vermittelte man irgendwohin, aber es nahm niemand ab …

Wir sind *natürlich* besorgt, wie es Mityu inzwischen geht, drei Monate ist der Unfall gleich her, und wir hoffen doch, daß Ihr bald nach Hause könnt, daß er sich erholt und Ihr Euer gewohntes Leben wieder aufnehmen könnt …

Gern würde ich versprechen, daß ich selber komme, um die *Andrucke* zu zeigen und Deine Skizzen zurückzubringen, liebe Marianne, aber erstens sind die Andrucke noch nicht da, und zweitens weiß bei der jetzigen Lage niemand, was wird, mit Geld zum Reisen und Reisemöglichkeiten überhaupt. Die Dinge, die sich *seit heute nacht* abspielen an der österreichischen Grenze, machen die Lage bedenklich. Ich halte diesen Herbst für die gefährlichste Zeit, die wir seit langem hatten, und alle Pläne, die wir machen, sind *bedingt*. Trotzdem wollen wir hoffen, daß unser schönes Buch davon nicht betroffen wird, daß es unbeschadet von allem seinen Gang gehn und Anfang des Jahres fertig sein wird. Es ist ein so ekelhaftes Gefühl, zu arbeiten ohne die lange gewohnte Sicherheit. Vor vier Wochen habe ich den zweiten Band der *Briefe aus Schulzenhof* in den Verlag gegeben. Ich arbeite mit Helga Pankoke an der *technischen* Schlußredaktion, das Buch umfaßt die Jahre 1975 bis 1980 – viel Leben, das wir brieflich und auch direkt miteinander geteilt haben, ist in den Briefen als *Gegenwert* dokumentiert. Was für schöne Zeiten, schöne Tage, Nächte hatten wir miteinander! Wie schnell werden die Dinge *historisch* und unwiederbringlich! Heute wäre *Margareteninsel-Frühling von 1988* schon nicht mehr möglich, nicht, weil jetzt Herbst ist, sondern weil alles bei Euch *anders* ist … Und warum nur waren wir nicht zwei Tage in Szólnok!

Nächste Woche muß ich wieder ins Krankenhaus, man will ein neues Medikament probieren. Diese Woche (heut ist Montag, es ist früh neun Uhr, die Morgensonne scheint auf meinen Tisch, blendet mich beim Schreiben, es ist schönster, blauer September) muß ich noch zwei Tage wegen der *Briefe* nach Berlin. Ich werde wieder versuchen, Euch anzurufen, vielleicht seid Ihr dieses Mal schon in der Wohnung, und ich kann Euch alles erzählen, was es bei uns gibt, und höre von Marianne ausführlich, wie es bei Euch steht. Mityu soll sich nur Mühe geben! Sich ermuntern! Erwin geht es ganz gut, seit er *Tabletten zum Aufmuntern* nimmt, trotz *Gewöhnungsgefahr*, die bei solchen *Stimulatoren* besteht. Er war vorher immer müde, schlief dauernd ein, sowie er sich zum Arbeiten hinsetzte jedenfalls. Die Neurologin hat es auf sich genommen, ihm das Zeug zu verschreiben (der Professor *Chef* war dagegen, eben wegen der Gewöhnung, der Abhängigkeit) – sie war mit Erwin der Ansicht, daß diese Müdigkeit und Arbeitsunfähigkeit das Schlimmste für ihn ist.

Deine Vorhaltungen, was das *Hinaussehen* aus dem Buch betrifft, also die Anordnung der Blätter im Buch, habe ich dem *Ausstatter* übermittelt. Es bestand aber keine Möglichkeit, vor *Produktionsbeginn* noch einmal nach Budapest zu fliegen, um Dir sein *Layout* zu zeigen. Die Andrucke sollst Du aber unbedingt sehen, sagte er. Da war allerdings die Lage noch nicht so *kritisch* wie jetzt. Hoffentlich kriegt Ihr nicht inzwischen eine Währung, die wir nicht mehr kaufen können! Seid Ihr noch nicht ganz *Westen* in diesem Jahr, dauert es noch ein wenig bis dahin! Erinnert Ihr Euch an unsere Frage: bleibt Ungarn kommunistisch? Es sah schon bei unserem vorletzten Besuch September 85 nicht mehr so aus … Zu wem sollen wir *Atheisten* beten, daß wir uns in *Frieden* wiedersehen? Ich denke mit Sehnsucht nach Budapest hinüber, denke mit Sehnsucht an die nun schon wieder so fernen, so schönen Tage, die wir voriges Jahr Ende März, Anfang April bei Euch hatten. Da war auch so eine Sonne wie jetzt, nur daß das Jahr grad begann und alles soviel Zukunft zu haben schien … Seid umarmt, meine Lieben.

12. September 1989

Dank für Ihren erfreulichen Brief, lieber Burkhard Meier, für die Mitteilungen über Ihre neuen und alten Kompositionen zu meinen Texten! Ich freue mich, daß auch *Atem* bei Ihnen angekommen ist.

Ich weiß nicht, ob Sie *Ich schwing mich auf die Schaukel* besitzen? Vielleicht ist da was drin für Sie, es ist beim *Kinderbuchverlag* erschienen, wenn es auch eigentlich keine *Kindergedichte* sind, nicht für Kinder geschrieben jedenfalls. Ich sende es Ihnen hier, auch noch ein anderes Buch, in dem einiges *gereimt* ist. Vielleicht können Sie damit was anfangen, wenn nicht, können Sie es hoffentlich trotzdem gernhaben.

12. September 1989

Sie werden erstaunt sein, liebe Elisabeth Michel, nach zwei Jahren von mir Antwort zu bekommen auf Ihren langen und schönen Brief – ich habe Ihnen ja wohl damals nicht geschrieben, jetzt habe ich Ihren Brief mit einigen anderen herausgenommen aus zwei Koffern, in denen ich unbeantwortete Post zum *Ablegen* gesammelt habe, um sie einer jungen Freundin zu übergeben, die mir seit einiger Zeit ein wenig hilft, mein *Archiv* zu ordnen.

Da haben Sie aber ein Leben gewählt, das Ihnen alles abverlangt hat! Und das mit zwanzig Jahren! Nach Ihrer Schilderung sehe ich auch die Übereinstimmung in unseren Erfahrungen, die Sie dem *Mai in P.* abgelesen haben. Da Ihre Mutter so alt ist wie ich, können Sie nicht älter als Ende dreißig sein, so alt etwa wie mein ältester Sohn, der achtunddreißig ist. Sie haben also noch Kraft und Gesundheit, daher Energie für viele Dinge. Mir fehlt sie schon. Ich könnte jetzt vieles tun, reisen und so weiter, aber ich traue es mir nicht zu. Hoffe immer, daß ich über diese *Kri-*

senzeit der mittleren Jahre, die ja in Wirklichkeit schon längst *Endjahre* sind, hinwegkomme und noch einiges leisten kann – aber *gewiß* ist eigentlich nur der Tag, den man gerade lebt. So versuche ich in diesen Tagen, in denen ein Krankenhausaufenthalt vor mir steht und die im übrigen durch politische *Hysterie* belastet sind (alle Tage hört man früh bis spät über Rundfunk und Fernsehen, daß man in der *DDR* nicht leben kann, wir sind die, *die noch in der DDR bleiben*: sechzehn Millionen), mit dem Tilgen von ein paar Briefschulden, aber eigentlich mehr: mit dem Bekennen zum verbindenden Wort, dem Aussprechen meiner *Existenz*, dem Anreden an Freunde und Leser mir *Halterungen* zu machen. (Das ist ein *Selbstzitat*, vor Jahren schrieb ich in einem Gedicht: „Ich mache mir Halterungen / Aus Worten und halte mich fest ...") Ich versuche so zu schreiben, als wären es *Letzte Meldungen*. (So heißt übrigens ein dritter Teil vom *Laden*, an dem mein Mann seit Jahren arbeitet.)

Liebe Frau Michel, ich wünsche Ihnen, daß Sie Ihr Leben freudig leben können, daß Sie *Licht* sehen für sich!

1990

15. März 1990

Zuerst muß ich natürlich um Entschuldigung bitten, liebe Sabine Stock, weil ich erst jetzt auf Ihren Brief antworte, für ihn danke. Es lag nicht am Verlag, er hat mir Ihr Schreiben gleich geschickt, es lag an mir, schlechte Gesundheit, fehlende Energie, den *Horaz* hervorzuholen und Ihrem Hinweis nachzugehen. Jetzt habe ich es endlich getan, kann aber in meiner Ausgabe nicht finden, was Sie meinen. „Gedicht Nr. 9 im ersten Gedichtbuch" schreiben Sie, meine Ausgabe teilt ein in *Oden, Epoden, Satiren, Briefe*. Unter Nr. 9 der beiden ersten Abteilungen finde ich keine Anklänge an mein Gedicht *Dorn*. Die Frage, ob es als *Reflex auf Horaz* entstanden ist, hätte ich auch ohne Nachlesen verneinen können. Aber es interessierte mich doch, ob da *unterirdisch* etwas geschehen sein könnte. Ich habe, allerdings vor längerer Zeit, sicher vor Jahrzehnten schon und dann wiederholt, Horaz gelesen, seine *Oden* und *Epoden* lassen mich, vergleichsweise, kalt, dagegen liebe ich die *Satiren* und *Episteln*, wegen ihrer *Konkretheit, Alltäglichkeit*, er, Horaz, hat mich sehr ermutigt, mich den *niedrigen Gegenständen* zuzuwenden.

Nun habe ich die herzliche Bitte an Sie, liebe Sabine, mir das Horaz-Gedicht abzuschreiben, auf das Sie sich beziehen (wenn es Ihnen nicht zu viel Mühe macht). Es würde mich interessieren, es mit dem meinen zu vergleichen. Natürlich hat es mich höchst erfreut, eitel gefreut, daß ich bei Ihnen mit *Horaz* zusammen vorkomme! Mein Gott! Über die Jahrtausende! Und auch so eine verworrene, umstürzende Zeit, die Zeit von Horaz! Und *ich* in meinem *Alltag* bin vor mir *nichts*.

Sein Sie herzlich, dankend, gegrüßt! Mit Grüßen an Ihren guten Lehrer, Ihre Klassenschwestern und -brüder (*Klassenbruder* sagt man beim Kreuzchor in Dresden, sagt man bei Ihnen Klassenkamerad?)

15. März 1990

Sehr geehrte Frau Kiene-Mörs, liebe Mädchen, liebe Jungen von der 5. Klasse in Aerzen! Für die übergroße Freude und Rührung, die mir Euer Gruß gebracht hat, hätte ich in der Minute danken müssen, als ich den Brief bekam, nein, da noch nicht, denn ich hatte gar nicht begriffen, woher er kam, den Brief nur geöffnet, seinen Inhalt kurz angeschaut, mich über das *Memory*-Foto gewundert, gedacht: ach, da hat jemand von der *Tante aus dem Westen* etwas Besonderes geschickt bekommen, ein Blatt, auf das man Fotos kleben kann – nun, als ich den Brief wieder hervorholte, mir in Ruhe die schönen Malereien ansah, eines meiner *Lieblingsgedichte* darauf fand (denn auch unter den *selbstgeschriebenen* kann man Lieblingsgedichte haben), da entdeckte ich, daß *Aerzen* keineswegs in der *DDR* liegt, ich erkannte es, beim gründlichen Briefumschlagbeschauen, schon am Wort *Gesamtschule*, bei uns gibt es den Begriff nicht. Liebe Frau Kiene-Mörs, Sie haben mir mit der Verwirklichung Ihrer schönen Idee in einer Zeit der Herabminderung meiner Stimmung (und damit meiner Dichter-Existenz) eine Hilfe gegeben. Die Nachricht, daß meine Gedichte, umherwandernd, bei Ihnen angekommen sind und so Schönes angeregt haben, war mir tröstlich.

Möge meine Antwort Sie, liebe Frau Kiene-Mörs, und Euch, liebe Kinder, an Eurem, so denke ich mir, ländlichen Ort? an einem schönen Frühlingstag erreichen. Zu Ostern wünsche ich Euch Glück! Und alle grüße ich mit Dank recht herzlich!

17. August 1990

Lieber Herr Hellmis, mein Mann will mir die dritte *Reklameseite* überlassen, er meint, für die *Briefe 2*, so habe ich einen Text herausgeschrieben, falls es Ihnen aber passender scheint, den Auswahlband der Gedichte anzukündigen, weil er näher dran ist an der *Lage in den Lüften*, so würde ich das für den Umschlag vorgesehene *Bei Isbor* wählen. Vielleicht aber wollen Sie auch lieber drei Titel von meinem Mann anzeigen, dann können wir uns telefonisch Montag früh noch verständigen. – Mit Grüßen fürs schöne Wochenende!

25. Oktober 1990

Dank für Ihren Brief, liebe Frau Noack! Ja, ich wäre schon interessiert.

Nun bin ich ja keine Journalistin, bei mir ist nichts mit *Objektivität* und *Vollständigkeit*, so habe ich bisher auch über Städte und Länder geschrieben, wenn mir was aufzeichnenswert schien. Niemals bisher übrigens für eine Zeitung oder gar in Verabredung mit einer Zeitung. In Ihrem Angebot, für die *Zeit* zu schreiben, sehe ich allerdings einen *Fingerzeig*, herauszuspringen aus den Geleisen. Mich würde schon reizen, festzustellen, ob ich im *Westen* Heimatgefühle entwickeln kann, also, umgekehrt, wie Sie es sich denken, Ihren Lesern mein *Ost-Land* zu schildern. Das vielleicht auch eines Tages. Ich gehöre zu den *DDR-Autoren*, die ganz wenig im *Westen* gereist sind, andere haben ja *paritätisch* gelebt, einige gar mehr in der *BRD* als in der *DDR*. Ich bin jenseits der Elbe eine *Fremdlingin* (obwohl ich da, für meine Gedichte und Prosabücher, eine ganze Menge Leser hatte). Jüngst war ich in Lübeck, habe im *Audienzsaal des Rathauses* gelesen, natürlich ein großer Eindruck, wie von der Stadt überhaupt, soweit ich sie sah, am 19./20. November fahre ich mit meinem Mann nach Buxtehude, komme also in die Nähe Ihres Hamburg, das ich nur einmal besucht habe, Februar 1957! Mit großem begeisterndem Eindruck, die weiße Stadt. Noch dazu habe ich dort, an der Binnenalster *wandelnd*, die Idee für mein allererstes Buch gehabt, ein Kinderbuch, das seit drei Jahrzehnten immer wieder verlegt und in viele Sprachen übersetzt worden ist. Also: Hamburg wäre für mich eine Entdeckung. *Nimmt es mich an oder nicht?* Andere Städte, andere Länder wären es auch. Kopenhagen. Paris. Ich bin der *typische Provinzmensch der DDR*, der die *Welt* entdeckt, natürlich hatte ich auch sonst eine *Welt*, die war aber hier und im *Osten* und im *balkanischen Süden*. Auf *meine Weise* hatte ich schon *Welt* in meine Gedichte und Prosa geholt. – Also: bereit wär ich schon. Natürlich frage ich auch nach den Bedingungen. Vielleicht könnten Sie mir etwas darüber schreiben.

29. Oktober 1990

Sie haben mir im Sommer mehrmals geschrieben, liebe Frau Freyer-Wojnikowa, und ich bin in Ihrer Schuld und hoffe, ich habe Ihnen Ihre Pläne nicht durcheinandergebracht. Einem *Abdruckersuchen*, das für das *Herder-Institut, Abteilung Deutschunterricht*, über den *Aufbau-Verlag* zu mir kam, habe ich wohl zugestimmt. Das war für drei Gedichte, Sie hatten aber auch nach der Quellenangabe für *Was heilig ist* gefragt, es steht in *Zwiegespräch*, Aufbau-Verlag 1980, S. 55. Dann wollten Sie ein Foto – ich war lange krank und hatte keine Energie zu irgendwas, so auch nicht die, ein Foto herauszusuchen. Um meine Säumnis ein wenig gutzumachen, schicke ich Ihnen eines *privat*, da ja all Ihre Termine längst vergangen sind.

Hoffentlich können Sie Ihre Arbeit am Institut fortsetzen, vielleicht sind Sie auch, wie so viele, schon *abgewikkelt* und mein Brief erreicht Sie nicht mehr. Aber ich will doch diesen *Knoten* in meinen Gedanken, meinem Gewissen auflösen können. – Mit guten Wünschen und Grüßen!

1991

22. Januar 1991

Dank für Ihren Brief, sehr geehrter Herr Grieson-Pflieger! Ich bin einverstanden. Bitte aber meinen Namen nicht *Strittmacher*, sondern mit fünf t, Strittmatter zu schreiben und die Quelle anzugeben: *Ich mach ein Lied aus Stille*, Aufbau-Verlag Berlin 1973.

In meinen Büchern gibt es vieles, was Ihre Zustimmung finden dürfte, so wie meine Sympathie, Hochachtung, Bewunderung den Naturschützern gelten. – Mit Dank für die freundliche Gesinnung, mit guten Wünschen für Ihre Arbeit und mit Grüßen!

21. Januar 1991

Sie hatten mir einmal geschrieben, liebe Frau Doktor Klinkmann, wenn wir Ihren Rat brauchten, sollten wir uns an Sie wenden … Nun ist es der Fall: wir sind seit dem 16. Januar in großer Sorge wegen unseres Sohnes Matthes, der im Juni dreiunddreißig wird und seit September krank, in Parchim erst wegen Lungenentzündung, dann Herzinfarkt, auch wegen Wirbelsäule behandelt wurde – wie es jetzt heißt oder scheint, alles nicht zutreffend. Man hatte ihn von Parchim nach Westberlin ins *Franziskus-Krankenhaus* überwiesen, von dort war er ins Herzzentrum beim Virchow-Krankenhaus Wedding geschickt worden zum Herzkatheter. *Knall und Fall* sagte man ihm, daß er sofort zur *Transplantation* bereit sein solle, er hätte ein so stark vergrößertes Herz, daß keine andere Hilfe möglich wäre.

Die Ärzte vom Franziskushaus meinen, der Zustand des Herzens könne von einer Überdosierung mit Prednison und anderen Medikamenten, die in Parchim gegeben wurden, herrühren. – Matthes ist am 18. wieder nach Hause zurückgekehrt. Er wohnt in der Nähe von Schwerin, in Groß-Niendorf. Er soll sich in drei Wochen im *Herzzentrum* wieder vorstellen, man hat ihm *drei Monate Frist* eingeräumt. Wir alle glauben nicht an diese Sache, er selber will der Transplantation auf keinen Fall zustimmen. Beim *Ultraschall* hat man im Franziskus-Krankenhaus vom Defekt einer Herzklappe gesprochen ... Meine Frage und Bitte an Sie: könnte er sich wohl in Rostock noch einmal untersuchen lassen, seine Betreuung vielleicht dorthin verlagern? Ich bin nicht sicher, ob man zu Parchim volles Vertrauen haben kann. Dort findet er sich heute mit seinen *Unterlagen* von Westberlin wieder ein.

Ich weiß nicht, wie sich die Dinge bei Ihnen in Rostock *gestaltet* haben, habe nur von weitem den Kampf Ihres Mannes für die *Akademie* verfolgt. Unsere jahrzehntelange Zufluchtsstätte, das Regierungskrankenhaus Scharnhorststraße, schließt zum 31. März. Die Ärzte, die sich dort als *niedergelassene* einmieten wollten, verlieren ihre Räume und die Möglichkeit, zu praktizieren. Wir sind beide in keiner guten Verfassung, brauchen schon regelmäßig Untersuchungen und Medikamente – mein Mann leidet ziemlich an *Diabetes* – nun müssen wir uns neu zu *placieren* versuchen.

Übrigens ist es im Verlagswesen und Buchhandel genauso: *Erdrutsch*. Die Leser erfahren nicht, daß neue Bücher da sind. Man muß jedem einzelnen, der nachfragt, schreiben: Gehn Sie in die Buchhandlung, verlangen Sie, daß man Ihnen das Buch bestellt, es steht in Gütersloh *auf Abruf* … Aber wir wissen nicht, ob uns diese Zeiten nicht vergleichsweise noch friedlich erscheinen werden, eines Tages. Wenn so etwas eintritt wie mit unserem Sohn, relativiert sich das übrige. Ich habe die sehr unbefriedigende Genugtuung, daß ich die *Entwicklung* genau oder *genau diese Entwicklung* vorausgesagt habe, in heftigen Streiten mit meinem Mann, der immer sagte: abwarten, nicht so schwarzsehen, keine Panik, *das schüttelt sich zurecht.*

Schön wäre es, wenn man gläubig wäre und könnte sagen: *So Gott will.* – Mit herzlichen Grüßen!

6. Februar 1991

Alle Tage sind Sie in meinen Gedanken, lieber Herr Ziemann in Buxtehude, weil Ihr Brief vom *Wahltag* mich so angerührt hat, und ich kann nur *ja ja* sagen zu Ihrer Anfrage wegen des Gedichts …

Ich bin traurig, weil mir scheint, daß ein Brief, den ich Ihnen gleich nach unserer Heimkehr schrieb, ein Brief *aus dem Herzen*, den ich am 28. November auf die Post gab, wohl nicht bei Ihnen angekommen ist. Sie erwähnten ihn nicht in Ihrem Schreiben zu *Neujahr*, das mich natürlich besonders gefreut hat wegen der Anerkennung für *Unterm wechselnden Licht.*

Als *Sensation* ist zu melden, daß die Malerin Marianne Gábor ebenfalls von dem Buch entzückt ist, daß sie bis auf eine Reproduktion (Venedig bei Nacht) alle hervorragend findet, vom *Original* nicht zu unterscheiden. *Sensation* deshalb, weil ich noch nie einen zufriedenen Maler oder Illustrator erlebt habe, immer ist etwas auszusetzen am Druck, so wie ich auch so gut wie keinen Maler kenne, der einen anderen *lebenden* Maler gelten läßt, mir scheint, Maler sind da schlimmer als Schriftsteller, Musiker kenne ich nicht so viele *persönlich* (Komponisten meine ich), man sagt, sie sollen ähnlich wie Maler reagieren, wenn man ihnen einen anderen lobend erwähnt ... *Apropos Komponist*: Thilo Medek kenne ich nur per Brief und Noten, er war einer der ersten hier, die einen ganzen Zyklus meiner Gedichte vertont haben, ich weiß noch, daß er sie im *Neuen Palais in Potsdam* hat uraufführen lassen. Das, weil Sie mir von der Begegnung mit Medek beim *Folkerts-Konzert* schrieben. Wie gern würde ich hören, was die beiden Folkerts von mir singen. Leider habe ich nicht mal einen Apparat, um mir die *CD mit den Tucholsky-Liedern* abspielen zu können, die mir Gerhard an jenem schönen Abend in Buxtehude schenkte, vielleicht kaufe ich mir so eine *Anlage*, nur bin ich so unlustig, irgendwas zu kaufen, nicht wegen *Geldmangel*, der sonst hier der *Alptraum* ist, sondern wegen *Aversion gegen Kaufen-an-sich* ... Aber wenn ich demnächst unseren Freund Peter Schreier besuche, nehme ich die *Tucholsky-Lieder* mit, er als Sänger hat natürlich alle *Anlagen*, die man sich ausdenken kann ... Aber einen Kassettenrecorder habe ich, und wenn mir Folkerts vielleicht einmal etwas überspielen könnten, würde ich mich freuen. Grüßen Sie sie von mir, den großen Gerhard und die kleine Susanne, die, nach Ihrer Behauptung, nicht viel größer ist als Ihre kleine Elisabeth!

Am Sonntagmorgen (3. Februar) müssen Sie *telepathisch* berührt worden sein, weil nämlich Sie in einem Gespräch von Edith Kaiser und mir lange zwischen Frankfurt/Main und Schulzenhof hin und her gingen. Edith erzählte mir von einem Telefonat, das sie mit Ihnen hatte, nach Übersendung der *Kopelew-Bücher*. Ich bin jetzt ein so schlechter Briefschreiber, daß ich in jedermanns Schuld bin, man sollte nicht denken, daß ich jemals ganze Briefbücher zusammengeschrieben habe. So schulde ich auch Kopelew Dank für einen *Bildband über die Kölner Ka-*

thedralen, den er uns zu Neujahr sandte, schon um uns nach Köln zu locken, wo wir niemals waren, wie an den meisten anderen Orten dieser Welt. Auch meine neuen Bücher schulde ich ihm natürlich, denn er ist einer meiner ersten *Anhänger*, überhaupt der erste *fremde* Mensch, der jemals ein Gedicht von mir zu hören und zu sehen bekam, im September 1965 am *Strand von Suchumi*. Viele Gedichte gehen auf gemeinsame Erlebnisse zurück, einige sind an ihn und seine Frau Raja (Raissa Orlowa) gerichtet. Auch Edith Kaiser muß ich die Bücher schicken, ich will gerade wieder einmal *in mich gehen* und etwas abzutragen versuchen an geschuldetem Dank und an lange versäumter Nachfrage, dem einfachen Gruß.

Wäre ich *Löwe* wie Sie und mein Mann, so hätte ich sicher die Energie, zwar nicht Schiedsrichter zu werden und *Spiele zu pfeifen*, aber doch ohne Medikamente meine Gesundheit wiederzugewinnen, also auch besser Maschine zu schreiben, vor allem aber jenen Zustand der *Leichtigkeit* und *Welt-Entzückung* wiederzugewinnen, aus dem man Gedichte schreibt. So aber ists nichts. Dennoch: ich hoffe auf dieses Glück. Ich sage das beiseite des Kummers, der mich drückt: unser zweitjüngster Sohn ist schwerkrank …

Ich möchte gern, daß Sie, außer dem *Wechselnden Licht*, zwei andere Bücher von mir bei sich haben, die schicke ich Ihnen hier mit. Erlauben Sie mir, zu Ihnen und der ganzen Familie (samt allen Bären auf dem Sofa) hinüberzudenken mit der *Innigkeit*, die man, alternd, nur noch selten empfindet für neue Menschen und neue Welten!

7. Februar 1991

Vielleicht hätte ich Dich zu sehen bekommen, lieber Hermann, wenn ich, wie ich eigentlich vorhatte, zur *PEN*-

Versammlung am 1. Februar gegangen wäre ... Ich hatte aber Angst, mich *aufzuregen*, und mein Blutdruck springt so schon hin und her, ich habe dauernd Herzschmerzen – und keinen Arzt, kein Krankenhaus mehr. Am 29. Januar war ich im Regierungskrankenhaus, wollte dort zu dem Arzt von Peter Schreier überwechseln, den wir seit Jahren kennen, bei dem auch Erwin seit längerem ist, seit der unsere einen schweren Infarkt hatte – da stellte sich heraus, daß ich die *allerletzte Patientin* war, sie sind dort alle *gefeuert* zum 31. Januar. Man will *die rote Burg* untergehen sehen ... Mein Zustand hat außer Abnutzung durch den Widerwillen oder Haß der letzten zwei Jahre noch eine schlimmere Ursache: unser Matti ist lebensgefährlich am Herzen krank. Ein Dank an die *Volksarmee*, die ihn im Sommer 82 *gefangen* hatte und mit einer schweren Angina bis zu vierzig Fieber Dienst machen ließ. Ich habe ihn dann über die Ragwitz rausgekriegt, damals wurde im Krankenhaus Weißensee festgestellt, daß er ein *stark vergrößertes Herz, ein Sportlerherz* hätte, Matti fragte: woher, ich bin kein Leistungssportler! Ausgemustert hat man ihn wegen *Fußschäden*, auf *Druck von oben*, man sagte ihm, sein Herz sei im übrigen in Ordnung, er sei gesund ... Heute sagen die Ärzte: wenn man *damals* behandelt hätte ...

Ich brauche Dir nicht zu sagen, was es mir *antut*, wie viele Dinge aus den vergangenen Jahren heraufkommen, die in *Mai in Piešťany* stehen und andere, die nicht drin stehen. Erwin, der sie glücklicherweise, für ihn glücklich, vergessen hat, sagte: nun ist auch mein Lebensmut dahin – inzwischen hat er sich aber *ermannt* und arbeitet unentwegt unentwegt, wie immer. – Daß Du es auch tust, habe ich in unserer *blöden* Zeitung *Märkische Allgemeine* gelesen, in der stand, daß Du täglich acht Stunden *computerst* und im Mai Dein Manuskript beenden willst: *Abspann*. Eine *freche Person* aus der Redaktion hat einen

Artikel geschrieben, weil Du ihr kein Interview gegeben hast. Man darf also nicht mal telefonieren mit solchen Leuten. *Dreckfressig* wie sie sind, haben sie auch vermerkt, daß Du in den *VS* eingetreten bist ... Vielleicht hätte ich mehr von Dir gehört, wenn ich das *ND* nicht abbestellt hätte, aus Wut über *die altbekannten Redakteure*, die Dich von Zwerenz und so weiter *anzeigen* lassen.

Jedenfalls war ich froh zu lesen, daß Du so in der Arbeit bist, daß Du also Kraft hast *zum Leben*.

Hier schicke ich Dir meine neuen Bücher, die eigentlich alte Bücher sind, der Gedichtband ging im Frühjahr 89 in Verlag, sollte heute vor einem Jahr, zu meinem 60. Geburtstag, erscheinen (ich mußte meinen Brief gestern unterbrechen, schreibe heut morgen weiter), kam aber erst unmittelbar vor Weihnachten heraus, die *Briefe 2* waren seit August 89 im Verlag. Anfang Oktober 89 bis Februar 90, über all die *Umbrüche* hinweg, hat die *Wochenpost* die zweite Hälfte des Bandes vorabgedruckt. Zwei *historische* Bücher also. – Endlich will ich beginnen, den wenigen Freunden, die noch beim Leben sind und bei Verstand, die Bücher zu schicken. – Hoffentlich seid Ihr *alle* gesund und lebt doch fröhlich mit Hilfe der Kinder! Seid gegrüßt!

12. Februar 1991

Eben habe ich Ihren Brief noch einmal *richtig* gelesen, liebe Frau Becker, und gesehen, daß Sie bis Ende Januar die Sachen von mir haben wollten. Nun nützen sie vielleicht nichts mehr, aber ich will sie Ihnen trotzdem schikken. So eine *Such*-Arbeit nach Foto und das Aufschreiben von Fakten zur Biographie sind für mich immer was Schlimmes.

Erschienen sind bei Kinderbuchverlag:
Brüderchen Vierbein, 1972

Großmütterchen Gutefrau und ihre Tiere, 1974
Ich schwing mich auf die Schaukel, 1975
Jetzt wolln wir mal ein Liedchen singen, 1976
Der Igel, 1978
Der Zwergenriese, 1987

Zur Biographie:

Eva Strittmatter (Braun), geboren 8. 2. 1930 in Neuruppin, verheiratet mit Erwin Strittmatter, vier Söhne, 1947 bis 1951 Studium Germanistik, Romanistik, Pädagogik in Berlin. 1951–1953 Mitarbeiterin beim Deutschen Schriftstellerverband. 1953–1954 beim Kinderbuchverlag. Seit 1954 freiberuflich als Kritikerin und Lektorin. 1959 Kinderbuch *Brüderchen Vierbein*, 1960 *Vom Kater, der ein Mensch sein sollte*, beide Kinderbuchverlag. (Ab 1972 Neuausgabe *Brüderchen Vierbein*). Ab 1966 Gedichtveröffentlichungen in *Neue Deutsche Literatur* Berlin, 1973 *Ich mach ein Lied aus Stille*, Aufbau-Verlag Berlin, erster Gedichtband. Inzwischen dort sechs Gedichtbände, ein Auswahlband, vier Prosabücher. Gedichte insgesamt in der DDR in siebenhunderttausend Exemplaren erschienen, Übersetzungen in sechzehn Sprachen. Heinrich-Heine-Preis 1975.

12. Februar 1991

Niemals niemals, das schrieb ich Ihnen schon früher, mein lieber Hubertus, dürfen Sie denken, es läge an Ihnen, wenn ich nicht schreibe, antworte, danke! Es liegt immer nur an mir, an schlechter Gesundheit, mangelnder Energie, Herabstimmung durch Medikamente, die ich gegen Bluthochdruck nehmen muß, sie machen *dumm und depressiv* – ich habe immer das Gefühl, als wäre ich gar nicht mehr ich, die ich einst kannte, und wenn dann so eine Frage kommt wie die Ihre zu meinem Geburtstag und obendrauf zu der wieder überschickten Bücher- und Bilder-Sendung noch das liebevolle Telegramm von Ihnen dreien, dann schäme ich mich natürlich, frage mich, warum es mir nicht mehr gelingt, mich zusammenzuraffen, *Kunde* von mir und der *Welt* zu geben in Briefen, so wie früher, aber: ich bin nicht mehr ich, und die Welt ist mir zuwider. Keine Poesie, kein Recht, mich auszusprechen, mein *Mißverhältnis* öffentlich zu machen … Ich hoffe immer, mich daraus zu erheben, aber immerzu geschieht etwas, was die Mißstimmung vertieft, und dann bricht plötzlich etwas herein, was mit Mißstimmung nichts mehr zu tun hat, sondern mit Leid: unser Matti ist lebensgefährlich erkrankt. Er hat ein riesig vergrößertes Herz, das einen solchen Unter-Druck hat (Norm ist 60, er hat 9–15), daß es die Lunge nicht mehr versorgen kann.

Matti will keine *Transplantation*, er hofft, sich zu *regenerieren*. Wir können ihm nicht zuraten, sind selber Gegner dieser medizinischen *Technik*. Wie uns zumute ist, können Sie sich denken, lieber Hubertus.

Seit Herbst 89, *seit dem 9. November*, lebt Matti in einem schönen, ganz einsam gelegenen Haus in der Nähe von Schwerin, hat ein Bauunternehmen, ist natürlich *eingespannt*, was er überhaupt nicht mehr sein dürfte. *Gesund* wird er nie wieder *richtig*.

Erwin junior kämpft um seine *Existenz* auf andere Weise. Um Arbeit. Als Schauspieler. Er hat einen Erzählungsband und ein Stück abgeschlossen, drei Erzählungen sind veröffentlicht, in Nr. 9/90 war eine in der *NDL* abgedruckt. Verlag ist jetzt nirgends zu finden. Auch für uns, bei *Aufbau*, hängt alles in der *Luft*, noch immer steht nicht fest, ob die *Treuhand* den Verlag, der sich nicht selber kaufen kann – das *Haus in der Französischen Straße* soll jetzt fünfundzwanzig Millionen kosten – überleben läßt. Der Buchhandel ist verkauft, bei Ihnen dort unten gehört alles dem *Fürsten Thurn und Taxis*, in Berlin der *Firma Bouvier* aus Köln–Bonn. Wie sich das auf *DDR-Bücher* auswirkt, erleben wir, sie bestellen zwei, drei Stück beim *Großhandel*, wenn überhaupt. Unsere Leser schreiben, daß sie nur mit äußerster Mühe unsere neuen Bücher bekommen. Mein Mann schreibt trotzdem unentwegt am *Laden III*, ohne Rücksicht auf das, was wird. Einiges wird nachgedruckt, in *mikroskopischen* Auflagen, gegen früher gehalten. Die *Briefe 2*, die ich Ihnen hier sende (ich hoffe, der *Verlag* hat sie Ihnen geschickt und das Honorar fürs Titelbild, auf dem Hellmis natürlich wieder einmal noch *sitzt*), waren mit fünfundzwanzigtausend Exemplaren geplant, erschienen sind knapp fünftausend. *Unterm wechselnden Licht*, mit zwanzigtausend vorgesehen, ist ebenfalls mit knapp fünftausend herausgekommen. Ich bin für beide Bücher auf Jahre verschuldet beim Verlag, da er die zwei Drittel Vorauszahlung bei sich mit 1:1 verbucht, mir aber sind sie 2:1 abgewertet worden … Nun, es ist wie bei allen und überall. Wir *Berliner* können von uns, anders als die *Sachsen*, Gottseidank sagen, daß wir uns den *Kolonisatoren* nicht an den Hals geschmissen und *Helmut, Helmut* geschrien haben (zu uns hat er sich wohl gar nicht hingetraut), Berlin hat *rot* gewählt. Aber nützen tut uns das natürlich nichts. Alles *Vergangenheit*.

Gewiß ist es gut, daß die *Welt* offen ist, Sie wissen es am besten von Ihren Reisen und Ausstellungen, aber daß es eine Katastrophe geben mußte, wenn man durch Wechsel der Währung den bestehenden Markt vernichtet, war klar.

Wie gut, daß Sie Ihr Haus haben, so werden Sie mit der neuen Freiheit (von der Schule) in der Arbeit *überleben*.

Ich danke für alles, was Sie mir schickten und schicken, alles wird *aufgenommen* und bewahrt.

23. Februar 1991

Schrecklich bin ich in Ihrer Schuld, liebe Krista, und so viel ist inzwischen geschehen, daß ich gar nicht weiß, wo ich anfangen und wie ich enden soll! Vor allem aber will ich Ihnen die neuen Bücher senden, die seit kurz vor Weihnachten *endlich* im Handel sind … So viele Grüße von Ihnen sind gekommen und Ihre Übersetzung des Artikels aus Bratislava, die ich immer noch nicht gelesen habe – nur den alleranfänglichsten Anfang –, weil es mir *peinlich* ist, so *großartig* von mir zu lesen, als wäre ich *wer weiß wer* – inzwischen kam auch noch das schöne Buch, das an Piešťany erinnert – im Mai werden es nun fünf Jahre, daß wir zuletzt dort waren! Jetzt erreichen mich Briefe, daß es im *Thermia* heißt: „Vielleicht kommt auch die *liebe* Frau Strittmatter wieder!" Aber nun ist für uns wie für Sie die Welt *umgestülpt*, und wir werden uns wohl so eine Kur nicht mehr *leisten*. Ich sage nicht: leisten *können*. Im Augenblick wohl noch. Aber da vorauszusehen ist, daß unsere Einnahmen nur noch einen Teil unsrer Ausgaben decken werden, bestens die Hälfte, schlimmstens ein Drittel, müssen wir das Geld, das uns unsere Bücher früher verdient haben, *schonen*, um nicht *gegen Ende unseres Lebens* (von dem mein Mann schon seit dreißig Jahren redet) noch für *Geld* schreiben müssen. Das haben wir niemals getan. Geld war immer ein *Nebenprodukt* des Schreibens.

Mein Mann arbeitet am dritten Band des *Laden*. Ich weiß nicht: haben Sie den zweiten Band und *Lebenszeit*? Sein letztes haben Sie gewiß nicht, es ist ein *Parallelbuch* zum zweiten Band der *Briefe aus Schulzenhof* und heißt *Die Lage in den Lüften. Aus Tagebüchern (1973 bis 1980)*, nur hat er sein Manuskript erst 1990 im Frühjahr aus den Tagebüchern *herausgezogen*, am 20. Juni! abgegeben … und am 10. September ist es schon erschienen. Ich dagegen hatte meinen Gedichtband im Frühjahr 89 *geliefert*, die *Briefe* im Sommer 89. Da sehen Sie, wie verschieden unser *Wert* ist, so ist es mir im Lauf der Jahre schon öfter ergangen …

Bei uns herrscht das *Chaos*, die Westdeutschen haben die *DDR verschlungen*, Stadt und Land, keine Arbeit, keine *Perspektive*. Jeden Augenblick vervielfacht sich irgendein Preis, verdreifacht der Strom, verfünffacht die Kohle ab April, bis dahin bekommt man keine zu kaufen, die Mieten in Berlin werden sich bis zum Herbst auf das Achtfache oder gar Zehnfache steigern. Alle, die, vor allem in Sachsen und Thüringen, *Helmut, Helmut* geschrien und Kohl gewählt haben, jammern jetzt: *Das* haben wir nicht gewollt! Aber es war für jeden, der *bis drei zählen kann*, klar, daß man ein *in sich geschlossenes Wirtschaftssystem*, wie es das *RGW* war (so unzulänglich es auch gewesen sein und funktioniert haben mag), nicht plötzlich durch Wechsel der Währung zum Bruch bringen kann. Es war doch vorauszusehen, daß die Sowjetunion, Ungarn, Bulgarien, Polen, Tschechoslowakei zu keiner *konvertierbaren Währung* kommen würden, daß aber in diesen Ländern der *DDR-Markt* lag, so wie wir umgekehrt der *Markt* für die anderen waren. Nur Verbrecher oder Idioten konnten so etwas machen. Wenn man der *Super-BRD* heute den *EG-Mark* abreißen würde, stünde sie mit ihrer grandiosen Industrie und Bürokratie genauso ratlos da wie wir hier in unsrem bejammernswerten Ländchen.

Die Äcker bleiben brach, Obstplantagen werden abgehauen, Kultureinrichtungen geschlossen, Kommunen stehn vor dem *Bankrott*. Wir haben kein Krankenhaus mehr, keinen Arzt, alle gekündigt, aber jeden Tag füllen wir *neue Steuerformulare* aus …

Liebe Krista, wir leben trotzdem, ich habe zwar, Ihnen

gegenüber, meinen *Zorn* geäußert, aber mit allem ist fertigzuwerden. Nur mit einem nicht: Matti ist todkrank. Die Ärzte sagen, ohne alsbaldige Herztransplantation wird er das Jahr nicht überleben. Was wir an Angst erleiden, können Sie sich denken.

Jakob ist am 29. September Vater einer Tochter Nele geworden, aber gesehen habe ich das Kind noch nicht, ich habe nicht das Glück wie Sie mit den Enkeln, er hat sich von der Freundin getrennt, die dabei war, ihre Doktorarbeit in Philosophie zu schreiben, an der Akademie der Wissenschaften, aber nun vor der Entlassung, dem *Aus* im Beruf steht. Jakob schließt im Sommer sein Studium als Bibliothekar ab, ob er Arbeit findet, ist fraglich. Erwin junior hat gerade ein paar Drehtage beim Fernsehen, das auch *abgewickelt* wird, wie das schöne Wort hier heißt. *Warteschleife* ist ein anderes, darin sind die Leute ein halbes Jahr vor der Entlassung, der Schließung ihrer Betriebe. – Ich weiß aus den wenigen Zeitungs- und Fernsehberichten über die Tschechoslowakei, daß Sie mir Ähnliches schreiben können. Erzählen Sie, wie es Ihnen und allen geht, und was die Sache mit dem Grundstück macht!

Ich bin froh, daß ich Ihnen endlich geschrieben habe. Jetzt muß ich in die Küche, es ist Sonnabend vormittag halb zwölf, um zwölf essen wir, wie immer, gleich wird wohl auch Jakob eintreffen, der sonst jeden Freitag- bis Sonntagabend kommt, damit mein Mann mit der Arbeit nicht allein ist. Bei uns ist nur noch Henry, er arbeitet aber nur vier Tage in der Woche, eine Woche von Dienstag bis Freitag, die andere von Montag bis Donnerstag. Wir haben noch zwei Islandpferde, Tauben, vier Kaninchen, Hund und Katz. Aber es muß geheizt werden und ist auch sonst zu tun.

Nachher werde ich die Bücher verpacken, vorher aber

noch das elende Vertippte korrigieren – Grüße und gute Wünsche an alle!

23. Februar 1991

Auch bei mir ists nun am Entschuldigen, liebe Frau Stamm: Dank für die Briefe vom November und das schöne *Jansen-Blatt*!

Heut kann ich Ihnen endlich das Gedichtbuch mit den Aquarellen von Marianne Gábor schicken, es ist fast gleichzeitig mit einem zweiten Band meiner *Briefe aus Schulzenhof* im Dezember in den Handel gekommen. Der Gedichtband *geht* gut, die Leute freun sich an den Bildern.

Was die Ausstellung bei Ihnen angeht, so war das ein Mißverständnis, scheint mir, ich hatte gar keine vorgeschlagen, nur, falls es zu einer Lesung käme, daß man vielleicht, wie es gelegentlich eines anderen illustrierten Gedichtbandes von mir gemacht wurde, die Blätter aus einem Buch herauslöst und an die Wand bringt. 1975 hat der Kinderbuchverlag Berlin einen Gedichtband *Ich schwing mich auf die Schaukel* gedruckt, mit Illustrationen von Albrecht von Bodeker, das Buch hat eine *Silbermedaille* gewonnen bei *der UNESCO*, unter den *Schönsten Büchern der Welt*, und in der Bundesrepublik hat jemand in einer der großen berühmten Bibliotheken seinen Vortrag auf meinen Gedichten aufgebaut und dazu die Bilder von Bodeker, aus dem Buch, an die Wand gebracht.

Ich weiß ein wenig, was Ausstellungen bedeuten. Erstens, weil ich mehrere Malerfreunde habe, zweitens, weil ich 1979/80 die zwei Ausstellungen von Marianne Gábor in Berlin und Rostock wesentlich mitbewirkt und verantwortet, das heißt *organisiert* und mich *eingeärgert* habe (ein Wort aus der Lausitzer Heimat meines Mannes).

In Ihrer Nähe war ich im November, der Buchhändler

Ziemann aus Buxtehude holte meinen Mann und mich am 19. 11. in Schulzenhof ab, am 20. hatten wir in B. einen Leseabend, am 21. brachte er uns zurück – seit Jahren waren wir in Kontakt deswegen, zweimal mußten wir wegen Krankheit meines Mannes absagen, Herr Ziemann hat es sich nicht verdrießen lassen, und wir verdanken diesem ganz außerordentlichen Mann, einem der wenigen innigen Freunde der Poesie (des Gedichtes), die wohl schönsten Tage des vergangenen Jahres. In Lübeck war ich, bis auf den Leseabend, an dem es Gespräche und überhaupt *Kontakte* gab, ganz auf mich angewiesen, das heißt, ich wäre es gewesen, wenn nicht meine liebe Freundin Edith Kaiser aus Frankfurt/Main *herübergekommen* wäre am zweiten Tag. Trotzdem war Lübeck schön, ein großer Eindruck.

Ich versuche alle *denkwürdigen Augenblicke* meines Lebens heraufzubeschwören, ich will sie schreibend zu befestigen versuchen. Gegen den *Welten-Zerfall.*

Mir scheint, Sie leben in einem sehr schönen Haus, in einem sehr schönen Land, und ich hoffe, Sie sind nach dem Um- und Ausbau und dem Umzug schon wieder in einen Lebensrhythmus gekommen, der Ihnen behagt. Ich hoffe, wir sehen uns wieder. Sie haben mir so gut gefallen! – Der Brief ist natürlich für Sie beide, auch wenn ich oben nur Sie angeredet habe, liebe Frau Stamm (Sie haben übrigens den Namen einer Gestalt aus meines Mannes Roman *Ole Bienkopp*). – Ich grüße mit guten Wünschen!

24. Februar 1991

Da ich mit Rechtsanwälten so gut wie nie zu tun hatte, machte es mir einen Schrecken, als ich Ihren *amtlichen* Brief gestern bekam: wer würde wohl gegen mich klagen? Natürlich hatte ich von Ihnen gehört, wußte, daß Sie

Jürgen heißen und Rechtsanwalt sind, aber Ihren Nachnamen kannte ich nicht oder hatte ihn vergessen – ich war also erleichtert, als ich Ihren Brief gelesen hatte. Auf die Fragen, die in ihm stehen, habe ich keine Antwort. Ich weiß nicht, welches die Streitpunkte sein sollen, was *abgewartet* werden soll – Sie haben natürlich recht, daß Sohn Erwin in keiner glücklichen Lage ist. Es wäre gut, wenn jemand ihm eine Aussicht bieten könnte, die er annehmen kann, weil sie seinen Neigungen entspricht und seinen Stolz nicht verletzt. Anzunehmen, daß er im *Osten* jetzt etwas findet, ist fast zum Lachen, sowie ich irgendwo eine Adresse, einen Hinweis bekomme, gebe ich es an ihn weiter. Daß er darauf beharrt, sein Beruf *ist Schauspieler*, können Sie ihm nicht verdenken, glaube ich. Er ist ein guter Schauspieler, nicht nur *er* aber ist in diesem Beruf vom *Glück*, der Gunst der Umstände, abhängig. Auch sein Schreiben ist *ernsthaft*, ich, die ich selber schreibe, räume ihm das Recht ein, *Schreiben als Arbeit* anzusehen. Ich wünsche nicht, daß er resigniert und nach einem *bürgerlichen Ersatzberuf* sucht. Kann sein, er muß sich entschließen, eines Tages zu *jobben*, im Augenblick sieht es aber so aus, als könnte er sich mit dem Vertrag, den er beim *noch existierenden DDR-Fernsehen* bekommen hat, über die nächsten Monate zumindestens, hinweghelfen. *Falls das Fernsehen die Mittel hat*, den Vertrag zu erfüllen, ihm also das Geld zahlt, daß er im Januar, Anfang Februar bereits verdient hat und bis zum Sommer weiter verdienen wird, müßte es ganz gut gehen. Im übrigen bin ich da. Ich habe mit meinen Büchern früher viel verdient, und da ich ohne *Ansprüche* bin (außer Bücherkaufen habe ich kaum *Laster*), ist, auch nachdem man es mir *halbiert* hat, noch Geld da.

Erwin hatte es schwer und hat es schwer, sich gegen den Vater zu behaupten, der ganz auf sich konzentriert ist und alles von sich abwehrt, was ihn stören und ihm seine Arbeitslust einschränken könnte. Wenn auch die Lebens-Vorgeschichte meines Mannes, bis zu dem Alter etwa, in dem Erwin jetzt ist, hart war, so hatte er doch als Schriftsteller eine Anfangszeit, wie sie nicht günstiger sein konnte. Damals *riß* man hier jungen Autoren *die Manuskripte aus der Hand.* Wie anders ist Erwins Lage! Sie war von Anfang an schwer wie für alle Söhne bekannter Autoren, nun aber steht das *allgemeine Desaster* seinen Druck-Bemühungen entgegen. – Ich glaube, Sie sollten nicht zu sehr in ihn drängen, nicht immer sagen: Du mußt dies, du mußt das, es sei denn, Sie hätten einen Vorschlag, was er machen kann. Sie spielen wohl jetzt ein bißchen die Rolle seines *Vaters* (des wirklichen), für den nur eines zählt: *Erfolg!* Als echter Brecht-Schüler, der er ist, hält er sich an den Satz des alten B., daß, wenn man einen Kopf hat, er vor allem dazu taugen muß, sich das nötige Geld zu verschaffen. Aber auch dem schlauen Herrn B. ist es in Amerika nicht gelungen – es hängt also doch von den Bedingungen ab – und ohne die Weigel und die über alle Begriffe gehende Generosität von Lion Feuchtwanger wäre es auch Brecht ausgesprochen *dreckig* gegangen drüben, weil er nicht imstande war, die *Ware* zu liefern, die der *Markt* Hollywood von ihm verlangte.

Die übrigen, politischen, Streitpunkte soll man vernachlässigen. Ich bleibe immer *DDR-Bürgerin*, könnte nicht mal hinschreiben *Bundesbürgerin.* Wenn man mich nicht zwingt, hole ich mir keinen *BRD-Paß.* Trotzdem akzeptiere ich die Dinge, wie sie sind. Daß sie so kommen würden, haben Erwin und ich (im Gegensatz zu meinem Mann) vorausgesehen.

24. Februar 1991

Da haben Sie mir aber eine große Freude gemacht, lieber Dieter Hesse! Das Chaplin-Buch kam fünf Tage vor meinem Geburtstag an, ich habe aber die Anweisung auf dem Karton befolgt und ihn erst *on the birthday* geöffnet. Das Buch war zwei Tage meine *Hauptfreude*, ich habe es *hintereinanderweg* gelesen, was mir sonst nur selten mit Büchern gelingt. Jetzt hat es mein Mann, dem es auch außerordentlich gefällt. Dank also für die glückliche Wahl, das gute Geschenk! Ich habe nur Skrupel wegen *Verausgabung* Ihrer *Existenzmittel*. In dem Zusammenhang gleich gesagt: erneuern Sie, bitte, das *konkret-Abonnement* für mich nicht! Wenn ich *konkret* lesen will, kann ich es beschaffen, aber ich will in Zukunft abstinent gegen Zeitungs- und Zeitschriftenlektüre sein. Es nimmt einem die Arbeitszeit, die Lebenslust noch mehr. Wenn auch in *konkret* vieles so steht, wie ich es denke, nützt es doch *gar nichts*. Und meine Bedürfnisse und Haltungen sind sowieso anders, weil ich *DDR-Bürgerin* bin und bleibe. Ich kann mich mit *Pauschal-Urteilen* über unser Leben, das wir hier hatten, nicht abfinden. An dem Land war schon was dran. Wie es hier jetzt aussieht, können Sie in Bruchstücken aus Presse und Fernsehen nehmen, aber es sagt nicht, wie es wirklich ist. Chaos und Unglück ist es und im ganzen zum *Kotzen*. Und hassenswert, mit welcher Anmaßung die *weißen Herren* aus dem Westen den *blöden Negern* im Osten vorschreiben, was sie zu denken, zu sagen, zu tun haben. Unter anderem: alle Kultur *abwikkeln* … Was mit unserem Verlag wird, der sich bis jetzt noch halten konnte, wissen wir nicht. Aberwitzigerweise müssen sich alle, die sich selber gehört haben, *von der Treuhand* kaufen (ein so *treuherziges Wort: Treuhand*!). Wir Autoren und die Verlagsmitarbeiter können das Geld nicht aufbringen, also wird uns doch *einer von drüben erramschen*. Wir sind *verstrickt* in das *Vereinigungsglück*. Das schlimmste aber ist die gigantische Bürokratie: alle Tag und alle Tag kommen irgendwelche Formulare, Erhebungen zum Bodenbesitz etwa. Niemals in sechsunddreißig Jahren hat uns einer gefragt, was wir mit dem Land machen, jetzt aber muß mein Mann *spezifizieren*, was er mit den 2,25 Hektar Boden tut? Er hatte einfach geschrieben: „Schriftsteller, Boden wird landwirtschaftlich nicht genutzt", aber das hat man ihm *nicht durchgehen lassen*. In diesem angeblich von Bürokraten beherrschten *Land DDR* hatten wir bisher überhaupt keine Ahnung von Bürokratie, die lernen wir jetzt erst kennen ...

Mein Mann schreibt trotzdem am *Laden III*, er sagt, das Buch soll August 92, zu seinem achtzigsten Geburtstag, erscheinen.

Ich verabschiede mich. Es ist Sonntag gegen Mittag, die Zeit, in der Sie öfter angerufen haben. Trotz des sogenannten *Bodenkrieges*, der heute nacht von den zur Weltherrschaft berufenen Amerikanern begonnen wurde, kocht der Kleinmensch Mittagessen und ißt es dann auch.

Schreiben Sie einmal wieder ausführlich, wie es *Ihnen* geht!

24. Februar 1991

Lieber Lew! Unbedankt ist noch Dein Buch-Gruß zu Neujahr! Die *Kölner Kathedralen* wären schon was anzuschauen, natürlich noch mehr oder wenigstens ebenso, zu sehen, wie Du da lebst ... Vielleicht ergibt sich doch eine *Lese-Gelegenheit*, denn ohne die wird Erwin wohl kaum irgendwohin fahren. Er hat ja noch seine Verbindung zu *Kiepenheuer*, vor ein paar Tagen schrieb ihm Neven du Mont gerade von seinem Interesse am dritten Band des *Laden*, den Erwin noch an keinen Verlag gebunden hat.

Wir wissen noch immer nicht, was mit unserem *Aufbau-Verlag* wird, er steht zum Verkauf, so schreibt auch Neven, unsere Verlagschefs sagen, der smarte Herr Rohwedder von der *Treuhand* (welch biedermännisch-biedermeierliches Wort!) habe ihnen irgendwelche Zusagen für *Weiterexistenz* gemacht. Der Verlag sitzt in der Französischen Straße 32 in einem Haus, das die Spekulanten jetzt auf fünfundzwanzig Millionen taxieren – wir Autoren müssens nehmen, wie es kommt. Hoffen natürlich, unsere Bücher können die *Mauer* des Buchhandels durchdringen. Leser schreiben, was für Suchaktionen und Kämpfe sie auf sich nehmen, um *ihre* alten Autoren zu finden.

Edith Kaiser hat Dir erzählt, was für einen schweren Kummer wir haben wegen Matti. Du kannst Dir denken, daß seine Krankheit unsere Gedanken beherrscht. Daneben treten all die anderen Katastrophen, Mißhelligkeiten, das Mißvergnügen an der Welt, wie sie ist, zurück. Was man immer nicht wollte, als man jünger war, tritt nun ein: Das Wundern über die Vergangenheit, die man hatte: mein Gott, haben wir damals *gelebt*! So schreiben mir jetzt Leser wehmütig zum zweiten Band der *Briefe* – was eine andre Zeit, welch ein Beweis, daß wir hier, in diesem geschmähten Land, als Menschen gelebt, nicht als *Sklaven der Honecker-Mielke-Clique* vegetiert haben …

Ich fürchte, die Zeit, die uns jetzt noch gegönnt ist, wird uns bald als friedlich-archaisch erscheinen, denn was wird mit unser aller Heimat Rußland, zu der für uns selbstverständlich die Krim, der Kaukasus gehören? Ich kann mir vorstellen, wie beunruhigt Du bist, hinüberdenkst zu Kindern, Verwandten und Freunden! Dieser Tage will ich auch Nodar und Nana die *Briefe* schicken, es steckt *gemeinsames Leben* in ihnen, aber wird es überhaupt ankommen, mein Buch? Auch Julia Nekrassowa, unsere *Jalta-Dolmetscherin*, mit der wir uns damals, nach

Erwins anfänglicher Abneigung, befreundeten, soll ihr Buch bekommen. Die zweite Korrespondenzpartnerin aus Moskau, Lydia Gerassimowa, ist im September 90, achtzigjährig, gestorben. Ihren 80. Geburtstag am 13. Juni (auch Mattis Geburtstag) hat sie bei uns in Berlin verbracht, das heißt, wir waren mit ihr und ihrer Tochter Inge, die fünf Jahre jünger ist als ich, und mit *Erwin dem Vater* den ganzen Abend in der *Kuritza* und in Erwins Balkonzimmer zusammengesessen. In so einer schönen langabendlichen Junistimmung. Dann gingen die beiden nachts gegen zwölf zur U-Bahn. Lydia, nach einer Wintergrippe, nicht erholt und sehr schwach. Vor ein paar Tagen hat Erwin in Berlin Fotos abgeholt, da ist eine Serie von diesem Abend dabei …

Hoffentlich, lieber *Lowa*, geht es Dir leidlich. Von Edith hören wir manchmal, daß Du krank bist, aber Dich immer aufraffst, Deine Arbeit fortsetzt – Ihr beide, Du und Erwin, seid darin vorbildlich!

Nun mache ich mich ans Büchereinpacken, was eine Kunst ist, die ich schlecht beherrsche. Mein Mann lacht immer über meine Pakete. Sagt, sie sehn *russisch* aus. Wie findest Du das?

25. Februar 1991

Mit der Furcht, dieser Brief und das Buch könnten Sie nicht erreichen, beginne ich Ihnen endlich einmal wieder zu schreiben, liebe Jelisaweta! Hoffentlich hoffentlich kommt beides doch bei Ihnen an, ungeachtet der *wirren Zeiten*, vielleicht funktionieren Bahn und Post doch besser, als es die *Medien* hier behaupten. Wenn ich daran denke, daß man im September 89 im westdeutschen Fernsehen alle Tage sagte, in der *DDR* gäbe es nichts zu essen, während wir gleichzeitig aus unserer kleinen Kreisstadt Gransee reichlich zusammenholten, was wir wollten, dann denke ich: vielleicht ist alles nur *Propaganda*, was man vom *Nicht-Funktionieren* in der Sowjetunion hört. Daß mich die Nachrichten tief bekümmern, daß der Zerfall des Landes, der Konkurrenzkampf der *politischen Gladiatoren*, mir Angst macht, können Sie sich denken. Sie wissen, wie ich an allem bei Ihnen hänge, welch gute Zeiten ich in dem großen Lande verlebte, wie viele Leser ich hatte, wir hatten ... Seit 1980 September, als wir meinen Film in Georgien drehten, war ich nicht mehr in der *SU*, das Ende des zweiten Bandes der *Briefe aus Schulzenhof*, die ich Ihnen hier schicke, berichtet davon. Das Buch beginnt mit einem Brief an Sie, wie Sie gleich sehen werden oder schon gesehen haben.

Bei uns ist soviel geschehen inzwischen, daß ich mich nicht daran wage, *alles* zu schildern. Nur eines sollen Sie wissen: daß Matti schwer erkrankt ist. Die Ärzte sagen: Herztransplantation.

Alle Söhne haben ihre Schicksale: Kinder, Scheidung, Wiederheirat, *Existenzprobleme* (keine Arbeit), aber das alles ist nichts, verglichen mit Mattis Krankheit.

Mein Mann, der nächstes Jahr achtzig wird, hält sich mit seiner bekannten Disziplin, reitet, fährt Auto, arbeitet den ganzen Tag. Manchmal droht er in Schwermut zu versinken, weil das Leben sich völlig verändert hat, alles *davongeschwommen* ist, die Zukunft ungewiß, aber das hält nicht lange an, er arbeitet trotzdem.

Schreiben Sie wieder einmal ausführlich, liebe Jelisaweta, und gedenken Sie der *alten Zeiten*, wenn Sie das Buch lesen. Grüßen Sie die Familie und meine Freunde in Brjansk!

25. Februar 1991

Meine liebste Edith, an Lew habe ich gestern geschrieben und ihm die Bücher eingepackt, heute, Montag vormittag, will ich die Dir versprochenen *eintüten*, Du sagtest zwar: brauchst nicht schreiben, nur *schicken*, aber ich will doch ein paar Zeilen *beischließen* – und fragen, wie Du mit dem *Heidelberger Wohnungswechsel* stehst, ob Dein Kopf nicht schändlich reagiert auf all die zusätzlichen Belastungen, bei Heidelberg fällt mir der schöne Juni 83 ein, als ich noch *ein ganz anderer Mensch war als heute*, scheint es mir *heute*, aber damals hielt ich mich auch schon für ziemlich *verkommen und abgewrackt*, im allgemeinen, hatte nur in Heidelberg einen schönen *Aufschwung ins Nichts*. Denn darauf läufts immer hinaus, einen Fetzen *Nirwana* vorauszuergattern … Mein Anstieg den *Schweizerweg* hinauf, das Durchschreiten der Waldung, mein Sitzen beim *Eichendorffstein*, meine Wanderung den *Philosophenweg* hinunter werden mir *ewig* unvergeßlich sein, meine Verblüffung über die *Süd-Stimmung von Heidelberg* und mein Schmerz über die Einsicht, daß *ich* in einem Land lebe, das nie diese Heiterkeit, Freiheit und Vollkommenheit haben wird wie die Stadt, in der ich da wanderte …

Seit zwei Tagen schreibe ich Briefe und packe Bücher ein, Du siehst daran, welch einen ungeheuerlich *moralischen Anfall* ich habe, ich hasse Büchereinpacken fast so wie Nähen und Bügeln. Aber ich will doch den wichtigsten Korrespondenten jener Jahre *ihr* Buch schicken. Dich, meine Liebe, habe ich ja damals noch nicht gekannt, aber wir haben die Zeit schnell aufgeholt – gerade, vor ein paar Tagen, brachte mein Mann Fotos vom Entwickeln, die er seit Mai gemacht hatte. Zwei zeigen Marlies Menge von der *Zeit* mit ihrem Fotografen und Lebensgefährten Rudi Meisel, eine Serie von unserer jüngst verstorbenen Freundin Lydia Gerassimowa aus Moskau, Fotos von unserem tuwinischen Dichter-Freund Galsan Tschinag mit Frau und Tochter und von den Moskauer Germanisten Pawel Toper und Sonja Friedland in unserer Berliner Wohnung, die letzten zwei aber zeigen Dich und mich in Buxtehude, *als mein Mann uns wiedergefunden hatte*, wie er behauptet, nahe der Buchhandlung unseres lieben Menschen Winfried Ziemann, im Hintergrund groß *Woolworth*. Die meisten Buxtehude-Fotos sind auf dem Film, den er beim Abholen dieser Bilder zum Entwickeln gebracht hat ... Alles schon *Geschichte*, wie Erwin zu sagen pflegt. Aber diese Tage: *wir haben sie gehabt!* Vor drei Wochen erst habe ich endlich an Winfried Ziemann geschrieben und ihm *Unterm wechselnden Licht* geschickt, das er zwar schon vor Weihnachten verkauft hat, aber er sollte *seines* mit Widmung bekommen, und ich habe ihm zu seinem Wunsch geschrieben, das Gedicht *Weiden* auf seinen Grabstein zu setzen. Dadurch, daß er es so hervorgehoben und angenommen hat, ist es auch mir wieder wert geworden, er hat mir die *Dimension* zurückgegeben, die es beim Schreiben für mich besaß. Und nun habe ich beschlossen, die Anfangszeile des Gedichtes: „Einst hab ich drei Weiden besungen. / Eine ist nur geblieben. / Ich habe drei Weiden besungen. / So sind auch drei Weiden geblieben." zur *Titelzeile* eines umfangreichen *Auswahlbandes* zu machen, den *Aufbau-Taschenbuch-Verlag* im Oktober herausbringen will. Er soll bei dreihundert Seiten haben, im Mai muß ich die Auswahl liefern, die natürlich eine ganz andere sein wird als die der anderen Bände von *Reclam, Luchterhand, Aufbau*.

Wünsch mir die Energie, die Lebenslust, diesen Sommer dem Geschriebenen etwas Neues hinzuzufügen, nicht nur das Alte zusammen- und umzustellen, mich aus dem *Puppen- und Larvenzustand* herauszuarbeiten und wieder zu fliegen, meine *Seele* zurückzugewinnen! Schreiben ist ja, leider, am wenigsten *Handwerk.* Wenn es das wäre, wärs gut und immer zu treiben. Was *mechanisch* ist am Schreiben, das siehst Du hier, beherrsche ich *ganz schlecht*, das meine ich mit *Handwerk* nicht, sondern das *Reihen von Sätzen* (es kann ja auch mit der Hand sein, da *vergreife* ich mich nicht). Ich muß mich herausreißen, um allem Widrigen etwas Leuchtendes abzugewinnen, mir auch zu helfen über die Angst wegen Matti – der gerade in Rostock ist, neue Medikamente ausprobiert, im übrigen auf ein hoffendes Wort von Professor Klinkmann, dem Direktor der Klinik, wartet, der vorige Woche in Westberlin im Herzzentrum war, um dort die Untersuchungsergebnisse einzusehen. Übers Wochenende war Matti bei sich zu Hause, wir haben gestern abend telefoniert, er fühlte sich ganz gut, hatte, bei großem Sonnenwetter, einen *Ausflug* mit seiner Marina gemacht, und er sagte, daß er nur noch ein paar Tage in Rostock bleiben, dann aber endgültig nach Hause will, und, nach einigem Schwanken, sagt er wieder: keine *Transplantation.* – Das seis für heute, liebe Edith. *Mein* Meister läßt Dich grüßen, er hat gerade bei mir im Zimmer Obst-Frühstück gehalten, weil unsere Frau Baehr in der Küche, wo er sonst sitzt, die Schränke reinigt. Er war also *Vertriebener* und hat sich deshalb in seinem Fernsehsessel eingenistet. Er sagt: Grüß sie von mir! Grüßt du auch alle von mir, denen du schreibst? Ich grüße immer alle von dir, denen ich schreibe! – Bleib *gesund beim Leben*, wie unser alter Korrespondent Jakob Koschke aus Tscheljabinsk zu schreiben pflegte!

27. Februar 1991

Mehreres von Ihnen ist unbedankt, unbeantwortet geblieben, liebe Christa Panzner, die schönen Blätter, die Sie mir von sich und Peter schickten, Ihr guter Brief vom September, an dem ich wieder die besondere, sozusagen trocken malerische Schilderungsweise bewunderte, mit der Sie Ihre große Reise und besonders das südfranzösische magische Leben der heutigen Bettina von Arnim hinstellten, zum Sehen, zum Anfassen! Ich habe mir wieder alles hervorgeholt, den Brief noch einmal gelesen, auch die Zeilen zu Neujahr, mit denen Sie *Die Lage in den Lüften* und die *Briefe II* als *angenommen* bestätigten, habe auch den Katalog zu der Ausstellung vom Vorjahr noch einmal besehen, in die ich, Schande und leider, nicht gelangt bin. Meine junge Freundin war krank und dann nicht im Land, ich aber bin sowieso nie gesund, kann solche Touren allein einfach nicht mehr machen, die eigentlich ein *Nichts* sind, wenn ich ein paar Jahre zurückdenke … In diesen Tagen hat mich so ein entsetzliches Gelenkrheuma im Schraubstock, bei der Kehle (obwohl das ganz sinnlos ist, fühle ich es so), daß ich aus bloßem Trotz, aus Selbsterhaltungstrieb, versuche, etwas dagegenzusetzen, *Ordnung in mein Gedankenleben zu bringen*, das heißt, mich über meinen Weidenkorb herzumachen, in dem die Geburtstagspost vom Vorjahr unbeantwortet steckt. Wie schändlich ich mich verändert habe, ich, die in manchen Jahren dreihundert Seiten Briefe geschrieben hat! So wie ich immer hoffe, meine Gesundheit (und Jugend) zurückzugewinnen, hoffe ich immer, meine Arbeitsfähigkeit (und -lust) zurückzugewinnen, mich unabhängig zu machen von den äußeren Umständen, das Funktionieren im Alltäglichen, das ich immer noch aufbringe, zu *sublimieren* ins Geistige, ins Schreiben, in Poesie …

Ja, auch bei uns ist alles ins *Schwimmen* gekommen, nur sind wir, glücklicherweise, *sicher* auf unserem Grundstück, das wir von einem Privatbesitzer 1954 kauften, auf dem *Vorwerk der von Arnims*. Die Brüder der Malerin

Bettina aus Frankreich, samt Ehefrau, Neffen und Braut, auch die alte Dame, die in Zusammenarbeit mit dem jüngsten Sohn Peter-Anton ein Erinnerungsbuch veröffentlicht hat, waren im Sommer nacheinander bei uns. Der *Familientag der Arnims* (des großen Familienverbandes) hat im September in Bonn getagt. Peter-Anton hat uns den Einladungsbrief des *Clan-Chefs* gezeigt. Einziger Versammlungsgrund: *Wiedergewinnung des Besitzes in der DDR.* Einige der hier Erschienenen waren der Meinung, wir *gehörten* ihnen, *wir säßen auf ihrem Boden.* Denn das *Vorwerk Schulzenhof* gehörte früher zum Gut Zernikow der von Arnims. Ihnen gehörte auch Wiepersdorf.

Es gibt ja viele Arnims, in einem Buch von Professor Rühle, das mir seltsamerweise Klaus und Vera Küchenmeister nach der Geburt meines jüngsten Sohnes ins Krankenhaus brachten und das nur von der deutschen Landwirtschaft handelte, las ich (im *Kindbett*), daß die Arnims, nach den Hohenzollern, die größten deutschen Grundbesitzer gewesen seien. Clara von Arnims Buch *Des Lebens goldner Baum. Erinnerungen einer märkischen Gutsfrau*, erschienen bei *Scherz*, ist übrigens lesens- und liebenswert.

Unser Verlag, *Aufbau*, versucht zu überleben, das heißt, verkauft wird er sowieso, aber er versucht, *der* Verlag zu bleiben, der er ist. Unser aller Gottheit, die *Treuhand*, spielt mit unserem *Schicksal.*

In der *Märkischen* las ich, daß Sie einen *Malzirkel* eröffnet haben in Potsdam, hoffentlich gibt Ihnen das eine *Existenzmöglichkeit.* Und hoffentlich läßt sich mit dem Haus eine Lösung finden – aber *eigentlich* fürchte ich, die Gier der Besitzer wird nicht zu besiegen sein. Und wie schön sind die Gartenwinkel, die Peter aufs Blatt gebracht hat! Wenn ich seinen *Novemberabend* ansehe, ist Friede in mir (bei Ihrer *Südfranzösischen Landschaft* packt mich natürlich *Unruhe*, die *Reiselust*).

1. März 1991

Heute, liebe Regina Kempin, beginnt der Monat, an dessen Ende Ostern steht – eben sehe ich, daß Sie mir voriges Jahr zu Ostern einen so schönen Gruß schickten, die *Frau vor dem Spiegel* von 1982 und das Foto von Lynn und Corinn, die so freudig, so jugendfroh lebensfroh aussehen, so lachen mit schon *halberwachsenen* Zähnen – und wie kurzlang ists her, daß sie *entstanden*, das Leben begannen! Wie gut Sie sie großgezogen haben (mit Hilfe der Mutter, denke ich mir). Was hatten Sie damals für eine schwere Zeit, aber Sie haben es überwunden und sich an die Arbeit gehalten und so gute Sachen gemalt und gemacht all die Jahre! Hoffentlich haben Sie jetzt von irgendwoher einen *Anspruch*, ein Gehalt, eine *Sicherheit*? Kommen Sie leidlich über die für alle *freien Künstler* schwierigen Zeiten? Lynn und Corinn sind nun schon wieder erwachsener, ein Stück größer in allem. Vielleicht auch schon eine Stütze und Hilfe.

Ich sende Ihnen *zum Gruß* einen Auswahlband meiner Gedichte, der eigentlich vor einem Jahr, zu meinem sechzigsten Geburtstag, erscheinen sollte, dessen erste Andrucke aber so miserabel waren, daß alles neugemacht werden mußte, und das zog sich dann hin und hin, erst vor Weihnachten kam das Buch in den Handel. Leider ist das Blatt zu Seite 46 *kopfrum* gedruckt, Marianne Gábor und ich sind darüber recht traurig, andre sagen: (mein Mann): sieht man doch gar nicht, das finde ich unglaublich, so siehts aus wie Boote, die auf Sand fahren, richtig aber sinds Menschen, die an einem Fluß stehen. Eins meiner Lieblingsbilder.

1. März 1991

Dank für Ihren Brief zu den *Briefen*, liebe Frau Köppel! Es ist mir *natürlich* interessant zu wissen, was für Gedanken bei Ihnen entstehen zu den meinen, die da aufgezeichnet sind. *Und bringen ihre Tage hin wie ein Geschwätz* richtet sich doch nur gegen das unwürdige sinnlose *Zeitverschleudern* mit Nichtigkeiten, gesehen im Zusammenhang mit der *Lebenssumme*. In den *Briefen* steht doch auch, wie ich nach *Muße*, nach *Leichtigkeit*, nach *In-der-Sonne-Sitzen ohne Pflichten* verlange. Übrigens kann für jeden ein anderer Lebenssinn der ihm gemäße sein. Vielleicht hängt die Signalwirkung, die dieser Bibelspruch in so jungen Jahren auf mich hatte, damit zusammen, daß eben eine bestimmte *Anlage* in mir war, nämlich die zum Schreiben, sie hatte sich in einer ersten Phase gezeigt, als ich dreizehn, vierzehn war.

Was den Buchhandel betrifft, dürfen Sie sich nicht zufriedengeben mit so einer Auskunft „Es ist nur ein Buch da", Sie müssen verlangen, daß man Ihnen die Bücher bestellt. Die Buchhändler sind vorsichtig und legen sich nur wenige Exemplare von einem Titel hin. Es sind aber genügend Bücher da, sie stehen in Gütersloh bei der sogenannten *VVA*, die den *Vertrieb* für den *Aufbau-Verlag* seit August letzten Jahres besorgt (ein Riesenunternehmen). Wenn Ihr Buchhändler bestellt, kommen die Bücher in kürzester Zeit. Das Buch ist keineswegs vergriffen und wird, sowie ein bestimmter *Tiefstand* Signal gibt, nachgedruckt.

Liebe Frau Köppel, verzeihn Sie, daß ich für Ihre Briefe und Grüße, auch für die schöne Handarbeit, nicht gedankt habe, die sie mir zum Geburtstag voriges Jahr schickten. Ich habe alle Post liegengelassen, versuche jetzt erst ein wenig *ins reine* zu kommen.

1. März 1991

Sie haben mir Freude gemacht mit Ihrer Sendung, die mich richtig und längst erreicht hat, liebe Irmgard Lehmann! Solch ein Zeichen, daß jemand über Jahre mit den Gedichten *umgegangen* ist, sie sich *angeeignet* hat, ist ein plötzlicher *Lebensimpuls*, eben das *Unvermittelte* daran, das Unerwartete, das Auftauchen aus dem Dunkel – ein so schönes Licht! Sie müssen wissen oder wissen es sicher, haben es meinen Gedichten und Prosabüchern entnommen, daß ich ein Mensch mit *extrem geringem Selbstwertgefühl* bin, ich lebe nicht die *bewußte Existenz des Dichters*, der seines Besonders-Seins sicher ist und es der Umwelt gegenüber behauptet. Ich vergesse meistens, wer ich, als Dichter, bin. Ich bin eine alternde Hausfrau in der ewigen Kittelschürze. Ich halte mich nur mit dem geheimen Vorsatz, mich aus dieser Existenz herauszureißen und mein Leben an die Poesie zu setzen. Meine Welt-Entzückung ist *eigentlich* so groß, daß sie mich blendet vor den Erscheinungen, die mir auf Erden zu sehen vergönnt sind – und ich bin mir in jeder Minute bewußt, wie die Zeit *rinnt*, wie wenig Zeit ich nur noch für das *Eigentliche* habe, um vielleicht doch noch das *entscheidende* Wort zu sagen.

Am liebsten von Ihren Blättern, die mir alle lieb sind, habe ich das zu *Später September*, und damit verbunden ist die Freude, daß Sie *dieses* Gedicht gewählt haben, das eines ist, von dessen Entstehungssituation ich noch alles weiß, das mir lieb ist, aber sonst ein *Stiefkind*, manche Gedichte werden von vielen Menschen angenommen, immer wieder nachgedruckt, übersetzt, zitiert, komponiert, erwähnt, dieses ist eines von den übersehenen. Aber sieh da: *Sie* haben es gesehen!

1. März 1991

So lange habe ich Ihnen nicht geschrieben, liebe Frau Kuhlee, für so viele schöne Blätter nicht gedankt, die uns erfreut haben und erfreuen und die zeigen, daß Sie unbeirrt und unermüdlich am Werk sind! Schade, daß Sie, ohne Rücksicht auf mein Schweigen, nicht einmal wieder erzählt haben, wie Sie leben, ob Sie noch immer am *Bukkower See* allein leben, wer kommt, wer Ihnen hilft, welche Tiere noch bei Ihnen sind? Wo stehen die *Getreuen?* Die so schwierig zu fassenden Pferde haben Sie sehr gut *gefaßt*. Ich weiß noch, wie Hans Baltzer vor Jahrzehnten, als er *Pony Pedro* machte und zu Studien bei uns draußen war (1958), stöhnte: „Pferde sind schwer!" Sie haben sich, scheint mir, weiter *trainiert* im Handwerklichen, und im *Sehen aufs Alltägliche* ist eine neue Art *Witz* hinzugekommen. „Nach der Verkehrsteilnehmerschulung bei Marianne" ist natürlich herrlich!

Ist das schöne Groß-Buckow, von heut aus gesehen, nicht umsonst zugrundegegangen? Nun, da man die Braunkohlenförderung drosselt oder einstellt und überhaupt alles *ganz anders wird?* Überlebt die *Volkskunst?*

1. März 1991

Verzeihn Sie, daß ich der Büchersendung nachgefragt habe, lieber Herr Zimmermann! Es hatte einen *einfachen* Grund: ich wollte wissen, ob etwa *Mai in Pieštany* Ihnen *Ärgernis* gemacht hat – es gab Gründe für die Annahme, weil es auf manche Leser so wirkt, und ich wollte hören, ob Ihr Schweigen sich so erklärt. Ich muß der Wirkung meiner Bücher standhalten, ob sie so oder so ist, aber ich denke drüber nach, wie dies oder das zustandekommt. Bei diesem Nachdenken sollte mir Ihre Antwort helfen.

Daß sie so *weihnachtlich* kam in ein Paket gepackt, machte meine Verlegenheit nur größer, trotzdem sei herzlich gedankt für die freundliche Mühe, und hier kommt ein Gedicht-Auswahl-Band zu Ihnen und der zweite Band der *Briefe aus Schulzenhof.*

Die Veränderungen im Land und die Folgen für Leben und Literatur will ich beiseite lassen. Niemand weiß noch, wohin die Dinge gehen werden. Ob uns nicht noch größere Erschütterungen bevorstehen als die jetzt zu erleidenden oder zu beobachtenden. *Möge es friedlich bleiben* – jetzt gehn wir erst einmal dem Frühling entgegen. Die ersten Vogelstimmen sind zu hören. Das Verstummen der Vögel im Sommer ist, was ich im schönsten Mai vorausfürchte. Ich höre so gern die Vögel *die Lüfte sieden*, wenn das Jahr noch grün ist und alles noch vor uns steht. – Sein Sie gegrüßt!

1. März 1991

Liebe Marianne Schilling, Sie haben mir etwas so Kostbares gegeben, was selten gegeben wird: eine Antwort auf die Gedichte, die auf der gleichen *Frequenz* liegt wie die Gedichte selbst ... Für das Erstaunen und die Freude, die Ihre Briefe in mir auslösten, hätte es immer eine Augenblicks-Reaktion geben müssen, das heißt, es gab sie ja bei mir, aber ich habe sie nicht aufgezeichnet und Ihnen geschickt ... Sie haben einen *Ahnungssinn*, scheint es, denn ich bin seit längerem *verstummt*, kann keine Gedichte schreiben, weiß aber, daß ich wieder welche schreiben werde, wenn ich *beim Leben bleibe*. Ich leide seit einigen Jahren an einem *Niedergang* meiner Gesundheit und meiner Lebensfreudigkeit, vielleicht ist es aber auch umgekehrt, ich weiß schon, seit wann und warum, und ich denke, die *Trockenheit der Seele*, von der Rilke im Zusammenhang mit der entsetzlichen Zeit seiner zwölfjährigen Stummheit zwischen dem ersten Teil der *Sonette* und dem Rausch des zweiten Teils und der Hauptmasse der *Elegien* schrieb, wird auch mich eines Tages wieder verlassen, und ich werde neue Gedichte schreiben. Hier liegen zwar eine Menge unveröffentlichter Gedichte, aber sie sind alle alt und älter, *sekretiert* aus den verschiedensten Gründen. Letzten Sommer, am 20. Juni, fuhr mich mein jüngster Sohn Jakob mit dem Auto zu dem Zweitjüngsten, der in Mecklenburg in einer grandiosen Felderweite wohnt, unterwegs entstand die *Initialzündung* für ein Gedicht, was fast immer *unwillkürlich* geschieht, an diesem Vierzeiler habe ich bis in den August hinein *gebaut*. Er heißt nun *Unzeit* und geht so: „Die Linden blühn noch und die Ebereschen sind schon rot. / Früh falln in diesem Jahr zusammen Blühn und Sterben. / So bleibt uns keine Zeit mehr, lang zu werben. / Fall in mich Lieb mich Schöner Tod." – Hier schreibe ich es zum ersten Mal für jemanden auf, es existiert nur in der Handschrift. – All Ihre so sorgsam ausgesuchten Talismane und Freudenbringer liegen neben mir, und ich danke Ihnen für alles, alles.

Besonders danke ich Ihnen für Ihre guten Worte zu *Mai in Piešťany,* ein Buch, das mir viel Schmerz und Verstörung eingetragen hat.

In Ihrem München war ich nur einmal, 1959 im März, mein Mann las damals im *Komma-Klub*, ich war *Begleitung*. Auch unvergeßliche Tage. Wenn sich eine Gelegenheit ergibt, würde ich gern nach München reisen. – Sein Sie herzlich, dankbar gegrüßt!

2. März 1991

Endlich einmal will ich Ihnen für Ihre Geduld mit mir und Ihre Treue danken, liebe Frau Betzold! Obwohl ich so lange nicht geschrieben, nicht geantwortet habe, senden

Sie mir weiter Grüße, geschriebene und gewerkte und gewirkte, zuletzt wieder das Blumengesteck zum Geburtstag, das ich, mit Ihrer Erlaubnis, so hoffe ich, an meine Mutter weiterreichte, die zehn Tage nach mir Geburtstag hat und heuer siebenundachtzig wurde. Sie ist viel beweglicher, viel besser trainiert als ich, besorgt noch ihren Garten, der in Neuruppin am See liegt (an dessen Ufer ich, zwölfjährig, meine ersten Prosa-Gedichte schrieb), zu diesem Garten muß sie durch die ganze Stadt mit dem Rad fahren, laufen schafft sie nicht mehr, sagt sie, vor allem, weil sie immer was hin und her zu transportieren hat, hin alle Abfälle für den Kompost, zurück Früchte und Gemüse und im Winter *Zackholz*, das von den Pappeln und Weiden zurückgeblieben ist, die man beim Bootshaus gefällt hat, die Bäume meiner Kindheit! Einst waren dort unten am See nur Kleingärten mit bescheidenen Lauben, mehr Schuppen als Haus, es war ganz still und unbelebt, jetzt sind in allen Gärten Bungalows, das Ufer ist mit Bootsliegeplätzen besetzt, meine Mutter muß zweihundert Meter nach Wasser zum Gießen gehen, und sie kann überhaupt nur ans eingezäunte Wasser, weil ihr ein Nachbar einen Schlüssel gegeben hat. In meiner Kindheit konnten wir direkt neben dem Garten Wasser aus dem See holen – es ist für mich ein eigenartiges Gefühl, den Platz aufzusuchen, mehrmals im Jahr geschieht es, weil ich unbedingt die *Gartenkunst* meiner Mutter besichtigen muß, zu ihrer Freude, es ist unglaublich, was sie auf den zweihundert Quadratmetern oder hundertsechzig wohl nur, anpflanzt, heranzieht, bepflegt. Nur unsere alte Laube, die wohl noch mein 1944 gefallener Vater mit meinem Großvater mütterlicherseits hochgezogen hat, steht so verwittert da, wie sie seit Jahrzehnten ist. Vor Jahren wollte ich meiner Mutter ein Gartenhaus aufreden, ein Holzhaus mit Veranda, nur ein Raum, so wie wir es mal in

Markkleeberg auf der Landwirtschafts-Ausstellung gesehen hatten, 1956 oder 57, und für Schulzenhof bestellten, es steht in unserem Garten, ochsenblutrot gestrichen wie die finnischen Häuser, mit weißen Fensterrahmen, einst stand es an der Stelle, wo jetzt unser neues Haus steht, als das 1971 gebaut wurde, haben die sorglichen Maurer, die schon 1961 unseren Stall gebaut hatten, ihm zwanzig Meter weiter, dem Walde zu, ein neues Fundament gesetzt, es auf Rollen gehoben und dorthin gebracht, ohne auch nur einen Baum zu verletzen, einen Strauch, den sie herausheben mußten, haben sie während der ganzen Bauzeit gegossen nach dem Wiedereinsetzen, und er hat überlebt. Das waren gute Menschen und gute Handwerker. – Nun, so ein Holzhaus wollte ich meiner Mutter bestellen, aber sie wollte nicht. Also ist alles noch im *Originalzustand* meiner Kindheit. Das Land gehört der Stadt oder der Kirche, viele Leute warten darauf, daß meine Mutter endlich endlich aufgibt und sie dieses *ideale* Grundstück, das direkt am Wasser liegt, haben können. Aber *sie* wartet darauf, daß sie mit dem neuen Gartenjahr beginnen kann …

Ich will Ihnen nicht *die Gründe* erzählen, die mich nicht schreiben ließen. *Die Symptome* waren Schwäche, körperliche Schwäche und Willensschwäche, Krankheiten, die daraus folgten oder vorausgingen, tiefe Mißstimmung an der Welt, wie sie ist. Jetzt habe ich das *Nichts* versiegelt, wie es scheint, beginne mich aufzuraffen, trotz schlimmer Dinge, die im Hintergrund stehen. Sein Sie herzlich mit guten Wünschen gegrüßt!

2. März 1991

Viele Leser haben sich von meinem Schweigen, meinem *Undank* abhalten lassen, mir wieder zu schreiben, Sie, liebe Frau Eichler, haben mir trotz des ausbleibenden Dankes für das so schöne *Morgenlicht*-Foto, das Sie mir zum 60. Geburtstag schickten, zu Weihnachten wieder geschrieben! Immer lag auf einem Stapel Grafiken, Fotos, anderer Geschenke Ihr Bild, jedesmal, wenn ich es ansehe, ergreift es mich mit Freude und Trauer: es gab einmal eine Zeit, da ging ich früh um fünf zu unserem Thörnsee, dem Seerosensee, der fünfhundert Meter von unserem Haus im Wald liegt, und sprang ins Wasser, bei solchem Morgenlicht! Ganz allein kein Mensch! Damals schwamm außer mir überhaupt niemand in diesem verwachsenen See, von Anglern, die ihn später *hauptamtlich* eroberten und *allgegenwärtig* wurden, zu schweigen. Auch noch keine Pontonbrücke fürs Kinderferienlager, kein Katamaran, nur der uralte Fischer, der, wie die meisten Fischer, nicht schwimmen konnte, stakte gelegentlich über den See oder hockte als Schilfgeist in einem Winkel. Er war der *reichste Mann des Dorfes*, hieß es, war bis Kriegsende wohl Bürgermeister und Träger sonstiger Funktionen gewesen (heute ist seine Enkeltochter Bürgermeisterin, die Ämter sind, trotz aller politischen Umstürze, auf den Dörfern *erblich*), er war der reichste Mann, sah aber ganz *fetzig* aus, so, als hätten ihn die Hechte schon mehrmals zum Grunde gezogen und an seinen Kleidern herumgerissen, er sah auch moosig aus, algig, irgendwie *grün*. Damals hielt er gelegentlich bei unserem Haus und bot mir aus einem fasrigen Jutesack Fische an, die er gerade den Reusen entnommen hatte: Schleie, Zander, einmal zu einem Jahreswechsel, hatte er *aus Versehen* einen Karpfen gefangen, den er gar nicht fangen wollte, vierundzwanzig Jahre zuvor hatte er die Brut, die aus dem *Balaton* stammte, im Dollgower See ausgesetzt, und die Karpfen, sagte er, waren wie seine Kinder. Er bot uns den Karpfen an. Er wog zweiundzwanzig Pfund und paßte nicht in die Kinderbadewanne. Ich hatte ein schreckliches Gefühl: wir hatten den *Kaiser des*

Meeres gefangen und schließlich, über Tage, mit Gästen verspeist. Es gibt noch ein Foto von diesem Fisch, das hängt bei meinem Mann an der Bilder-Wand. Einer unserer Kollegen-Freunde, passionierter Angler, konnte nicht widerstehen: Der Karpfen wurde auf ein Riesentablett gelegt, der Kopf, der schon abgeschnitten war, wurde wieder drangepaßt, und die Frau des Freundes, eine Berufsfotografin (Künstlerin) mußte ihren Mann mit der *Trophäe* fotografieren ...

So weit hat mich Ihr *Morgenlicht* verführt. Vielleicht auch, um die Frage hinauszuschieben, wie es Ihnen jetzt geht? Denn beim Wiederlesen Ihres Briefes von vor einem Jahr wurde mir klar, daß Sie sehr krank sind oder gewesen sein müssen, wenn sie *liegend* schreiben. Was für eine *Barbarei* von mir, auf ein solches Zeichen nicht gleich zu reagieren!

Wir versuchen, gegen den Tag anzuleben. Mein Mann schon länger, ich jetzt. Es passiert so viel Ungeheuerliches, für kein Unrecht, das hier und anderswo geschieht, gibt es eine *Appellationsinstanz*, einen *gerechten Richter*. Zum Trost fällt mir immer *Hamlet* ein: „Der Übermut der Ämter" heißt es schon da und „Die Zeit ist aus den Fugen, Schmach und Gram, daß ich zur Welt, sie einzurichten, kam ..."

Wir wissen nicht, was mit uns allen noch wird. Also müssen wir *den Tag leben*. – Sein Sie, bei hoffentlich wiederhergestellter Gesundheit, gegrüßt, liebe Frau Eichler!

2. März 1991

Meine liebe Marianne, Dank für den begeisterten Brief zu *unserem* Buch und für den Geburtstagsgruß! Ich habe heftig an Dich gedacht, weil ich die Briefe so gut versteckt hatte, vor allem den mit dem *winzigen Clown*, daß ich lange suchen mußte – dann aber fiel mir ein, daß ich ihn in meine Mappe mit Manuskripten getan hatte! Ich dachte an *Dich*, weil Du auch immer suchen mußt, aber auch Du findest am Ende alles, hast eine Ahnung, wo es sein könnte … Mit dem Clown war es nämlich so, daß mein Mann, mein lieber Mann, wollte ich schreiben, aber das Wort *Mann* drängte sich vor, als der Brief kam und ich ihn vorgelesen hatte, sagte: „Den Clown mache ich ab und hänge ihn zu den anderen an die Wand über meinem Bett!" Aber ich sagte: „Das ist *mein* Brief, den mir Marianne zu *meinem/unserem* Buch geschrieben hat, und darum ist es auch *mein* Clown!" So egoistisch war ich, und ich *brüte* drüber, ich habe ja schon den *Popow*, der auch einmal verschwunden war am Anfang, den ich so verzweifelt suchte, über Monate, und dann doch in einem der Kataloge, glaube ich, fand, Du wußtest ganz genau, daß Du ihn mir gegeben hast, er ist mein *Liebling*, ich sehe ihn immer wieder an, er spricht zu meiner *Kinderseele*. Auch die neue *Gondel* liebe ich, wie überhaupt alles, und unser Buch liebe ich jeden Tag mehr … Ich versende gerade an Freunde, die mir wert sind, die von Tag zu Tag abnehmenden Exemplare. Jedem schreibe ich natürlich den Skandal mit dem verkehrtherum stehenden Bild zu Seite 46, und ich korrigiere im Nachwort das Szólnok. Warum, warum nur sind wir nicht länger in Szólnok geblieben, warum sind wir nicht zweimal gefahren? Weil mein lieber Mann in den *Bann* dieser Juristin geraten war, die uns dolmetschte, hieß sie nicht Edit? Ich weiß es nicht mehr, aber im übrigen erinnere ich mich gut, wie diese hysterische Person über uns zu herrschen begann … Als wir noch *russophil* waren, hätte ich jetzt hinschreiben können: *nitschewo* … Aber ich kanns ja schreiben, weil ich noch immer *russophil* bin, deshalb auch in großer Sorge, was in *dem Land* geschehn wird … Wir sind mehr und mehr im

Desaster, Mitte des Jahres wird bei uns hier die Hälfte der Leute arbeitslos sein. Eine Million Menschen aus der *DDR pendeln* zum Arbeiten jetzt schon in die Bundesrepublik.

Anfang kommender Woche (heute ist Sonnabend) sind wir in Berlin, da wird die Chefredakteurin der *Sybille* zu uns kommen, ich werde hören, ob Aussicht besteht, daß wir etwas *Spezielles* über Dich und Deine Bilder machen, ich schrieb Dir, daß sie jetzt westdeutsche Besitzer haben, die bei allem das letzte Wort sprechen …

Schreib ein paar Zeilen, wie es bei Euch geht, wie Ihr lebt und zurechtkommt mit des Tages *Lasten* … Was die *Politik* betrifft, wie sie sich *im Fernsehen* zeigt, so ist *Ungarn* von der *Weltkarte* heruntergefallen. Wie anders vor zwei Jahren, vor der Grenzöffnung und danach bis zum *Kollaps der DDR*, alle Tage nur der *Pószgay*, der *Pószgay* (wenn er sich so schreibt, aber Ihr wißt schon, der Dicke, Karpfenige, der *damals* wie ein *Orakel* gehandelt wurde, *Staatsrat* war er wohl, und jeden zweiten Abend saß er in einer *Talkshow* oder in einem *Interview* und salbaderte) und der engäugige Außenminister Gyula Horn, der uns *DDRlern* die *Freiheit* brachte … Heut gibts für uns kein Ungarn mehr, kein schönes Budapest, nicht den Margareteninsel-Frühling, kein Szólnok, kein Szentendre, kein Višegrad, kein Donauknie, all die Landschaften unserer Seele … Schreibt, Kinder, Erwin läßt immer grüßen, seid umarmt! Natürlich ist der Brief auch für Mityu! Mein Gott, wir sollten uns wiedersehen!

3. März 1991

Liebe Britta Amtenbrink, fast neun Monate sind vergangen, seit Sie mir schrieben, eine Kopie Ihrer Dissertation und das schöne Rosenbuch schickten und den Brief, der mir schon beim ersten Lesen lieb war wie überhaupt Ihre ganze Sendung – fürs Ganze hätte ich gleich danken sollen, aber die *Sechzigjährige*, der Sie zu dieser hohen Zahl gratulierten, hat leider sehr nachgelassen an Kraft und Lust. Allerhand Kränklichkeit, Bedenklichkeit, große und kleine Wirrnisse haben die Zeit gefressen, ich habe keine Briefe geschrieben – und ich war einmal eine passionierte Briefschreiberin.

Es gibt ein Buch von mir, das *Briefe aus Schulzenhof* heißt, dessen zweiter Band, der die Jahre 1976–1980 umfaßt, im Dezember 90 erschien. Der erste Band, der von 1965 bis 1975 geht, kam 1977 heraus, jetzt, am 11. März, ist gerade die siebente oder achte Auflage angekündigt. Beide Bücher erschienen, wie auch *Zwiegespräch*, im *Aufbau-Verlag Berlin*, der bis jetzt elf Bücher von mir verlegt hat. Zur Zeit sind noch ein Auswahlband Gedichte *Unterm wechselnden Licht*, mit Aquarellen von Marianne Gábor, erschienen Dezember 1990, *Mai in Piešťany,* ein Prosabuch, das am meisten über mich sagt, erschienen 1987, und der Gedichtband *Die eine Rose überwältigt alles*, dessen 7. Auflage ebenfalls 1990 herauskam, im Handel.

Die *Rose* schicke ich Ihnen hier, als Gegengabe für *das Buch von den alten Rosen* – seltsam, ich hatte einmal einen Dokumentarbericht über Gerda Nissen gesehen, in dem sie erzählte, wie sie die alten Rosen zu entdecken und zu sammeln begann. Jetzt habe ich das Buch wieder durchgesehen und meine *Lieblingsrose* angeschaut und das erste Mal den Begleittext dazu gelesen, es ist die, die Frau Nissen als erste entdeckt hatte, *mit der alles begann*. Es ist die *Belle Isis*, und ich las, daß sie einst *Friedhofsrose* war, und ich würde mir wünschen, daß man mir so eine ans Grab setzt, wenn auf unserm Friedhof, der auf dem Hügel gegenüber unserem Haus liegt, nicht die Riesentannen, die ihn einfrieden, so viel Schatten machten. Aber vielleicht gedeihn sie im Schatten.

Der Tod ist mir ganz gegenwärtig, allmählich gehe ich freundschaftlich mit ihm um, das heißt, *mit dem meinen*, etwas anderes ist die Furcht, die bei uns wohnt, seit wir wissen (seit dem 16. Januar), daß unser zweitjüngster Sohn lebensgefährlich krank ist.

Ich habe vier Söhne, aber ich war öfter schwanger … Das Gedicht *Interruptio* schrieb ich nach der letzten, der einzigen *legal abgebrochenen Schwangerschaft*, als ich vierzig war. Sie war die am längsten währende, gegen Ende des dritten Monats ausgeführte. Weil die Behördenwege so langwierig waren, zog sich das *Drama* hin. Daß es eins war und über Jahre blieb, wurde mir mit Wucht klar, als der *Abbruch* geschehen war. Ich hatte wohl etwas, was man einen *Nervenzusammenbruch* genannt hätte, wenn man sich drum gekümmert hätte. Da lag ich in Berlin-Friedrichshain eine Woche im Krankenhaus. Zu der Zeit versuchte ich meinen ersten Gedichtband gedruckt zu bekommen. Ich hatte seit 1966 Gedichte veröffentlicht, vorher zwei Kinderbücher, aber nach dem Studium der Literatur hatte ich zunächst als Kritikerin und Lektorin gearbeitet. Als ich *dreiundvierzig* war, erschien mein erster Gedichtband, mit von niemand vorauszusehendem Erfolg. Inzwischen sind meine Gedichte in hunderttausenden Exemplaren erschienen und in viele Sprachen übersetzt. Diese *Grenz-Situation*, in der ich meine Kräfte endlich endlich auf ein *Werk* konzentrieren wollte, brachte mich zu der Entscheidung, die ich noch heute bereue und immer bereuen werde. Es war das letzte Kind, das ich hätte haben können, ich hätte es mit einundvierzig Jahren geboren. Ich hatte einen wunderbaren Jungen von sieben Jahren, wirklich, alle meine Söhne sind und waren mir nahe, aber dieser Junge war von einer solchen Güte, Liebe, Sanftheit, von einem solchen *Geist* beseelt – und ich dachte die ganze Zeit: genauso einen Menschen tötest du …

Ich denke, daß es auch bei Veränderung der Gesetze weiter Schwangerschaftsabbrüche geben wird, so wie es sie vorher gab.

Ich habe in letzter Zeit mehrmals Ärzte erzählen hören, wie schrecklich *ihnen* diese *Abbrüche* seien, daß sie sich niedergedrückt fühlten davon. Vorher hatte ich nicht über Ärzte nachgedacht, sondern über Frauen. Gut also, daß Sie diese Arbeit geschrieben haben.

Etwas Merkwürdiges ist mir im Zusammenhang damit geschehen: Professor Petersen lud mich ein, im April nächsten Jahres auf einem Ärztekongreß in Hannover *Vortrag* zu halten. Er schickte mir einen Auszug aus einem Aufsatz, in dem er ebenfalls *Interruptio* zitierte, übrigens mein meistgedrucktes und -zitiertes Gedicht. Inzwischen rief er mich an, um zu fragen, ob ich die Einladung annehme. Ich sagte ihm, daß Vorträge-Halten nicht meine Sache sei. In Übereinstimmung mit ihm habe ich noch eine Überlegensfrist bis April dieses Jahres. Ich weiß nicht, ob, was ich zu sagen hätte, nicht überhaupt nur in *Poesie* auszudrücken wäre oder in einer Prosa, die der Poesie zustrebt und zum Vortrag auf einem Kongreß ungeeignet ist. Das Merkwürdige bei dem Gespräch war aber, daß ich Herrn Petersen sagte: Es gibt eine junge Ärztin, die beim Abdruck ihrer Dissertation mein Gedicht *Interruptio* als Abschluß zitieren will. – Jetzt sah ich erst, daß Professor Petersen mit Ihrer Arbeit zu tun hat. Ich habe schon Teile daraus gelesen, werde mich aber nun ans gründliche Studium machen. Noch wichtiger aber war mir, Ihnen endlich zu schreiben und Ihnen, mit dem Dank, gute Wünsche zu senden: für ein glückliches Leben mit Ihrem Mann, Ihren Kindern, in Ihrem Garten, im beginnenden Frühling, dem Rosenmonat Juni entgegen! Sein Sie gegrüßt!

11. März 1991

Liebe Hanne Hammer, vor zwei Tagen bekam ich vom Aufbau-Verlag eine Kopie Eurer Interview-Seite, da sah ich, daß sie schon in Nr. 9 erschienen ist (mit einigen Kürzungen, leider), ich habe noch keinen Beleg bekommen von Euch. Kannst Du mir fünf Exemplare schicken lassen? Und was ist mit der Natalja-Ginzburg-Sache? Und meine Fotos sind noch bei Euch. Und über Fotos vom Ulli Joho würde ich mich natürlich freuen, die Fotografen machen immer welche für ihr *Archiv*, aber der Fotografierte kriegt fast nie was davon zu sehen, mit einigen Ausnahmen, muß ich zugeben. (Kießling, Mohr – der hat Erwin fotografiert – Robbi Lorenz, von dem ich ein paar bekam).

Ich schreibe Dir rasch einen Brief, weil das Telefonieren von Schulzenhof aus immer eine Glückssache ist am Tage, und abends will ich Dich nicht dauernd belästigen.

Dank für Deinen freundlichen Text zu meinen Sachen! Ich wünsche *Für Dich* weiter oder wieder viele Leser! Las grade Eure Annonce in der *Wochenpost.*

Hoffentlich hat Dir der Urlaub gutgetan, tut Dir der Frühling noch besser, ich schleiche, hinke herum, dem Frühling unangemessen, rheumatisch behindert, der Anfall wahrscheinlich durch eine Medikamentenkombination ausgelöst.

Die Angst wegen unserem Matti bleibt: er will keine Transplantation, und ich kann ihm nicht zureden. – Sei gegrüßt!

13. März 1991

Mein lieber Herr Lenz, seit dem Herbst oder gar Sommer? habe ich wohl nicht geschrieben? Ich finde hier vier Briefe von Ihnen, der älteste stammt vom 9. Dezember –

daher nehme ich an, daß ich Ihnen im Herbst zuletzt schrieb – eben sah ich nach in meinem *Postbuch*, ja, am 25. 9. habe ich einen Brief an Sie geschickt …

Ich habe lange überhaupt nicht und nichts geschrieben, seit einigen Wochen versuche ich, wieder ins reine mit mir zu kommen, ein paar der noch möglichen Briefe zu schreiben, denn manche sind durch zu langes Schweigen *unmöglich* geworden, viele Bindungen und Verbindungen, gerade auch mit ausländischen Freunden, Schriftsteller-Freunden, habe ich absterben lassen. Nicht nur, daß mir Freunde weggestorben sind, nein, ich habe andere auch durch *Laßheit* verloren (ein aus dem Französischen entlehntes Wort, das es im Deutschen nicht gibt, aber ich habe es *annektiert* und einmal in einem Gedicht *Selbstporträt* verwendet, vor Jahren: „Lasser Zustand aus Schwäche …“) *Sie* sind über lange Zeit mein einziger Briefpartner gewesen, von Ihnen zu mir ging eine *Strahlung* von Trost, Stärkung, Besänftigung her. Weil Sie niemals *eiferten*, niemals mich zu belehren, mir Ratschläge zu geben versuchten, sondern so rein menschlich von sich und Ihrem Leben erzählten, war mir das Wissen um Ihre Existenz ein Gewinn … Ich dachte oft, wohnte ich in Ihrer Nähe, würde ich Ihre Kirche besuchen …

Merkwürdig ist, wie viele Menschen das Bedürfnis haben, andere zu belehren, zu ermahnen, ich erfahre das oft. Aus meinen Büchern, aus meinen Versuchen zur Selbstanalyse, leiten manche, nicht wenige, auch Jüngere, das Recht ab oder empfinden das Bedürfnis, mir Ratschlag und *Hilfestellung* zu geben. „So dürfen Sie nicht denken!“ – „Dies sollten Sie tun, jenes lassen!“ – „Sie sollten dankbar sein“ – Da war und ist es mir ein Trost zu lesen, daß auch Sie mit sich, mit dem Tag, mit dem Leben, mit der Welt zu *ringen* haben, daß auch Ihnen nicht leichtfällt, einen Sinn zu gewinnen aus Ihrem Tun, Ihrer Existenz, die ja gewiß gerechtfertigt ist durch Ihr Bemühen um andere Menschen, Ihre Hinwendung zu denen, die Stärkung in ihrem und Ihrem Glauben suchen ... Ich sehe Sie immer in Ihrem Garten, dem umfriedeten Garten, den ich nicht habe und mir ersehne, sehe Sie bei Ihren Büchern und dem *Buch der Bücher*, auch auf Fahrt und Wanderschaft durchs umgebende Land, von dem ich einmal, wie ich Ihnen schrieb, durchs *Fernsehen* einen überwältigenden Eindruck bekam ...

Wie sehr kann ich ihre Sehnsucht nach Salzburg verstehn, ihre Freude an dem Plan, dorthin zu reisen – ich schrieb Ihnen gewiß, daß mein Mann und ich 1983 in Salzburg waren, auch in *Mai in Piešťany* steht es wohl im Zusammenhang mit dem Tode unseres Freundes Hans-Joachim Kynaß. Vergangene Zeiten ... Am 20. November hatten wir einen schönen Abend in einem altalten Turm, wir wohnten in einer Wassermühle (Sie schrieben mir jüngst von *Wassermühlen*), die ein junger Müller zum Hotel ausgebaut hat – mitten in Buxtehude liegt das alte Gemäuer – nachdem er im Sägegatter – so war es wohl – einen Arm verloren hatte ... Wir sahen diesen fröhlichen Mann nur bei unserer Ankunft, er winkte aus dem Autofenster und fragte unseren Buchhändler, ob er ihm helfen solle, unser Gepäck hinaufzubringen ...

Sicher gibt es auch in Ihrer Stadt, in Ihrer Gemeinde, Menschen, die Sorgen haben, und manche, die krank sind vor *Lebensangst*. Auch in unserem Umkreis sind viele betroffen von Arbeitslosigkeit und Zukunftsungewißheit. Auch Verlage und Buchhandel sind in der Krise. Für die Leser ist es ein *Abenteuer*, neue Bücher zu finden, deshalb freue ich mich, daß *Sie* die *Briefe* gefunden haben.

21. März 1991

Liebe Herta Leistner, neben mir liegt Ihr so schönes *Baum-Foto*, ein so wunderbares, mir so vertrautes Bild, es ist der Baum, scheint es, zu dem das Gedicht *Mitternachtssee* aus *Atem* gehört: „Eine wiegt die andre Woge, / Und ein Herbes bindet beide / Und durchweht die Uferweide / Überm dunklen Wurzelsoge. // Ach wie silbern es da säuselt, / Ach es ist ein Mondeswehen / In dem Wasser, das sich kräuselt – / Aber keiner hats gesehen" – Dieses Bild, diesen *Standort* unter dem Uferbaum, hatte ich vor Augen, als ich aus einem Traum erwachte, nachts um drei in unserer Berliner Wohnung, im Nachtlärm der Frankfurter Allee, es war so suggestiv, daß das Gedicht entstand, groß war das Wundern darüber, daß dieser Baum jetzt *ungesehen* im Mondlicht, im Wind, im saugenden Wassergeräusch über seinem Wurzelgrund stand ... Lachen Sie nicht über mich, daß ich Ihnen jetzt, nach einem Jahr, für das Geschenk zu meinem 60. Geburtstag, für die herzlichen Worte dazu, danke. Ich war nicht imstande, Briefe zu schreiben, ein Weidenkorb mit Briefen und Telegrammen stand das ganze liebe lange Jahr (das heißt, das ganze unliebe, durch Angst und Haß verkürzte Jahr) neben meinem Tisch, wartete darauf, daß ich mich freimachen würde von der Bedrückung, vom Tage, daß ich meine Sache wieder auf *nichts* stellen und so den Tag und die Fähigkeit zur Mitteilung zurückgewinnen würde. Vor einer Woche habe ich begonnen, habe den Korb sortiert, weil ich natürlich niemals auf alles antworten werde, aber die wichtigen Briefe, die besonderen Gaben habe ich herausgelegt, um doch noch zu danken, ehe ich mich daran mache, für Drommers Taschenbuchverlag (*Aufbau Taschenbuch*) einen dicken Auswahlband meiner Gedichte zusammenzustellen, der heißen wird *Einst hab ich drei Weiden be-*

sungen. Drommer weiß noch nicht, daß er so heißen wird, aber ich weiß es, sein Motto wird ein altes Gedicht aus *Mondschnee* sein, das eben *Weiden* heißt und geht „Einst hab ich drei Weiden besungen. / Eine ist nur geblieben. / Ich habe drei Weiden besungen. / So sind auch drei Weiden geblieben." –

Vielleicht haben Sie inzwischen *Unterm wechselnden Licht* und die *Briefe II*? Falls Sie sich Bücher noch leisten können, nicht ins *Loch* der Arbeitslosigkeit gefallen sind?

28. März 1991

Seit *Jahren* will ich Ihnen schreiben, lieber Herr Voigtmann, so lange haben wir nichts voneinander gehört – nur gesehen habe ich Sachen von ihnen, wir sind uns mehrmals im *Erzgebirgischen Heimatkalender* begegnet, immer habe ich Ihre Arbeiten mit Freude und Einverständnis gesehen, hier und dort gab es auch anderswo Reproduktionen.

Nie vergesse ich *meine* beiden Bilder, die ich einst in Ihrem Atelier aussuchte, ich sehe sie in allen Details vor mir – niemals wieder war ich in Karl-Marx-Stadt, das nun Chemnitz heißt, seit jenem Tag nach der Lesung in St. Johannis(?) als ich bei Ihnen Besuch machte. Einmal noch gab es einen Versuch, die per Überweisung gekauften Bilder abholen zu lassen, der schlug fehl, mein Sohn sollte bei Ihnen vorbeikommen, hat es aber aus Gründen, die mir entfallen sind, nicht getan ...

Ich selber bin seit Jahren nicht gesund, um das mindeste zu sagen, daher nicht gereist, nicht geschrieben, auch jetzt geht es mir recht schlecht, ich wollte Ihnen aber doch den zweiten Band der *Briefe aus Schulzenhof* senden, in dem Sie *vorkommen*, jene Karl-Marx-Städter Tage sind darin *aufgehoben.*

Ob Sie wohl noch in der alten Wohnung zu erreichen sind? Vielleicht haben Sie aber auch das Land oder die Landschaft gewechselt? Geben Sie mir ein Zeichen!

17. April 1991

So einen guten Brief haben Sie uns geschrieben, liebe Marlies Menge, schon vor vier Wochen, gut, schön, schnell – und ich danke erst heute, schändlicherweise! Als erstes melde ich, daß mein Mann gestern als Tatsache bekanntgegeben hat, daß er die *Dissidenten-Hundeschau* besuchen wird – ich natürlich auch, wenn er mich mitnimmt (und wenn mein Knie ruhig bleibt wie in den letzten Tagen, nach einer schon *zwanzigtägigen Prednisolon-Kur*).

Unser Sohn Matti fühlt sich besser, sagt er, nachdem es vor vier Wochen eine schlimme Phase gab. Jetzt ist er, scheints, mit Medikamenten gut eingestellt, die das Wasser aus dem Körper bringen und die Organe *antreiben*. (Leber und Magen hatten versagt.) Er fährt zweimal in der Woche zum Spritzen nach Parchim, im übrigen schluckt er Tabletten. Zwei Positiva gab es bei seinem letzten Klinikaufenthalt in Rostock. Die Befunde aus Westberlin sagten, daß noch *Muskelgewebe* vorhanden ist, eine *Regenerationsmöglichkeit*, vage, besteht. Außerdem hatte sich das Herz in den drei Wochen zwischen den beiden Aufenthalten in Rostock, wo Aufnahmen gemacht worden waren, *um einen Zentimeter verkleinernt* ... Wie weit man was darauf bauen kann, weiß ich nicht, Professor Klinkmanns aus Rostock schrieben mir, daß es sich darum handle, „die Transplantation so weit wie möglich hinauszuschieben“, für uns ist jetzt erleichternd, daß Matti munter ist, zwar *total krank geschrieben* und sicher auch, wenn überhaupt, so bald nicht wieder gesund, aber er wirtschaftet mit seinem Baubetrieb herum, baut seit

Montag in *Hamburg*. Hoffentlich hat er mit seriösen Leuten zu tun, seine Leute, die gute *Klinker-Bauer* sind, schon allerhand Backstein und Fachwerk restauriert und gebaut haben (letztens für eine Bank im Schweriner Zentrum), sollen dort eine große Halle, einen Speicher, neu aufbauen – soviel ich verstanden habe, von einer alten Gewürzhandlung … Sicher nehmen sie Leute aus der DDR, weil die natürlich durch die niedrigeren Löhne billiger sind … Eigentlich dürfte er überhaupt nichts tun, aber vielleicht würde ihm das schlechter bekommen … Dank für die Bestätigung unserer Überzeugung durch Ihren Arzt! Dank, daß Sie ihn gefragt haben!

Was Ihre andern Informationen betrifft, auch dafür Dank! Ich kann nur hoffen, daß unser junger *alt-bundesdeutscher* Steuerberater die Dinge überblickt, *schlau* ist in unserem Interesse. Wir sind noch nicht darauf eingestellt, irgendwas zu unseren Gunsten *selbständig* herauszufinden.

Ich bin darauf eingestellt, mich in die Zeit zurückzuversetzen, ehe ich Bücher veröffentlicht habe, die Freiheit vorauszufühlen, die ich wieder haben werde, wenn ich nur schreibe, nicht drucke … Eigentlich mein Wunsch. Ich erzähle Ihnen das wegen der Vertrautheit, die ich Ihnen gegenüber empfinde. Komisch, Ihre Zeitung *Die Zeit* ist mir, so interessant vieles zu lesen ist, total *fremd*, hat mit *meinem* Leben nichts zu tun, geht mich nichts an. Was Sie da schreiben, macht eine Ausnahme, und Sie als Person sind mir wie seit immer bekannt. Auch ich freue mich aufs Wiedersehen. Seis bei den Hunden, seis woanders! Mein Mann grüßt herzlich!

17. April 1991

Meine liebe *kleine* Aibora, Jakob sagte, Du hast letzten Sonnabend in Schulzenhof angerufen, aber die Verständigung wäre so schlecht gewesen, daß er nicht einmal sicher ist, ob Du erkannt hast, wer da spricht ... Wir waren den ganzen Tag unterwegs, haben in Mecklenburg einen alten Freund besucht, den Schriftsteller Alfred Wellm, der sehr krank ist. Wir sind die ganze Zeit von Krankheit *umzingelt* und sind selber krank.

Ich schreibe das natürlich nicht, um Dir etwas vorzujammern, sondern zur Begründung, warum ich so lange nicht für Deine verschiedenen *tüchtigen* Briefe gedankt habe, in denen Du von Deinem Leben, Deiner Tätigkeit erzähltest und immer wieder fragtest, wie es uns geht? Und ob wir etwas von Deinem *Vater Galsan* gehört hätten? Einmal war in einem Brief an Jakob eine *Einlage* für uns, die hattest Du wohl an Jakob geschickt oder der Vater selbst – ich habe noch nicht geantwortet, will es aber bald tun, ihm auch meine neuen Bücher senden. ich will nur noch eine Geschichte zu Ende lesen, die *Vater Galsan* hier bei uns gelassen hat, die sich aber ganz schlecht liest, weil sie eng auf dünnem Durchschlagpapier geschrieben ist. Die Hälfte habe ich gelesen, sie spielt in der Kindheit, und ich glaube, sie ist *sehr* gut.

Meine liebe Aibora, Du hast nach Nele gefragt. Vorletztes Wochenende haben wir sie endlich kennengelernt, Jakob brachte Anette und Tochter mit nach Schulzenhof. Da war sie genau ein halbes Jahr alt, aber sie ist gar nicht wie ein *Säugling*, sondern wie ein richtiger kleiner fertiger Mensch. Sie hatte einen roten Rock mit schwarzen Punkten an, sah wie ein Marienkäfer aus, dazu eine Samt-Mütze, aus verschiedenen Farben zusammengesetzt, eine *Baskenmütze*, rote Strümpfe und weiße Schuh, und sie sah sich alles bei uns in Ruhe an, auch uns beide, *Onkel Erwin* und mich, sie weinte nicht, hatte vor nichts Angst, hat auf dem Pferd Krapie gesessen und gestanden – wir warn entzückt von ihr – aber wir wissen nicht, ob wir sie oft zu sehen bekommen werden, Jakob und Anette werden wohl nicht zusammenbleiben. Traurig. Wir hatten bisher noch kein Glück mit *Enkeln*. Dafür aber kommt Jakob jedes Wochenende von Freitagabend bis Sonntagabend. Er besorgt die Wirtschaft, denn Henry arbeitet nur vier Tage in der Woche, einmal Montag bis Donnerstag, in der folgenden Woche Dienstag bis Freitag. Jede zweite Woche muß Onkel Erwin zwei Tage alles allein besorgen. Aber eine andere Lösung können wir nicht suchen. Bis vor anderthalb Jahren hatten wir zwei junge Männer, die sich von Woche zu Woche abwechselten, außer Henry noch Holger, den jetzigen Schwiegersohn von Frau Dr. Diener, der nach Berlin zurückkehrte, als er Danny Diener geheiratet hatte. Unser *Lebensstil* entspricht nicht mehr der Lage auf dem *Buchmarkt*. Onkel Erwin versucht zu sparen, indem er überall das Licht ausschaltet und sich *nichts gönnt*, wie man bei uns sagt, aber das ändert natürlich nichts an den tatsächlichen Unkosten, die durch Gehälter, Steuern, Mieten etc. entstehen. Na, das wird sich alles ergeben. Onkel Erwin sagt immer: „Das *schüttelt* sich zurecht …“ Die Hauptsache wäre wirklich, daß die Krankheitslast sich verringert, daß vor allem unser Matti sich ohne Operation wieder erholt, denn operieren lassen, sich ein fremdes Herz einpflanzen lassen, will er nicht.

Denk nicht, daß wir nicht an Dich denken! Und wenn Du irgendwann ein *Loch* im Arbeitsplan hast, ruf an, und wir verabreden, wo Jakob oder Henry Dich abholen sollen! – Noch einmal Dank für Deinen großen großartigen Brief vom 25. März! Bei uns ist es jetzt so kalt, wie es damals war, Schnee liegt auf den Bäumen und Blumen – aber es wird hoffentlich vorbeigehen, ohne die Fliederblüten als Knospen zu töten, wie es oft geschieht, wenn plötzlich Frühjahrskälte kommt, auch voriges Jahr war es so. Das ist traurig. – Ob Du wieder gesund bist, keine

Halsschmerzen mehr hast? Gib Nachricht von Dir, erzähl, wie das *Fest* der mongolischen Studenten war!

17. April 1991

Dank für Ihren Brief, liebe Frau Doktor Klinkmann! Und hier kommen die gewünschten Gedichte! Zur *Stützung* lege ich noch drei Einzeldrucke bei, die einmal – in sehr vergangenen Zeiten – die *Neue Deutsche Literatur* herstellen ließ zu einem der *Solidaritätsbasare* auf dem *Alexanderplatz*, die jedes Jahr Ende August stattfanden, es war der Basar der Zeitungen, Zeitschriften und Verlage, da wurde immer jemand/jemande geladen zum *Büchersignieren*. Ich war mehrmals dabei, mal für den Rundfunk, mal für die *NDL*, mal für die *Wochenpost*. Es waren immer *Volksfeste* ... Eine unserer *verbrecherischen Aktivitäten* ...

Dank weiterhin für die Bemühung um Sohn Matti, der berichtet, daß es ihm besser geht. Wir werden ihn demnächst wieder besuchen, zum letzten Mal waren wir vor etwa fünf Wochen bei ihm, kurz bevor er wieder nach Rostock in die Klinik ging. Am vergangenen Sonnabend waren wir in seiner Nähe, bei Alfred Wellm in Lohmen. Sie kennen Wellm seit Jahren persönlich, wie ich vor längerer Zeit von ihm hörte. Wellm hat sich, entgegen allen Vorhersagen, erholt, ist wieder beweglicher geworden. Ich hatte ihn allerdings in der schlimmen Krankheitsphase nicht gesehen, aber andere erzählten von seinem Zustand, auch mein Mann hatte ihn im Herbst 89 einmal in Lohmen besucht, und er meint, daß es Wellm jetzt viel besser geht. So hoffen wir auch bei Matti auf ein *Wunder*. Oder besser, wie Sie schrieben, daß er dem Regime der Ärzte folgt und sich sein Zustand dadurch bessert. Er meldete von seinem letzten Klinikaufenthalt einige positive Ergebnisse. Was die Transplantation angeht, so wurde mir jetzt von Frau Dr. Böttner die Adresse des Vorsitzenden vom *Verein der Herztransplantierten Deutschlands (Ost)* übermittelt, sie riet, Matti solle sich mit ihm in Verbindung setzen.

Das Hauptproblem bei unserem Sohn wäre wohl, daß er ein *Entfesselungsmensch* ist, daß er keinen Zwang, keine Vorschriften erträgt, oder besser, daß ihm ein *Leben nach Vorschrift* auf Dauer zuwider wird und er vielleicht in einer Situation, in der es unbedingt notwendig wäre, die *Präzision* nicht einhält, die man ihm abverlangt ... Wir hoffen sehr, daß man das *Äußerste* vermeiden kann ...

Sie deuten an, liebe Frau Doktor Klinkmann, wie viele Dinge Sie belasten in dieser Zeit. Auch uns geht es so: es ist eine vollkommen gewandelte Welt, auch wenn noch alles so aussieht wie vorher. Was das Bücherschreiben und Büchermachen betrifft: der Buchhandel steht als *eiserne Barriere* zwischen uns und den Lesern. In Berlin ist keins meiner Bücher im Handel zu sehen, sagt man mir. Von meinem Mann gelegentlich die beiden Bände *Laden*. Von überall her schreiben *alte* Leser, fragen nach den neuen Büchern, und sie denken, es ist wie früher, *die Auflagen sind zu klein*, die Bücher vergriffen, dabei stehen sie bei der sogenannten *VVA Gütersloh* auf *Abruf* herum. Ich bin dabei, mich auf die Rückverwandlung in eine rein *private* Schreiberin einzustellen. Für das Schreiben hat der Gedanke an Adressaten sowieso keine Rolle gespielt (außer bei Briefen natürlich), aber das *Lebensgefühl*, das dem Schreiben als *Myzel* dient, war von der Verbindung mit Menschen geprägt, die mir durch die Bücher nahekamen. – Nun, das wird zu bewältigen sein, wenn nur die Gesundheit *stimmt*. Das tut sie leider nicht ... Trotzdem, trotz allem, habe ich die grünen warmen Tage genossen, jetzt liegt Schnee auf dem Grün, man möchte ihn eigentlich für Kirschblüten halten, so sehr widerspricht er den *vorletzten* Tagen.

Morgen fahre ich nach Schwedt, das heißt, man fährt mich, da ich nicht Auto fahre, ich lese am Abend dort im Theater, den Nachmittag werde ich bei einer Bildhauerfamilie (Axel und Cornelia Schulz in Monplaisir) verbringen, werde dort auch übernachten und am Freitag wieder nach Schulzenhof zurückkehren. Ich reise mit der Hoffnung, mich dabei zu erfrischen. – Liebe Frau Doktor Klinkmann, Ihnen und Ihrem Mann, Ihrer ganzen Familie gute Wünsche und herzliche Grüße!

17. April 1991

So schöne Briefe wie den Ihren bekommt man nicht oft, lieber Klaus Trende, Briefe, die einen so einladen! Mit dem begleitenden Gedicht, das mir den Branitzer Park heraufrief, aber vor allem in der Zeile „endlich da und von keinem Wort zerschnitten die Zeit" eine Gefühlsnähe zeigte, die mir auch erklärt, warum Sie *mich* einladen. *Zeit* ist ja ein Hauptwort meiner Gedichte, das Verlangen, in *diesem Moment* zu fühlen, daß man die Zeit *anhält*, sie *gewinnt*. Dieses „von keinem Wort zerschnitten" ist wohl die Hauptbedingung. Und doch versucht man, wenn man dessen ganz inne ist, es ins Wort zu bringen ... Ich habe mit dem *Branitzer Park* höchst merkwürdige Erinnerungen. Zum Erzählen oder zum *richtigen* Aufschreiben. Einmal war ich dort. – Ja, ich würde gern zu Ihnen kommen zum Lesen. Weiß nur nicht wie, da ich nicht Auto fahre. Ich müßte mich an meinen Mann *hängen*, der, soviel ich mitbekommen habe, am 29. Mai in Spremberg liest und mit irgendwelchen westdeutschen Fernsehleuten in Spremberg etwas aufzeichnen will. Andererseits möchte ich da nicht gern *herumsitzen*. Die Fahrt mit der Bahn zu machen, bin ich aber, wegen hartnäckig schlechter Gesundheit, nicht imstande.

Ihren Namen kannte ich ja, und ich besann mich auch, daß, zu meiner Schande, ein Brief, den Sie mir schon 1989 mit einer Einladung schickten, in meinem Postkorb unbeantwortet steckt. Verzeihn Sie mir als Dichter, der die Unzulänglichkeit des Menschen kennt, der schreibt ... Mit herzlichen Grüßen

17. April 1991

Lieber Achim Roscher! Als Du mir Dein Niemeyer-Holstein-Buch schicktest, habe ich sogleich einen Teil gelesen, dann kamen andere Dinge, verdrängten es, jetzt las ich es noch einmal *von vorn* und *hintereinanderweg*, ohne Ablenkungen (ich lag *beinlahm* zu Bett), und ich will Dir unbedingt sagen, was für eine ermutigende, schöne Lektüre das war!

Aber etwas anderes ist mir noch wichtiger als Deine Aufzeichnungen von den Erzählungen des *Alten*: In Deinem Nachwort scheint etwas auf, was eine wirkliche *Gestalt* macht. Es ist ja klar, daß der von sich Sprechende immer *in sich drin* ist, daß er sich nicht von außen zeichnet, sich nicht *rund* vorführt. Hast Du mal daran gedacht, über die Entstehung Eurer Bekanntschaft, Freundschaft, Arbeitsbeziehung zu schreiben, Dein Tagebuchmaterial zu verarbeiten, den Maler Niemeyer so hinzustellen, wie *Du* ihn gesehen hast und wie *die um ihn herum* ihn gesehen haben, was für Menschen das waren, die da kamen. Wir sind nie hin, trotz Überredungsversuchen von Freunden, trotz Brief von Niemeyer an Erwin – wegen Kauf eines Ponys –, weil er, als wir von ihm erfuhren, schon *Mode* war. Irma Münch-Minetti und Lisa Warnke, die Frau Herbert Warnkes, *schwärmten* von ihm, sprachen ganz familiär von *Käptn*, unser *dämonischer Chefarzt* aus Gransee *ging bei N. ein und aus* – also, ich stelle mir vor, daß es ein höchst eigenartiges Leben war in *Lüttenort*, und ich denke,

Niemeyer hat nur einen Bruchteil davon gegeben. Ich komme auf den Gedanken, Du könntest vielleicht mehr daraus machen, weil mir jemand ein großes Buch zum Geburtstag schickte, das ein jüngerer Theatermann Epstein über Chaplin gemacht hat – der wollte eine Chaplin-Biographie schreiben, die Kinder erzählen lassen und so weiter, das ging alles nicht, da kam nichts heraus, die hatten ihren Vater kaum gekannt – dann hat er sich entschlossen, *die Geschichte ihrer Begegnung*, ihrer Beziehungen aufzuschreiben, das, was er *wirklich* gesehn hat und weiß, und daraus ist ein so schönes und menschliches (und authentisch wirkendes) Buch entstanden, wie es wenige gibt. Auf andere Weise wie das Buch von Françoise Gilot *Mein Leben mit Picasso*, das ist ähnlich überzeugend. – Natürlich weiß ich, daß jetzt keine *Konjunktur* für so ein Buch ist, aber es ist ja überhaupt keine Konjunktur für Bücher außer solchen von Honecker und Oelschlegel, aber macht nichts: der *Geist* wird doch bleiben. – Ich beglückwünsche Dich jedenfalls zu dem, was Du Dir da erworben hast an Kunst- und Lebenserfahrung!

23. Mai 1991

Liebe Schulzens *alle*! Gleich, nachdem ich wieder hier war, also am Tag, als wir telefonierten, bin ich in den Keller gegangen, um das versprochene Ersatz-Exemplar von *Beweis des Glücks* heraufzuholen und es mit ein paar Dank-Zeilen nach Schwedt zu schicken, da Sie das mitgebrachte ja an Daniela nach Frankreich übersenden wollten – aber da ging schon (*morsch*, wie ich bin) in meinem *Organismus* eine neue Teufelei los: Zahnschmerzen, wie ich sie noch nie hatte, man sagte mir, das käme von der Prednisolon-Therapie, die man wegen meines Knies mit mir machte, das Medikament würde eine Parodontose aktivieren, gegen die ich seit Jahrzehnten *kämpfe*. Es endete, nach dauerndem Hin und Her zwischen Berlin und Schulzenhof damit, daß ich *gesunde* Zähne *opfern* mußte … Ganz umsonst, denn das Knie ist nicht gut, und, nach abermaliger *Anwendung* von Schlangengift, habe ich gerade eine tagelange Allergieplage hinter mir (oder fast, so daß ich mich jedenfalls heute wieder an die Schreibmaschine zwingen konnte, zwar noch mit *Anti-Allergica* im Hirn und in den Nerven, leicht *beschattet)* – Schwedt war ein Glücksfall, ein schöner und relativ beschwerdefreier Tag, den ich freudig im Gedächtnis halte … Am 29. Mai sollte ich eigentlich im Branitzer *Schloß* (bei Cottbus) lesen, habe aber vorsichtshalber abgesagt, aufgeschoben …

Ich sehe Sie nun alle in Ihrer Umgebung, bei der Arbeit, an den verschiedenen Plätzen in Haus, Garten, Werkstatt. Und ich kann mir denken, daß Sie noch mehr als wir auf günstiges Wetter warten, den ewigen Wind satt haben, die Kälte. Bei uns hier ist der Flieder erfroren im Blütenansatz (auch voriges Jahr übrigens), bei unserem neuen Haus, dessen Umgebung Sie ja nur nachts sahen, liegen die moorigen Wiesen und der Bach nahebei, da friert und erfriert es viel eher als *oben* an der Straße, beim alten Haus, wo das Tor ist. Da kommt der Flieder zum Blühen …

Übrigens will ich mir an Ihrer Gelassenheit, an Ihrer Arbeitsruhe ein Beispiel abnehmen, ich habe es nötig, um nicht im körperlichen und geistigen Mißbehagen zu *verkommen*. Dabei rühren mich *eigentlich* das Grün und der Frühling so sehr, daß ich sprechen möchte darüber … Sein Sie alle gegrüßt, einen besonderen Gruß an den *kleinen* Axel, dessen *Meerbild* hier neben mir liegt!

23. Mai 1991

Dank für Deinen *Kaplan-Essay*, lieber Achim Roscher! Kannst Du ihn nicht in der *NDL* bringen mit Reproduktionen der *Gogol-Köpfe*? Oder hattest Du die Köpfe schon einmal da reproduziert? Gesehen habe ich sie doch schon? Daß die Nationalgalerie sie noch immer nicht in Berlin ausgestellt hat, ist traurig und schändlich. – Übrigens geht es Marianne Gábor ähnlich wie Kaplan mit seinem Geschenk: sie hat 1980 nach der Berliner und Rostocker Ausstellung eines ihrer schönsten Bilder der Berliner, ein anderes der Dresdner Galerie übereignet, die sind natürlich auch im *Fundus* verschwunden. Schade drum, hätte sie sie behalten, so hätten sie inzwischen an den verschiedensten Ausstellungs-Orten gezeigt werden können.

Heute früh habe ich bei unserer *Poststelle* reklamiert, daß wir die *NDL Nr. 4* noch nicht bekommen haben. Als ich am 7. Mai im Verlag war, habe ich da die Nr. 5 schon gesehen. Die 4 bekam Erwin jetzt als Beleg wegen der *Stolper-Sache*. Hoffentlich geht es mit der Auslieferung nicht weiter so unzuverlässig. Das kannten wir ja bisher nicht.

Ich weiß nicht, ob es richtig ist, die *NDL* sehr weit nach *Westen* zu verschieben, was Autoren und Themen angeht. Wenn sie nicht hilft, den *DDR-Autoren* ein *Terrain* zu wahren, wird sie ihren Anhang verlieren und eingehen, davon bin ich überzeugt. Bei dem bis auf ganz geringe Ausnahmen erfolgreichen Bemühen, *DDR-Identität* zu vernichten in Presse, Funk usw., müßte die *NDL* ihrer Tradition nach doch eine Zeitschrift bleiben, die beweist, daß eine Literatur da war und ist in diesem Stück Land. Ich weiß nicht, wie weit ihr *frei* seid, was die *Unterstützung durch Darmstadt* bedeutet, aber Ihr solltet wohl überlegen, für wen Ihr die Zeitschrift macht. Denn von einer *Einheit* der Interessen in Ost und West kann wohl keine Rede sein. Und es bleibt ja immer die Frage, aus welchem Grund man zwölf Mark für eine Zeitschrift ausgeben soll …

Mit Grüßen, lieber Achim – übrigens kam dieser Tage Deine Anthologie *Tränen und Rosen* in neuer Auflage hier an, als Beleg, ich weiß gar nicht, wann ich den Abdruck eines *Gedichtes* genehmigt habe, freue mich aber darüber, daß es drinsteht in diesem prachtvollen und ganz gewiß überdauernden Buch, war nur etwas traurig, daß meinem Gedicht der Titel *Trost* abhanden gekommen ist …

23. Mai 1991

Ja, lieber Klaus Trende, nehmen Sie aus meinem Brief, was Ihnen für den Schutzumschlag paßt … Ich freue mich, daß Sie so eine Gelegenheit für Ihre Gedichte gefunden haben!

Am 7. Mai hatte der *Leiter des Aufbau-Verlages* seine Autoren versammelt (nein, der *Autoren-Rat des Verlages*, dem Christoph Hein vorsteht, tat es, aber die Verleger waren anwesend), und Elmar Faber, der Direktor, sagte, daß der Verlag es sich nicht mehr leisten könne, Lyrik zu drukken … Der Verlag wird sich, das ist klar, von allen Autoren trennen, die *sich nicht verkaufen*. Das sind die meisten aus der mittleren und jüngeren Generation.

Eine furchtbare *Vereinzelung*, Verhärtung, Vereisung, *Ent-Brüderlichung* geht an und um, das Miteinander-Telefonieren hat aufgehört, das Briefeschreiben läßt nach, ein Verlust nach dem andern, wir *ändern* uns alle in schrecklicher Weise: fragen einer dem andern nicht mehr nach. Natürlich müssen wir dem Sog zu widerstehen versuchen, aber man weiß, wie schwer es ist, dem Strom entgegenzuschwimmen.

Ich wünsche Ihnen Glück zu dem Buch-Unternehmen, schöne Tage, trotz der unnatürlichen Maikühle, in der grünen Natur Ihres Branitzer Parks!

27. Juni 1991

Endlich soll es werden, liebe Frau Wolff: Dank für *drei* Spargelpakete, den Heckenrosenzweig, die Grüße und Erinnerungen, auch für die Fragen nach dem, wies bei uns geht ... Nicht so gut, leider. Mein Mann liegt seit zehn Tagen fest mit einer Geschichte am rechten Bein, die er seit Pfingsten zunächst nur mit Schmerzen an der Ferse bemerkte, dann schwoll das Bein bis zum Knie an, die Schmerzen nahmen zu, schließlich wurden Ärzte befragt: Abriß von Fasern (wie ich verstanden habe) oder Sehnen, Thrombose in der Tiefe des Beins, Entzündung, die nur noch mit Penicillin und strenger Bettruhe bekämpft werden konnte ...

Eine Kette von Krankheiten, die schlimmste hat Matti, der jetzt in der Nähe von Schwerin, in einem schönen Bauernhaus, lebt, er hat ein *Baugeschäft*, das gut geht, aber er wird *nie wieder gesund* (hat ein Herz, das doppelt so groß wie ein normales ist), wir drängen, daß er den Betrieb aufgeben soll, aber er will nicht. Seine Freundin Marina, mit der er seit November 85 zusammenlebt, nimmt ihm vieles ab. Sie hat *auf Pferde gelernt*, sie haben jetzt eine Araberstute aus unserer Zucht und ein Halbblut, eine zwanzigjährige Stute, auch von uns. Beide Pferde hatte unser Tierarzt als Fohlen gekauft, jetzt, da er *privat* ist, ist ihm alles zu viel geworden, und er bot sie uns zum Rückkauf an. Die sechsjährige Araberstute hat Matti, der damals bei uns in Schulzenhof war, aufgezogen. Sie sind glücklich über die Pferde. Marina hatte vorher vier Ponys für *Reit-Touristik*, aber die hat sie jetzt dem Verkäufer zurückgeben können. Sie konzentriert sich auf die Araber und den Baubetrieb.

Hier schicke ich Ihnen, mit Grüßen und guten Wünschen im *grünen Juni*, meine neuen Bücher.

25. Juli 1991

Nun sind fast drei Monate vergangen, lieber Hubertus, seit Sie Ihren Brief schrieben (28. 4.), ein paar Tage später kam der *Grass*, geschickt von *Volk und Welt*. Was für eine prächtige Ausgabe! Ich denke, mein Mann, dem Sie ja zukam, hat noch nicht gedankt, also tue ich es – inzwischen hörte ich von jemand, der bei der *Pressekonferenz des Verlages* war, daß Grass sich *kritisch* äußerte, weil sein Buch, seine Bücher so spät herauskam/kamen in der DDR, er machte wohl Gruner Vorhaltungen, jedenfalls empfand es der jemand oder die jemand, ich glaube, es war Luise Köpp vom früheren *Radio DDR II*, als ungerecht gegen Gruner und als undankbar, weil es wirklich so eine hervorragende Ausgabe der *Blechtrommel* ist …

Bei Ihnen geht nun bald das Studienjahr und damit, wenn es bei Ihrem Entschluß bleibt, Ihr *Lehramt* zu Ende. Ich denke die ganze Zeit zu Ihnen hinüber: daß sich die Sache mit dem Haus klären möge, daß der Kauf Gesetzeskraft behält. Nun, bei den rasend steigenden Preisen, kann ich mir denken, daß die *Nachkommen* Haus und Grundstück zurückhaben möchten. Diese Sache ist wohl die wichtigste jetzt für Sie alle, der sichere Boden, auf dem Sie leben. Denn daß sonst alles anders wird, anders ist, sieht und hört man allenthalben. Ich sah im *Fernsehen* ein *Interview* mit Uwe Pfeiffer (ein oder zwei f?) von Halle, er erzählte, daß die *West-Galeristen* ihm jetzt sagen: Ihr fangt wieder bei Null an, nichts mehr von den früheren Preisen, und Aufträge gibt es nicht mehr … Übrigens sehen wir es ja an unseren eigenen Angelegenheiten mit dem Verlag, mit dem Buchhandel. Alles ist ungewiß. Jetzt ist wieder *Bertelsmann* als Käufer für *Aufbau* im Gespräch. Und was der mit dem Verlag macht, weiß keiner. Da die *Immobilien* im *Zentrum* Berlins, wegen *künftiger*

Hauptstadt, nicht mehr verkauft werden dürfen, schwindet das Interesse der potentiellen Käufer an den Verlagen, so war es wohl auch bei *Volk und Welt*. Wenn man sich nicht *abhärtet* gegen diese Sachen, *geht* man mit den Verlagen *ein*. Man muß an Schreiben denken, das vom Veröffentlichen unabhängig ist.

Mein Mann hat den *Laden III* beendet, ich habe seit langem nichts davon gesehen, soll das Manuskript nächste Woche zu lesen bekommen. Mein Mann hat es, im Bett liegend, beendet. Er liegt heute seit fünf Wochen, ein *Faserabriß* an der Achillessehne des rechten Fußes plus Thrombose, nun beginnt er allmählich wieder mit Laufübungen. Er hat schon ein neues Buch begonnen, sagt er mir. Er versucht, sich nicht von den Dingen beeindrucken zu lassen, nur die *bürokratischen Nötigungen* machen ihn so nervös, daß er *lebensmüde* wird. Daß man zum Beispiel einen *Steuerberater* braucht und dem *zuarbeiten* muß, indem man jeden *Mist*, jede Rechnung, sammelt – alles andere hat er sowieso und wie immer mir zugeschoben, bloß früher waren es ja *Bagatellen*, jetzt kommen dauernd irgendwelche zigfachen Fragebögen, auch, weil wir *Angestellte* haben.

Vor meinem Mann war ich wochenlang mit einem kranken Knie zu liegen gezwungen, dazwischen kam meine Mutter ins Krankenhaus, und ich mußte dauernd nach Neuruppin (meine Mutter ist siebenundachtzig, und sie fährt immer noch mit dem Fahrrad durch diese Stadt Neuruppin zu ihrem Garten am See), so war vom Frühling an alles recht elend, das schöne Grün verging ungenutzt, drang nur ins Haus, war nur für die Blicke von drinnen und für sparsame Gänge über den Hof und durch den Garten bis zur Koppel am Wald. Auch jetzt nun der Sommer: Alle Welt reist in die Schweiz, nach Griechenland oder sonstwohin, aber wir sitzen hier fest und warten auf Wunder oder wenigstens gelegentlich auf einen Anruf. (Aber es ruft keiner an, alle haben das Telefonieren eingestellt, sparen die Kosten. Einige haben das auch früher getan, da waren immer wir die Anrufer, aber nun hat mein Mann auch das Sparen angeordnet und will nicht *immer* derjenige sein, der den anderen nachfragt.) Unser Haupt-Telefonat geht jede Woche mindestens einmal mit Matti, der natürlich immer krank ist, aller paar Wochen in die Klinik nach Rostock geht, aber sonst seinen Baubetrieb führt und sagt, daß er sich besser fühlt als vorigen Sommer, in dem der kritische Zustand deutlich wurde. Jeden Montag fährt er mit dem Auto nach Hamburg und zurück, er baut dort mit acht seiner Mitarbeiter eine riesige Halle (Klinker) wieder auf und aus. Am 13. Juni wurde er dreiunddreißig, nach dem Tag erzählte er mir, ihm wäre nun leichter, denn die *Ärzte in Westberlin* hatten *ihm* gesagt, er würde ohne Herztransplantation den Geburtstag *nicht* erleben ...

Jakob hat sein Bibliothekar-Studium abgeschlossen. Eine Stelle in seinem Beruf findet er nicht. Ilja ist im Allgäu mit seiner großen Familie, er macht weiter erfolgreich Keramik, Erwin junior hat den ganzen Juni hindurch im Stendaler Dom den *Faust* gespielt und hofft auf neue Möglichkeiten zum Herbst. – Lieber Hubertus, sein Sie gegrüßt!

25. Juli 1991

Dank für Ihren Brief und das Foto, liebe Frau Schalonek!

Ich glaube, niemand anders als ich braucht Ihnen das zu erlauben, vielleicht brauchte nicht einmal ich es, jedenfalls gibt es in den *Verlagsverträgen* keinen Passus, der sich auf diese Art Veröffentlichung bezieht. Schon mehrmals haben Fotografen Bilder mit meinen Gedichten zusammen ausgestellt, sicher haben nicht alle bei mir angefragt, aber einige, die von Ort zu Ort mit den Ausstellungen gingen, sagten mir Bescheid.

So wünsche ich Ihnen Glück zu Ihrem Vorhaben und bedanke mich für die Zuneigung, die Sie meinen Gedichten beweisen!

25. Juli 1991

Grüße nach Damnatz hinüber, liebe Frau Menge, ich vermute, daß Sie dort sind (bei der Glucke). Aus Schulzenhof, wie immer, Krankenhausnachrichten. Mein Mann *liegt* heute seit fünf Wochen in seinem *Oberstock* fest, das heißt, er beginnt wieder mit Lauftraining. Er hatte am rechten Bein, seit Pfingsten verschleppt, Abrisse an der Achillessehne (da soll es so Fasern geben, die reißen können) und eine Thrombose. Nachdem er vier Wochen sich *so* damit *herumzog* (auch zwei Fernsehaufzeichnungen, drei Tage mit dem *WDR-Bildungsfernsehen* in der Lausitz, vier Tage mit *DFF* in Schulzenhof gemacht hatte trotz elender Schmerzen), mußte er von einer Minute zur anderen sich legen, die Ärzte sagten, es sei *ganz gefährlich*. Man spritzte ihm Penizillin, gab allerhand Tabletten und Salben, vor allem aber mußte er liegen und das Bein hochlegen. Da ließen die Schmerzen nach, das Bein schwoll ab (es war zweimal so dick wie das linke), aber dann wurde es wieder schlimmer, weil er sich nämlich eine Konstruktion baute, die er von den Wochenbetten seiner Mutter kannte: immer, wenn sie sich einen kopfunter stehenden Stuhl ins Kreuz hatte stellen lassen, um sitzen zu können, wußte er, daß sie ein neues Kind im Haus hatten, sagt er (es muß sich um die Kinder drei und vier gehandelt haben, die Brüder Heini und Martin, da war er vier und sechs Jahre alt). Also diese Konstruktion benutzte er, um gegen das Ende des *Laden III* hin zu schreiben. Aber das hätte er nicht tun dürfen, sagen die Ärzte(tinnen). Dadurch hat er irgendwelche Hauptvenen in der Leistengegend abgeklemmt, wieder was gestaut, Schmerzen kamen zurück, das Bein schwoll wieder an ... von da an ergab er sich in die von Anfang an vorgeschlagenen *kalten Wickel*, und es wurde besser. Vor zehn Tagen hat er den Roman beendet, hat dann eben im Liegen diktiert und korrigiert. Ende der Woche kommen dreißig Seiten von der Abschreiberin, und dann soll ich das Manuskript lesen ... Ich habe lange, wohl zwei Jahre, nichts davon gesehen. Inzwischen, das erfuhr ich nebenbei, hat er ein neues Buch begonnen und eine Sammlung Aphorismen im *Tagebuch* abgeschlossen. So *krank* ist er.

In dieser Stunde, in der ich Ihnen schreibe, macht unser jüngster Sohn Jakob, den Sie wohl kennenlernten, seine Schlußprüfung zum *Diplombibliothekar, Verteidigung seiner Arbeit über die Bibliothek Pappelallee*, in der er fast vier Jahre vor dem Studium gearbeitet hat. Schrecklich gelehrt wegen der vielen Zahlen, der sozialen, kommunalen etc. Hintergründe. Drei *Gestrenge aus dem Westen* werden da sein, bis vor kurzem war noch nicht klar, ob man den Absolventen den *Diplombibliothekar* gibt, der hier bisher nicht üblich war. Nun tut mans. Er hat (Jakob hat) aber keine Aussicht auf eine Bibliothekarstelle, durch einen puren Glücksfall und dadurch, daß man sein altes Arbeitsverhältnis mit der Bezirksbibliothek Prenzlauer Berg *reaktiviert* hat, kann er am 1. September beim Sozialamt Prenzlauer Berg zu arbeiten beginnen. Dadurch kommt er aus dem *Luftverhältnis* heraus, in dem er sich jetzt befindet. Er bekommt seit April kein Stipendium mehr, wird aber auch in dem Praktikum nicht bezahlt, das er seit 1. 4. bis 2. 8. macht.

Unser Verlag zieht sich mit Verkaufsab- und -aussichten über die Monate herum. Die *Immobilie* darf nicht verkauft werden (Hauptstadt Berlin), so werden vielleicht die fünf Kapitalgeber, von denen die Rede war, wieder *abspringen*. Schon ist wieder von *Bertelsmann* die Rede. Wir stehen in der *Treuhand* Hand. – Die freundlichen Ratschläge wegen meiner Differenzen mit dem Verlag entsprechen meinen Einsichten. Eigentlich müßte ich ja gegen *Ex-Minister Schirmer* klagen, nicht gegen den Verlag. Und ich habe die Idee auch aufgegeben aus *Ekel vor dem VS*, die Berichte von diesem *Kongreß*, die Anmaßlichkeit dieser Friesels sind mir so zuwider, daß ich mit den Leuten nichts zu tun haben, von ihrer *Gunst* schon gar nicht abhängen möchte.

Es wäre schön, freundlich, erfreulich, wenn Sie bei uns einschaun würden. Sie sehen, daß wir es nötig haben, Freunde ins Haus zu bitten. Wir selbst können vorläufig nirgends hin.

26. Juli 1991

Dank für Ihren *Nach-Leipzig-Brief* und die Fotos, liebe Frau Doktor Curtius! Mein Mann hat Ihnen inzwischen geschrieben, wie er mir sagte, *abgeschrieben*. Vielleicht, wenn Sie Ihr erstes *Gesprächsbuch* geschickt hätten und es ihm gefallen hätte, wäre er darauf eingegangen, beim zweiten mitzumachen. Ihre Erklärungen waren ihm zu *theoretisch*, und da wird er gleich *sperrig*.

Übrigens ist all das, was Ihnen Ihre Bekannten über *Ole Bienkopp* erzählten, in den *Briefen aus Schulzenhof* reflektiert. Ich beglückwünsche Sie zu Ihrem regen, interessanten Leben, das zwischen Orten und Tätigkeiten so produktiv wechselt!

26. Juli 1991

Eben hatte ich das Blatt in die Maschine gespannt und die Anrede *liebe Marianne, lieber Mityu!* geschrieben, da sagte mein Mann: ob wohl die Post noch nicht, schon da ist? Es ist Freitagvormittag halb elf, ich *walzte hinauf*, wie wir sagen, an den Postkasten beim Gartenzaun an der Straße und brachte Deinen/Euren Brief an ihn mit. Ein wenig traurig bin ich jetzt, daß Ihr nach mir nicht einmal *gefragt* habt. Mein Mann liegt die sechste Woche zu Bett, er hatte seine *Bein-Krankheit* verschleppt, und nun dauert es lange, es gab Rückfälle, jetzt hat er, seit sechs Tagen, einen Zinkleimverband ums rechte Bein, der muß drei Wochen dranbleiben. Er darf aber schon etwas aufstehen zwischendurch und auch ein wenig *Lauftraining* machen.

Ich habe mit meiner Mißstimmung über die Zeiten und über die Menschen zu tun ... Unsre Freundin Vera hat ein Buch über ihr Leben geschrieben, in dem zwar die meisten Tatsachen stimmen, aber durch Weglassen anderer Tatsachen und durch die Selbstinszenierung als *Opfer* wird das ganze zur gigantischen Lüge, geschrieben hat vielleicht nicht sie, sondern ihr neuer, viel jüngerer Liebhaber, ein Dramaturg. Das Buch ist bei *Ullstein* erschienen und als Vorabdruck in der *Berliner Zeitung*, wo es Proteste gab, aber es ist sicher ein *kommerzieller Erfolg*, sie hat es geschafft, *mit dem Rücken an die Wand zu kommen.*

Das *Theater im Palast* existiert nicht mehr, die *Bonner Herren* wollen den *Palast* abreißen, damit jede Spur schwindet vom Leben, das wir einmal hatten hier ... Alles nur noch Erinnerung ...

Wie gern würden wir zu Euch kommen, aber auch unser Sommer ist, wie Ihr seht, durchaus nicht schön. Als mein Knie (in dem ich Wasser und schreckliche Schmerzen hatte) noch längst nicht gut war, kam meine Mutter ins Krankenhaus, da ließ ich mich viermal in der Woche nach Neuruppin fahren, weil sie niemanden außer mir hat in der Nähe, schon während sie krank war, begann Erwins Bein-Leiden. Zwischendrein machten wir hier draußen vier Tage

Fernsehaufnahmen für einen Interviewfilm über Erwin, der im Oktober, kurz vorm Ende des *DDR-Fernsehens*, noch gesendet werden soll.

Alle Ärgernisse und Mißstimmungen und Widrigkeiten werden dadurch neutralisiert, daß unser Matti, von dessen schlimmer Krankheit ich Euch schrieb, sich *leidlich* fühlt, sagt, daß es ihm besser geht als vorigen Sommer, da die zunächst undefinierbare Krankheit sich bemerkbar machte mit Schwäche, Zusammenbrüchen, Übelkeit. Er ist und bleibt zwar krank und krank geschrieben, wird sicher über kurz oder lang invalidisiert, aber er glaubt doch, sich mit der Therapie, die er bekommt, *halten zu können*.

Ich stelle mir vor, wie es bei Euch ist, wie Ihr über die Tage kommt, eingesperrt in der Wohnung und umgeben von einer sich verändernden Welt, die von ihrer jüngsten Vergangenheit nichts mehr wissen will ... Ob Du malst, Marianne? Ob da ein Bild auf der Staffelei ist? Ob Du wie Erwin die Verhältnisse bezwingst? Und wieder sage ich: warum sind wir nicht länger in Szólnok geblieben? War das ein schöner Tag mit den Bildern!

26. Juli 1991

Hoffentlich fürchten Sie nicht schon, daß der *Bettina-Katalog* nicht zu Ihnen zurückkommt, liebe Christa Panzner! Es waren am 21. schon zwei Monate, daß Sie schrieben und ihn schickten.

Aber bei uns *alten Menschen* ist immerzu was los mit Krankheiten, die dieses Jahr in den Beinen stecken. Ich konnte deshalb auch nicht zu der *Wegner-Ausstellungs-Eröffnung* in Rheinsberg kommen, bei der Sie waren, überhaupt die Ausstellung nicht sehen, was ich mir sehr gewünscht hatte.

Diese *körperlichen* Widrigkeiten lassen die geistigen gering erscheinen, ich habe jetzt eine völlige Gleichgültigkeit gegen das, was hier geschieht oder geschehen könnte … Unser einziger *Neubauer* in Schulzenhof, der *Enkel des Arnimschen Knüppelförsters*, beginnt das Land und eine Scheune, die er von der *Bodenreform* bekam, an Westberliner zu verkaufen. Wir werden vielleicht demnächst eingebaut mit *komfortablen Häusern*, dann werden auch wir sehen, wie man *menschenwürdig* lebt …

Ich schrieb Ihnen, daß unser Sohn Matti so sehr krank ist, unser *Glück* jetzt, daß er sich *leidlich* fühlt, das erste Halbjahr nach der schlimmen Diagnose im Januar überlebt hat. Vielleicht kommt er morgen oder übermorgen (Wochenende) von bei Schwerin herunter zu uns. Seit Ende April haben wir uns nicht gesehen.

Ich habe, für die Taschenbuchreihe, die *Aufbau* begonnen hat, einen dreihundert Seiten starken Band meiner Gedichte zusammengestellt, der *Einst hab ich drei Weiden besungen* heißen wird. Es war mir *sehr* merkwürdig, in meinen alten Gedichten wochenlang zu leben, als ich die Auswahl machte, viele Gedichte habe ich völlig vergessen, keine Ahnung, daß es sie gibt … *Gott* gebe mir noch einmal eine Zeit, um leichten Herzens Gedichte zu schreiben!

Was ist mit Ihrem Haus? Wo mögen Sie stecken? Jung wie Sie sind, reisen Sie sicher in der Welt umher wie viele Leute, die wir kennen: Schweiz, Griechenland, Italien – vielleicht werden Sie wieder bei Bettina von Arnim in Südfrankreich sein? Ich bewundere die heutige Bettine von fern, sagen Sie es ihr, bitte, auch ihre Bilder im Katalog haben mich beeindruckt, so wie ihre ganze Existenz. Ich kann mir nicht denken, daß sie *Hemmungen* hatte, hier vorbeizukommen! *Sie* haben es offensichtlich getan, schreiben so, als ob Sie Schulzenhof gesehen haben. Warum nur haben Sie sich nicht bei mir gemeldet! – Mit den herzlichsten Grüßen an Peter und die Kinder, mit allen guten Wünschen!

27. Juli 1991

Nun sind schon wieder fast vier Monate vergangen, seit Sie mir das neue *Masken-Blatt* schickten, lieber Herr Kratsch, ich bewundere, wie Sie mit Ihrer *Masken-Metapher* seit Jahren umgehen, wie Sie auch diese *Massen-Bewegung-Erstarrung* des *1989er Leipzig* mit Ihrem poetischen *Werkzeug* bearbeitet haben. Denn es ist ja, was vorgeht, aufgegangen ins *poetische (malerische)* Bild. Man müßte nichts von den Vorgängen wissen, um an dem Blatt Gefallen zu finden. So wie das *Wohlgefallen an der Ikone*, am christlichen Bild, nichts mit *Glauben* zu tun hat ...

Wie mag es bei Ihnen stehen? Können Sie *überleben?* Können Sie sich die Heiterkeit zur Arbeit bewahren? Aber Sie sind, glücklicherweise, noch so jung, daß Ihnen aus dem Guten der Veränderungen, der Reise- und Bewegungsfreiheit, sicher Lebensfreude zuwachsen wird? Vielleicht reisen Sie nach Italien, Frankreich, Griechenland? – Ich wünsche Ihnen Glück zu allem!

4. November 1991

Mein Mann gab mir Ihre Bücher zu lesen, lieber Ulrich Schacht, da fand ich nicht nur die *Mit-Widmung* für mich in Ihrem Gedichtband, da fand ich Erscheinungen *gebannt*, Dinge *erstmals so* gesagt, daß es mir unmöglich ist, Ihnen, *Sehr geehrter Herr* zu schreiben, aber auch wegen der *Konzerte* kann ich es nicht. Sie sind so alt wie mein ältester Sohn, Ihre Mutter wird etwa so alt sein wie ich.

Sie haben aus dem *Bornholm* eine *Gestalt* gemacht, allmählich, von Geschichte zu Geschichte, tritt sie hervor, aber natürlich denkt man an *Sie*, je weiter man hineingezogen wird in das so *authentisch* erzählte *Schicksal* ... Warum Ihres *so*, warum das Ihrer Mutter *so*? Ich hoffe, Sie werden es uns eines Tages in Schulzenhof erzählen ...

Als *Gegengruß* schicke ich Ihnen meinen letzten Gedichtband, 1988 erschienen, ganz *andre* Gedichte als Ihre, bei denen ich mir die *Zäsuren*, die durch Auslassen der Interpunktion und andre Einebnungen vermieden wurden, mit *Immer-Wieder-Lesen und – Anlesen* herstellte und die ich in Gedanken auf einen *Probestand* brachte, indem ich sie mir fortlaufend, mit Punkt und Komma, wie einen Prosatext gedruckt, vorstellte und: *es war immer ein Gedicht*!

Ich wünsche Ihnen sehr, daß Ihr *Welt-Verhältnis* Ihnen so erhalten bleibt!

12. Dezember 1991

Gestern kam Ihr Brief, lieber Herr Ziemann, er hat mich *zum Weinen* gerührt (die Post kam kurz vor Mittag, ich ging in mein Zimmer, las ihn dort allein, da geschahs, daß ich gegen das *Überwältigtwerden* angehen mußte, und dann, später, noch mehr, als ich meinem Mann Ihren Brief vorlas) – ich wollte Ihnen eigentlich den ganzen Sommer schon schreiben, daß ich dem Band diesen Titel geben würde, es gab gar keinen anderen, sofort, als mich die Verlagsleute fragten, ob ich einen Auswahlband fürs Taschenbuch machen würde, stand für mich fest, daß das Buch *Einst hab ich drei Weiden besungen* heißen und Ihnen *gehören* sollte. Als Elmar Faber mir das *Signalexemplar* brachte (am 13. November), war ich traurig und zornig, weil die Widmung so *versteckt* war. Ich hatte drei meiner Bücher mit Widmungen versehen (zwei meinem Mann, eines den Söhnen), und jedesmal war, zum Eingang des Buches, groß und deutlich die Widmung erschienen. Ich hielt es für *selbstverständlich*, nun aber steht zuerst seitenlang das Inhaltsverzeichnis, und dann erst kommt das *Widmungsblatt* …

Sie haben mir im vorigen Jahr etwas so Wichtiges gegeben, einen *Halt*, der über all die Zeit gewirkt, mich *auf-*

recht erhalten hat in diesem schlimmen Jahr, in dem nur Krankheit, Angst und Überdruß geherrscht haben, bei uns, bei mir, und noch ist nicht abzusehen, daß es sich *lichtet*, im Gegenteil. Seit einem halben Jahr werde ich von der Betreuung meiner siebenundachtzigjährigen Mutter *absorbiert*, die mit dem Fahrrad verunglückt und, nach einem Beckenbruch, ziemlich *verwirrt* ist. Mein Mann lag im Sommer wochenlang mit einer Thrombose, und jetzt geht es ihm so schlecht, daß er sich nur *herumschleppt*, aber er *arbeitet*, versucht, den *Laden III* zu beenden, von dem er doch will, daß er zu seinem achtzigsten Geburtstag im nächsten Sommer erscheint.

Die Ursache für sein schlechtes Befinden ist noch nicht geklärt, *Untersuchungen der Lunge*, die seine Ärztin sofort gemacht haben wollte, hat er in den Januar hinausgeschoben …

Oft, wenn wir die letzten Jahre bereden, taucht Buxtehude als *Glanz* auf, die schönen Tage im November 90 sind unvergeßlich. Und sie kamen nicht nur in die Erinnerung bei Ihren Briefen, deren zwei schon nicht bedankt waren vor diesem letzten. Alles, was Sie uns zusandten zum Jubiläum des *Buxtehuder Bullen*, haben wir natürlich *verschlungen*, wir wußten nicht (hätten es uns aber leicht denken können), daß die Stiftung des Preises und alles übrige Ihr *Werk* war. Dank für die Festschriften wie auch für Maria Seidemanns *Erzählung von der Reise …*

Ich denke an Oleg, Swetlana und Timofej, die *Bären auf dem Sofa*, ebenso wie an die *kleine* (große) Elisabeth und an Ihre Frau und an Ihr *Gehäuse* und den *Laden* und an Sie, wie Sie da werken so in der Frühe, *4 Uhr 50!* Bei *halber Nacht*, wie es in den alten Liedern heißt. Was Sie tun, was Sie schreiben in Ihrem Brief, gibt der Poesie *Halt*, so wie mir Ihr *Bekenntnis* zu dem *Weiden-Gedicht* im vorigen Jahr das Gedicht *zurückgegeben* hat und den Glauben, daß *der Tag für neue Gedichte* gewiß kommen wird, daß das *schwindende, schwankende, stammelnde Ich* (so habe ich wohl einmal geschrieben), sich wieder sammeln wird aus diesen zerfasernden, zerreißenden Verhältnissen heraus, *um zu sprechen* ...

Ich hoffe, daß Ihnen die Weihnachtswochen gut vergehen im Geschäft (glücklich bin ich, mein Buch bei Ihnen zu wissen) und mit der Kinderfreude Elisabeths, die Sie teilen. Grüßen Sie alle im Haus, voran Ihre so tüchtige, energische Frau (*Frau Abgeordnete!*) – und wir freuen uns ganz stark auf Ihren Besuch im Januar, für den Sie vor allem *Zeit* mitbringen sollen!

Ich muß um Nachsicht bitten für das ungeheuerliche Geschreibe-Verschreiben, ich bin nicht nur aus der *Übung*, sondern überhaupt *außer Takt*.

Sie sind der Mensch, lieber Herr Ziemann, der mich, seit Jahren, am stärksten gerührt hat (dessen *Existenz* mich am stärksten berührt hat).

1992

3. März 1992

Liebe Frau Menge, spät kommen Dank und Gruß und gute Wünsche zu Ihnen, in Erwiderung der Ihren zu Neujahr! In letzter Zeit habe ich zwar in Ihrer *Nähe* gelebt, habe jetzt erst das *Zeit-Buch* gelesen, das Sie beim letzten Besuch mitbrachten (*Reise ins andere Deutschland*) und auch wieder in Ihrem *Mecklenburg-Buch*, aber das Schreiben wurde verschleppt ... Vor allem anderen: es hat mich erstaunt, wie vieles Sie und Ihre Kollegen 1986 richtig gesehen haben, und doch ist ja im ganzen das Urteil über das Gesehene und Gehörte ein sehr anderes als das heute *feststehende*: *die DDR ein Müllhaufen*, und sie ist *an sich selber zugrundegegangen*. (Nicht etwa an *Rußlands Zerfall.*)

Mit Interesse, Vergnügen, Gewinn las ich auch die *Briefe an den lieben Fritz*, von dem ich als *Kostbarkeit* einen Gorki-Band über *Sozialistischen Realismus* bewahre, den er in seiner *DDR-Zeit* herausgegeben und eingeleitet hat ... Merkwürdig, wie *bestätigungsbedürftig* wir Menschen sind: Raddatz, sollte man denken, hat soviel *Öffentlichkeit* gehabt, ist so gefürchtet und gerühmt worden, daß er eigentlich kein *Defizit* spüren könnte, aber, siehe da, auch Böll hofft, eines Tages *wirklich* erkannt zu werden, er fühlt sich immer über- oder unterschätzt ...

Etwas hat mich *gepeinigt* in einem Ihrer Artikel: daß Sie von der *Beflissenheit der DDR-Leute* Ihnen gegenüber sprechen. Ich dachte: vielleicht auch wir? Vielleicht war nicht klar, daß wir *für Sie*, ganz *individuell*, *Sympathie* hatten, da Sie uns bei Ihren seltenen Auftritten im Fernsehen gefallen hatten, wegen Ihrer *Ausstrahlung*, Ihrer Ruhe, Überlegtheit, daß wir viele Anfragen um Besuche, um Interviews abgelehnt hatten, *nur weil Sie es waren*, darauf eingingen und Ihnen erfreut, vielleicht auch *beflissen* entgegenkamen. Natürlich verstehe ich Ihre Frage, die Sie sich immer stellten: bin ich, *Marlies Menge*, gemeint oder die *bundesdeutsche Journalistin*? Wir hatten, im Gegensatz zu manchen unserer Kollegen, keine Kontakte nach *drüben* außer privaten und zu Lesern, die uns schrieben. Natürlich ist die Lage und Haltung einer Schriftstellerin wie Helga Schubert, die in dem Buch von 1986 häufig als *Kronzeugin* auftaucht, heute eine andere als unsere. *Sie* hatte schon vorher das andere Land zu dem ihren gemacht, wir nicht, wir versuchten hier, was heute geschimpft wird, das unsre zu tun. Ich empfinde es so, daß ich jetzt *ohne-Land* bin, was mir allmählich lieb wird und, wie ich hoffe, *produktiv* werden soll. Mein Mann empfindet anders, er hat beschlossen, sich um nichts zu kümmern, er arbeitet hartnäckig gegen das Ende des *Laden, Band III* hin. Er ist froh, daß er es kann. Unser Sohn Matti, dem Sie immer nachfragen, hatte einen solchen *Einbruch*, daß wir bei jedem Telefonklingeln vor Angst erstarrten. Es war wieder der *seidene Faden*, an dem er hing. Jetzt, seit einer Woche, stabilisiert er sich wieder. (Man hat ihm im Parchimer Krankenhaus in zwei Wochen mit Spritzen siebzehn Liter Wasser entzogen.)

Sie werden inzwischen Ihr Buch beendet haben, von dem Sie schrieben, daß es als *Programm* und *Terminpflicht* Sie am Tisch hält, dann werden Sie gewiß wieder unterwegs sein im Lande Brandenburg, und wir hoffen, daß Sie bei uns hereinschauen werden, wir würden uns herzlich freuen, Sie zu sehen, mit Ihnen sprechen zu können! Hoffentlich haben Sie die Zeit *ohne Anfechtungen* verbracht, nicht wieder, wie vor zwei Jahren, sich überarbeitet und Schaden genommen!

Mein Mann läßt grüßen, er mahnt mich dauernd: Hast Du schon an Frau Menge geschrieben? Schreib an Frau Menge! Er geht immer um meinen Postkorb herum, der hier neben mir steht, und sagt: bedrückt dich das nicht? Ich sage: natürlich bedrückt es mich, aber ich bin nicht nur *ohne-Land*, sondern auch *ohne-Kraft* (*Verlust des spezifischen Gewichts*, mein neuer Schreib-Titel), ich fühle mich so, daß ich am liebsten nichts sagen, nichts schreiben möchte, meine besten Minuten sind, wenn ich bei offenem Fenster den Wind gehen höre in den Kiefern hinterm Haus (am 22. Februar früh *sang* die Amsel *an*), *vegetativ* oder *taoistisch*, wie man will.

Ich sollte jetzt eigentlich auf der *baltic-cruise-Tour* der Schriftsteller sein, habe aber wegen Matti abgesagt. Ich habe mich auch gefürchtet davor. Ich will mir keine Fragen stellen lassen über mein Leben.

1. September 1992

Lieber Herr Ziemann, mein Mann hat heute aus Gransee die Fotos mitgebracht, die wir in Buxtehude und Cuxhaven gemacht haben – ganz wenige nur, am *Grillabend* auf Ihrem Balkon, an Strittmatters *Achtzigstem* in Cuxhaven auf der Promenade und noch ein paar von unserem Zimmerfenster im Mühlenhotel aus aufs *Fleet* gesehen. Hier kommen Abzüge zu Ihnen, Sieglinde und Elisabeth. Für uns ists schon wieder *historisch*, das ging ganz schnell, es war schön bei Ihnen, mit Ihnen, im Nachhinein sagen wir: es war richtig zu fahren (wenn auch immer der *Skrupel* bleibt, daß wir Sie überfallen, überfordert haben).

Schon gegen Abend des 18., zwei Stunden, nachdem

Sie uns heimgebracht hatten, kam unser ältester Nachbar (zwei Jahre älter als mein Mann), um *nachträglich* zu gratulieren, dann standen die *Westberliner Pastorsleute* vorm Tor, die uns hier in Schulzenhof auskaufen und auspachten, aber Jakob ließ sie nicht herein, weil die Eltern zu strapaziert wären, bestellte sie aber auf nächsten Morgen, so gings dann weiter, der Landrat kam mit einem *Dezernenten* aus Kleve, der hier die Bürokratie *aufbauen* hilft und in der ehemaligen Diplomatensiedlung in unserem Nachbardorf Menz einwohnt, ein junger Mensch, wie aus dem *Bilderbuch des West-Belehrers*, vollkommen *ignorant*. Der Landrat ein Dorfpastor, der die *SPD* mitgegründet hat im Kreis. Mein Mann war unterwegs, als sie kamen, sie gaben mir den großen Blumenstrauß und sagten: Gleich ins Wasser! Später aber, bevor sie gingen, wollte der Dezernent ein Foto machen, auf dem zu sehen sein sollte, wie der Landrat meinem Mann gratuliert. Ich hätte sicher die Blumen wieder aus der Vase nehmen müssen, wenn mein Mann sich darauf eingelassen hätte …

Heut vor acht Tagen hatten wir Faber und Dr. Erler, den *Programmchef* vom *Aufbau-Verlag*, hier. Sie *glänzen* vor Begeisterung, daß alles so gut *läuft*, was sie *angezettelt* haben: Sie haben die ersten zwanzigtausend *Laden III* in einer Woche verkauft, inzwischen die zweite Auflage (bis dreißigtausend) gedruckt, hoffen, bis Weihnachten auf fünfzigtausend zu kommen, wenn der Autor sich entsprechend *engagiert*: gestern war das *Frühstücksfernsehen* vom *ZDF* hier (morgen früh wollen sie senden), übermorgen kommt eine Reporterin von der *New York Times*, die über *Zwei Jahre nach der Einheit* was schreibt und zu Strittmatter will, dann soll er die Messelesung in Frankfurt/Main machen, im Anschluß an die für November geplante *ZDF-Sendung Zeugen des Jahrhunderts*, die im Oktober aufgezeichnet werden soll, soll er auf Lesereise durch die *Altländer* gehen ... Eigentlich ist er zu allem zu erschöpft, jetzt im September, Mitte des Monats, sind Weimar, Erfurt, Suhl, Leipzig, Berlin geplant, Oktober noch Rostock und Greifswald mit großen Veranstaltungen, andre, in der Niederlausitz, hat er aufs Frühjahr 93 verschieben lassen ... Ich hoffe, er hält es *durch*, natürlich ist das alles für den *Absatz des Buches* wichtig (auch die *Kassette* haben sie übrigens gut verkauft, sie hatten dreitausend Stück gemacht, die sind fast weg, sie wollen *nachbauen*, denn gedruckt sind die Bücher ja sowieso).

Augenblicklich ist mein Mann (nachmittag ists) bei der *Neurologin* in Gransee, heut vormittag war er in Oranienburg zur *Computertomographie* der Lunge, *die Ärztin sieht da immer was*, es hat sich aber nicht verändert seit Anfang dieses Jahres. Gestern abend war er in Rheinsberg im Familienzirkus Hein, alte Freundschaft von uns, wunderbare Leute, die sich mit einem hervorragenden Programm jetzt wenigstens *zu halten versuchen* (die *altdeutschen* Zirkusse reisen hier und machen ihnen an ihren Stammplätzen Konkurrenz, zwei Zirkusse hintereinander in einer *Säsonne*, wie unsere tschechischen Zirkusfreunde sagen, hält eine Kleinstadt nicht aus), ich war nicht mit, wegen extremem Rheuma, es *kübelte* Regen, mein Mann kam gegen Mitternacht durchnäßt, aber begeistert zurück – alles Gelegenheiten, mit dem *Audi* zu fahren ... Im übrigen hat er sich in Zehdenick, der übernächsten Stadt hinter Gransee, Karten mit einem *Text* drucken lassen, die er den über sechshundert Gratulanten schickt (da war er also auch zweimal schon in Zehdenick), ich war *einmal* mit unserem Henry in Berlin, für eine Stunde, Post aus der Wohnung holen, Post von der Post holen und zur Bank, dann war ich mit Jakob Freitag nach unserer Rückkehr bei meiner Mutter in Neuruppin und Sonnabend (Richtung Buxtehude) bei Matti zwischen Parchim und Schwerin, ein heißer und schöner Tag, ich habe Mattis neue Teich- und Schwimmanlagen besichtigt, und Jakob hat mit Marina, Mattis Freundin, stundenlang die Araberstute Reseda geritten und longiert, sie hatte eine *furchtbare Kolik* …

So leben wir also, ich schreibe zum erstenmal seit Wochen oder Monaten einen Brief, man siehts ihm an, ich bin so nichtswürdig, nichts zu tun (denn was ich *praktisch* tue, habe ich schon immer als *Nichtstun* angesehen). Übrigens hatte die Sache mit *Mai in Piešťany* ihre Ordnung: der Verlag hat das Buch *blockiert*, fürs *Verramschen* vorgesehen (im *Modernen Antiquariat*), es ist *moralisch verschlissen*, wie Faber mir sagte. Ich bekomme zwar nach wie vor schöne Briefe zu dem Buch, sie hatten Anfang 90 eine Auflage von zwanzigtausend Stück gedruckt, aber vor dem *Juli-Währungs-Schnitt* nicht mehr abgesetzt, und die wälzt sich jetzt oder sie steht und soll sich erst wälzen, von Gütersloh weg. Es wäre nur nett gewesen, wenn Faber es mir vorher gesagt hätte, dann hätte ich nicht *großmäulig* zu Ihnen gesagt: es muß ein Computerfehler sein, das Buch ist da …

Ich weiß nicht, ob Sie *Mai in P.* haben, kennen? Ich schicke es hier mit, ebenso *Poesie und andre Nebendinge*, worin was über Hubertus Giebe steht, dessen Strittmatter-Porträt (Der *böse Strittmatter mit den rosa Ohren*) nun bei Ihnen ist … Ich war die erste, die über G. geschrieben hat, in allen Katalogen führe ich die *Bibliographie* an … (In den nächsten Tagen suche ich nach Katalogen von ihm, will Ihnen einen schicken, in dem viel farbige Sachen sind, vor allem Porträts.) Seinen neuesten, aus Frankfurt/Main, sandte er meinem Mann zum Geburtstag, mal sehn, ob G. noch einen übrig hat.

Unser Jakob ist am Sonntag, nachdem wir heimkamen, abgereist mit dem *Trabant*, Richtung Norden, er wollte bei Lauenburg über die Elbe, dort übernachten in der Jugendherberge. Sicher wird er in Ihrer Gegend gewesen sein, in Worpswede, auf der Wasserburg, in Hamburg. Von hier aus gesehn, muß er die ganze Zeit schlechtes Wetter gehabt haben, Regen, Sturm, so sagen die *Wetterkarte* und ihre *Interpreten*, in *Wirklichkeit* war vielleicht Sonne, schöner Himmel, schöne Wolken, Meer und Licht. Denn irgendwo im Dänischen oder Niederländischen wollte er ja ans Meer. Sonntag wird er zurückkommen. Montag muß er wieder aufs *Amt, Schühlein verteilen*, wie wir uns angewöhnt haben zu sagen.

Frau Dr. Diener mit Sippe ist heute um elf nach Florida abgeflogen, *dort, wo sie hinfliegen*, war, heißt es, *kein Orkan*. Sie haben ihre Operationen und Krankheiten hinter sich gebracht und wollen nun sehn, wies in der *Welt* ist. Ich habe den dreijährigen David gefragt: „Warum fliegst du denn nach Amerika, was willst du in Amerika?" Er hat mir ganz verständig geantwortet: „Weil ich immer verreise, weil ich schon verreist war, weil ich schon auf Kreta war, darum muß ich jetzt nach Amerika!"

Mein Mann ist immer noch nicht zurück, jetzt geht es gegen sechs, er ist um halb drei gefahren, aber ich *mache mir keine Sorgen*, nur heute früh hatte ich welche, da wurde ich zum erstenmal *über Funk* angerufen, es sagte immer: „Funkruf, legen Sie nicht auf, legen Sie nicht auf ..." Und mein Mann war unterwegs nach Oranienburg ... Aber es war nicht das Schicksal, es war nur ein *Pferdemann*, der die Adresse von Matti wollte, um seine Araberstute zu *vermessen* fürs Zuchtbuch. Nach dem Herzsturz der Angst stand ich auf und dankte dem Leben.

Ich sage auf Wiedersehen.

Ich danke Ihnen für alles.

Nachwort

Im Herbst 1992 hörte ich auf, Briefe zu schreiben. Ich schrieb zwar immer mal wieder einen Gruß, ein paar Zeilen von Hand, aber richtige Briefe schrieb ich nicht mehr. Das Leben machte mich sprachlos, ich erstarrte in Furcht dessen, was ich erleben sollte – in nur neun Monaten starben drei der mir nächsten Menschen: meine Mutter, Sohn Matti, Erwin Strittmatter.

Als Weihnachten 1977 der erste Band der *Briefe aus Schulzenhof* erschienen war, fanden sich über Erwarten viele Menschen bereit, mit Erwin Strittmatter und mir durch die Jahre zu gehen. Korrespondenzen entstanden zu dem Buch, in dem die Zeit von 1965 bis 1979 *aufgehoben* war. Es gab ein Einverständnis mit den Lesern.

Als 1990, wiederum Weihnachten, der zweite Band der *Briefe* (1976–1980) herauskam, war die Welt verändert, 1980 lag zehn Jahre zurück, das Buch war schon bei Erscheinen *anachronistisch.* Dennoch fanden sich Leser, die mit ihm synchron gingen und einer Fortsetzung nachfragten. Als Möglichkeit bestand sie in tausend Seiten Kopien der Briefe, die ich 1981 bis 1992 geschrieben hatte.

Sommer und Herbst nach Erwin Strittmatters Tod am 31. Januar 1994 verbrachte ich in seiner Erinnerungswelt, mit dem nachgelassenen Prosa-Fragment *Vor der Verwandlung.* Ich überließ mich dem Sog seiner Stimme, die, manchmal kaum hörbar, von gemeinsam Erlebtem erzählte. Herausforderung und Therapie: die angedeutete Melodie in Gänze zu finden, Sinn und Struktur seiner *Aufzeichnungen* zu festigen, für Literatur absehn vom Schmerz.

Noch unterm Bann der *Verwandlung* begann ich die Briefe 1981–1992 zu bearbeiten. Ich folgte dem Prinzip, das ich beim ersten Band gefunden hatte: die Original-Texte erhalten, komprimieren und Wiederholungen merzen.

Im ersten Band hatte ich alle Namen durch Anfangsbuchstaben ersetzt. Aus Gründen: eine Hauptlinie ziehen Briefe an Lew Kopelew und seine Frau Raissa Orlowa, unsere besten Freunde (in einem Brief jener Jahre gesagt). Manche Leser errieten damals, wer diese Freunde waren. Die *politisch Verantwortlichen* nicht, sonst hätten sie den Druck des Buches nicht zugelassen. Jetzt nun habe ich die Namen der Adressaten genannt, wenn ich sie wußte. Bei manchen, denen ich nur einmal schrieb, weiß ich sie nicht, weil ich die Anrede von Hand über den Maschinentext setzte.

Viele, an die ich schrieb, von denen ich schrieb, sind gestorben ... Die junge Dichterin Dagmar Wolf aus Gotha, Hans-Joachim Kynaß, Musikkritiker aus Berlin, Reso Karalaschwili und Surab Kakabadse aus Georgien, Medea Kachidses elfische Kind-Tochter Eka (von klein an so krank), Raissa Orlowa in Köln, Lydia Gerassimowa und Sergej Lwow in Moskau, Jelisaweta Skworzowa in Brjansk, das Ehepaar Dr. Schreiner in Jena, der Geiger Morbitzer in Berlin, Mihály Ándras Rónai, Marianne Gábors Mann, in Budapest, der Maler Rolf Krause in Dresden, viele, die durch die Briefe gehen, sind nicht mehr ...

Doch nicht nur Menschen sind gestorben, in diesem Buch ist von manchem die Rede, was heut nicht mehr oder so nicht mehr existiert: Zeitungen, Zeitschriften, Verlage, Arbeitsgemeinschaften Junger Autoren, Poetenseminare in Schwerin, Solidaritätsbasare in Berlin, ein Palast der Republik, in dessen Theater ich vier oder sechs oder acht Mal las, meine Gedichte, – vergangenes Leben, dessen wir teilhaftig waren. (Wir haften dafür.) Ich will nicht kommentieren, nur eines, was in den Briefen wie selbstverständlich vorkommt, erklären: den *Owo*.

Galsan Tschinag, tuwinischer Dichter aus der Mongolei, hat einst Begriff und Bild des *Owo* nach Schulzenhof gebracht. Der *Owo* ist ein Steinhügel, in der Steppe oder am Rande der Berge errichtet zum Gedenken an Tote. Wer vorüberzieht, verhält und fügt Stein, Knochen, Totem hinzu, auf daß der *Owo* wachse und sichtbar werde weit in die Ferne.

Niemand darf einen *Owo* stören, niemand darf das Gedächtnis gelebten Lebens beleidigen oder zerstören.

Vielleicht sind, immateriell, Briefe ein *Owo* vergangenen Lebens.

Juni 1995 *Eva Strittmatter*

Strittmatter, Briefe 3
Aufbau-Verlag/DM 39,80
ISBN 3-351-02316-2
03990
9 783351 023164